Harry S. Dent, Jr.

Der Jahrhundert BOOM

2005 bis 2009: Nutzen Sie die besten Börsenjahre der Geschichte!

DER AKTIONÄR EDITION

Die Originalausgabe erschien unter dem Titel
The Next Great Bubble Boom
im Verlag FREE PRESS, New York.
ISBN 0-7432-2299-7

1. Auflage 2005, 2. Auflage 2005
Bibliografische Information der Deutschen Bibliothek

Übertragen aus dem Amerikanischen von Egbert Neumüller.

Druck: Ebner & Spiegel GmbH

Harry S. Dent, Jr.:
Der Jahrhundert-Boom
2005 bis 2009: Nutzen Sie die besten Börsenjahre der Geschichte!
ISBN 3-938350-00-8

BÖRSEN MEDIEN
AKTIENGESELLSCHAFT

Postfach 1449 · 95305 Kulmbach
Tel. 09221-90510 · Fax 09221-67953

Meinem Vater, Harry S. Dent, Sr.
Meiner Frau Jean Dent, geborene Carmichael

DANKSAGUNGEN

Ich danke meiner Literaturagentin Susan Golomb und meinem Marketingagenten Harry Cornelius. Für Recherchen schulde ich Rodney Johnson, Stephanie Morgan, Eva Sturm-Kehoe und Vladimir Bulatovic Dank. Dank für Werbung und PR geht an Sandi Mendelson, Mariah Leeson und Terry Reid. Besonderer Dank gilt Bill Good und den Mitgliedern des H. S. Dent Advisers Network.

INHALT

Der Jahrhundert BOOM

PROLOG

Die neue Wissenschaft

Komplexe Veränderungen basieren auf einfachen und vorhersagbaren Prinzipien

Wir alle reagieren auf die „Große Blase" am Aktienmarkt und in der Wirtschaft und auf ihren Kollaps ab dem Jahre 2000 mit der Frage, wie wir nur so dumm sein konnten, an sie zu glauben. Wir fragen uns weiter, ob wir auf Jahrzehnte hinaus überhaupt noch einmal vergleichbares Wachstum erleben werden. Wenn es eine „Blase" gegeben hat, dann ist es damit der landläufigen Meinung zufolge für die nächsten Jahrzehnte aus und vorbei. Die Erholung von Wirtschaft und Börse von 2002 bis Anfang 2004 hat allerdings dazu geführt, dass sich immer mehr Menschen fragen, ob sich die Hausse in diesem Fall vielleicht doch noch fortsetzt.

Unsere klare Antwort darauf lautet: Es kommt eine zweite große Hausse, die bis zum Ende des Jahrzehnts reicht und die wahrscheinlich noch kräftiger ausfällt als die Hausse der 1990er-Jahre.

Wir werden in diesem Buch erklären, wieso die derzeit herrschende Auffassung nach dem Motto „wir haben eine Blase erlebt, und das ist jetzt vorbei" auf Technologieblasen nicht zutrifft, wieso sich Technologieblasen von anderen historischen Blasen unterscheiden – und warum solche Blasen, starke Konsolidierungen und „Technologiekatastrophen“ wie die jüngst erlebte für den Fortschritt der Menschheit schon immer unentbehrlich waren.

In Wahrheit treten mindestens zwei Blasen auf, bevor der letzte Gipfel eines großen Zyklus der technischen Entwicklung erreicht wird. Wir sagen die am wenigsten erwartete, aber größte Hausse der Geschichte voraus. Man kann sie mit der bisher größten Hausse der Geschichte vergleichen, die in den Jahren 1922 bis 1929 (den Goldenen Zwanzigern) nach einer sehr ähnlichen „Technologie“-Blase und nach einem Crash (Ende 1919 bis Anfang 1922) stattfand. Ich vergleiche das aktuelle Jahrzehnt immer gern mit den Goldenen Zwanzigern, und tatsächlich begann jenes Jahrzehnt fast genauso wie das jetzige.

Natur- und Wirtschaftswissenschaftler betrachten eine höchst komplexe Welt und bieten dafür komplexe Erklärungen. Die Erfahrung des gesunden Menschenverstands sagt allerdings oft etwas anderes. Menschen haben ihre individuellen Stärken und Schwächen und setzen sie ein, um möglichst gut zu überleben. Die Menschen, die wir kennen, tun in den meisten Fällen vorhersagbare Dinge, genauso wie die Bewegung der Planeten um die Sonne vorhersagbar ist, wie die Sonne jeden Morgen aufgeht, wie die Gezeiten steigen und fallen und so weiter und so fort. Wenn viele Menschen viele solche vorhersagbaren Dinge tun, dann können wir beispielsweise voraussagen, wann sie durchschnittlich sterben – die Versicherungsmathematiker machen das schon seit vielen Jahrzehnten.

Aber jetzt können wir erstmals alle möglichen Dinge voraussagen; angefangen hat das Anfang der 1980er-Jahre, als das U.S. Bureau of Labor Statistics zum ersten Mal jährliche Zahlen für die Verbraucherausgaben (CES, Consumer Expenditure Survey) erhob. Man kann mittlerweile immer besser voraussagen, wann und wie Menschen heranwachsen (auf Kosten der Eltern, des Staates und der Unternehmen), wann sie in das Arbeitsleben eintreten (und endlich produktiv werden), was sie verdienen, wie viel Schulden sie machen und wie viel sie für die Altersversorgung sparen. Man kann sogar von der Geburt bis zum Tode voraussagen, wann sie wofür Geld ausgeben. Vor Beginn des Informationszeitalters waren all diese Statistiken gar nicht möglich.

In den letzten Jahrzehnten ist es dank der Informationstechnologie möglich geworden, alle möglichen Phänomene zu analysieren: vom Urknall und der Entstehung des Universums über die Entstehung unseres Planeten mitsamt seiner Flora und Fauna, die sich über Millionen von Jahren entwickelt haben, bis hin zum DNA-Code sowie zu den Entwicklungsphasen und Wanderungen der Menscheit rund um den Erdball in den letzten 80.000 Jahren. Obwohl wir hinsichtlich der Vergangenheit schon immer das glauben wollten, was am besten zu unseren persönlichen, ethnischen und religiösen Ideologien passt, erkennen wir jetzt zunehmend die größeren Zusammenhänge der Evolution und des wirtschaftlichen Fortschritts über immer längere Zeiträume. Wie zu erwarten war, wurden die meisten wissenschaftlichen Erkenntnisse im Laufe der Geschichte zunächst bekämpft – zum Beispiel dass die Erde rund ist und sich um die Sonne dreht; aber das hat an der Realität nichts geändert. Diejenigen Menschen, die die Wirklichkeit am besten begreifen, haben schon immer die größten Fortschritte erzielt, und das gilt für die letzten Jahrzehnte nur umso mehr. Zum ersten Mal in der Geschichte der Menschheit können wir aus verschiedenen Blickwinkeln sehen, woher wir kommen, wie wir entstanden sind und wo wir wahrscheinlich hingehen – und zwar bezogen auf die längsten und die kürzesten denkbaren Zyklen. Eine ausführliche Analyse der Entwicklungszyklen der Menschheit können Sie auf unserer Internetseite www.hsdent.com unter „Key Concepts" und dann „Long View" kostenlos downloaden.

Niemand kann die Zukunft voraussagen?

In den Wirtschaftswissenschaften, in Politik, Soziologie und in anderen Wissenschaften herrscht heutzutage die Auffassung, niemand könne „die Zukunft bis über einen gewissen Punkt hinaus" vorhersagen. Zu viele komplexe Variablen würden darauf einwirken, und daher könnten wir nur aus der Vergangenheit lernen. Das ist aber offenkundiger

Unsinn, denn seit Jahrhunderten erlangen mehr und mehr wissenschaftliche Disziplinen die Fähigkeit, immer mehr Phänomene vorauszusagen, denn unser Wissen über das Universum wächst exponentiell. Seit zwei Jahrzehnten sagen wir etwas völlig anderes als die anderen Wirtschaftswissenschaftler und erreichen damit höhere langfristige Vorhersagbarkeiten als die anderen Ökonomen. Die Fortschritte auf anderen wissenschaftlichen Feldern bestätigen unser Konzept nur noch mehr. Wir können in vielen Bereichen immer mehr einfache Ursache-Wirkung-Beziehungen erkennen – in den Stadien der Evolution, in den planetarischen Zyklen, in den Genen, in der frühkindlichen Entwicklung von Charakterzügen. Wir können die Lebensdauer von Menschen, von natürlichen Systemen und von Technologien vorhersagen. Auf dem Feld der Wirtschaft sind diese grundlegenden Faktoren so bedeutsam, dass sie die kleineren Faktoren und zufällige Ereignisse überdecken.

Aber egal, wie viel wir wissen, es wird immer Faktoren geben, die wir noch nicht verstehen und die daher als unvorhersehbar erscheinen – so wie die Terroranschläge am 11. September 2001. Doch in Wahrheit sind diese Faktoren vielleicht gar nicht so zufällig wie wir glauben. Unsere Recherchen haben ergeben, dass Ereignisse wie am 11. September mit höherer Wahrscheinlichkeit auftreten, wenn andere Faktoren wie zum Beispiel die Wirtschaft schwach ausgeprägt sind oder sich in einem Abschwung befinden; Hitler und der Zweite Weltkrieg folgten beispielsweise auf die Große Depression, die Weltwirtschaftskrise.

Sogar das Wetter ist in den letzten Jahrzehnten lang- und kurzfristig immer vorhersehbarer geworden. Wir können heutzutage mithilfe von Bohrungen in eiszeitlichen Eisschichten und mit anderen Mitteln die klimatische Entwicklung und die Bewegung der Kontinente über Jahrmillionen zurückverfolgen. Und das Klima war der bedeutendste Faktor, der die Entstehung und das Aussterben von Arten beeinflusst hat.

Aber die Naturwissenschaftler, die Politikwissenschaftler und die Soziologen fragen: „Wie wollen Sie die Verschiedenartigkeit der Ereignisse in der Neuzeit verarbeiten?“ Es stimmt, dass wir keine hundertprozentige Sicherheit erreichen können, aber wir erreichen bessere Näherungen für die grundsätzlichen Tendenzen, die für vergangene Wandlungen verantwortlich waren und die sehr wahrscheinlich auch die Zukunft bestimmen werden. Die beiden Trends, die nach dem Klima den menschlichen und ökonomischen Fortschritt in den letzten 10.000 Jahren am stärksten beeinflusst haben, sind die demographische Entwicklung (Bevölkerungszahl und Altersaufbau) und die technischen Neuerungen. Wir haben die grundlegendsten wirtschaftlichen Trends seit Ende der 1980er-Jahre mit wachsender Genauigkeit vorausgesagt, ähnlich wie Wettervorhersagen. Wir lernen immer weiter und treffen immer mehr kurzfristige und langfristige Prognosen, aber wir werden niemals absolut richtig liegen. Die Menschen, die auf uns gehört haben, haben allerdings in den letzten 15 bis 20 Jahren bessere Entscheidungen getroffen als andere.

Eine der größten neueren Erkenntnisse auf dem Feld der Vorhersehbarkeit stammt aus der DNA-Forschung. Obwohl die Menschen in verschiedenen Umgebungen aufwachsen, kann man aus der DNA immer mehr persönliche Eigenschaften vorhersagen – und in Zukunft wird es möglich sein, diese Eigenschaften auf Wunsch zu ändern. Wir können die Wanderungsbewegungen alter Völker mithilfe der DNA-Analyse genauer nachverfolgen als mithilfe anthropologischer Funde. Die vielleicht größte Erkenntnis jedoch liefert uns Stephen Wolfram mit seinem Buch *A NEW KIND OF SCIENCE*. Er beweist, dass sich auch die komplexesten natürlichen Muster und Zyklen auf einfache Formeln oder Muster zurückführen lassen, die sich über lange Zeiträume immer wieder wiederholen und sich weiter entwickeln.

Komplexität entsteht also aus der Vergrößerung und Wiederholung einfacher Faktoren über immer längere Zeiträume, und nicht aus komplexen Ursachen oder Faktoren. **Das Leben ist zwar komplex, aber im zeitlichen Ablauf sind die Evolution und die menschliche Natur einfach. Entwicklungen verlaufen nicht linear, sondern eindeutig exponentiell. Das entspricht aber nicht unserer Denkweise.**

In den letzten 200 Jahren hat sich unser relativer Lebensstandard mehr entwickelt als in den 10.000 Jahren davor, und in den letzten 10.000 Jahren hat es mehr Fortschritt gegeben als in den Millionen

Jahren davor. Somit ist die Entwicklungsgeschichte in höherem Maße exponentiell, als wir uns das derzeit vorstellen. In dem vorliegenden Buch wollen wir – wie schon in vielen früheren Büchern – viele Trends betrachten, die wir (trotz scheinbar zufälliger kurzfristiger Ereignisse) weit in die Zukunft hinein vorhersagen können. Diese Trends beeinflussen die Wirtschaft, unsere Investitionen, unser Leben, unsere Unternehmen, Ausbildung und Karriere unserer Kinder, unsere Immobilien und unsere Lebensumstände – und noch viele andere Aspekte unseres Lebens. Dafür benutzen wir vollkommen verständliche Indikatoren, zum Beispiel wann die Durchschnittsfamilie im Laufe ihres Lebens das meiste Geld ausgibt. Das können wir alle nachvollziehen, weil wir alle in unserem Leben ähnliche Dinge tun.

Stellen Sie sich vor, Sie leben in der Steinzeit und haben noch nicht begriffen, wie und warum sich das Wetter mit den Jahreszeiten ändert; der Einbruch des Winters ist ein Schock für Sie. Wir zeigen Ihnen die Jahreszeiten der Wirtschaft auf eine Weise, die noch nie zuvor gezeigt wurde, die sich aber als immer zutreffender erweist. Viele Dinge, die vor 80 Jahren passiert sind, treten heute wieder ein – auch der Technologie-Crash und die Terroranschläge. Ich habe in allen meinen Büchern betont, dass radikale technische und ökonomische Neuerungen sowie neue Lebensweisen und Geschäftsmethoden ungefähr alle zwei Generationen oder alle 80 Jahre zyklisch auftreten. Auf die technische Katastrophe und die Terrorkrise der beginnenden 1920er-Jahre folgte die größte Hausse aller Zeiten; und von Ende der 1930er- bis zu den 1970er-Jahren hat sich der Lebensstandard in einem Maße erhöht, wie es damals niemand prophezeit hätte. Zum ersten Mal in der Geschichte brauchen wir nicht „überrascht" zu sein, wenn in der Wirtschaft Frühling und Sommer zu Herbst und Winter werden.

Die saisonale Entwicklung der Wirtschaft sowie der längerfristige technische Fortschritt und die Entwicklung des Lebensstandards sind weitgehend vorhersagbar. In diesem Buch werden wir sehen, wie sich unsere Wirtschaft und unsere Aktienmärkte in den kommenden zehn Jahren und in den Jahrzehnten danach wahrscheinlich entwickeln werden. Zuerst erleben wir den größten Aufschwung der Geschichte, und dann kommt einer der schwersten Niedergänge der Vereinigten Staaten und der westlichen Welt. Diese Tendenzen wurden bereits durch die massiven Ausgaben der Babyboom-Generation und durch die Informations-Revolution in Gang gesetzt, die mit der Erfindung des Mikrochips im Jahre 1971 begonnen hat. Wir müssen nur begreifen, wie die Zyklen des Verbraucherverhaltens und der technischen Entwicklung zusammenspielen. Falls wir diese Tendenzen und Zyklen richtig verstehen, dann müssen wir uns auf den letzten großen Aufschwung der US-amerikanischen Geschichte (aber nicht den letzten überhaupt) und auf einen nachfolgenden Niedergang gefasst machen, der mit der Großen Depression vergleichbar ist – in mancher Hinsicht noch schlimmer, in anderer Hinsicht aber vielleicht auch besser.

Wieso der Dow Jones bis zum Ende des Jahrzehnts auf 40.000 steigt

Wir erforschen seit Anfang der 1980er-Jahre zunehmend demographische Zyklen, Generationszyklen und technologische Zyklen, denn diese sind die fundamentalen Triebkräfte des Wirtschaftswachstums und des Aktienmarktes. Das gilt trotz politischer und unvorhersehbarer Ereignisse wie zum Beispiel des 11. September und trotz kurzfristiger Zyklen der Über- oder Unterbewertung am Aktienmarkt, wie kürzlich geschehen und wie es 1987 passiert ist. Menschen, die in hoch produktive Volkswirtschaften hineingeboren werden – in den Vereinigten Staaten und in den anderen hoch entwickelten Ländern der Welt –, verhalten sich im Laufe ihres Lebens relativ vorhersagbar. Wenn radikal neue Technologien bündelweise auftreten, dann machen sie vier Lebensstadien durch. Sie schaffen neue Wachstumsindustrien und sorgen für die technische Umstellung existierender Industriezweige. Ähnlich ist es mit den Epochen unseres eigenen Lebens (Jugend, Erwachsenenalter, Midlife Crisis und Alter).

Die wichtigste These dieses Buches ist die Aussage, dass trotz des Crashs der Jahre 2000–2002 der größte Boom von Wirtschaft und Börse noch nicht vorüber ist. Die demographisch bedingte Verdienst- und Ausgabenwelle der größten Generation aller Zeiten – nämlich der Babyboomer – wurde in den Jahren 2000-2002 keineswegs unterbrochen, sondern sie setzt sich bis 2009 oder 2010 fort. Die größte technische Revolution seit der Erfindung der Elektrizität, des Automobils und des Telefons – vielleicht sogar seit Erfindung der beweglichen Lettern im 15. Jahrhundert – wird ihren Höhepunkt ebenfalls erst gegen Ende des Jahrzehnts erreichen. In der zweiten Hälfte unseres Jahrzehnts wird sie sich überraschend zu einem weiteren großen Wachstums- und Produktivitätsboom sowie zu einer weiteren Blase am Aktienmarkt erheben. Nach dem ersten schnellen Wachstumsstadium Ende der 1990er-Jahre musste sie eben eine Konsolidierungsphase durchmachen.

Es ist nicht so, dass die Blase geplatzt wäre, sondern wir befinden uns in einem ausgedehnten „Blasen-Boom". In Kapitel 1 werden wir darlegen, wie sich dieser Blasen-Boom seit Anfang der 1980er-Jahre entwickelt hat. In Kapitel 2 zeigen wir dann, dass sich seit der Erfindung der Dampfmaschine und seit der industriellen Revolution Ende des 18. Jahrhunderts ein umfassenderer Blasen-Boom entwickelt. Die erste Blase des Booms bildete sich im Jahre 1987, die zweite im Jahre 2000. Die dritte und letzte steht unmittelbar bevor. Wie wir schon immer gesagt haben, ähnelt das jetzige Jahrzehnt den Goldenen Zwanzigern. Die Zwanzigerjahre begannen mit einer Technologiekatastrophe, auf die eine erste Technologieblase folgte; das werden wir in den Kapiteln 1 und 2 ausführlicher erklären. Nach dem Börsencrash zum Anfang des Jahrzehnts kam jedoch eine größere Wachstums- und Blasen-Phase, die bis 1929 anhielt. Das war die bis dato größte Hausse in der Geschichte der Vereinigten Staaten – damals „die Kaufgelegenheit des Lebens" und auf das gesamte Jahrhundert gesehen immer noch eine der besten. Der Aufschwung in den Goldenen Zwanzigern war dank der verheerenden Technologieblase und des Crashs, die ihm vorausgegangen waren, der am wenigsten erwartete, den es je gegeben hat.

Doch schließlich folgte auf die große Hausse die Große Depression, die schlimmste Wirtschaftsperiode in der Geschichte der Vereinigten Staaten. Etwa von 2010 bis 2022 dürfte es einen vergleichbaren Niedergang geben. Diese vorhersehbaren und turbulenten Zyklen werden sich auf Ihre Geldanlagen, auf Ihre Geschäfte und auf Ihr Leben stärker auswirken als alle anderen Ereignisse, die Sie je erleben werden. Wir bieten Ihnen eine umfassende Analyse der demographischen, technologischen und konjunkturellen Trends, damit Sie sich auf die kommenden zwei Jahrzehnte einrichten und von ihnen profitieren können. Herkömmliche Wirtschaftsprognosen und die Normalität, die wir kennen, werden über den Haufen geworfen. Aber was noch wichtiger ist: Wir skizzieren die umfassendsten Prognosen und langfristigen Strategien für Geldanlage, Geschäftstätigkeit und Lebensplanung, die es je gegeben hat. Es liegt an Ihnen, ob Sie sich die Zeit nehmen wollen, unsere neue Logik zu überprüfen und zu entscheiden, ob Sie sie auf Ihr Leben, auf Ihre berufliche Laufbahn und auf Ihre Investments anwenden wollen.

In *THE ROARING 2000S**, das 1998 erschienen ist, setzten wir die demographische Analyse fort, die ich in *THE GREAT BOOM AHEAD* (Ende 1992) begonnen hatte, und sagten voraus, dass der Dow Jones Industrial Average bis zum Jahre 2008 oder 2009 auf 35.000 bis 40.000 Punkte steigen könnte. Mir ist weit und breit kein Wirtschaftsexperte und kein Börsenanalyst bekannt, der dies zum jetzigen Zeitpunkt auch nur im Entferntesten für möglich hält. Ich erhalte diese Prognose weiter aufrecht. Sie verspricht eine kräftig wachsende Wirtschaft und Anlagegewinne, die den Erträgen in der zweiten Hälfte der 1990er-Jahre mindestens vergleichbar sind. Die meisten Anleger und Geschäftsleute standen Ende der 1980er-Jahre meiner Prognose sehr skeptisch gegenüber, dass der Dow Jones auf 10.000 Punkte oder noch höher steigen könnte. Insbesondere galt dies nach der Rezession Anfang der 1990er-Jahre, nach der Sparkassenkrise, dem Börsencrash und dem Golfkrieg. Meine ausgiebigen Untersuchungen sehr langfristiger Trends haben jedoch ergeben, dass die grundlegendsten Trends mit der Zeit die Oberhand behalten und dass sie die beste Orientierung für Investitionen und Zukunftsplanung bieten.

Der letzte große Aktiencrash erreichte im Oktober 2002 den Boden. Wir gaben damals in unserem Börsenbrief, *THE H. S. DENT FORECAST*, das

*erschienen als *DIE GOLDENEN 2000ER JAHRE* im Verlag Börsenmedien AG, 1998 eindeutigste Kaufsignal seit unserem Bestehen. Der Aktienmarkt und die Wirtschaft haben sich seitdem beständig erholt, abgesehen von den kleinen Stockungen im Laufe des Jahres 2004, die wir ebenfalls vorausgesagt haben. Aber das war nur die erste Welle des letzten großen Aufschwungs, der sich über den Rest des Jahrzehnts erstrecken wird. Wir haben den größeren Teil der Hausse noch vor uns, nämlich von Ende 2004 bis Ende 2009 oder Anfang 2010. Für Anleger und Unternehmer ist dies die letzte Chance, von dem größten Boom aller Zeiten zu profitieren. Im Jahre 2010 beginnt ein lang anhaltender konjunktureller Abschwung, vergleichbar mit dem Niedergang Japans in den Jahren 1990 bis 2003 und noch mehr vergleichbar mit dem Geschehen in den Vereinigten Staaten von 1930 bis 1942. Und warum? Der Ausgabenzyklus und der Zyklus der technischen Entwicklung wenden sich in dieser Zeit nach unten. Falls Sie der Meinung sind, die politischen Probleme und die terroristische Bedrohung Anfang des neuen Jahrtausends seien erschreckend gewesen – während des langen Niedergangs werden diese Probleme nur noch schlimmer.

Demographie - eine neue Wissenschaft

Die meisten Menschen sind sich der vollen Tragweite der Durchbrüche nicht bewusst, die in den letzten zwei bis drei Jahrzehnten in allen möglichen Wissenschaften erzielt wurden; die Informations- und Computer-Revolution, die in diesem Zeitraum begonnen hat, wird noch auf Jahrzehnte hinaus Fortschritte und Ergebnisse liefern, die über die Vorstellungskraft der meisten Menschen hinausgehen. Die Informationsrevolution begann im Jahre 1946 mit dem ersten Computer, 1971 kam der Mikrochip, 1976 der Personal Computer, ausgereifte Betriebssysteme 1981, das Internet 1993 und in den letzten Jahren das Breitbandnetz. Dadurch ergeben sich Kommunikationsmöglichkeiten, Möglichkeiten der Zusammenarbeit und Zugang zu Forschungsergebnissen, die massenhaft Fortschritte in allen wissenschaftlichen Disziplinen, in der Wirtschaft, der Gesellschaft und im persönlichen Leben hervorbringen. Die Demographie ist nur ein Beispiel für eine neue Wissenschaft.

Zum ersten Mal trat sie in den 1970er-Jahren mit Modellen wie PRIZM (Claritas) oder TAPESTRY (ESRI) auf den Plan. Mithilfe dieser Modelle konnte man das Ausgabeverhalten der Verbraucher bis auf County-Ebene, dann auf Postleitzahlebene und neuerdings bis auf Straßenzüge hinab vorausberechnen.

Ende der 1980er-Jahre folgten dann makroökonomische Modelle, mit deren Hilfe man beweisen konnte, dass Einkommen, Ausgaben, Kreditaufnahme, Investitionen, Innovationen, die Produktivität (und die Inflation) sowie Machtverschiebungen (veränderte Geschäftsmodelle und politische Veränderungen) durch demographische und Generations-Zyklen bedingt und somit vorhersagbar sind. William Strauss und Neil Howe haben in *GENERATIONS* (1991) und in anderen Büchern die Generationszyklen ab dem Ende des 15. Jahrhunderts ausführlich dokumentiert. Strauss und Howe zeigen, dass es einen vierteiligen Generationenzyklus gibt, der der politischen, gesellschaftlichen und konjunkturellen Entwicklung über etwa zwei Generationen oder rund 80 Jahre entspricht.

Das Entscheidende ist dabei, dass es eine neue informationsbasierte Wissenschaft gibt, die auf vorhersagbaren Ursache-Wirkungs-Beziehungen beruht, und dass man die Änderungen im Verhalten der Menschen im Laufe ihres Lebens durchschnittlich genauso gut voraussagen kann wie man an versicherungsmathematischen Tabellen den voraussichtlichen Todeszeitpunkt ablesen kann. Das ist ein bedeutender Durchbruch, denn mithilfe der Computer- und Informationstechnologie können wir solche vorhersehbaren Auswirkungen inzwischen auf Jahrzehnte hinaus und bis auf Postleitzahl- und Stadtviertelebene hinab vorausberechnen. Die Wirtschaftsexperten, Unternehmens-Berater und Börsenanalysten sind sich dieser neuen, einfachen Wissenschaft noch gar nicht bewusst. Deshalb sind ihre Prognosen für die fundamentalen Trends seit Jahrzehnten meistens falsch, und ihre Prognose für den Rest unseres äußerst bullischen Jahrzehnts sowie für das schwierige nachfolgende Jahrzehnt bleibt ebenfalls falsch.

Als Anleger, Geschäftsmann oder Privatperson können Sie es sich nicht leisten zu warten, bis die wirtschaftswissenschaftliche Elite die neue Wissenschaft anerkennt oder bis die Szenarien tatsächlich eingetreten sind, die wir erfolgreich vorausgesehen haben und die wir noch voraussehen. Ihr Leben kann davon abhängen, ob Sie begreifen, weshalb wir uns in der wechselhaftesten Wachstumsphase der Geschichte befinden und wie sich diese Phase in den kommenden Jahrzehnten nach oben beziehungsweise nach unten entwickelt. Sie haben die Chance, die einfachen, allgemein verständlichen und weit reichenden Konsequenzen mehrerer einfacher Prinzipien zu verstehen, die die Mehrzahl der Experten noch nicht begriffen hat und die sie auch nicht begreifen wird, so lange sie noch die ökonomischen Prinzipien der Vergangenheit verteidigt.

Die neue Wissenschaft der Demographie ist der größte Durchbruch der Wirtschaftswissenschaft, den wir je erlebt haben. Sie ist an sich sehr einfach und im Grunde leicht zu verstehen, denn wir alle tun im Laufe unseres Lebens bis zu einem gewissen Grade die erwähnten vorhersehbaren Dinge. Wenn man jedoch diese einfachen Prinzipien analysiert und weiter in die Tiefe projiziert, dann erkennt man nicht nur einfache Tendenzen, sondern ein komplexeres Bild der wirtschaftlichen und der persönlichen Entwicklung. Aus diesem Grunde ist unsere Wirtschaft in weit höherem Maße vorhersehbar als uns die Wirtschaftswissenschaftler glauben machen.

Eine vollkommen neue Art von Wissenschaft

In *A NEW KIND OF SCIENCE* vertritt Stephen Wolfram das gleiche Prinzip wie wir – nämlich dass einfache Faktoren vorhersagbare langfristige und komplexe Trends bestimmen – allerdings auf viel breiterer Ebene und wesentlich ausgefeilter. Wolfram hat mit Hochleistungscomputern ein neues Prinzip von Wissenschaft und Evolution demonstriert. Er zeigt, dass höchst komplexe natürliche Muster von Schneeflocken über Muscheln, Zebrastreifen und Küstenlinien bis hin zu Gebirgsketten aus einfachen mathematischen Formeln generiert werden können, die über längere Zeiträume immer wieder durchgeführt werden. Sie beginnen ganz einfach, enden aber mit einem höchst komplexen Erscheinungsbild. Sie erscheinen auf den ersten Blick unvorhersehbar und zufällig, aber letztendlich sind sie aus einfachen Formeln vorhersagbar, wenn man sie mit strenger Regelmäßigkeit über einen längeren Zeitraum anwendet.

Die Evolution begann auf dem einfachsten Niveau, nämlich mit dem Urknall. Seither dehnt sich das immer komplexer werdende Universum immer weiter aus. Das Leben entsprang aus ganz einfachen Quarks, Atomen und Molekülen, die sich zu sehr einfachen einzelligen Organismen zusammenschlossen (die bis heute die Bausteine des Lebens bilden). Diese einfachen Formen haben sich mit der Zeit zu hochkomplexen lebenden Systemen entwickelt, zu Reptilien, Säugetieren und zum Menschen, der bisher scheinbar höchsten Entwicklungsstufe der Evolution. Die menschliche Entwicklung ging von sehr kleinen Populationen aus, die zunächst einfach nur nach Überleben strebten. Aus wandernden Jägerstämmen gingen kleine landwirtschaftliche Siedlungen , und schließlich hochkomplexe Gesellschaften, Volkswirtschaften und Kulturen hervor. Langfristig betrachtet erscheint dies also einsichtig: Einfache Formen und Formeln entwickeln sich mit der Zeit in vorhersagbaren Wachstumszyklen zu komplexen Formen und Manifestationen. Der Schlüssel zum Verständnis von Veränderungen und zur Vorhersage künftiger Trends besteht also nicht im Begreifen der offenbaren Komplexität, sondern im Begreifen der an sich einfachen Prinzipien und Formeln, die derartige Veränderungen antreiben. Man kann also nicht „das Ganze“ verstehen, indem man einfach alle Teile analysiert. „Das Ganze ist mehr als die Summe der einzelnen Teile.“

Es klingt vielleicht absurd, aber Wolframs neueste Forschungen und unsere eigenen deuten stark darauf hin, dass nichts zufällig ist, wenn man die einzelnen Wachstums- und Evolutionsfaktoren sowie ihr Zusammenspiel und ihre zeitliche Entwicklung begreift. Wir können darin zwar immer besser werden, aber wahrscheinlich werden wir es niemals hundertprozentig schaffen. Immerhin gab es in den letzten Jahrzehnten in vielen Wissenschaften einschließlich der Wirtschaftsforschung bahnbrechende Erkenntnisse.

Bloß haben wir bis jetzt noch nicht recht begriffen, dass das wirklich so ist, und natürlich verstehen wir noch nicht vollständig, wie man die

Faktoren richtig bestimmt, kombiniert und in die Zukunft projiziert. Und noch einmal: Vollständig wird uns das wohl niemals gelingen. Aber wir fangen so langsam an, und unsere langfristigen Prognosen der letzten beiden Jahrzehnte enthalten viele bedeutende und gelungene Projektionen gegen den Strom der herrschenden Meinung. Sogar Stephen Hawking, der Autor von *EINE KURZE GESCHICHTE DER ZEIT*, sagt, dass die Zukunft eine spiegelbildähnliche Projektion der Vergangenheit ist. Unsere Forschungen bestätigen diesen Standpunkt immer wieder.

Nachdem wir Ende der 1980er-Jahre und Anfang der 1990er-Jahre die Hausse der 1990er-Jahre vorausgesagt hatten, prognostizierten wir eine Korrektur im Jahre 2000, unterschätzten aber anfänglich die Schwere des Börsencrashs 2000 bis 2002. Allerdings waren unsere Forschungen die ersten, die Mitte 2001 unter Verwendung einfacher demographischer und technologischer Zyklen erklärten, warum die Technologiekatastrophe 2000 bis 2002 vorhersagbar war und warum sie in die letzte große Hausse und Blase münden würde, der wir in den Vereinigten Staaten zu Lebzeiten beiwohnen werden. Dieses Thema wird in Kapitel 1 ausführlich behandelt. Wir mussten aus den Änderungen der Ereignisse lernen und die einfachen Modelle, die wir schon hatten, verfeinern. In diesem Fall waren das nicht die demographischen Modelle der Verbraucherausgaben, sondern das vierteilige Modell des technischen Entwicklungszyklus, das wir in unseren früheren Büchern vorgestellt haben.

Unsere Vorhersagefähigkeit hat nie ein Ende. Das ist der Schlüssel zu unserer Entwicklung und zu unserem heutigen Lebensstandard

Im Grunde ist das, was wir hier sagen, keineswegs neu. Der Mensch hat sich im Laufe der Geschichte messbar weiter entwickelt, indem er immer mehr über seine Umwelt gelernt hat, indem er neue Technologien entwickelt hat und indem er gelernt hat, mehr Künftiges vorauszusehen und sich Veränderungen anzupassen. Wie lange haben wir gebraucht, um Feuer machen zu können, das Rad zu erfinden oder Waffen und Werkzeuge aus Metall herzustellen? Wie lange hat es gedauert, bis wir verstanden hatten, dass es jeden Tag Gezeiten gibt, die man auf die Minute genau vorhersagen kann, und dass es jedes Jahr Jahreszeiten gibt? Frühling, Sommer, Herbst und Winter sind jetzt absolut offensichtlich und vorhersehbar, auch wenn jede Jahreszeit neue Nuancen mit sich bringt. Aber sogar kurzfristige meteorologische Muster und Hurrikan-Wahrscheinlichkeiten können wir inzwischen sehr klar erkennen.

Wie lange hat es gedauert, bis wir begriffen hatten, dass sich die Erde um die Sonne dreht? Wie lange die Erkenntnis der Planetenbewegungen in unserem Sonnensystem? Wir können heute mit höchster Präzision Raumschiffe zum Mond oder zum Mars schicken. Wir haben gezeigt, dass die Wirtschaft und der Aktienmarkt alle 80 Jahre vorhersehbar gleiche „Jahreszeiten“ aufweisen und dass sich langfristige Wirtschaftsbooms und -Zusammenbrüche nach vorhersagbaren allgemeinen Ausgabewellen richten, die etwa alle 40 Jahre wiederkehren. Inzwischen gelingt es uns auch immer besser, Über- und Unterbewertungen des Aktienmarktes anhand von kurzfristigen Zyklen zu bestimmen. Außerdem können wir immer besser voraussehen, wann während eines Jahres, wann im Laufe der Amtszeit von Präsidenten und wann im Jahrzehnt sich die Aktienkurse besser oder schlechter entwickeln (Kapitel 3).

Wir tun jetzt im Hinblick auf konjunkturelle Trends und auf die grundlegende Entwicklung des Menschen das Gleiche, was Wolfram auf viel breiterer Basis getan hat. Das vorliegende Buch beginnt mit den einfachsten Grundlagen der natürlichen und menschlichen Evolution. In Kapitel 1 wird zunächst erklärt, wieso die Technologiekatastrophe der Jahre 2000 bis 2002 ein natürlicher und unvermeidlicher Teil des wirtschaftlichen und technologischen Zyklus der Babyboom-Generation ist. Außerdem wird dort erklärt, warum noch eine große Hausse und eine große Blase vor uns liegt, bevor der Zusammenbruch und der schwerste Niedergang seit der Großen Depression folgen werden – in mancher Hinsicht könnte er sogar noch schwerer und länger werden.

Unsere Forschungen zeigen immer deutlicher, dass es nach 2009/2010 zu unseren Lebzeiten am breiten Aktienmarkt keine neuen Hochs mehr geben wird, auch wenn es nach dem großen Crash der Jahre 2010 bis

2022 wieder einen großen Boom geben wird, der etwa von 2023 bis zum Anfang der 2040er-Jahre reichen wird. Genauso wahrscheinlich ist es, dass Japan nach dem Höhepunkt Ende 1989 einige Jahrzehnte lang keine neuen Höchststände mehr erleben wird; und wir gehörten zu den wenigen Analysten, die Ende der 1980er (als Japan noch obenauf zu sein schien), vorhersagten, dass es mit Japan in den 1990er-Jahren und in den frühen 2000er-Jahren bergab gehen würde.

Wir zeigen in diesem Buch nicht nur, wo in dem großen Boom und nachfolgenden Zusammenbruch, die uns bevorstehen, die besten Unternehmens- und Investitionssektoren liegen, sondern wir zeigen auch, wie Sie mithilfe der Demographie in Ihrer Region feststellen können, wo die Hauspreise am schnellsten steigen und wo die besten unternehmerischen Chancen bestehen. Das vorliegende Buch ist die umfassendste Anleitung für Finanzplanung und Lebensplanung, die es je gab. Die Demographie (und die technologischen Lebenszyklen) sind schicksalhaft; mit demographischen Mitteln und mithilfe der Logik blicken wir hinter die grundsätzlichen Ausgaben-, Produktivitäts- und Inflationstendenzen, die wir schon seit Jahrzehnten voraussagen. Dann wenden wir sie direkt auf die Dynamik Ihrer lokalen Wirtschaft und des Immobilienmarktes an. Wir geben Ihnen mehr Werkzeuge für die Voraussage künftiger Tendenzen und die erfolgreiche Anpassung an gute und an schlechte Zeiten an die Hand, als Sie je zu träumen wagten. Sie brauchen nur dieses Buch zu lesen und die Werkzeuge auf Ihr Leben anzuwenden – oder Sie finden einen Finanzberater, der unsere Werkzeuge und unsere Logik begreift.

Wir werden zeigen, dass der Mensch die tiefgehende und hartnäckige Tendenz hat, die Welt und jegliche Entwicklung linear zu betrachten, dass Entwicklungen aber in Wirklichkeit so lange zyklischen und exponentiellen Wachstumstrends folgen, bis sie an ihre Grenzen stoßen – und dann folgen natürlich fortschreitende Schrumpfungen. Wir haben ein falsches Bild von Leben und Tod, von Wachstum und Fortschritt – und das ist unser größtes Defizit bei Zukunftsplänen und wirksamen Entscheidungen.

Wir befinden uns seit dem Urknall in einer Boom-Blase. Die Blasenbildung der Bevölkerungszahl beschleunigte sich vor 10.000 Jahren mit der landwirtschaftlichen Revolution, und noch mehr beschleunigt sie sich seit der Industriellen Revolution Ende des 18. Jahrhunderts sowie seit der Informationsrevolution im vergangenen Jahrhundert. Wir befinden uns an einem sehr verheißungsvollen und möglicherweise verhängnisvollen Punkt in der Menschheitsgeschichte, denn erstmals in der neueren Geschichte verlangsamt sich das Geburten- und Bevölkerungswachstum.

Wenn man in dem zunehmenden Auf und Ab der Zukunft – insbesondere der nächsten zwei Jahrzehnte – überleben will, muss man unbedingt die grundlegenden Zyklen begreifen, die das Wachstum antreiben. Die Zukunft wird nicht so sein, wie Sie erwarten. Wir helfen Ihnen mit einfachen und leicht verständlichen Indikatoren, die Zukunft vorauszusehen und sich an sie anzupassen.

In den Kapiteln 1 und 3 gehen wir der Frage nach, warum die Technologiekatastrophe ab dem Jahr 2000 eingetreten ist, warum die fundamentalen Tendenzen, die wir schon früher prognostiziert haben, immer noch gelten, und warum die „Investmentgelegenheit Ihres Lebens“, die wir zuerst für das Jahr 2002 vorausgesagt hatten, bis Ende 2004 immer noch sehr vorteilhaft ist. In den Kapiteln 4 und 5 betrachten wir die Tendenzen im Immobiliensektor, und wir erklären, wie Sie Ihr ganzes Leben und wichtige Entscheidungen nach den vorhersehbaren Trends ausrichten können, die wir in vielen Bereichen auf Jahrzehnte hinaus angeben können. In den Kapiteln 6 und 7 werfen wir einen sehr tief gehenden Blick auf die Risiken und möglichen Erträge in verschiedenen Investment-Sektoren; außerdem zeigen wir Ihnen Portfoliostrategien für die höchst unterschiedlichen wirtschaftlichen „Jahreszeiten“. Gegen Ende dieses Jahrzehnts kommt die bedeutendste Zeitenwende seit Ende der 1920er-/Anfang der 1930er-Jahre, und Sie müssen Ihre Anlagestrategie von Zeit zu Zeit gewaltig ändern. In Kapitel 8 geht es um die geschäftlichen Chancen in der „neuen Millionärswirtschaft“. Wir werden es erleben, dass der Dow Jones bis zum Jahre 2010 genauso für Jahrzehnte gültige Hochs erreicht wie Ende 1989 in Japan der Nikkei.

Wenn Sie ein Buch finden, das für Ihren langfristigen Erfolg und für Ihr Überleben wichtiger ist als das vorliegende, dann will ich es sehen! Nehmen Sie sich die Zeit, und lesen Sie das ganze Buch – nicht nur das erste Kapitel oder nur die Überschriften. Sie werden sehen, dass die Zukunft sehr viel vorhersagbarer ist, als uns die Wirtschaftswissenschaftler glauben machen, denn jetzt haben wir klare demographische Informationen; dies ist der Erkenntnis vergleichbar, dass sich die Erde um die Sonne dreht.

Mein Versprechen: Wenn Sie dieses Buch durcharbeiten und die darin enthaltenen Prinzipien anwenden, dann treffen Sie in Zukunft andere Entscheidungen als in der Vergangenheit. Sie können sich dann in guten wie in schlechten Tagen eine vorhersehbarere und bessere Zukunft schaffen – und in den nächsten beiden Jahrzehnten wird es gute wie auch schlechte Zeiten geben.

Es ist allerdings auch an der Zeit, dass die traditionellen Wirtschaftsexperten und Analysten die neue Wissenschaft der Demographie und der technologischen Lebenszyklen ernst nehmen. Wenn wir hinsichtlich der kommenden zwei Jahrzehnte genauso Recht haben wie hinsichtlich der vergangenen zwei Jahrzehnte, dann können sie die neuen Theorien nicht mehr als grobe Vereinfachung abtun. Wir glauben und beweisen, dass die komplexen Veränderungen in der Wirtschaft und im Lebensstil das Ergebnis einfacher Ursache-Wirkungs-Ketten sind. Sie sollten diese Realität dringend erkennen, bevor die Experten schließlich doch noch aufholen.

Sie sollten ebenso dringend die Realität des exponentiellen Wachstums und des zyklischen Wandels akzeptieren und Ihre Vorliebe für die lineare Welt ablegen, in der wir mit der Zeit immer besser werden, irgendwann in den Himmel kommen und dann dort bleiben. Manchmal ist es, gerade angesichts des aktuellen Weltgeschehens, schwierig, in der Realität zu leben, aber dadurch wird man auch in allen Lebensbereichen verantwortungsvoller und effektiver. Und genau darum geht es in diesem Buch.

KAPITEL 1

Die Investmentchance Ihres Lebens

Geradezu unheimliche Parallelen zu der „Technologiekatastrophe" 1919–1922 und zu der nachfolgenden „Boom-Blase"

Dass der Aktienmarkt nach dem Crash vom Oktober 2002 in den Jahren 2003 und 2004 erst einmal zurückfedert, kündigt die nächste große Börsenhausse und das letzte Stadium des größten Booms aller Zeiten an. Unsere bisherigen Leser dürfte diese Prognose kaum überraschen, denn wir sagen schon lange voraus, dass die zahlenmäßig starke Babyboomer-Generation durch die vorhersehbar steigenden Ausgaben und die steigende Produktivität bis zum Jahre 2008 oder 2009 einen nie dagewesenen Boom hervorrufen wird. Sie müssen unbedingt begreifen, dass dies Ihre letzte Chance ist, von der außergewöhnlichen Hausse zu profitieren, die mehr Menschen als je zuvor in den Millionärsstatus erhoben und mehr Haushalte als je zuvor wohlhabend gemacht hat. Der extreme Crash der Jahre 2000 bis 2002 macht die nächste Phase der Investmentgelegenheiten nur noch verlockender. Wir sagen voraus, dass Sie als Anleger von dem Tief 2002 aus bis etwa Ende 2009 wahrscheinlich einen ähnlichen oder noch höheren durchschnittlichen Jahresertrag erzielen werden als in der beispiellosen Hausse der 1990er-

Jahre. Wie viele Experten, Wirtschaftswissenschaftler und Anlagestrategen prophezeien das ebenfalls?

Angesichts des unglaublichen Technologiecrashs und der Terroranschläge vom 11. September 2001 klingt diese Prognose wohl erstaunlich. Sie könnten fragen: „Wie kann man nach dieser unglaublichen Blase und nach diesem unglaublichen Crash an solche Erträge in den kommenden Jahren auch nur denken?“ Selbst Warren Buffett und Sir John Templeton, zwei der erfolgreichsten langjährigen Investmentgurus, sagen auf viele Jahre hinaus wesentlich weniger Wirtschaftswachstum und Aktienerträge voraus. Buffett behauptet, in diesem Jahrzehnt könne man bestenfalls einstellige Erträge erzielen, und laut Templeton kann man sich schon glücklich schätzen, wenn man in diesem Zeitraum keinen Verlust macht.

Aber erinnern Sie sich bitte daran, dass wir auch fast völlig alleine dastanden, als wir in *THE GREAT BOOM AHEAD* (Ende 1992) den großen Boom der 1990er-Jahre voraussagten. Damals waren die meisten Menschen fast ebenso pessimistisch wie heute. Schließlich stand *BANKRUPTCY 1995* damals auf der Bestsellerliste ganz oben. Wir hatten gerade den extremen Crash 1987, den Zusammenbruch der Immobilienpreise, die Sparkassenkrise, den Golfkrieg, das Zusammenfallen der japanischen Konjunkur-, Aktien- und Immobilienblase, das größte Haushaltsdefizit aller Zeiten und eine Rezession von 1990 bis Mitte 1991 hinter uns. Wer hätte gedacht, dass die 1990er-Jahre mehr Aktiengewinne und mehr Wirtschaftswachstum bringen würden als die 1980er-Jahre? Aber eigentlich begannen beide Jahrzehnte des beispiellosen Booms eher schwach. Erinnern Sie sich noch an die frühen 1980er-Jahre? Die frühen 1990er-Jahre? In den meisten Jahrzehnten konsolidieren zuerst die kräftigen Gewinne aus dem vorangegangenen Jahrzehnt, bevor es weitergeht; das liegt an dem immer wiederkehrenden Planungszyklus der Unternehmen, den wir in Kapitel 3 behandeln werden.

Damals sagten wir voraus, dass sich der Niedergang in Japan, vor dem wir Ende der 1980er-Jahre gewarnt hatten, fortsetzen würde und dass Amerika den größten Boom seiner Geschichte erleben würde. Wir sagten voraus, dass die Inflation gegen null gehen würde und dass das Haushaltsdefizit zwischen 1998 und 2000 ausgeglichen sein würde. Wir riefen aus: „Macht euch bereit!“ Aber die meisten Menschen erkannten die Bedeutung des Booms der 1990er-Jahre erst gegen Ende des Jahrzehnts, gerade als nach der unglaublichen Expansion eine Konsolidierung fällig war. Sie diente als Vorbereitung auf das nachfolgende noch bessere Jahrzehnt, genauso wie es Anfang der 1990er-Jahre nach der großen Expansion der 1980er-Jahre geschehen war. Die gute Nachricht ist, dass sich die fundamentalen Trends, die wir verfolgen und voraussagen, trotz des Crashs 2000 bis 2002 nicht geändert haben.

Unser Buch von Anfang 1998 haben wir nicht umsonst *THE ROARING 2000S* genannt. Wir haben vorausgesagt und sagen immer noch voraus, dass das jetzige Jahrzehnt das großartigste unserer Geschichte wird und dass es große Parallelen zu den 1920er-Jahren aufweisen wird. Die 1920er-Jahre waren die letzte Epoche, in der eine große technische Revolution auf breiter Front wirksam wurde und gleichzeitig eine neue Generation den Höhepunkt ihres Ausgaben- und Produktivitätszyklus erreichte. In diesem Jahrzehnt wurden auf Jahrzehnte hinaus die führenden Unternehmen für die meisten Branchen und Technologien bestimmt, bis in die 1970er-Jahre und darüber hinaus! Diesmal ist die Generation noch zahlreicher und die Technologien noch mächtiger. Deshalb sagen wir wieder „Auf die Plätze!“, genauso wie 1992 in *THE GREAT BOOM AHEAD*. Diesmal gibt es noch viel mehr Hinweise darauf, dass die Wirtschaft und die technische Revolution weiter boomen werden, und wir kennen jetzt die Gründe für den dramatischen Technologiecrash von 2000 bis 2002. Das war einfach das Ende der ersten Phase des Übergangs neuer Technologien in den Mainstream unserer Wirtschaft. Die 1990er-Jahre hatten die zweite Aktienblase erzeugt, die sich vor allem auf Internet- und Technologiewerte erstreckte. Die erste Blase hatte ihren Höhepunkt im Jahre 1987 erreicht.

Jetzt kommt das zweite Stadium der technologischen Revolution. Die gleiche Technologiekatastrophe wie in den letzten Jahren gab es auch vor 80 Jahren. Das Automobil und andere neue technische Errungenschaften legten schnell zu und erreichten schnell den gleichen Punkt wie heute: 50 Prozent der Verbraucher hatten sie übernommen. Die berüchtigten 1920er-Jahre waren der unglaubliche Boom, der auf den extremen und ausgedehnten Crash folgte. Wir haben ein Vierjahresmuster und ein Jahrzehntmuster der Aktienbewegungen ausfindig gemacht, das seit über 50 Jahren regelmäßig wiederkehrt. Nachdem im Jahre 2002 ein Vierjahreszyklus zugeschlagen hat, bleibt nur noch ein einziger Zyklus, der Mitte bis Ende 2006 fällig ist. Ansonsten scheint die Bahn für ein weiteres Jahrzehnt mit kräftigem Wachstum frei zu sein.

Ist Ihnen eigentlich klar, dass es in fast jedem Jahrzehnt in den ersten paar Jahren Rezessionen, Konsolidierungen und sinkende Aktienkurse gibt und dass die meisten Gewinne in der zweiten Hälfte von Jahrzehnten erzielt werden? Im nächsten Kapitel erkläre ich, warum ich immer noch voraussage, dass der Dow Jones Industrial Average auf 38.000 bis 40.000 Punkte steigt. Ich werde im Einzelnen beschreiben, wie sich die Hausse über den Rest des Jahrzehnts entwickeln wird, und zwar in den Bereichen Hauptwerte, Nebenwerte, Anleihen, Immobilien und internationale Märkte. Wir werden die Sektoren des Aktienmarktes untersuchen, die von den demographischen Tendenzen und von der technischen Revolution angetrieben werden. Rechnen Sie damit, dass die technologischen Sektoren von Ende 2004 oder Anfang 2005 an bis zum Jahre 2009 oder Anfang 2010 kräftig steigen und die Aktienmärkte führen werden, genauso wie von 1995 bis 1999 und Anfang 2000. Falls Sie also die große Kaufgelegenheit Ende 2002 verpasst haben – der beste Teil der Hausse liegt noch vor uns!

Wenn man am Boden der Technologiekatastrophe Ende 1921/Anfang 1922 Aktien gekauft hätte – insbesondere Automobilaktien und andere neue Technologien –, dann hätte man in acht Jahren sechsmal so viel Gewinn erzielt wie der Dow Jones; der Automobilindex stieg zwölfmal so schnell, und General Motors 22-mal so schnell. Davor war der Dow Jones um 45 Prozent eingebrochen, der Auto-Index um 70 Prozent und General Motors um 75 Prozent – fast genauso wie in den Jahren 2000 bis 2002. Ich werde zeigen, dass der Aktienchart von Intel für die Jahre

1992 bis 2000 fast identisch mit dem Chart von General Motors für die Jahre 1919 bis 1921 ist. Ende 1921/Anfang 1922 sah es so aus, als würde die Große Depression kommen. Die Arbeitslosigkeit stieg in den Vereinigten Staaten auf zwölf Prozent und in Großbritannien auf 18 Prozent. Zum ersten Mal seit Jahrzehnten gab es eine Preisdeflation. Deutschland stand aufgrund der Hyperinflation der Jahre 1922 und 1923 vor einem noch größeren Kollaps.

In dieser Zeit wurde auch der erste moderne Terroranschlag verübt: Ende 1920 explodierte in der Wall Street eine Bombe. Es gab unglaubliche Angriffe auf Einwanderer und ethnische Gruppen; im Jahre 1924 stieg die Mitgliederzahl des Ku Klux Klan auf fünf Millionen beziehungsweise 23 Prozent der Haushalte. Die 1920er-Jahre waren das Jahrzehnt der Einwandererfeindlichkeit. Aber trotz extremer wirtschaftlicher, politischer, internationaler und gesellschaftlicher Konflikte brachten die Goldenen Zwanziger die größte Aktienhausse, die höchste Produktivität und den größten Fortschritt der amerikanischen Geschichte mit sich – zumindest vor 1990 und bis jetzt.

Und jetzt sagen die Wirtschaftsexperten trotz des steilen Wiederanstiegs 2003, dass es am Aktienmarkt eine Blase gegeben hat und dass die Märkte vielleicht auf Jahrzehnte hinaus keine neuen Höchststände mehr erreichen werden, insbesondere die Technologieaktien nicht. Ich bin vollkommen anderer Meinung. Dieser Boom war eine Boom-Blase, weil er von extremen demographischen Entwicklungen, von der fortschreitenden Globalisierung und von extremen technischen Fortschritten angetrieben wurde. Die erste Blase trat von 1985 bis 1987 auf, aber das war keine Technologieblase. Die jüngste Blase von 1995 bis 1999 war noch größer und konzentrierte sich weitgehend auf das Internet und andere Technologien. Die nächste und letzte Blase dürfte sich von 2005 bis 2009 oder Anfang 2010 bilden. Wahrscheinlich wird das die großartigste Hausse und Technologieblase der letzten beiden Jahrhunderte werden. Auf diese letzte Blase folgt wahrscheinlich die größte Depression der Geschichte – aber zumindest der größte Abschwung seit der Großen Depression.

Ende der 1980er-Jahre gehörten wir zu den optimistischsten Analysten und Investmentstrategen, weil wir ein paar einfache, aber mächtige neue Werkzeuge für die Vorhersage konjunktureller Trends entdeckt hatten – Werkzeuge, die von den Wirtschaftswissenschaftlern größtenteils abgelehnt werden, weil sie zu einfach sind und jeder normale Mensch sie versteht.

Wir arbeiten mit grundlegenden Fragen: wann wir Geld verdienen und ausgeben, wann wir am produktivsten arbeiten, wann wir die meisten Kredite aufnehmen, wann wir am meisten investieren und auch wann wir aufgrund der Ausgaben für Erziehung und Ausbildung unserer Kinder bis zum Eintritt in das Erwerbsleben am meisten Inflation erzeugen. Das sind neue Statistiken, die wir der Informationsrevolution verdanken. Sie sind hochgradig quantifizierbar und werden im Verbrauchermarketing weithin eingesetzt – jedoch nicht in der Wirtschaftswissenschaft. Aber was könnte für unsere Wirtschaft von grundlegenderer Bedeutung sein als diese einfachen, leicht verständlichen und hochgradig berechenbaren Trends? Wir stellen regelmäßig fest, dass die Menschen diesen menschlichen, demographischen Prognoseansatz schnell begreifen. Warum das so ist? Weil wir alle mit zunehmendem Alter vergleichbare Lebenszyklen durchlaufen.

Wir sind nicht bullish, weil wir von Natur aus Optimisten wären. Meine Mutter würde Ihnen niemals sagen, dass ich ein optimistischer Mensch bin. Im Jahre 1989 sagten wir voraus, die Konjunktur der Vereinigten Staaten würde sich in den Jahren 1990 und 1991 verlangsamen. Wir sagten voraus, dass Japan länger als zehn Jahre lang im Vergleich zu den Vereinigten Staaten und Europa absteigen würde. Eigentlich dachten wir, der Börsencrash Ende 1999 würde schlimmer ausfallen. Anfangs hatten wir auch vorausgesagt, dass der Dow Jones Industrial Average in den ersten Jahren des Jahrhunderts auf 10.000 Punkte steigen würde. Das war noch eine Untertreibung, aber damals hielten uns alle für verrückt. *THE ROARING 2000S* kam im April 1998 heraus, und die letzten inhaltlichen Änderungen stammten von Ende 1997. Darin sagten wir voraus, dass der Dow Jones in einer Korrekturbewegung Mitte bis Ende 1998 bei 7.200 bis 7.600 Punkten ankommen würde (Seite 292). Der Tages-Tiefstwert lag dann genau in der Mitte, bei 7.400. Und für diesen Bereich gaben wir Ende September/Anfang Oktober 2002 wieder unser stärkstes Kaufsignal.

In *THE ROARING 2000S INVESTOR*, das im Oktober 1999 erschien, prophezeiten wir, der Dow Jones würde Ende 1999 oder Anfang 2000 das obere Ende unserer Bewertungsskala erreichen und dann wäre eine scharfe Korrektur fällig (Seite 26). Am 1. Februar 2000 warnten wir in unserem Börsenbrief, dass sich die Internetaktien einem bedeutenden Hoch näherten. In der Ausgabe unseres Börsenbriefs zum 1. April 2000 rieten wir den Abonnenten, sie sollten aus ihren Portfolios Technologie- und Asienwerte (früher Japan) herausnehmen und mehr Gesundheits- sowie Finanzaktien aufnehmen. Trotz der nachfolgenden extremen Korrekturbewegung testete der Dow Jones am 21. September 2001 den Boden unseres Bewertungskanals und erholte sich bis Mitte 2002 wieder mäßig. Dann gaben wir bei 8.000 bis 8.200 Punkten unsere erste starke Kaufempfehlung für den Dow Jones. Anfang Juli 2002 wurde der Trendkanal des Dow Jones jedoch durchbrochen, so dass wir unsere Ziele wieder auf die Tiefs des Jahres 1998 bei 7.400 Punkten setzten. Am 9. Oktober erreichte der Dow Jones schließlich bei 7.286 Punkten den Boden. Ähnlich war es mit dem Nasdaq Composite. Ende 2000 sagten wir voraus, er könnte den langfristigen Trend im Bereich von 2.100 Punkten testen; für den Fall eines Ausbruchs nach unten waren die Tiefs aus dem Jahre 1998 bei 1.350 bis 1.400 das Ziel. Auch dieses Niveau wurde schließlich durchbrochen, und wir prophezeiten Tiefs im Bereich von 1.100 bis 1.150 Punkten. Am 9. Oktober 2002 wurde diese Zone mit 1.114 Punkten erreicht. Daraus geht hervor, dass wir nichts dagegen haben, bearish zu sein, wenn es nötig ist.

Aber in unserem Börsenbrief vom 1. Oktober 2002 gaben wir unser stärkstes Kaufsignal überhaupt. Der Grund, weshalb wir Wirtschafts- und Börsenwachstum bis 2009 oder Anfang 2010 voraussagen, besteht darin, dass unsere Prognosen auf hochgradig quantifizierbaren demographischen und technologischen Trends basieren, die immer noch deutlich nach oben zeigen. Angesichts des extremen Börsencrashs und der politischen Ereignisse der Jahre 2000 bis 2002 ist es schon erstaunlich, dass sich die Wirtschaft so gut gehalten hat. Das liegt daran, dass die Verbraucher weiterhin viel ausgaben, während die Unternehmen scharfe Kürzungen vornahmen. Das beweist nur, wie sehr die demographische Entwicklung unsere Wirtschaft beeinflusst. Warren Buffett hat einmal gesagt: „Die Märkte steigen und fallen." Kurzfristig betrachtet stimmen wir dem zu, und die jüngste Blase samt Crash belegt das. Wir haben jedoch festgestellt, dass sich die Märkte aufgrund der erwähnten fundamentalen Trends langfristig betrachtet in höchst vorhersehbaren Bahnen bewegen.

Wir haben von Anfang an prophezeit, dass auf den großen Boom ein langer Niedergang folgt, der sich von 2009 oder 2010 bis 2022 oder 2023 erstreckt; auch die früheren Baissen folgten auf Gipfelpunkte des Ausgabenzyklus früherer Generationen. In den Vereinigten Staaten passierte das in den Jahren 1930 bis 1942 und 1969 bis 1982. Wir sind uns der Tatsache vollständig bewusst, dass der Aktienmarkt und die Konjunktur auch in Haussen kurzfristig stark schwanken können. Somit ist es eindeutig nicht so, dass wir immer bullish wären. Tatsächlich werde ich in Kapitel 3 Zyklen vorführen, die alle wesentlichen Korrekturbewegungen der letzten 40 bis 50 Jahre erklären. In den Jahren 2000 bis 2002 trafen drei Zyklen aufeinander.

Die gute Nachricht ist, dass der Weg für kräftige Anstiege bis Mitte/Ende 2006 frei ist, bevor der nächste kleinere Zyklus zuschlägt. Höchstwahrscheinlich erreicht dann die Hausse Ende 2009/Anfang 2010 den Höhepunkt. Sämtliche wichtigen Analysen deuten darauf hin, dass ab 2010 mit fast absoluter Sicherheit ein schwerer und langer Niedergang von Wirtschaft und Börse beginnt. Er dürfte schlimmer werden als die 1970er-Jahre in den Vereinigten Staaten und die 1990er-Jahre in Japan, und er kann sich mit der Großen Depression der 1930er-Jahren entweder messen oder übertrifft sie sogar. Das war die schlechte Nachricht. Das ist vielleicht auch die wichtigste Erkenntnis, die wir Ihnen mit diesem Buch vermitteln können. Es gibt allerdings Anlage- und Lebensstrategien, mit deren Hilfe Sie der unvermeidlichen Notlage nicht nur entgehen können, sondern sogar noch davon profitieren können.

Unsere Prognose unterscheidet sich seit den 1980er-Jahren sehr von Warren Buffetts Prognose und den Prognosen der meisten Experten. Wir sind immer noch der Meinung, dass der Dow Jones bis zum Ende des Jahrzehnts auf 35.000 bis 40.000 Punkte steigen wird und dass der Nasdaq Composite bis auf etwa 13.000 Punkte oder sogar 20.000 Punkte klettern wird. Trotz der kräftigen anfänglichen Kurserholung Ende 2003/Anfang 2004 erwarten wir die größten Gewinne zwischen Ende 2004 und 2009, vor allem von Ende 2004 bis Mitte 2006 und von Ende 2006 bis Ende 2009. Es ist also eindeutig noch nicht zu spät, bei der größten Hausse aller Zeiten dabei zu sein!

Warum sprechen wir von der Anlagechance Ihres Lebens? Weil der Crash und die Verlangsamung 2000 bis 2002 eine extreme Korrektur darstellten; das ist ganz natürlich, wenn während eines Wirtschaftsbooms schnell neue Technologien aufkommen. Ähnlich war es bei dem extremen Crash 1987 und bei dem Nachbeben 1990. Die jüngste Korrektur ähnelt allerdings mehr dem Crash 1919 bis Anfang 1922, der in den Boom und die Hausse der Goldenen Zwanziger mündete. Das war die größte Investmentchance des vergangenen Jahrhunderts.

Hier noch ein wichtiger Punkt, den wir Anlegern gegenüber immer betonen: Nicht jeder große Börsencrash ist eine gute Kaufgelegenheit, und das Halten von Aktien über lange Zeiträume funktioniert im richtigen Leben nicht immer. Wenn man Ende 1929 die herausragendsten Blue-Chips gekauft hätte, dann hätte man in drei Jahren 87 Prozent Verlust gemacht. Und 13 Jahre danach hätte das Minus immer noch 80 Prozent betragen. Den Nullpunkt hätte man erst 1953 erreicht – nach 24 Jahren! Sogar wenn man klugerweise den Dow Jones Industrial Average in der Talsohle des größten Crashs der amerikanischen Geschichte gekauft hätte, nämlich 1932, dann hätte man bis zum Jahre 1942 einen unterdurchschnittlichen mittleren Jahresertrag von acht Prozent bekommen. Erst dann begann die nächste Hausse.

Wenn man im nächsten Hausse-Zyklus Ende 1965 den Dow Jones gekauft hätte, dann hätte man im Jahre 1982, also 17 Jahre danach, inflationsbereinigt ein Minus von 70 Prozent gemacht. Um wieder auf null zu kommen, hätte man bis 1993 warten müssen, also 28 Jahre.

Wenn man dagegen abgewartet hätte und den Dow Jones erst am Boden des Crashs im Jahre 1974 gekauft hätte, dann hätte man acht Jahre danach im Jahre 1982 trotzdem immer noch im Minus gestanden. Das ist die harte Realität des wirklichen Investmentlebens. Obwohl der durchschnittliche Jahresertrag von Aktien über längere Zeiträume meistens zehn bis elf Prozent beträgt, kann die Performance zehn Jahre lang oder länger höchst armselig sein. Und diese Zyklen könnten gerade dann eintreffen, wenn Sie Ihr Ruhestandsgeld am dringendsten bräuchten. Fragen Sie einmal ein ganz normales japanisches Ehepaar, das im letzten Jahrzehnt das Rentenalter erreicht hat!

Wenn man den Nikkei genau zum Boden des ersten ausgedehnten Crashs 1992 gekauft hätte, dann wäre das damals wie ein brillanter Schachzug erschienen. Aber elf Jahre später, im Jahre 2003 hätte man weitere 45 Prozent verloren, zuzüglich der Verluste durch die Inflation. Anfang des Jahres 2003 hatte der Nikkei seit dem Hoch 13 Jahre zuvor 80 Prozent abgegeben. Warum ist das passiert? In Japan gab es in den 1950er-Jahren und Anfang der 1960er-Jahre keinen Babyboom wie in den meisten anderen Industriestaaten der Welt, sondern nur zwei kürzere Booms Anfang der 1960er- und Anfang der 1970er-Jahre.

Deshalb gibt es dort keine neue Generation, die Geld verdienen und ausgeben kann – bis zu dem Zeitraum 2009 bis 2020. Dann dürfte Japan wieder wachsen, während Amerika zusammenbricht. Im Moment geht die demographische Talfahrt der Ausgaben in Japan langsam zu Ende, und für den Rest des Jahrzehnts dürfte die japanische Wirtschaft mäßig wachsen.

Nur die in hohem Maße vorhersehbaren demographischen Trends und Technologiezyklen können erklären, ob ein bedeutender Börsencrash nur eine extreme Korrektur aufgrund eines Überbewertungszyklus beziehungsweise aufgrund kurzfristiger politischer Ereignisse ist, oder ob er der Anfang eines langfristigen wirtschaftlichen Niedergangs und einer ausgedehnten Aktienbaisse ist.

Ende der 1920er-Jahre, Ende der 1960er-Jahre und unserer Prognose nach in den Jahren 2009 und 2010 zeigte beziehungsweise zeigt der Gipfelpunkt der Ausgaben und der Verbreitung neuer Technologien an, dass danach ein wirtschaftlicher Niedergang und eine Aktienbaisse folgen. Die Wirtschaft Japans erreichte – abgekoppelt vom Rest der Welt – Ende der 1980er-Jahre einen solchen Gipfel. Das ist der Grund für den anhaltenden Niedergang Japans in den 1990er-Jahren und in den ersten Jahren des neuen Jahrtausends. Wir gehörten zu den wenigen Analysten, die Ende der 1980er-Jahre die lange Talfahrt der japanischen Wirtschaft vorausgesagt haben, obwohl sie damals so stark erschien.

Genauso wie in den 1990er-Jahren bieten wir diesmal eine einzigartige Perspektive zu einem Zeitpunkt, zu dem die Zukunft nicht gerade golden erscheint. Beachten Sie dabei zunächst, dass alle Boomjahrzehnte und alle Jahrzehnte des vergangenen Jahrhunderts mit einer verlangsamten Reaktion auf das unglaubliche Wachstum des vorangegangenen Jahrzehnts begannen. Wir bezeichnen diesen Zyklus als „Jahrzehnt-Kater“. Die Ursache dafür liegt in den zehnjährigen Planungs- und Wachstumszyklen der Großunternehmen. Der Jahrzehnt-Kater ist einer der vielen Zyklen, die wir in Kapitel 3 vorstellen, wo wir die entscheidenden Wendepunkte des bevorstehenden Aufstiegs und Falls voraussagen.

Es liegt in der Natur des Menschen, dass er zum Beginn von Wachstumsphasen übertrieben expandiert und dass er sich dann zurückschrauben und neu ausrichten muss, damit regelmäßiges Wachstum möglich wird. Die 1980er-Jahre begannen mit einer konjunkturellen Verlangsamung, und die 1990er-Jahre auch. Am schwersten betroffen von der Kontraktion Anfang der 1990er-Jahre waren Hausbau-Aktien und Sparkassen (Abbildung 1.1, Seite 42).

In den 1980er-Jahren hatten sie zu den stärksten Sektoren gehört, denn die Kinder des Babybooms bauten damals ihre Häuser. Obwohl es bei den Hausbau-Aktien keine Blase gab, die sich auch nur annähernd mit der Technologieblase messen könnte, brachen sie Anfang der 1990er-Jahre um 60 Prozent ein.

Abbildung 1.1

Standard & Poor's Home-Building Index [Hausbau], 1989 bis 1991

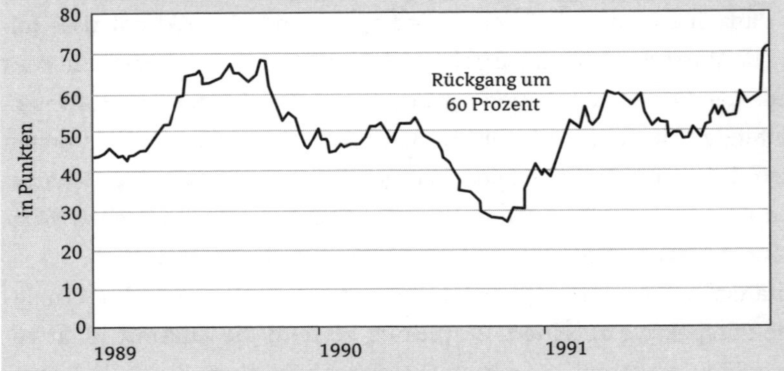

Am schnellsten expandierte in den 1990er-Jahren der Technologiesektor, und deshalb war eine kurzfristige Abschwächung und Konsolidierung fällig. Waren die frühen 1990er-Jahre nun das Ende des Booms oder nur das Ende des Hausbau-Booms? Wir sind der Meinung, dass die ersten Jahre des Jahrtausends eindeutig weder das Ende des Technologiebooms noch des breit angelegten Wirtschaftsbooms sind, den der Ausgabenzyklus der zahlenmäßig starken Babyboom-Generation verursacht hat. Wir sagen Ihnen in den späteren Kapiteln auch, wie Sie sich darauf vorbereiten können.

Es gibt zwei sehr wichtige Punkte, die Sie unbedingt begreifen müssen. In *THE ROARING 2000S* haben wir diese Punkte ausführlich erklärt. Erstens speist sich in den Vereinigten Staaten und in den meisten anderen Ländern der beispiellose Wirtschaftsboom aus dem ansteigenden Verdienst-, Ausgaben- und Produktivitätszyklus der Babyboom-Generation. Die Ausgaben-Welle in Abbildung 1.2 ist einfach nur die verzögerte Version der Geburtenrate der Vereinigten Staaten (zuwanderungsbereinigt), denn die berechenbare Spitze der Ausgaben des durchschnittlichen Haushalts, die momentan im Alter von 46 bis 50 Jahren angesiedelt ist, wandert in jedem Jahrzehnt ein Jahr weiter. Unsere

Abbildung 1.2

Die Ausgabenwelle: Zeitlich versetzte Geburtenstatistik – Höhepunkt der Ausgaben der Familien, 1954 bis 2050

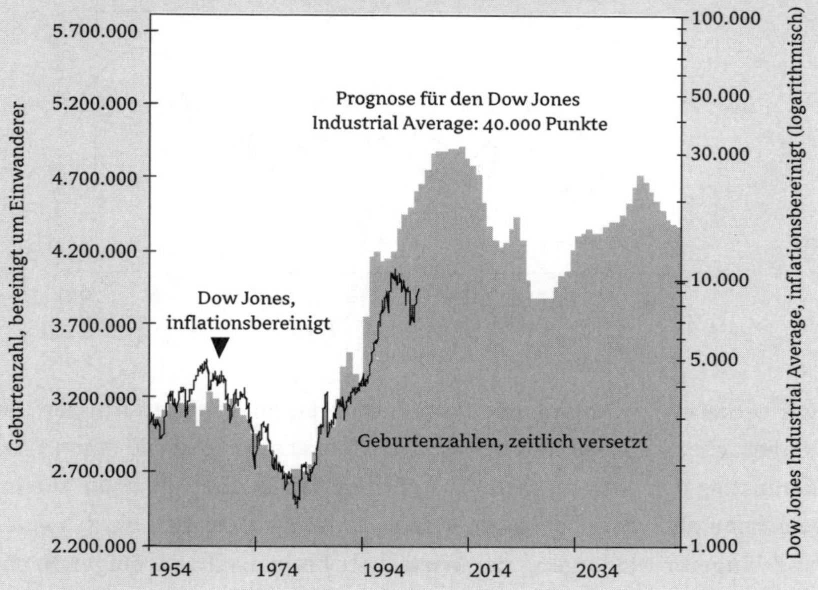

jüngste Auswertung des Consumer Expenditure Survey des U. S. Department of Labor, Bureau of Labor Statistics (Statistik der Verbraucherausgaben, von der statistischen Abteilung des Ministeriums für Arbeit) weist zwei Ausgabenspitzen im Alter von 46 und von 50 Jahren auf.

Über die restliche Lebensdauer der Familie gehen die Ausgaben wieder zurück. Seit unserer Entdeckung dieses Indikators im Jahre 1988 sagen wir voraus, dass sich die Ausgaben der jetzigen Generation bis in den Zeitraum 2007 bis 2009 fortsetzen und dass der Boom und die Hausse größer werden als erwartet.

In Abbildung 1.2 ist zu erkennen, dass zwischen dem breiten Aktienmarkt und der Wirtschaft trotz bedeutender politischer und wirtschaftlicher Erschütterungen eine enge Korrelation besteht. Deshalb sehen

Abbildung 1.3

Dow Jones Industrial Average, 1900 bis 2025: Der 40-jährige Generationszyklus

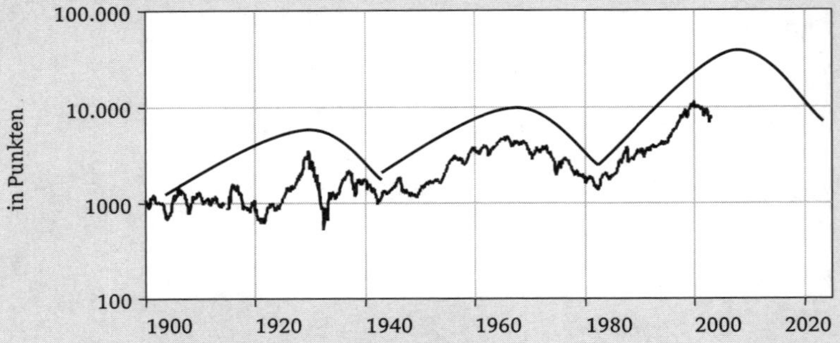

wir genauso wie Anfang der 1990er-Jahre einen kräftigen Anstieg der Verbraucherausgaben und des Wirtschaftswachstums sowie einen Wiederanstieg des Aktienmarktes mindestens bis in das Jahr 2009 hinein, wahrscheinlich sogar bis 2010, voraus. Danach macht sich ein schwerer und längerer Niedergang der Wirtschaft breit, weil es weniger Nachkommen des Babybooms gibt, die Geld für Häuser, Autos, Computer und so weiter ausgeben. Neue Generationen erzeugen sehr vorhersehbare wirtschaftliche Zyklen von Aufstieg und Fall. Wie Sie dem inflationsbereinigten Chart des Dow Jones Industrial Average in Abbildung 1.3 entnehmen können, kehrt dieser Zyklus etwa alle 40 Jahre wieder.

Die erste wichtige Erkenntnis aus dem Crash 2000 bis 2002, die wir Ihnen mitteilen können, besagt, dass der Boom noch nicht vorbei ist. Er ist erst dann vorbei, wenn die Babyboomer Ende 2009/Mitte 2010 ihren Ausgaben- und Erwerbszyklus abschließen.

Ein weiterer entscheidender Punkt, der in *THE ROARING 2000S* dargelegt wird, ist die Tatsache, dass alle zwei Generationen beziehungsweise alle 80 Jahre radikal neue Technologien und eine neue Wirtschaftsweise

Abbildung 1.4

Der achtzigjährige New-Economy-Zyklus

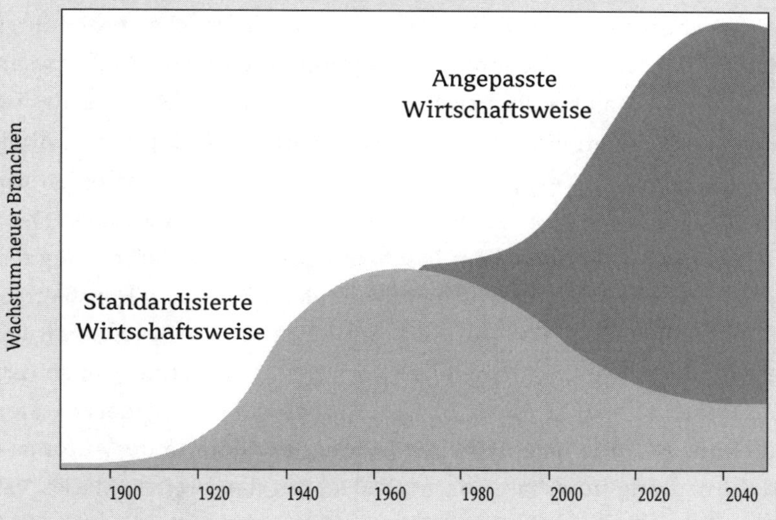

erscheinen (siehe Abbildung 1.4). Nach der Erfindung der Elektrizität, des Autos, des Telefons und vieler anderer entscheidender neuer Technologien im späten 19. Jahrhundert entstand um das Fließband und das moderne Unternehmen eine neue Wirtschaftsweise. Mit ihr erschienen immer mehr standardisierte Produkte, die in großen Massen preiswert vermarktet wurden, es entstanden Arbeitsplätze in Fabriken und Büros, und es entstand die Vorstadtkultur. Die heutige neue Wirtschaft oder New Economy bringt Produkte und Dienstleistungen mit sich, die genauer auf die Bedürfnisse der Verbraucher zugeschnitten sind. Ab dem kommenden Jahrzehnt entsteht von der Basis aus ein Netzwerk aus Direkt-Vermarktung und bedarfsorientierter Produktion. Die Herstellung von Produkten und die Bereitstellung von Dienstleistungen werden immer mehr in Echtzeit erfolgen. Diese neue Wirtschaftsweise ermöglicht zunehmend den Übergang zum „außerstädtischen Leben“ in Kleinstädten wie beispielsweise Aspen, Martha’s

Vineyard oder Hilton Head sowie in den Siedlungsringen, von denen die meisten Stadtregionen umgeben sind.

Zunächst dringen die neuen Technologien und Unternehmen in Marktnischen ein; sobald zehn Prozent der Verbraucher beziehungsweise Haushalte die Technologie übernommen haben, stößt sie sehr schnell in den Mainstream vor. Das ist das Prinzip der S-Kurve, das wir in unseren früheren Büchern immer so beharrlich betont haben. Abbildung 1.5 zeigt den Verlauf der Ausbreitung neuer Technologien und Produkte. Im Jahre 1914 verfügten zehn Prozent der städtischen Haushalte über ein Auto, und dann beschleunigte sich die Verbreitung derart, dass im Jahre 1928 bereits 90 Prozent der städtischen Haushalte einen Wagen besaßen. Das Auto war im Jahre 1886 erfunden worden, aber von der ersten kommerziellen Verwertung im Jahre 1914 ab dauerte es noch einmal 14 Jahre, bis die Nischenmärkte abgedeckt waren. Und dann, 28 Jahre nach seiner Erfindung, explodierte der Automarkt und durchdrang innerhalb von nur 14 Jahren den breiten Markt. Verbraucher und Experten neigen gleichermaßen dazu, Trends geradlinig

Abbildung 1.5
Die S-Kurve

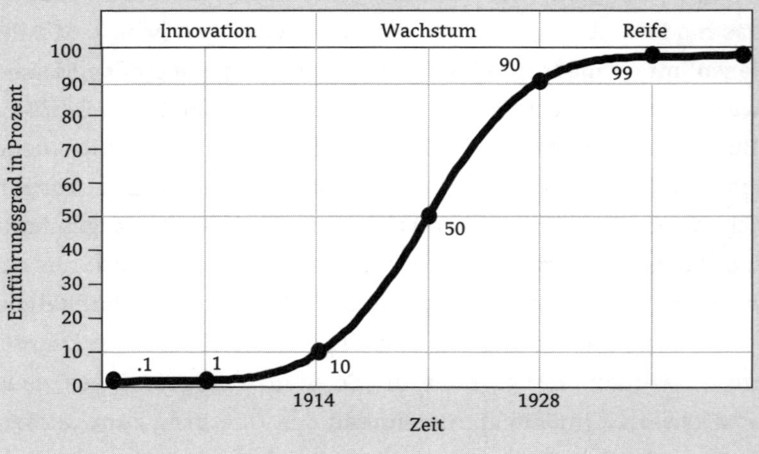

in die Zukunft fortzuschreiben. Aber so funktioniert die Wirklichkeit nun einmal nicht, genausowenig wie die zehn Prozent Jahresertrag aus Aktien. Deshalb ist die S-Kurve ein mächtiges Prognosewerkzeug.

Das Internet, das Handy und der Heimcomputer erreichten zwischen 1994 und Anfang 1996 einen Verbreitungsgrad von zehn Prozent; der Mikrochip war zwischen 1968 und 1971 entwickelt worden, also 28 Jahre davor. Und jetzt nähern sich diese entscheidenden Technologien einer Einführungsquote von 90 Prozent; diese Quote dürfte zwischen 2007 und 2009 erreicht sein. Das Automobil erreichte die 50-Prozent-Marke im Jahre 1921, das Internet und das Handy erreichten die 50 Prozent-Marke genau 80 Jahre danach, nämlich im Jahre 2001. In den Jahren 1920/1921 gab es genauso wie in den Jahren 2000/2001 eine massive Konsolidierung von Technologie-Unternehmen und Technologie-Aktien. Die entscheidende Erkenntnis ist allerdings diese: Das schnelle Wachstum von 50 auf 90 Prozent und weiter haben wir noch vor uns, genauso wie es 1922 bis 1928 mit dem Automobil war. Daher wird der Technologiesektor den Aufschwung weiterhin anführen. Er wird bis zum Höhepunkt des Booms 2008/2009 die Produktivität steigern, den Lebensstandard heben und neue Lebensstile fördern – genauso wie in den Jahren 1922 bis 1929.

Die zweite Erkenntnis, die wir Ihnen nach dem Crash 2000 bis 2002 anbieten können, ist die Tatsache, dass die technische Revolution noch nicht vorüber ist. Sie wird den Gipfel Ende 2008/2009 erreichen, wenn die wichtigsten neuen verbraucherorientierten Technologien 90 Prozent ihrer potenziellen Märkte erobert haben. Wir sagen also voraus, dass der Boom in sein letztes und kräftigstes Stadium eintritt, und zwar vor allem ab Mitte/Ende 2005. Die letzte Phase des Booms wird bis Ende 2009 oder Anfang 2010 dauern. Wer das Rennen um die Führungsposition gewinnt, hat sich in den meisten neuen Industrien nicht im letzten Jahrzehnt entschieden, sondern entscheidet sich erst im kommenden Jahrzehnt. Deshalb entstehen die besten Chancen für Investitionen, Unternehmen und für die persönliche Karriere in unserem Jahrzehnt. Dieses Jahrzehnt ist nicht nur die Anlagechance Ihres Lebens, sondern auch die beste Gelegenheit, Ihr Unternehmen und Ihre Karriere neu auszurichten (das gilt auch für Ihren Lebensstil und Ihren Wohnort) – und das nicht nur während des kommenden großen Booms, sondern auch während des nachfolgenden Zusammenbruchs.

In den vielen Kapiteln, die noch kommen, werden wir alle Möglichkeiten untersuchen, wie Sie persönlich aus dem letzten Stadium des Booms Nutzen ziehen können. Aber zuerst werfen wir einen genaueren Blick auf den Crash von Ende 1919 bis Anfang 1922 und gehen der Frage nach, warum so enge Parallelen zu dem Crash 2000 bis 2002 bestehen. Noch wichtiger ist aber die Beantwortung der Frage, wieso die größte Hausse der Geschichte von Ende 2002 bis mindestens 2009 abläuft und wieso der größte Wirtschaftsboom der Geschichte von Ende 2003 bis in das Jahr 2010 hinein stattfindet. Natürlich brauchen Sie nach den erschütternden Geschehnissen der letzten Jahre schon sehr gute Gründe, wieder aggressiv zu investieren. Wir bieten Ihnen diese Gründe und ein paar sehr solide Strategien.

Der Crash 1919 bis 1921 und die Goldenen Zwanziger: Verblüffende Parallelen zu dem Crash 2000 und zu den Goldenen 2000er-Jahren

Ein genauerer Blick auf die Technologiekatastrophe von 1919 bis Anfang 1922 bietet tiefere Erkenntnisse über die unglaubliche Technologiekorrektur 2000 bis 2002 und die beispiellose Investmentchance, die daraus entsteht. Doch werfen wir zunächst einen Blick auf eine andere Dimension des Konjunkturzyklus, der sich verändert, wenn (wie in Abbildung 1.6 dargestellt) neue Technologien oder neue Industrien in Form der S-Kurve aufkommen. Man kann dabei vier Stadien unterscheiden. Zuerst kommt das Innovationsstadium, in dem viele Startup-Unternehmen radikale Neuerungen bringen. Danach kommt ein Wachstumsschub, in dem die neuen Unternehmen wachsen und erstmals in den Mainstream eindringen. Danach folgt eine Aussiebungs- oder Konsolidierungsphase. In diesem Stadium stößt die überzogene Expansion erstmals auf sinkende Wachstumsraten; das passiert, wenn die Branche bei

Abbildung 1.6
Die vier Stadien der S-Kurve

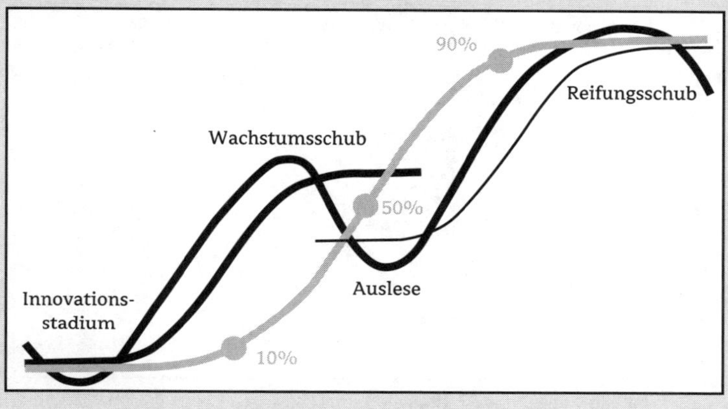

50 Prozent, also am zentralen Wendepunkt auf dem Weg von dem zehnprozentigen zu dem 90-prozentigen Anteil angelangt ist. Als viertes kommt das Reifestadium des Booms, in dem eine geringere Anzahl von Unternehmen um die letzte Wachstumsphase von 50 auf 90 Prozent konkurriert. In diesem Boom, in dem die Branche zur ersten Reife gelangt, entscheidet sich auf viele Jahrzehnte hinaus, welche Unternehmen führend sind.

Das Automobil wurde im Jahre 1886 erfunden, und die erste kommerzielle Verwertung durch Automobilfirmen begann im Jahre 1900 (Abbildung 1.7, Seite 50). Von 1904 bis 1908 gab es einen Boom von Unternehmensgründungen; das war der Höhepunkt des Innovationsstadiums. Dann wuchs die Industrie schnell, viele neue Unternehmen und Marken entstanden; das war der Beginn des Wachstumsschubs. Die große Beschleunigung des Wachstums kam allerdings im Jahre 1914, als das Auto eine Penetrationsrate von zehn Prozent erreicht hatte: die Einführung des Fließbands durch Henry Ford. Der daraus resultierende Preissturz machte es möglich, dass bis zum Jahre 1928 etwa 90 Prozent der städtischen Haushalte ein Automobil besaßen. Seinen Höhepunkt er-

Abbildung 1.7
Die S-Kurve der Automobilbranche

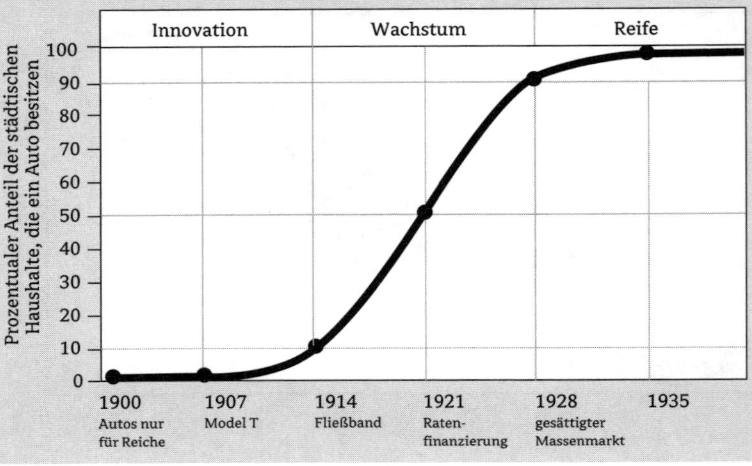

reichte der große Boom allerdings im Jahre 1919, worauf ein radikaler Ausleseprozess folgte, der bis Anfang 1922 dauerte. Dann kam das Reifestadium des Booms, und diese Phase hielt bis 1929 an. In dieser Zeit kamen viele automobil- und straßentechnische Verbesserungen auf, unter anderem im Jahre 1921 die Ratenfinanzierung.

Man beachte, dass der Börsenboom in dieser Zeit der beschleunigten technischen Entwicklung trotz des Ersten Weltkriegs weiterging und dass insbesondere die Automobilaktien stiegen (Abbildung 1.8). Der Dow Jones Industrial Average und andere breite Aktienindizes erreichten Ende 1919 ein Kurs-Gewinn-Verhältnis von 26 – fast so hoch wie das extreme Bewertungsniveau von 28 zum Höhepunkt der Blase im Jahre 1929. Für den Auto Index gibt es leider keine KGV-Zahlen, aber ich bin sicher, dass er höher bewertet war als der Dow Jones; das Gleiche passierte im Jahre 1999 mit dem Nasdaq Composite Index. Von 1912 an (ab diesem Zeitpunkt verfügen wir über Zahlen) bis zum Höhepunkt der Automobilblase im Jahre 1919 stieg der S & P Auto Index etwa auf das 14-fache. Die Nasdaq-Blase der 1990er-Jahre mag spektakulär erscheinen, aber der

Abbildung 1.8

Standard & Poor's Auto Index, 1912 bis 1919

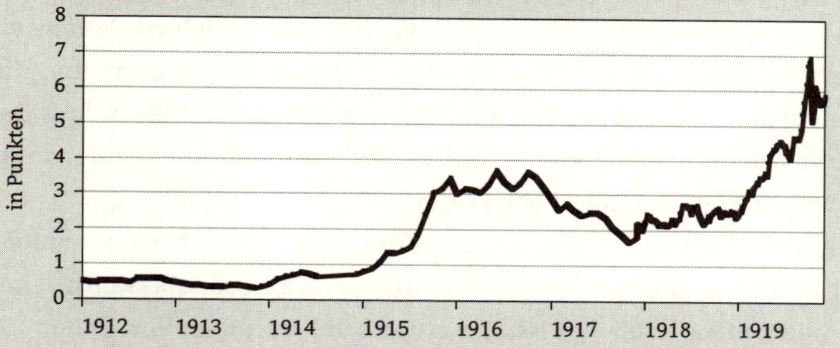

Index stieg von Mitte 1992 bis zum Höhepunkt nur etwa auf das Zehnfache – über die gleiche Zeitdauer wie der S & P Auto Index.

Und hier eine noch verblüffendere Parallele: Abbildung 1.9 zeigt den Aktienkurs von Intel ab 1992 im Vergleich zu dem Aktienkurs von General Motors ab 1912. Die Charts sehen sich verflixt ähnlich! Die beiden

Abbildung 1.9

Technologieblasen gestern und heute:

General Motors und Intel – 80 Jahre versetzt

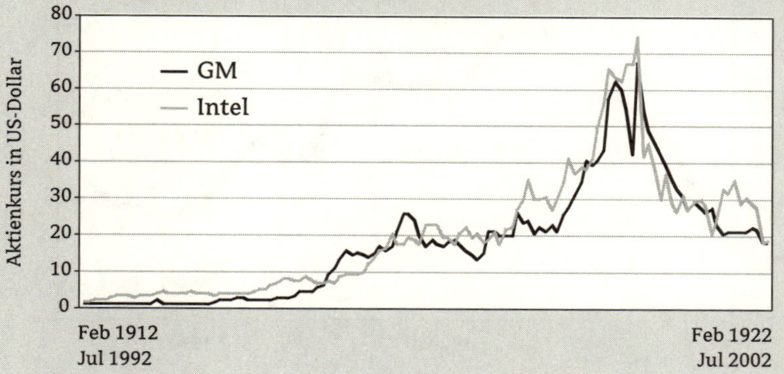

Leitwerte erlebten ähnliche Aufschwünge und danach ähnliche Korrekturen. Die Entwicklungen liegen fast exakt 80 Jahre auseinander, und das entspricht unserem New Economy Zyklus, der alle zwei Generationen wiederkehrt (Abbildung 1.3). Wir kommen gleich zu dem zweiten großen Boom und der zweiten Blase, die General Motors und die Technologie-Indizes jener Zeit im Einklang mit dem Reifestadium der S-Kurve erlebten. Doch vorher wollen wir noch den Konsolidierungs- und Korrekturzyklus näher betrachten.

Gerade zu dem Zeitpunkt, als die Auto- und Technikblase scheinbar nicht mehr aufzuhalten war – genauso wie die Nasdaqblase im Jahre 1999 und Anfang 2000 –, passierte etwas Merkwürdiges: Von Ende 1919 bis in das Jahr 1921 kam es in der Automobilindustrie und in anderen technischen Schlüsselbranchen zu einem unglaublichen Einbruch bei Technologie-Werten und einem extremen Ausleseprozess. In Abbildung 1.6 haben wir gesehen, dass die Selektion stattfindet, wenn neue Technologien ein Penetrationsniveau von etwa 50 Prozent erreichen. Warum ist das so? Das schnelle Wachstum führt gerade zu dem Zeitpunkt zu einer expansiven Überreaktion, zu dem sich das Wachstum ab dem Wen-

Abbildung 1.10

Auslese im Automobilbereich, 1911 bis 1935

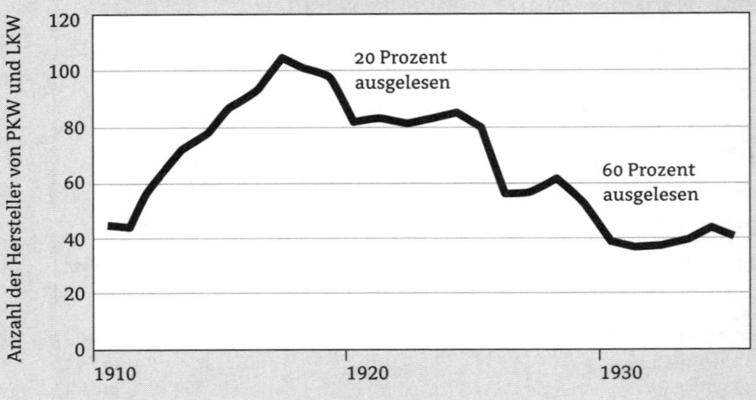

depunkt bei 50 Prozent zu verlangsamen beginnt. Die Technologien dringen zwar immer noch sehr schnell auf den Massenmarkt vor, das Wachstumstempo lässt jedoch immer mehr nach. Dies führt zu einer vorübergehenden Schwächung und Konsolidierung der Branche, so dass die überschüssige Expansion abgebaut und die nachfolgende Expansion effizienter wird.

Aus Abbildung 1.10 ist ersichtlich, dass zwischen 1917 und 1922 24 Prozent der Automobilhersteller und Automobilmarken verschwunden sind. Und das war erst der Anfang des Unternehmensschwunds im Rennen um die Führungsposition, das von Ende 1920 bis in die frühen 1930er-Jahre stattfand. Bis zu dem Abschwung Anfang der 1930er-Jahre standen die später führenden Unternehmen fest. Am Tiefpunkt der Rezession und des Börsencrashs 1921 hatte General Motors (GM) einen Marktanteil von nur zwölf Prozent. Der Branchenführer Ford dagegen hatte einen Marktanteil von 60 Prozent. Aber GM vollführte dann unter der brillanten Führung von Alfred Sloan nicht nur im Hinblick auf die moderne Unternehmensorganisation eine große Revolution, sondern es reagierte auch auf den wachsenden Wohlstand der neuen Generation, indem es gehobene Marken anbot – erst Chevrolet, später dann Pontiac, Oldsmobile, Buick und

Abbildung 1.11

Dow Jones Industrial Average, 1919 bis 1921

Abbildung 1.12
Standard & Poor's Auto Index, Januar 1919 bis Januar 1923

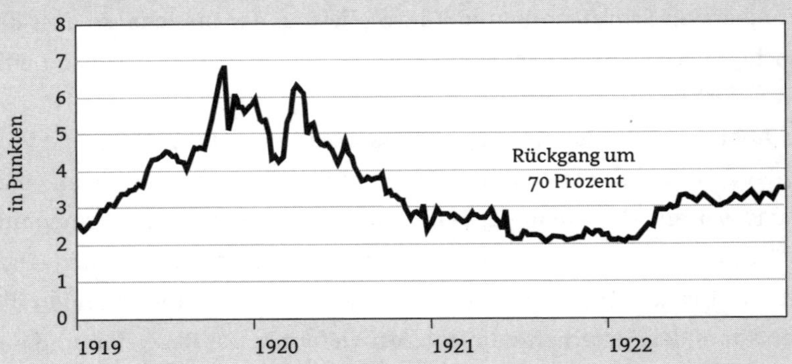

Cadillac. Außerdem bot GM als erste Automobilgesellschaft die Ratenfinanzierung an. Bis zum Höhepunkt des Booms im Jahre 1929 hatte GM mit Ford hinsichtlich des Marktanteils gleichgezogen, und Anfang der 1930er-Jahre überholte GM Ford endgültig. Der Rest ist Geschichte. Und deshalb sagen wir voraus, dass in den meisten neuen Technologien, Branchen und Marken die Führer im kommenden Jahrzehnt festgelegt werden.

Der unglaubliche Boom, der vor uns liegt, wird die wichtigste Zeit unseres Lebens, was die Gründung Gewinn bringender Unternehmen, die Karriere und Anlagestrategien angeht!

Kommen wir noch einmal zurück auf den großen Crash von Ende 1919 bis 1921. Während dieser Selektionsphase fiel der Dow Jones um 45 Prozent (Abbildung 1.11); in den Jahren 2000 bis 2002 war es ähnlich. Der Auto Index (Abbildung 1.12) brach bis Anfang 1922 um 70 Prozent ein, was dem Absturz des Nasdaq Composite um 77 Prozent recht nahe kommt. Der Tire and Rubber Index (Reifen und Kautschuk) fiel um 72 Prozent (Abbildung 1.13). Die führende börsennotierte Automobilaktie, General Motors (Ford war immer noch ein Privatunternehmen), verlor in diesem Korrekturprozess 75 Prozent (Abbildung 1.14). Genau diese notwendige und heftige Konsolidierung mitten in der schnellen Wachs-

Abbildung 1.13
Standard & Poor's Tire and Rubber Index (Reifen und Kautschuk), Dezember 1918 bis Dezember 1922

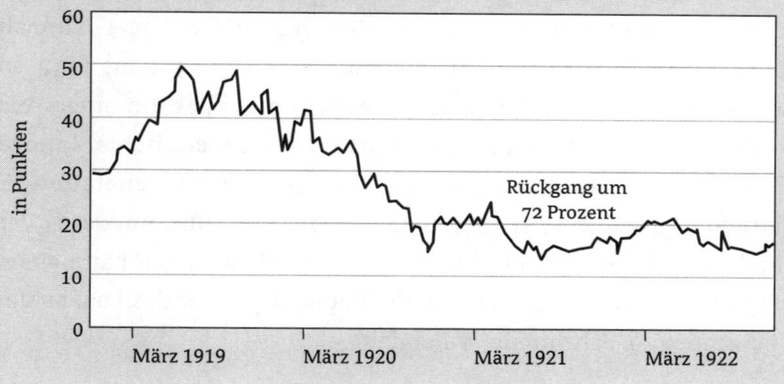

tumsphase der S-Kurve verursacht in Aufschwungzeiten die schwersten Korrekturen des Aktienmarktes und der Technologie-Indizes. Derart extreme Korrekturen treten nur etwa alle 80 Jahre in Hausse-Zeiten auf, wenn radikal neue Technologien Einzug in den Mainstream halten.

Abbildung 1.14
Aktienkurs von General Motors, Dezember 1918 bis Dezember 1922

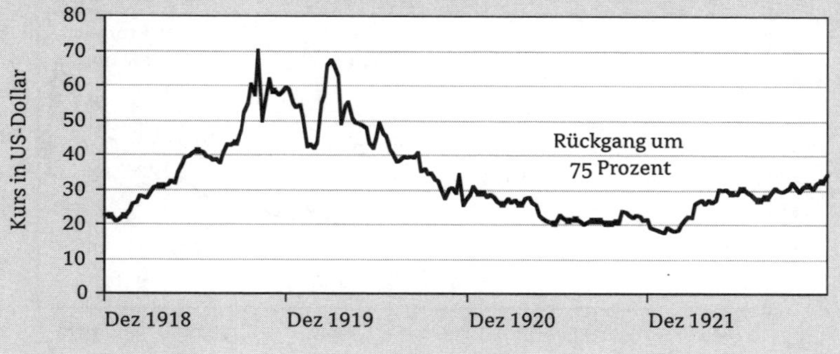

Von Ende 1919 bis Anfang 1922 erlebte die Wirtschaft der Vereinigten Staaten einen heftigen Verfall der Verbraucher- und Rohstoffpreise. Der Ausleseprozess in den schnell wachsenden Technologiesektoren sorgte für eine Arbeitslosenquote von zwölf Prozent – schlimmer als in der kurzen Rezession Mitte bis Ende 2001. Der Beginn der 1920er-Jahre ähnelte sehr dem Beginn der Großen Depression von 1929 bis 1932. Im Unterschied zur Depression handelte es sich hier aber um einen Auslese- und Konsolidierungsprozess inmitten eines technischen Innovationszyklus, und danach sorgte die aufstrebende Ford-Generation für anhaltende Ausgaben und anhaltende Produktion. Nur ein klares Verständnis der demographischen und technologischen Zyklen hätte einem damals angezeigt, dass es sich um die Kaufgelegenheit des Lebens und des gesamten 20. Jahrhunderts handelte.

Nach dem großen Crash 1920 bis 1921: Die Goldenen Zwanziger

Der Rest ist Geschichte. Die Vereinigten Staaten und der größte Teil der restlichen Welt erholten sich nach der extremen Korrektur wieder, und es folgte der bis dato größte Boom samt der größten Hausse des vergangenen Jahrhunderts. Der Dow Jones Industrial Average (Abbil-

Abbildung 1.15

Dow Jones Industrial Average 1919 bis 1929

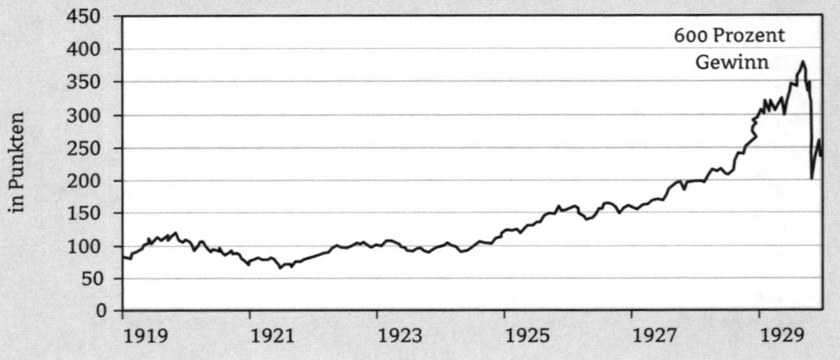

Abbildung 1.16

Standard & Poor's Auto Index, 1919 bis 1929

dung 1.15) stieg in den acht Jahren von Ende 1921 bis Ende 1929 um das Sechsfache. Das ergibt ein kumuliertes Jahreswachstum von 23,87 Prozent. Der S & P Auto Index (Abbildung 1.16) stieg um das Zwölffache (42,69 Prozent), und GM (Abbildung 1.17), eine der führenden Großunternehmensaktien, stieg auf das 22-fache und brachte den Anlegern, die Ende 1921/Anfang 1922 gekauft hatten, einen durchschnittlichen Jahresertrag von 58,17 Prozent. In wie vielen Achtjahreszeiträumen der Geschichte hätte man wohl einen derart hohen Ertrag erzielen können? In keinem! Das meinen wir, wenn wir von der Kaufgelegenheit Ihres Lebens sprechen.

Sehen Sie sich jetzt noch einmal die Entwicklung von Intel und General Motors in Abbildung 1.9 an. Die beiden sind so gut wie identisch und zeigen die gleiche Selektionsphase im Abstand von 80 Jahren. Wenn Intel genauso steigen würde wie General Motors in den Goldenen Zwanzigern, dann würde der Spitzenkurs der Aktie das 22-fache des Tiefpunktes aus dem Jahre 2002 von 15 US-Dollar betragen, also 330 US-Dollar. Das entspräche dem Vier- bis Fünffachen des Hochs Anfang 2000. Das ist unser Argument gegen diejenigen, die behaupten, die

Abbildung 1.17

Aktienkurs von General Motors, 1919 bis 1930

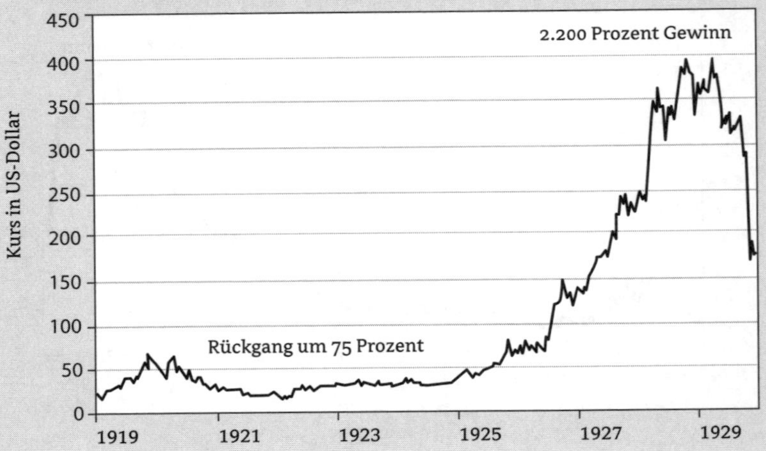

technologischen Leitwerte würden die Hochs der jüngsten Blase nie wieder erreichen. Wir sagen nicht konkret voraus, dass Intel auf dieses Niveau steigt, aber wir sind der Meinung, dass die dominierenden Technologie-Aktien des kommenden Jahrzehnts vergleichbare Erträge und Gewinne erzielen werden – und Intel ist einer der Top-Kandidaten für eine solche Kursentwicklung.

Während des unglaublichen Booms der 1990er-Jahre belief sich der durchschnittliche Jahresertrag des Nasdaq Composite vom Tiefpunkt 1990 an bis zum Höhepunkt Anfang 2000 auf 33,02 Prozent, der Ertrag von Microsoft auf 50,03 Prozent und der Ertrag des Dow Jones auf 20,03 Prozent. Während der achtjährigen Hausse von August 1982 bis Juli 1990 brachte der Dow Jones einen durchschnittlichen jährlichen Ertrag von 17,34 Prozent. Das goldene Aktienjahrzehnt der 1950er-Jahre erbrachte für den Dow Jones Industrial Average einen durchschnittlichen Jahresertrag von nur 13,00 Prozent, und selbst im günstigsten Achtjahreszeitraum (März 1948 bis März 1956) betrug die Jahresrendite nur 14,84 Prozent.

Der durchschnittliche kumulierte Jahresertrag von 23,87 Prozent, den der Dow Jones von September 1921 bis August 1929 brachte, war größer als in allen vergleichbaren Haussen der letzten 100 Jahre. Daher war das Jahr 1921 die beste Kaufgelegenheit des letzten Jahrhunderts.

Wenn Sie sich unsere Hochrechnungen in Kapitel 2 anschauen, sehen Sie, dass der Dow Jones vom Tief 2002 bis zum prognostizierten Hoch 2008 einen jährlichen Ertrag von 24 Prozent liefern und der Nasdaq 39 Prozent bringen wird, wenn wir das Ziel bei 13.000 Punkten ansetzen. Wenn wir von 20.000 Punkten ausgehen, sind es 47 Prozent jährlich. Aus diesem Grund haben wir am Anfang des Kapitels behauptet, dass die Anleger im nächsten und letzten Stadium der Hausse vergleichbare oder größere Erträge erzielen werden als in den 1990er-Jahren. Deshalb haben wir Ende 2001 unseren Sonderbericht „The Buy Opportunity of a Lifetime" und Ende 2002 den zweiten Teil, „The Bubble Boom", herausgegeben. Angesichts der dramatischen und lang anhaltenden Marktkorrektur und angesichts des entsprechenden konjunkturellen Abschwungs, den wir für die Zeit nach dem Jahre 2009 voraussagen, folgern wir, dass dies die größte Kaufchance des Jahrhunderts und unseres Lebens ist! Dabei kommt es nicht so sehr darauf an, ob unsere konkreten Kursziele erreicht werden, sondern vielmehr darauf, dass der Aktienmarkt in eine weitere große Hausse eintritt, die Sie als Anleger normalerweise erst viel später erkennen würden.

Warum brachten die Goldenen Zwanziger die besten Aktienerträge, die es in den Vereinigten Staaten je gegeben hat? Weil damals die höchste Produktivitätsrate herrschte, die es in den Vereinigten Staaten je gegeben hatte. Der einzige Zeitraum, in dem die durchschnittliche Produktivitätsrate über drei Prozent lag, waren die Jahre 1917 bis 1929 mit annähernd vier Prozent. Eine hohe Produktivitätsrate führt dazu, dass die Unternehmensgewinne schneller wachsen als das Bruttoinlandsprodukt. Die Bewertung des Aktienmarkts stellt nichts anderes dar als die Projektion des Gewinnwachstums in die Zukunft. Für die damalige hohe Produktivitätsrate gibt es zwei Gründe. Erstens erreichte die Generation von Henry Ford ihren zahlenmäßigen Höhepunkt, woraus die höchsten Ausgaben und die höchste Produktivität resultierten (da die Ausbildungszeit damals kürzer und die Lebenserwartung geringer war, lag die Spitzenzeit im Alter zwischen 35 und 40 Jahren). Zweitens befanden sich die neuen Technologien gerade in der schnellsten Phase ihres Vormarschs von 50 auf 90 Prozent der städtischen Haushalte.

Die zweite Periode mit hohen Produktivitätsraten waren die 1960er-Jahre. Damals erreichte die Generation von Bob Hope den Höhepunkt der Ausgaben und der Produktivität. Der Massenmarkt war mit einem Bündel neuer, aber weniger radikaler Technologien gesättigt: elektrische Haushaltsgeräte, Fernsehgeräte, Flugreisen im Düsenjet und Kunstfasern. Wir sagen voraus, dass in unserem Jahrzehnt, also in den 2000er-Jahren, vergleichbare oder höhere Produktivitätsraten erreicht werden als die knapp drei Prozent Ende der 1990er-Jahre, wahrscheinlich an die vier Prozent. Dadurch werden die Unternehmensgewinne schneller wachsen als die meisten Wirtschaftsexperten erwarten – und genauso wie in den Goldenen Zwanzigern wird der Aktienmarkt mehr zulegen als erwartet.

Dazu ist zu bemerken, dass der Boom der Goldenen Zwanziger durchaus kein Spaziergang war. Wir warnen schon seit mehr als zehn Jahren, dass der Boom 1982 bis 2009 ganz anders aussehen würde als die 1950er- oder die 1960er-Jahre, die auf den Zweiten Weltkrieg folgten. Das war einfach die planmäßige Zeit für die Reifung der letzten revolutionären Veränderungen in Technik, Wirtschaft und Lebensstil. Der jetzige Boom verkörpert das Aufkommen radikal neuer Trends in den genannten Bereichen und wird folglich mit mehr Magenschmerzen verbunden sein, hierzulande und in der ganzen Welt. In Großbritannien gab es in den 1920er-Jahren Arbeitslosenquoten von bis zu 18 Prozent, und das Land erholte sich langsamer als die Vereinigten Staaten. Die deutsche Währung begann 1922 aufgrund der extremen Reparationszahlungen für den Ersten Weltkrieg zu wanken, und im Jahre 1923 brach die deutsche Wirtschaft unter der Hyperinflation zusammen. Kann es daher überraschen, dass es trotz des Booms in Japan abwärts geht und dass in der ganzen Welt politische Krisen auftreten, von Russland über den Nahen Osten bis nach Asien? Wir haben ja am Anfang dieses Kapitels schon erwähnt, dass der erste moderne Terroranschlag im Jahre 1920 an der Wall Street verübt wurde und dass daraus eine einwandererfeindliche Stimmung sowie ethnische Spannungen entstanden.

Die aktuelle Technologie-S-Kurve und der Prozess der Auslese

Abbildung 1.18 zeigt die Entwicklung der Nasdaq seit ihrer Gründung im Jahre 1971. In der letzten größeren Steigerungswelle der Nasdaq von Ende 1990 bis Anfang 2000 wuchsen die Technologiesektoren ab Ende 1994 besonders schnell, und nach der Korrektur im Jahre 1998 schwollen sie 1999 und 2000 zu einer klassischen Blase an. Wir vertreten die Auffassung, dass das eindeutig noch nicht das Ende des unglaublichen technologischen und wirtschaftlichen Booms ist – genauso wenig wie 14 Jahre davor die Blase und der Crash im Jahre 1987 das Ende des Dow Jones und des breiten Marktes waren.

Die Konsolidierung und der Ausleseprozess in der Wachstumsphase neuer Technologie- und Wirtschaftssektoren dauern ein paar Jahre – so war es auch Ende 1919 bis Anfang 1922 –, aber dann boomen sie wieder!

Abbildung 1.18

Nasdaq Composite Index, 1971 bis 2009

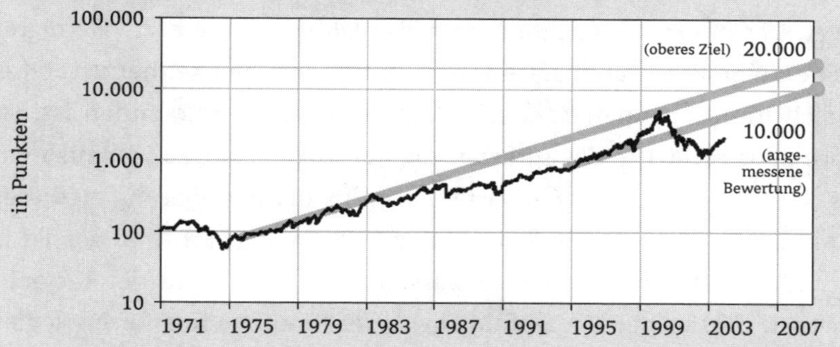

Die Trendlinie in dem Chart führt von 1994 an durch die Hochs und Tiefs des Nasdaq Composite und zeigt, dass 10.000 Punkte ein vernünftiges Ziel für den Höhepunkt des Booms sind. Wenn man aber von einem weiteren Überbewertungszyklus ausgeht, reicht die Trendlinie über die Höhen bis in den Bereich um 20.000 Punkte. Nehmen wir einmal an, der Nasdaq Composite Index würde einfach genauso steigen wie der Auto Index in den Goldenen Zwanzigern. Er würde sich dann verzwölffachen und von dem Tiefpunkt bei 1.018 Punkten Ende 2002 auf etwa 13.000 Punkte steigen. In Kapitel 2 zeigen wir, wie man mithilfe eines Trendkanals den Nasdaq-Index so in die Zukunft projiziert, dass er ebenfalls bis Ende des Jahrzehnts auf 13.000 Punkte steigen würde.

Unsere wahrscheinlichste Prognose für den Nasdaq Composite besagt, dass er bis Ende des Jahrzehnts auf 13.000 Punkte steigt, aber es könnte auch sein, dass er 20.000 Punkte erreicht.

Aber warum verfechten wir so beharrlich die Auffassung, dass der Technologieboom noch nicht vorüber ist, obwohl er so eindeutig in einer klassischen Blase gegipfelt hat? Weil uns die S-Kurve eindeutig sagt, wann ein Technologieboom zuende ist. Und genauso eindeutig sagt uns die Demographie, wann ein Wirtschaftsboom endet. Wir sehen, dass die führenden neuen Technologien in den Jahren 2000 und 2001 laut S-Kurve die gleiche Marktdurchdringung erreicht haben wie das Automobil und andere Technologien zur Zeit des Crashs 1920/1921, also 80 Jahre davor. Das Internet erreichte Anfang des Jahres 1996 in den Vereinigten Staaten eine Penetrationsrate von zehn Prozent, und seither verbreitet es sich immer schneller, wie in Abbildung 1.19 zu erkennen ist. Im Jahre 2001 erreichte das Internet die 50-Prozent-Marke, genauso wie das Auto 1921. Man sollte erwarten, dass bei der Annäherung an diesen Punkt in der Branche ein Prozess der Auslese einsetzt, und das ist in den Jahren 2000 bis 2002 auch passiert. Wir waren uns der Tatsache bewusst, dass es bei der Einführung neuer Produkte und Technologien eine Auslese geben muss, aber wir hatten zunächst keinen Anhalts-

Abbildung 1.19

Die Internet-S-Kurve

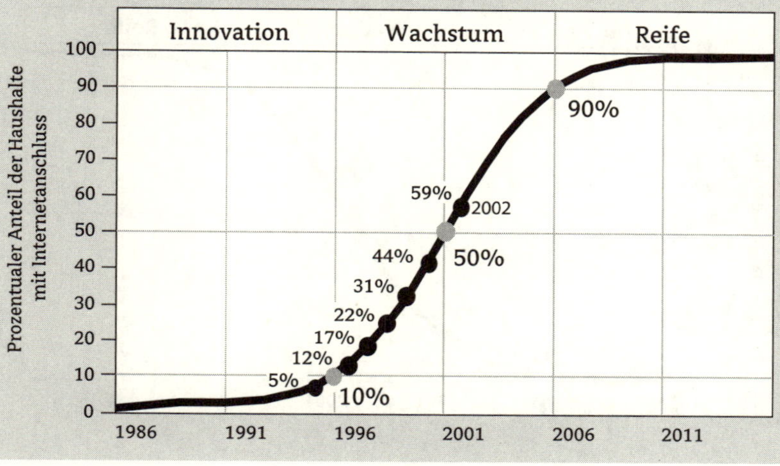

punkt dafür, wie extrem sie ausfallen könnte. Den fanden wir erst, als wir mangels eines Technologie-Indexes die Industriesektoren der Jahre 1919 bis 1921 aufbrachen und dabei auf den extremen Crash des Auto Index stießen.

Diese Korrektur ist schon länger bekannt, aber die Wirtschaftswissenschaftler und die Historiker schrieben sie dem Niedergang nach dem Ersten Weltkrieg und dem Zusammenbruch der Rohstoffpreise zu. Aber gab es denn nach dem Zweiten Weltkrieg, der ja viel umfassender war, einen großen Wirtschaftsabschwung und einen großen Börsenkrach? Wir untersuchten die Zahlen genauer und stellten fest, dass die „Hightech"-Sektoren wie beispielsweise die Automobilaktien im Zentrum des Crashs und des Abschwungs standen.

Das Mobiltelefon ist eine weitere wichtige neue Verbrauchertechnologie. Hier wurde im Jahre 1994 eine Penetration von zehn Prozent erreicht und im Jahre 2001 ein Anteil von 50 Prozent (siehe Abbildung 1.20, Seite 64). Diese Technologie verbreitet sich mit exakt 80-jähriger Verzögerung parallel zum Automobil. Sobald eine neue Technologie in den Main-

Abbildung 1.20

Die Mobiltelefon-S-Kurve. 1980 bis 2022

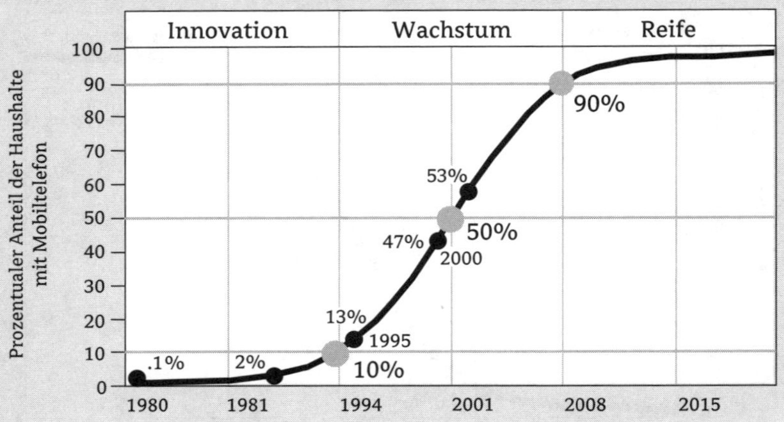

stream eingetreten ist, wächst sie schnell weiter, viel schneller als die Wirtschaft, bis sie einen Penetrationsgrad von 90 Prozent erreicht hat. Wir sagen voraus, dass das Internet die 90 Prozent im Jahre 2006 oder 2007 erreicht und dass Mobiltelefone und andere Wireless-Technologien etwa im Jahre 2008 in 90 Prozent aller Haushalte zu finden sein werden. Die Terrorkrise wird den Trend zum Handy nur noch verstärken, denn am 11. September hat es sich als Notfallsystem Nummer eins erwiesen. Nicht nur, dass viele Menschen damit noch im letzten Moment mit ihren Lieben sprechen konnten – wahrscheinlich hat es auch verhindert, dass das letzte entführte Flugzeug das Weiße Haus angriff.

In *THE ROARING 2000S* haben wir außerdem vorausgesagt, dass für die Verbraucher die eigentliche Technologie- und Internetrevolution erst in den Jahren 2002/2003 stattfinden würde, weil dann die Breitband-Revolution den Massen Video-Kommunikation und Sprachsteuerung bringen würde. Wir haben nicht vorausgesagt, dass eine ganz neue Gruppe von Dot.com-Gesellschaften plötzlich neue Marken kreieren und die Welt erobern würde. Die meisten Schlüsseltechnologien und Marken, die diese Revolution beherrschen sollten, wurden in den

Abbildung 1.21

Die Breitband-S-Kurve, 1993 bis 2017

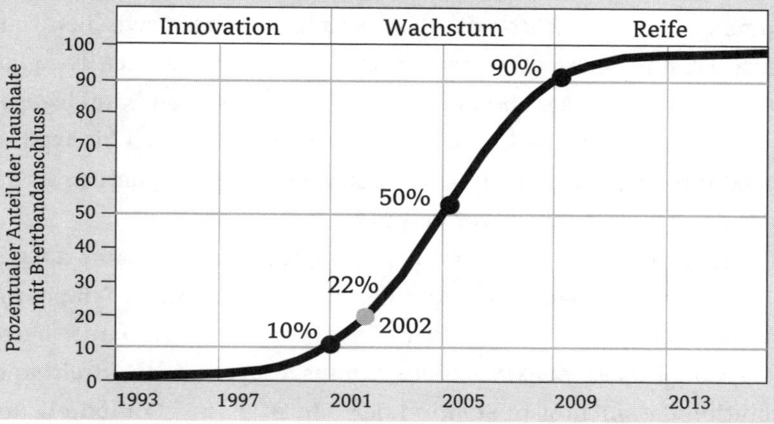

1960er-Jahren, den 1970er-Jahren und Anfang der 1980er-Jahre gegründet; in der letzten Revolution waren es die 1880er-, die 1890er- und die 1900er-Jahre gewesen. Wir sagten voraus, dass sich die Geschäftsmodelle, die Unternehmensstruktur und das Management radikal ändern würden – und zwar von unten nach oben, nicht von oben nach unten. Das war der eigentliche Effekt der Internet- oder Netzwerk-Revolution, und wir werden das in Kapitel 8 noch ausführlicher erörtern.

Wie in Abbildung 1.21 zu erkennen, steht die wahre Revolution noch bevor. Der Anteil der Haushalte mit Breitbandanschluss, egal ob DSL, Kabel oder Sonstiges, erreichte Ende des Jahres 2001 zehn Prozent und bewegt sich im Jahre 2003 schon auf 30 Prozent zu. Die S-Kurve der Digitalkamera verläuft ähnlich, und auch Wi-Fi entwickelt sich in hohem Tempo. Die Breitbandverbindungen befinden sich in der zweiten oder Wachstumsphase der S-Kurve; sie gerät jetzt in das Selektionsstadium und geht dann in den Reifungsboom über. Also dürfte der Reifungsboom im Jahre 2003 offiziell beginnen und sich im Jahre 2005 beschleunigen.

Die Breitbandverbindung wächst doppelt so schnell wie das Internet, welches sich wiederum doppelt so schnell in den Haushalten ausbreitete wie der PC. Anfang des 20. Jahrhunderts und in den Goldenen Zwanzigern beschleunigte sich die technische Entwicklung ebenfalls in Form einer S-Kurve. Entscheidende Infrastrukturen wie das Telefon und der Stromanschluss erreichten die Beschleunigungsphase zwischen zehn und 90 Prozent schon etwas früher. Die Kurve erstreckt sich etwa von 1900 bis 1928. Das Automobil und die ersten Elektrogeräte dagegen brauchten dafür nur die Hälfte der Zeit, nämlich von 1914 bis 1928. In den Jahren 1921 bis 1928 erlangte dann das Radio wiederum in der Hälfte der Zeit allgemeine Verbreitung.

Wir sagen voraus, dass die Breitbandrevolution bis zum Jahre 2009 in 90 Prozent der US-Haushalte vordringt, in einem rasenden Tempo, mit dem man Anfang der 2000er-Jahre überhaupt nicht gerechnet hatte. Wie schon in *THE ROARING 2000S* vorausgesagt, ist die Breitbandrevolution das wichtigste Stadium der Informations-, Computer- und Internet-Revolution. Und warum? Weil sie die Video-Fähigkeit mit sich bringt! Denn das bedeutet, dass man von Angesicht zu Angesicht kommunizieren kann und dass Unternehmen über das Internet persönliche Dienstleistungen in Echtzeit liefern können. Außerdem setzt sich in der nächsten Phase der massive Leistungszuwachs der Halbleiter entsprechend dem Mooreschen Gesetz fort, und wie wir vorausgesagt haben, kommt schon jetzt die Sprachsteuerung auf. Sprachsteuerung bedeutet, dass man dem Computer sagen kann, was man von ihm will, ohne Tastatur und ohne komplizierte Befehle. Das macht den Computer bedienungsfreundlich.

Deshalb haben wir in *THE ROARING 2000S* vorausgesagt, dass die eigentliche Revolution, die bei den Verbrauchern stattfindet, erst in den Jahren 2002 bis 2010 kommen würde (Seite 116 f.). Trotz des großen Crashs 2000-2002 glauben wir immer noch, dass die kommenden Jahre nicht nur die großartigste Phase des größten Booms aller Zeiten sein werden, sondern auch die Investitionsgelegenheit des Lebens für die Anleger. Aber dafür muss man jetzt handeln, je früher, desto besser. Seit Ende 2002 sind die Märkte zwar schon erheblich gestiegen, aber die Zyklen, die wir in Kapitel 3 präsentieren, deuten stark darauf hin, dass die besten Börsenjahre die Jahre 2005 bis 2009 sein werden. Die gleichen Zyklen mahnen aber auch zur Vorsicht und weisen auf eine wesentliche Korrektur Mitte bis Ende des Jahres 2006 sowie möglicherweise Ende 2007 hin. In Kapitel 3 werden wir außerdem mit einer Reihe technischer Werkzeuge die bestmögliche Prognose für die Reichweite des kommenden Booms und für die Falltiefe des nachfolgenden Abschwungs erstellen. Außerdem stellen wir das einfachste langfristige Modell vor, das je für die langfristige Geldanlage in Aktien entwickelt wurde. Damit können Sie sich vor den schlimmsten Korrekturen schützen.

Halten Sie sich für das letzte Stadium des größten Booms und der größten Hausse aller Zeiten bereit. Wir haben es 1992 gesagt (und es brachte Gewinn), wir sagen es zehn Jahre danach noch einmal, und noch einmal Ende 2004. Warten Sie nicht jahrelang auf den unglaublichen Beweis. Nutzen Sie die Macht der Demographie und profitieren Sie von der größten Investitionschance aller Zeiten – und zwar heute!

KAPITEL 2

Die Boom-Blase

Warum die fünf Bedingungen, die Technologieblasen erzeugen, auch in diesem Jahrzehnt erfüllt sind

Wie in Kapitel 1 festgestellt, behaupten die meisten Experten, wir hätten eine klassische Blase erlebt und der Börsenboom sei auf Jahre oder gar Jahrzehnte hinaus beendet. Der gesamte Boom war eine Blase; die erste kleinere Blase reichte von 1985 bis 1987 und die zweite, größere, von 1995 bis Anfang 2000. Diese Blasen und Crashs ähneln sehr der Hausse 1902 bis 1929, und die 80-jährige Verzögerung entspricht dem Zyklus der neuen Wirtschaftsweise. Die Boom-Blase bereitete die Bühne für den größten allgemeinen Einkommenszuwachs der Geschichte vor, der in den 1930er-Jahren begann, und zwar trotz des enormen Crashs zu Beginn der 1930er-Jahre. Daher sind wir auch keineswegs der Meinung, diese Technologieblase sei ein riesiger Fehler gewesen und wir würden in den kommenden Jahren einen hohen Preis dafür bezahlen. Technologieblasen waren schon immer ein versteckter Segen.

Wieso? Technologieblasen sorgen für enorme Investitionen in radikal neue Infrastrukturen, die sich in den Jahrzehnten danach rentieren – Investitionen dieses Ausmaßes und dieser Reichweite könnten die meisten Unternehmen und Regierungen gar nicht erst ins Auge fassen oder sie gar mit berechenbaren Erträgen umsetzen. Die darauf folgenden Crashs und Auslesen stärken diejenigen Unternehmen, die über praktikable Geschäftsmodelle verfügen. Vermögenswerte und Marktanteile verschieben sich auf diese Unternehmen, und damit sind sie in der nächsten Wachstums- und Expansionsphase führend. Auf kurze Sicht wichtiger ist jedoch die Erkenntnis, dass eine weitere große Blase vor uns liegt. Auch die Boom-Blase in den frühen 1900er-Jahren bestand aus zwei Technologieblasen, und darauf folgte eine kleinere Anfangsblase, die in das Jahr 1907 reichte, ähnlich wie die Blase im Jahre 1987. Die beiden Technologieblasen erstreckten sich von 1915 bis 1919 und von 1925 bis 1929. Die nächste große Blase startet wahrscheinlich zwischen 2005 und 2009. Sie vollendet die Finanzierung der Infrastrukturen Internet, Wireless und Breitband, und sie schafft bis zur Mitte unseres Jahrhunderts zum ersten Mal in der Geschichte eine Wirtschaft der Wohlhabenden und Millionäre (mehr darüber in Kapitel 8).

Auch die klassische technische Analyse des Aktienmarktes spricht dafür, dass eine weitere große Blase bevorsteht. Fast alle Haussen bestehen aus drei hauptsächlichen Anstiegsphasen, die vor dem Höhepunkt von zwei erheblichen Korrekturen unterbrochen werden. Dieses Muster ist auch als Elliott-Welle bekannt. Da es bisher erst zwei Anstiege gegeben hat, nämlich bis 1987 und bis Anfang 2000, müsste die Hausse, die zwischen Ende 1974 und Ende 1982 begonnen hat (je nachdem, wonach man die technischen Muster bemisst), eigentlich noch einen bedeutenden Aufstieg und eine große Blase umfassen. Betrachtet man die große Hausse, die etwa um das Jahr 1780 angefangen hat, erkennt man, dass die vor uns liegende Hausse-Welle wahrscheinlich die letzte ist; und bisher sind die Wellen exponentiell größer geworden. Das bedeutet, dass die nächste Blase wahrscheinlich genauso extrem ausfällt wie die Hausse der Goldenen Zwanziger von 1922 bis 1929, vielleicht sogar noch extremer.

Wir gehen davon aus, dass Anleger, die mit mutiger Überzeugung Ende 2004 Rücksetzer kaufen, höhere Jahreserträge bekommen als während der letzten Hausse-Welle von 1990 bis Anfang 2000. Anfang Oktober 2002 gaben wir in *THE H. S. DENT FORECAST* aufgrund aller Anzeichen unserer fundamentalen Trends, unserer Zyklen und unserer technischen Indikatoren unser bisher stärkstes Kaufsignal. Selbst wenn unser Optimismus aufgrund der verlockenden demographischen Entwicklung übertrieben sein sollte, dürften die Anleger für ihre Käufe trotzdem belohnt werden, und zwar ganz einfach wegen des Jahrzehntzyklus der Aktien, der üblicherweise einen Anstieg zwischen den Jahren auf 5 und den Jahren auf 9 erwarten lässt. Dieser Zyklus funktioniert seit dem Jahre 1900 überraschend zuverlässig. Diesen und andere mächtige Zyklen werden wir in Kapitel 3 besprechen. Dort stellen wir auch das einfachste je ersonnene Modell vor, mit dem man nicht nur den schlimmsten längeren Baissen entgeht, sondern auch den schlimmsten Korrekturen innerhalb von Haussen (wie zum Beispiel 2000 bis 2002).

Technologieblasen sind anders als Vermögens- und Krisen-Blasen

Blase ist nicht gleich Blase, weder hinsichtlich der Größenordnung noch hinsichtlich des Grundcharakters. Im August 2002 veröffentlichte der *RTW REPORT* eine Ausgabe mit dem Titel „Die Mutter aller Abgründe“. Der Autor Paul Philp stützte sich dabei teilweise auf die Recherchen des Börsenberaters und Bestsellerautors (*CROSSING THE CHASM*) Geoffrey Moore. In diesem Bericht wird demonstriert, dass es historisch betrachtet drei Arten von Blasen gibt:

1. **Vermögenswert-Blasen**
2. **Blasen aufgrund struktureller Instabilität**
3. **Technologie-Blasen**

Beispiele für Vermögenswert-Blasen sind die Grundstücksblase der 1980er-Jahre in Japan und die berühmte Tulpenblase der 1630er-Jahre; beide werden im nächsten Abschnitt dieses Kapitels behandelt. Solche Blasen erzeugen normalerweise wenig oder gar keinen dauerhaften ökonomischen Wert. Der Wert von Immobilien beziehungsweise Tulpen steigt und bricht dann einfach zusammen. Man könnte dagegen halten, im Rahmen einer Immobilienblase würden neue Infrastrukturen geschaffen, die nach dem Crash Wachstum zu geringeren Kosten erzeugen könnten. Das stimmt auch. Aber der Immobiliensektor wächst entsprechend dem Wirtschaftswachstum, und im Rahmen des Booms wird keine Infrastruktur geschaffen, die nicht ohnehin in geordneterer Form geschaffen worden wäre. Die überteuerten Kapazitäten auf dem Höhepunkt des Booms werden durch die preiswerteren Kapazitäten nach der Blase wieder ausgeglichen. Die einzigen, die sich auf dem Höhepunkt der Blase die Finger verbrennen, sind die Anleger, nicht die Wirtschaft als Ganzes.

Ähnlich ist es mit Blasen, die aufgrund struktureller Instabilität entstehen. Sie entstehen vorübergehend, wenn eine Branche von politischen oder außerwirtschaftlichen Erschütterungen getroffen wird, die sie nicht absorbieren kann. Die Politik der OPEC oder die Instabilität im Nahen Osten können den Ölpreis vorübergehend steil ansteigen lassen, ohne dass sich die Nachfrage am Rohölmarkt ändert. Die Preise steigen, und nach dem Ende der Krise beziehungsweise Bedrohung brechen sie wieder ein. Dabei verursachen sie innerhalb der Branche oder in der Wirtschaft keine großen Veränderungen. Die Ölpreisanstiege Anfang der 1990er- und der 2000er-Jahre sind Beispiele für diese Art von Kurzzeitblasen. Diese darf man aber nicht mit der nachhaltigen Ölpreisblase der 1970er-Jahre verwechseln. Damals wurde aufgrund der unglaublichen industriellen Expansion der letzten Wirtschaftsrevolution eine unverzichtbare wirtschaftliche Ressource auf längere Sicht knapp. Der längerfristige Preisanstieg war ein großer Anreiz für die Exploration neuer Ölquellen und für die Suche nach Alternativbrennstoffen, die für die nächste Wirtschaftsrevolution entscheidend waren. Das kommt dem Charakter von Technologieblasen schon näher.

Technologieblasen sind insofern anders, als sie radikal neue Infrastrukturen schaffen, die aufgrund normaler wirtschaftlicher Anreize nicht geschaffen worden wären. Im Laufe der Geschichte haben nur wenige Visionäre das wahre Potenzial radikaler technischer Neuerungen erkannt, zum Beispiel Henry Ford im Automobilbereich, Steve Jobs im PC-Bereich oder Marc Andreessen für das Internet. Aber diese Visionäre besitzen nicht das nötige Kapital für die umfangreichen Investitionen, die solche neuen Infrastrukturen so gut wie immer erfordern. Die weitaus meisten Regierungen und bestehenden Unternehmen haben ganz einfach nicht die Visionen und erkennen nicht die langfristigen Erträge der Investitionen in radikal neue Technologien oder Infrastrukturen, vor allem weil die Investitionen so enorm groß und die Erträge so ungewiss sind.

Man kann Technologieblasen als Methode der Wirtschaft betrachten, mithilfe derer sie sich der berechenbaren menschlichen Eigenschaften Gier und Furcht bedient, um uns zu sehr langfristigen Investitionen zu verführen, die einen infrastrukturellen und geschäftlichen Sprung nach vorn auslösen. Dies wiederum steigert unser Einkommen und unser Vermögen auf Jahrzehnte hinaus erheblich, aber in unvorhersehbarer Weise.

Darauf gründet sich das Modell von der alle 80 Jahre erscheinenden neuen Wirtschaftsweise oder „New Economy“. Der Schwerpunkt der jeweiligen Blase liegt in dem Land oder in der Region, das oder die hinsichtlich der neuen Geschäftsmodelle oder Technologien führend ist. Außerdem treten die Blasen tendenziell in der ersten Hälfte des 80-Jahres-Zyklus auf, weil in dieser Zeit die neuen Technologien zum ersten Mal schnell allgemeine Verbreitung finden. Und wo sind im vergangenen Jahrhundert die meisten Technologieblasen – Eisenbahnen, Automobile, Straßen, Kinofilme, Unterhaltung, Flugreisen im Düsenjet, PCs, Handys und das Internet – aufgetreten? In den Vereinigten Staaten! Welches Land ist heute das reichste und mächtigste Land der Welt? Die Vereinigten Staaten! Von den 14 Technologieblasen seit der Industriellen Revolution (seit Ende des 18. Jahrhunderts) sind zwölf in den Vereinigten Staaten entstanden.

Das Geniale daran ist allerdings, dass die Vereinigten Staaten ihren hohen Lebensstandard und ihre beispiellose politische Macht weitgehend ohne militärische Aggressionen und ohne den Aufbau eines politischen Imperiums erlangt haben. Stattdessen haben sie ein weltweites Technik- und Wirtschaftsimperium aufgebaut. Und genau dagegen gehen derzeit Terroristen und Drittweltländer vor. Wir haben die Länder nicht militärisch erobert, sondern nur defensiv unser System der freien Marktwirtschaft geschützt sowie unsere Verbündeten verteidigt.

Paul Philp nennt die fünf wichtigsten Kräfte, die Technologieblasen erzeugen:

1. **Die Technologie ist radikal neu und verändert die Grundlagen von Wirtschaft und Gesellschaft.**

2. **Anfangs weiß niemand, wie man die neue Technologie Gewinn bringend anwendet (dafür sind viele unternehmerische Experimente nötig).**

3. **Es ist eine verteilte Infrastruktur erforderlich (viele neue umfangreiche Investitionen).**

4. **Die Wirtschaft ist gesund (nur dann kann sie sich solche Investitionen leisten).**

5. **Die Inflation ist niedrig (das begünstigt Aktieninvestitionen und Spekulationen mit niedrig verzinsten Anleihen).**

Die Blasen und Revolutionen sind genau deshalb meistens in den Vereinigten Staaten entstanden, weil wir die blühendste freie Marktwirtschaft der Welt haben. In Europa und Japan verwenden die Regierungen ihre Macht für die Bewahrung alter Institutionen, die unternehmerische Innovationen beschränken. Ihre Aufgabe ist es, die Interessen der Menschen, Unternehmen und Institutionen innerhalb der alten wirtschaftlichen, gesellschaftlichen und politischen Strukturen zu wahren. Wenn man alles starken Regierungen oder auch nur großen Unternehmen überlassen würde, dann gäbe es keine ökonomische Rechtfertigung für den Aufbau der neuen geteilten Infrastruktur, welche die neue Wirtschaft gangbar und radikal produktiver macht. Die Investition ist zu groß, das Risiko ist zu hoch und der Nutzen ist nicht eindeutig erkennbar.

Gott sei Dank wird die moderne Wirtschaft nicht von Regierungen gelenkt! Die beste Regierung ist diejenige, die (wie in den Vereinigten Staaten) die grundlegende Infrastruktur und ein Rechtssystem bereitstellt, das es den Einzelnen und den Unternehmen ermöglicht, die Wirtschaft zu steuern. Dadurch funktioniert die Wirtschaft eher von unten nach oben als von oben nach unten. Radikale Neuerungen sind Sache des visionären – und häufig irrationalen – Instinkts von Unternehmern und Individuen, die von den Instinkten Gier und Verbesserung des Daseins geleitet werden. Wir werden in diesem Kapitel noch zeigen, dass jetzt zum ersten Mal in der Geschichte der Durchschnittsbürger der Vereinigten Staaten zum Investor und Unternehmer wird. Genau daraus entsteht die Millionärswirtschaft, die wir in Kapitel 8 behandeln werden.

Jetzt wissen wir also, was Technologieblasen wirklich von anderen Blasen unterscheidet. Irrationale Spekulationen führen zu massiven Investitionen in langfristige Infrastrukturen, die im Unterschied zu Immobilien nicht organisch im Zuge der Wirtschaftsentwicklung wachsen können. Die Revolution kann nicht richtig losbrechen, wenn nicht plötzlich aus mehreren Richtungen gleichzeitig solche Infrastrukturen geschaffen werden. Wie wir in *THE ROARING 2000S* vorgeführt haben, zeigt die Geschichte deutlich, dass für eine Revolution ein Bündel neuer Technologien nötig ist, auch wenn eine oder zwei davon führend sein mögen – wie beispielsweise das Auto und die Elektrizität oder Halbleiter und Software. Die wahre Revolution erhebt sich erst aus dem Crash nach der Blase. Hier ein Zitat von Paul Philp:

> **„Blasen schaffen die neue Infrastruktur, die erforderlich ist, um radikale technische Neuerungen profitabel zu machen, wenn für keine Investorengruppe ein wirtschaftlicher Anreiz zum Aufbau dieser Infrastruktur besteht. Der Zahltag beginnt am Boden des Crashs, wenn wagemutige Unternehmen die neue Technologie und**

Infrastruktur dafür benutzen, ihre Produktivität um mehrere Größenordnungen zu erhöhen.“

Warum ist das so? Das hohe Investitionsniveau führt dazu, dass versucht wird, die neuen ökonomischen und geschäftlichen Modelle auf innovative Weise auszunutzen. Genauso wie wenn sich Massen von Kaulquappen in einen Fluss ergießen, überleben am Ende nur wenige. Da am Anfang niemand so recht weiß, wie man die neuen Technologien nutzen kann, weil sie so radikal neu sind, ist dieser massive Innovationsprozess notwendig. Ja, sehr viele scheitern; so war es auch mit den Dot.coms. Aber ein paar Unternehmen überleben, zum Beispiel Dell, eBay, Amazon, AOL, Yahoo!, Cisco und Google. Sie verkörpern den Elan der nächsten Revolution, und viele andere Unternehmen schließen sich ihnen an, sowohl etablierte als auch neue. Das führt dazu, dass die S-Kurve innovativer Produkte wie Breitbandtechnologie und Biotechnologie steiler ansteigt.

Viele gescheiterte Konzepte, wie zum Beispiel Webvan, werden von bestehenden Unternehmen aufgenommen. Tesco in Großbritannien und viele US-amerikanische Lebensmittelketten liefern heute frei Haus, und zwar ohne die enormen zusätzlichen Infrastrukturkosten, die Webvan den Untergang bescherten (obwohl das Unternehmen eine wachsende Anzahl zufriedener Kunden hatte). Sie nutzen die radikal neue Technologie ganz einfach innerhalb ihrer existierenden Infrastruktur von Kaufhäusern und preiswerten Einkaufsmöglichkeiten. Es könnte sein, dass in einigen Jahrzehnten Wal-Mart dasjenige Unternehmen ist, das von der Revolution der Onlinebestellung und Ins-Haus-Lieferung am meisten profitiert hat. Im Moment steigt das Unternehmen mithilfe preiswerter Internet-Technologien in das Finanzierungs- und Investmentgeschäft für Privathaushalte ein.

Crashs bringen aber auch zahlreiche Bankrottunternehmen hervor, die dann von den überlebenden Gesellschaften aufgesogen werden. Diese erwerben dadurch Infrastrukturen, Kapazitäten und Technologien zum Spottpreis. Somit können sie viel mehr Verbrauchern oder Geschäftskunden mithilfe erprobter Geschäftsmodelle die neuen Technologien zu viel niedrigeren Preisen und mit besseren Wahlmöglichkeiten anbieten als im ersten Stadium der Revolution. Auf diese Weise bewegt sich die S-Kurve nach dem Selektionsstadium, das bei einer Penetration von rund 50 Prozent erreicht wird (siehe Kapitel 1), auf die allgemeine Verbreitung der Technologie zu. Es folgen Boom und Blase. Erst wenn die neuen Märkte annähernd ausgeschöpft sind (zu rund 90 Prozent), verlangsamt sich die technische Revolution bis zum Eintritt der nächsten Phase.

Warum können existierende Unternehmen und Regierungen den langfristigen Nutzen der neuen Technologien und Infrastrukturen nicht erkennen? Weil sie den gegenwärtigen und ausgereiften Existenzmodellen zuwiderlaufen. Als die Elektrizität auf den Plan trat, wer hätte da das Fließband und die Revolution der Massenproduktion voraussehen können? Als das Auto erschien, wer hätte da gedacht, dass es den Einzelhandel revolutionieren würde, dass große Warenhäuser wie Sears entstehen würden und dass eine massive Abwanderungsbewegung in die Vorstädte stattfinden würde? Als die ersten Eisenbahnen gebaut wurden, wer hätte da gedacht, dass Sears an den Haltepunkten Haushaltswaren verkaufen würde oder dass die Eisenbahn den Westen der Vereinigten Staaten erschließen würde?

Als die ersten Fernsehgeräte erschienen, wer hätte da gedacht, dass daraus nach der revolutionären Massenproduktion und dem Fließband eine neue Wirtschaft der Massenvermarktung und der Werbung entstehen würde? Als der PC auftauchte, wer dachte da an die Echtzeitfertigung und an den Direktvertrieb à la Dell, oder gar an das Internet? Das Internet hat die Revolution des Direktvertriebs durch Dell ermöglicht, und es wird die breite Revolution verstärken, die erst in den 1970er-Jahren in Form von Mailorder-Unternehmen begonnen hat. Das Internet verändert die Organisationsstruktur von Unternehmen komplett, und es leitet ein neues Zeitalter ein, in dem fast jeder Beschäftigte eher ein Kleinunternehmer als ein Angestellter ist.

Und jetzt betrachten wir aus dieser völlig neuen und konstruktiven Perspektive die Blasen, die im Laufe der Geschichte aufgetreten sind.

Eine Geschichte der Aktienmarkt-Blasen und der gesamten modernen Wirtschaft

Untersuchen wir einige der auffälligsten Aktienblasen der Geschichte – und betrachten wir die Geschichte der Neuzeit in einem langfristigeren Rahmen. Dann sehen wir, in welchem Entwicklungsstadium sich unsere Wirtschaft befindet. Offensichtlich haben wir gerade eine extreme Blase von Internet- und Dot.com-Aktien sowie eine erhebliche Blase von Technologieaktien hinter uns. Der landläufigen Meinung nach erreichen die Märkte nach einer Blase jahrzehntelang keine neuen Hochs mehr. Aber in Wirklichkeit trifft das manchmal zu und manchmal nicht. Als Erstes ist festzuhalten – und das hat Jeremy Siegel, der Autor von *STOCKS FOR THE LONG RUN* getan –, dass diese Blase weitgehend im Technologiesektor stattgefunden hat, und nicht im breiten Markt. Im Jahre 2000 stieg der Dow Jones Industrial Average an die obere Begrenzung unseres Trendkanals. Danach erlitt er eine Korrektur um 38 Prozent, also etwas weniger als 1987; damals boomten die US-Aktienmärkte weiter. Die Korrekturbewegung des S & P 500 belief sich wegen des höheren Anteils an Technologieaktien auf 49 Prozent. Wenn man die Technologieaktien aus dem S & P 500 herausnehmen würde, ergäbe

Abbildung 2.1

Nasdaq Composite Index, 1990 bis 2002

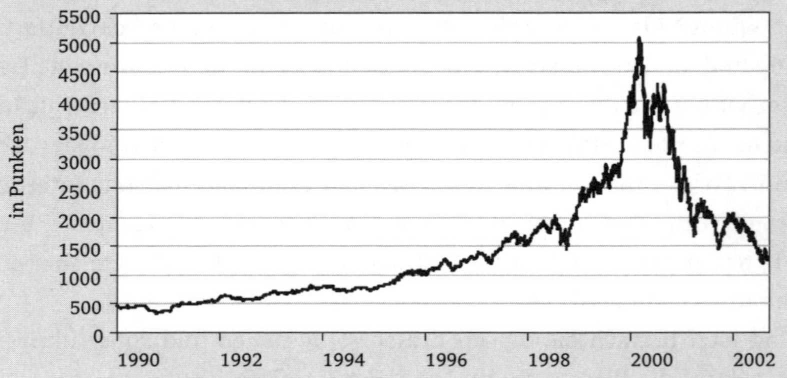

sich eine normale periodisch wiederkehrende Korrektur innerhalb der Hausse, ähnlich den Korrekturen 1990 und 1998. Ohne den Technologiesektor wäre der S & P 500 von Anfang 2000 bis Ende 2002 nur um 24 Prozent gefallen.

Es waren führende und hoch kapitalisierte Internetaktien wie AOL, die Kurs-Gewinn-Verhältnisse (KGVs) von mehr als 400 erreichten. Es waren die neu gegründeten Dot.coms mit ihren völlig unerprobten Geschäftsmodellen, die enorme Bewertungsniveaus erreichten, ohne dass mit Gewinnen zu rechnen war. So entstand eine echte und extreme Aktienblase, und auch der nachfolgende Crash war extrem. Ende 2002 hatte der Nasdaq Composite 78 Prozent abgegeben (Abbildung 2.1), die meisten Dot.coms gab es nicht mehr und der Internet Index hatte 93 Prozent verloren (Abbildung 2.2). Ein erheblicher Teil der großen Technologieaktien (zum Beispiel Lucent) sind schwer angeschlagen und erholen sich vielleicht nie wieder. Aber wir sagen entgegen der üblichen Auffassung voraus, dass viele große Technologieunternehmen mit führender Marktstellung und gutem Geschäftsmodell – beispielsweise Microsoft, Intel, Yahoo!, eBay und Cisco – im kommenden Jahrzehnt wieder bedeutende Hochs erreichen werden. Und es werden neue Unternehmen entstehen, die in der nächsten Phase des Booms schnell führende Positionen besetzen werden.

Abbildung 2.2

GSTI Internet Index, 1996 bis 2002

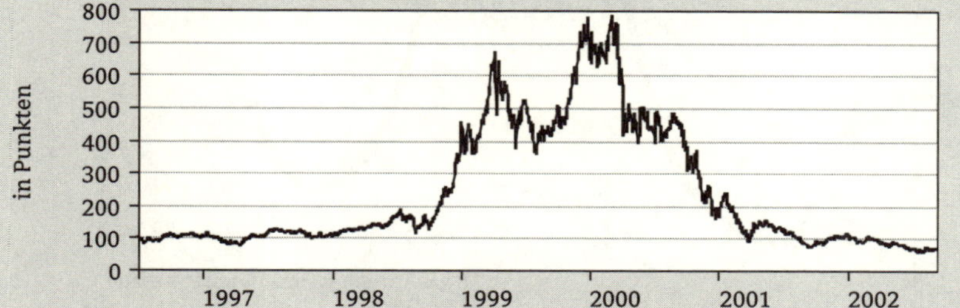

Betrachten wir zunächst die bedeutenden Aktienblasen der Vergangenheit und die psychologischen Bedingungen, die sie hervorgerufen haben. Jedesmal wenn ein ausgedehnter Wirtschaftsboom oder ein Boom in bestimmten führenden Sektoren entsteht, ergeben sich erhebliche Überbewertungen. Die Ursache der Überbewertung ist das „Schema menschlicher Prognosen“ (Abbildung 2.3), das wir in *THE GREAT BOOM AHEAD* vorgestellt haben. Wir neigen immer dazu, Trends geradlinig in die Zukunft zu projizieren, aber in Wirklichkeit entwickeln sich Trends eher zyklisch oder krummlinig. Deshalb haben wir eine falsche Auffassung der Wirklichkeit und des Risikos. Je länger der Trend nach oben zeigt und je größer der Anstieg ist, desto optimistischer blicken wir in die Zukunft und umso weniger Risiko nehmen wir wahr. Und vergessen Sie nicht, dass die Aktien an der Börse nach Gewinnprognosen bewertet werden, die viele Jahre in die Zukunft reichen. Das verschlimmert noch die Tendenz zur Geradlinigkeit. Wenn sich der Zyklus dann irgendwann

Abbildung 2.3
Das Schema menschlicher Prognosen

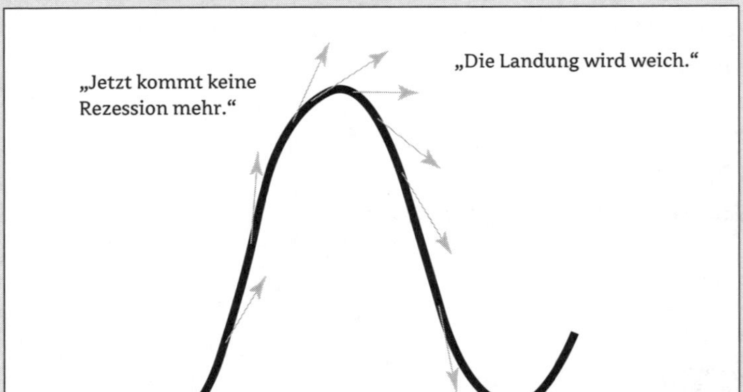

verlangsamt und sich schließlich umkehrt, dann sind die Aktien übertrieben bewertet und die Korrektur fällt extrem aus. Wenn die Talsohle erreicht ist, prognostizieren wir auf viele Jahre hinaus geringes Wachstum oder einen Rückgang. Und gerade an diesem Punkt empfinden wir das Risiko am stärksten, obwohl der Aktienmarkt schon so gut wie alles hinter sich hat, das in Zukunft schief laufen könnte, und obwohl er unterbewertet ist. Deshalb rechnen wir während der Korrektur bestenfalls mit geringem Wachstum und sehen den kräftigen Wiederanstieg nicht voraus, der darauf üblicherweise folgt.

Was wir damit sagen wollen, ist ganz einfach Folgendes: Die Märkte sind in Wachstumsphasen immer überbewertet und in Phasen des Rückgangs immer unterbewertet. **Blasen und Crashs gibt es jederzeit; nur sind sie unterschiedlich groß.** Die größten Überbewertungs- und Blasen-Zyklen treten dann auf, wenn sich die Konjunktur kräftig erholt. Das geschieht immer dann, wenn der demographisch bedingte Ausgabenzyklus steil ansteigt und wenn mächtige neue Technologien und Wachstumsbranchen gemäß der S-Kurve zum ersten Mal allgemeine Verbreitung finden. Aus diesem Grund trat die letzte größere Blase in den Vereinigten Staaten in den Goldenen Zwanzigern auf anstatt während des Nachkriegsbooms in den 1950er- und 1960er-Jahren. Natürlich kam mit der Ausbreitung neuer Technologien ab den 1990er-Jahren die nächste große Blase, aber auch sie beschränkte sich weitgehend auf die Technologiewerte. Wir erklären schon seit Mitte 2001 immer wieder, dass technische Fortschritte immer zwei Blasen hervorbringen, bevor sie den Höhepunkt erreichen, und dass erst danach die langgezogene Baisse kommt. So war es auch 1915 bis 1919 und 1925 bis 1929. Der Crash der ersten Automobilblase – das waren die damaligen Technologiewerte – von Ende 1919 bis Anfang 1922 erwies sich als beste Investitionsgelegenheit des vergangenen Jahrhunderts, wohingegen der Crash der zweiten Blase von Ende 1929 bis Anfang 1932 für mehr als ein Jahrzehnt lang das Ende der großen Hausse bedeutete.

Die erste große Blase der Geschichte, zu der es exakte Zahlen gibt, war die Tulpenmanie in den Niederlanden 1634 bis 1637. Abbildung 2.4 ist eine grafische Darstellung dieser Blase. Anfangs betrug der Preis für eine Tulpenzwiebel etwa 1,20 Gulden. Innerhalb von gut zwei Jahren verfünfzigfachte sich der Preis auf 60 Gulden. Dann brach der Preis innerhalb von weniger als einem Jahr um 99,8 Prozent auf 0,10 Gulden zusammen. Das ist die extremste messbare Blase, die wir kennen. Gewiss war das keine Technologieblase, die neue Infrastrukturen schuf, sondern eine reine Spekulationsblase von geringem Grad. Daher war das wohl

Abbildung 2.4
Preise für Tulpenzwiebeln in Gouda, 1.12. 1634 bis 5. 2. 1637

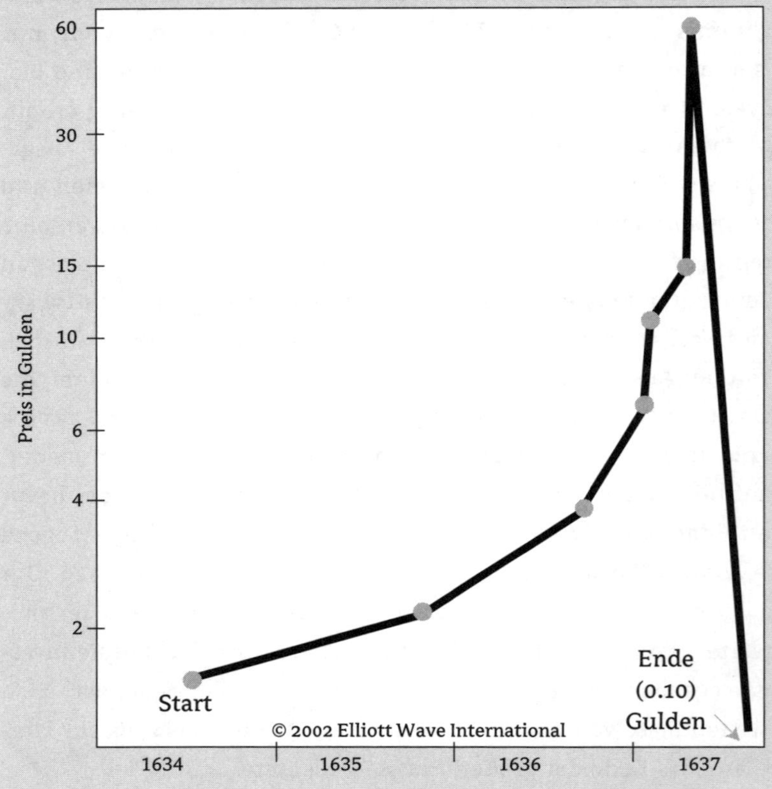

Quelle: Robert Prechter: Besiege den Crash, S. 80

auch die lächerlichste Blase der neueren Geschichte. Sie ist aber auch die meistzitierte Blase, auf die sich bärische Historiker und Börsenanalysten immer wieder berufen, und deshalb ist sie sehr irreführend.

Die nächste größere Blase war die South Sea Company, und sie reichte bis 1720 (Abbildung 2.5). Die Aktien dieser Gesellschaft (die das wichtigste technologische Wachstumssegment der Wirtschaft repräsentierte) verneunfachten sich von Mitte 1719 bis Mitte 1720 in weniger als einem

Abbildung 2.5

South Sea Company, 1719 bis 1729

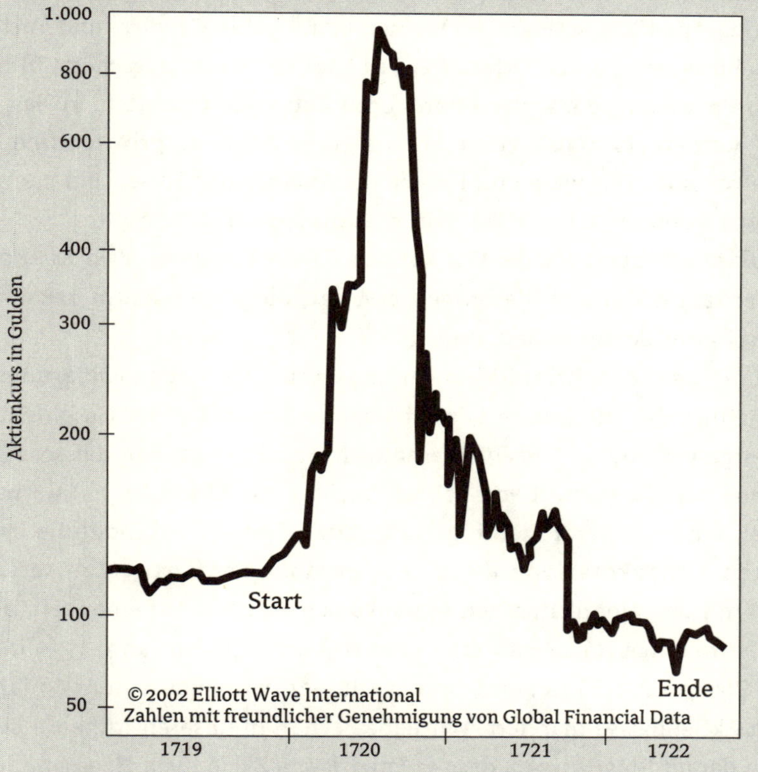

Quelle: Robert Prechter: Besiege den Crash, S. 80

Jahr. Sie stiegen von 110 US-Dollar auf 1.000 US-Dollar. Innerhalb der nächsten zwei Jahre brachen sie um 93 Prozent auf rund 70 US-Dollar ein. Diese Blase ähnelt schon eher der Internetblase, nur dass sie noch extremer war. Und die Geschichte dieser Blase ist auch interessanter. Ab dem Ende des 15. Jahrhunderts waren die Bevölkerung Europas und die europäische Wirtschaft im Gefolge der Erfindung der Druckerpresse – der letzten großen Informationsrevolution – stark angewachsen. Weitere technische Revolutionen des 15. Jahrhunderts waren die Erfindung des Schießpulvers und die Entwicklung großer Segelschiffe sowie besserer Navigatonsmethoden, die die Überwindung großer Distanzen ermöglichten. Die Revolution der Seefahrt ermöglichte nicht nur die Entdeckung Amerikas, sondern auch einen lukrativeren Gewürz- und Tuchhandel mit dem Fernen Osten. Der Erfolg dieser Handelsgeschäfte führte zur Entstehung der ersten öffentlichen Aktiengesellschaften. Im Jahre 1607 wurden erstmals Aktien an eine große Zahl von privaten Investoren verkauft. Das waren im Prinzip die Anfänge der Börse. Und natürlich war es nur eine Frage der Zeit, dass die menschliche Natur eine Aktienblase erzeugen würde. Wir können davon ausgehen, dass es auch vorher schon kleinere Blasen gegeben hat, die jedoch kaum bekannt und schlecht dokumentiert sind.

Anfang des 18. Jahrhunderts verlangsamte sich das Bevölkerungswachstum, das die größte wirtschaftliche Expansion der Geschichte hervorgerufen hatte. Dies führte natürlich zu einer großen Baisse. Abbildung 2.6 (sie stammt von Robert Prechter von Elliott Wave International, einem unserer Lieblings-Langzeitanalysten) verbindet die britischen Aktienkurse von der frühesten dokumentierten Zeit (etwa 1700) mit den amerikanischen Aktienkursen ab 1780. Auf eine mehr als 230 Jahre lange Hausse ab 1490 oder früher folgte im Jahre 1720 mit dem Platzen der Südseeblase ein Crash, der den Beginn einer 69-jährigen Aktienbaisse markiert. Wir haben schon in unseren früheren Büchern darauf hingewiesen, dass es langfristige Zyklen von Haussen und Baissen gibt, die sich über mehr als eine menschliche Lebensspanne erstrecken.

Abbildung 2.6

Der Große Superzyklus: Die langfristige Hausse seit den 1780er-Jahren

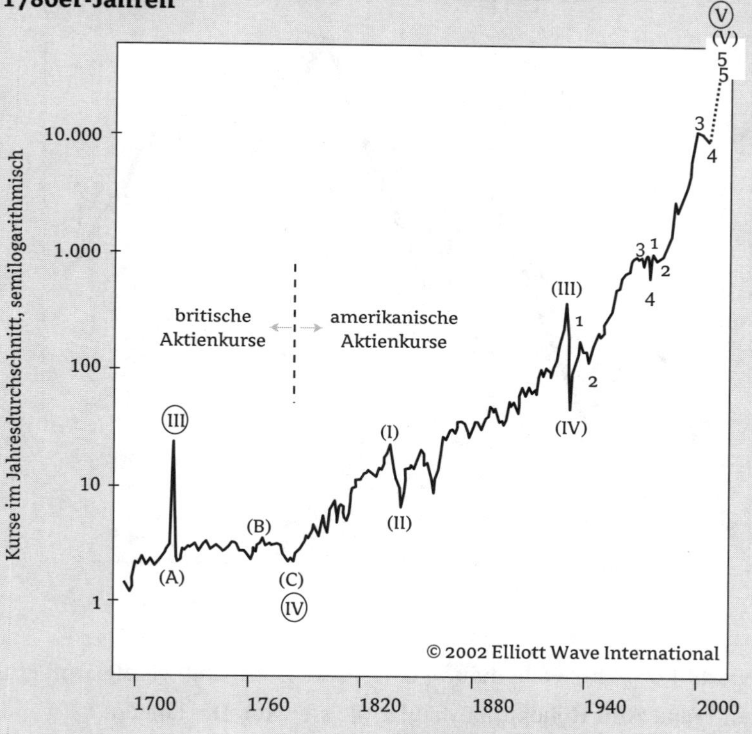

Quelle: Robert Prechter: Besiege den Crash, S. 33

Die Theorie der Elliottwellen (siehe www.elliottwave.com), die in den letzten Jahrzehnten von Robert Prechter (dem Autor von *BESIEGE DEN CRASH*, erschienen im Verlag Börsenmedien AG) erfolgreich erprobt und propagiert wurde, zeigt, dass die meisten Haussen aus drei hauptsächlichen Anstiegsphasen bestehen, die von zwei Korrekturwellen unterbrochen werden. Abbildung 2.7 zeigt dieses Muster: Zuerst eine Welle aufwärts, dann eine zweite Rücksetzer-Welle (häufig die steilste), dann eine dritte Welle aufwärts (häufig die längste und stärkste), schließlich

Abbildung 2.7
Elliott-Wellen-Muster, in der Natur und an den Märkten

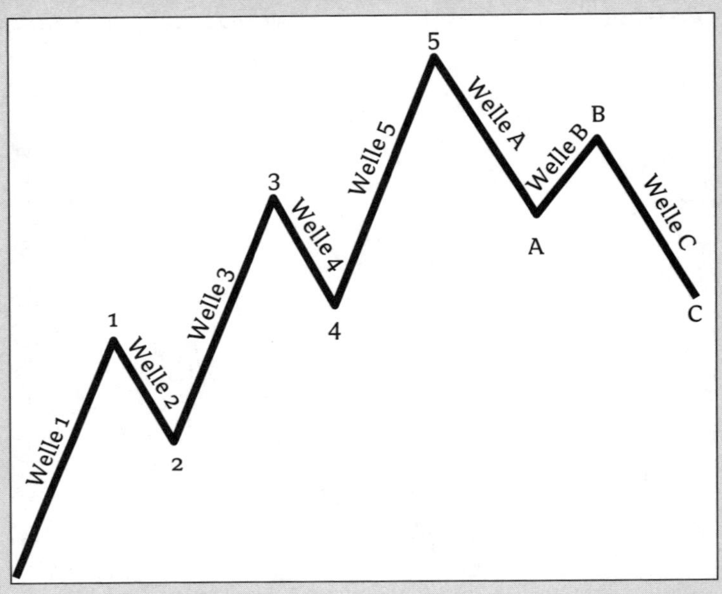

eine vierte Korrekturwelle (häufig der größte Rückgang) gefolgt von einer fünften Welle zum Höhepunkt (häufig die steilste). Die längere Baisse, die darauf folgt, macht drei Wellen durch: Welle A abwärts, eine Baisse-Erholung in Welle B und dann Welle C, die den Niedergang abschließt, bevor die nächste Hausse beginnt. Dieses Muster tritt sowohl in kurzen als auch in langfristigen Marktbewegungen auf. Die Elliott-Wellen-Theorie ist das großartigste Werkzeug der technischen Analyse unseres Jahrhunderts, und mit ihrer Hilfe können wir unsere grundsätzlichen Prognosen der demographischen und technischen Zyklen verfeinern. Abbildung 2.6 zeigt die Elliottwellen der Hausse seit 1780 und einige der untergeordneten Muster innerhalb der großen Wellen.

Betrachten wir das große Elliottwellen-Muster der Hausse, die um 1780 begonnen hat (Abbildung 2.6), einmal etwas näher. Die erste große Aufwärtswelle reicht von 1780 bis 1832. Vor diesem Höhepunkt hatte sich eine erhebliche Blase entwickelt, und danach kam ein Zweite-Welle-Crash, der im Jahre 1837 den Boden erreichte. Die dritte langfristige Welle aufwärts reichte von 1837 bis 1929, und an ihrem Ende stand eine noch größere Blase. Abbildung 2.8 zeigt die Blase der Goldenen Zwanziger. Nach dem Blasenhoch Ende 1919 und dem Crash Ende 1921 stieg der Dow Jones Industrial Average bis Ende 1929 innerhalb von acht Jahren auf das Sechsfache. Von Mitte 1924 bis Ende 1929 vervierfachte er seinen Wert innerhalb von weniger als fünf Jahren. Im letzten Jahr der Blase verdoppelte sich der Index fast – ähnlich wie der Nasdaq Composite im Jahre 1999.

Beachten Sie, dass diese Blase nicht annähernd so extrem war wie die Tulpenmanie oder die Blase der South Sea Company. Allerdings verlor der Markt danach von Ende 1929 bis Anfang 1932 etwa 87 Prozent. Der Crash dauerte zwei Jahre und zehn Monate. Er löschte den Gewinn der gesamten Hausse von Ende 1921 bis Ende 1929 wieder aus. Danach hätte man eigentlich annehmen sollen, dass der Aktienboom auf viele Jahre hinaus vorüber wäre. Bedenken Sie, dass die Korrektur des Dow Jones von 2000 bis 2002 fast genauso lang gedauert hat – zwei Jahre und zehn Monate – und dass sie genau da geendet hat, wo man es aus der Geschichte der größeren Crashs hätte schließen müssen. Aber dieser

Abbildung 2.8

Die Blase der Goldenen Zwanziger: Dow Jones Industrial Average, 1921 bis 1942

Crash vernichtete nicht annähernd den gesamten Gewinn aus der Hausse der 1990er-Jahre.

Wichtig ist, dass die Blase der 1920er-Jahre einerseits zu dem Zeitpunkt auftrat, zu dem der Ausgabenzyklus einer neuen Generation den Höhepunkt erreichte, und dass andererseits ungefähr um diese Zeit eine neue Technologie in den Mainstream eintrat. Wir nennen dies die Automobilrevolution oder die Revolution der Massenproduktion. Das Auto war damals die Technologie, die im Mittelpunkt stand, und von 1914 bis 1928 stieg die Penetrationsrate von zehn auf 90 Prozent der städtischen Haushalte. Wie in Kapitel 1 gezeigt, wurde dies durch die Revolution der Massenproduktion am Fließband ermöglicht. Selbst wenn es keinen demographischen Rückgang gegeben hätte, wäre im Jahre 1929 eine größere Verlangsamung und ein Konsolidierungs- beziehungsweise Ausleseprozess innerhalb der neuen Industrien fällig gewesen. Aber wie Sie sich sicher erinnern werden, trat die erste auffallende Blase der Technologie- und Automobilaktien zwischen 1915 und Ende 1919 auf, im Wachstumsstadium der S-Kurve. Das passt zu unserem 80-Jahre-Modell der „New Economy", denn es gibt eindeutige Parallelen zu der

Abbildung 2.9

Technologieblasen gestern und heute:
General Motors und Intel – 80 Jahre versetzt

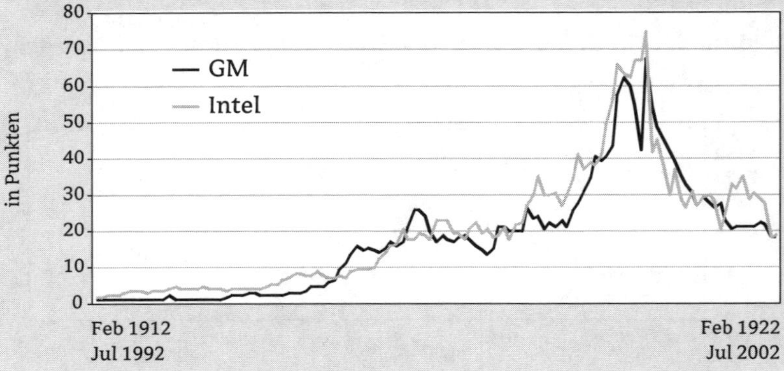

jüngsten Technologieblase von 1995 bis 1999. Abbildung 2.9 zeigt noch einmal, dass die Kursentwicklung von GM vor 80 Jahren fast exakt so verlief wie die Kursentwicklung von Intel während der Technologieblase der 1990er-Jahre.

Die meisten Analysten hätten damals nach einem Blick auf die Blase und den Crash der Technologiewerte und von General Motors gedacht: „Die Hausse ist vorbei!“ Aber wie man in Abbildung 2.10 sieht (die schon in Kapitel 1 zu sehen war), stieg die Aktie von General Motors von 1922 bis 1929 um das 22-fache und erzielte dabei einen durchschnittlichen Jahresertrag von 57 Prozent. Diese zweite Blase, die bis 1929 reichte, entstand nach der Beschleunigungsphase der S-Kurve der Automobilindustrie und der Technologie insgesamt, also vor allem während der Reifungsphase der Automobil-S-Kurve. Gleichzeitig erreichte der Ausgabenzyklus der Generation von Henry Ford seinen Höhepunkt. Dies löste eine längere Baisse und eine längere wirtschaftliche Konsolidierungsphase aus – ganz im Gegensatz zu der ersten Blase, die bis 1919 gereicht hatte. Jene fiel im Jahre 1922 in sich zu-

Abbildung 2.10
Aktienkurs von General Motors, 1919 bis 1930

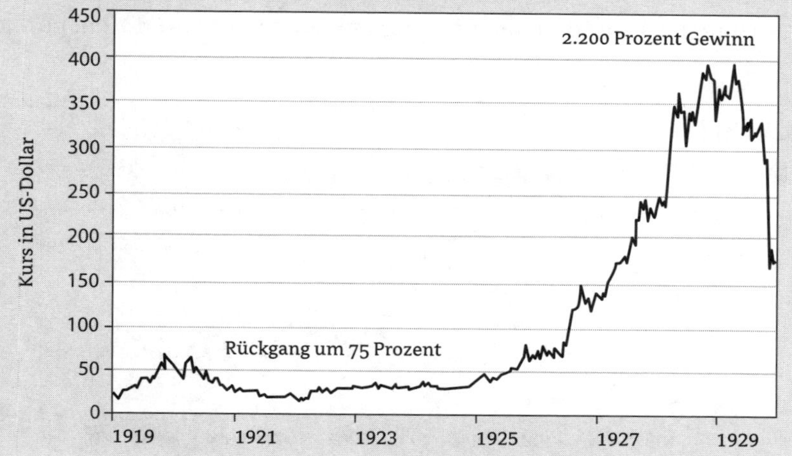

sammen und mündete unmittelbar in den nächsten Boom sowie die nächste Blase.

In Kapitel 1 haben wir gezeigt, dass der Dow Jones nach dem Crash des Jahres 1922 bis Ende 1929 um das Sechsfache anstieg, der Auto Index um das Zwölffache und General Motors um das Zweiundzwanzigfache. Der Aufstieg der technischen Revolution erzeugte eindeutig zwei Blasen, wobei auf die zweite Blase von Ende 1929 bis 1932 der größere und längere Niedergang folgte. Der Zusammenbruch der ersten Blase schuf im Jahre 1922 die großartigste Kaufgelegenheit des vergangenen Jahrhunderts. Sogar der Crash bis Mitte 1932 schuf eine großartige mittelfristige Kaufgelegenheit, denn bis 1937 stieg der Dow Jones in weniger als fünf Jahren auf das 4,7-fache seines vorherigen Wertes (siehe Abbildung 2.8). Die nächste größere Hausse kam erst, als die Generation von Bob Hope den Höhepunkt ihres Ausgabenzyklus erreichte. Sie dauerte von 1942 bis 1968. Diese Hausse hatte weniger Blasencharakter, denn es fehlte die Wirkung plötzlich auftauchender radikal neuer Technologien. So etwas geschieht nur alle 80 Jahre beziehungsweise in jeder zweiten Generation. Auch die Crashs der Jahre 1970 und 1973/1974 waren zwar kräftig, aber weniger dramatisch als 1929 bis 1932.

Eine weitere große Blase trat Ende 1989 in Japan auf, dargestellt in Abbildung 2.11. Da die Ausgabenwelle der neuen Generation in Japan fast zwei Jahrzehnte vor dem amerikanischen Babyboom ihren Höhepunkt

Abbildung 2.11

Nikkei Index, 1982 bis 2003

erreichte, entwickelte sich Japan ab den 1960er-Jahren zu einer führenden Industrienation. Ende der 1980er-Jahre sagten wir voraus, dass die demographische Entwicklung Japans in den 1990er-Jahren ungünstig sei und dass das Land in den Schlüsseltechnologien der Zukunft nicht führend sein würde – und deshalb werde es im Boom der 1990er-Jahre deutlich zurückfallen. Die Wirtschaftspolitik der japanischen Regierung förderte bestimmte Herstellungsbranchen, und weil Unternehmensanleihen so gering verzinst waren, stiegen die Immobilienpreise. Daraus resultierte ein Immobilienboom, wie es ihn in neuerer Zeit nirgendwo anders gegeben hat. Trotz dieser Extremsituation stieg der Nikkei von 1982 bis 1989 fast in gleicher Weise wie der Dow Jones von 1922 bis 1929 annähernd auf das Sechsfache. Hinsichtlich der Kursgewinne ähnelte diese Blase also sehr der Blase der Goldenen Zwanziger in den Vereinigten Staaten. Allerdings markierte diese Blase auch den Punkt, an dem der Ausgabenzyklus einer Generation den Höhepunkt überschritt. Damit begann eine anhaltende Baisse, die wahrscheinlich erst Anfang des Jahres 2003 ihren Tiefpunkt erreichte. Die Ausgabenentwicklung ist in Japan bis zum Jahre 2003 oder 2004 rückläufig, und ein kräftiger Aufschwung ist erst von 2008 oder 2009 bis 2020 zu erwarten.

Blicken wir noch einmal auf die 1990er-Jahre: Der erste große Crash nach dem Höhepunkt der Nikkei-Blase Ende 1989 dauerte zwei Jahre und vier Monate, also bis zum April 1992. Der Rückgang betrug 62 Prozent. Aber nach einer kleineren Welle-B-Erholung, die bis Anfang 1996 reichte, fiel der Markt auf ein Niveau von 80 Prozent unter den Hochs von Anfang 2003. Gemildert wurde die ausgedehnte Baisse in Japan durch die Tatsache, dass der Rest der Welt in den 1990er-Jahren boomte und dass die exportorientierte Industrie des Landes von jenem Boom profitierte. Da der nächste Babyboom nur ein abgeschwächtes Echo des ersten ist, fällt die neue Generation kleiner aus als die alte; da außerdem die weltwirtschaftliche Entwicklung etwa nach dem Ende des Jahres 2009 nach unten gerichtet sein wird, ist die nächste Hausse wahrscheinlich nur eine größere Welle B und erklimmt auf Jahrzehnte hinaus keine neuen Höhen mehr.

Beachten Sie, dass die Blase in Japan keine Technologieblase war. Japan war nicht die weltweit führende Nation, und es gelangten keine radikal neuen Technologien innerhalb kurzer Zeit in den wirtschaftlichen Mainstream. Es wurden nur alte Technologien und Geschäftsmodelle verbessert, wenn auch sehr effektiv. Die japanische Aktienblase resultierte aus der gigantischen Grundstücksblase, die der Staat bewusst erzeugt hatte (Land ist in der Infrastruktur des Inselreiches die knappste Ressource). Dadurch sollten massive Investitionen in die herstellende Industrie gefördert werden, damit diese ihre Kapazitäten erweitern konnte. Obwohl die Grundstücks- und Aktienpreise seither zusammengebrochen sind, ist Japan aufgrund dieser Strategie in vielen Industriezweigen nach wie vor weltweit wettbewerbsfähig. In den meisten neuen Wachstumsbranchen und radikal neuen Technologien kann es allerdings noch nicht konkurrieren.

Die Vereinigten Staaten sind in der neuen technologischen Revolution führend, und das bringt uns zu der nächsten Blase: zu der Internet- und Hightech-Blase Ende der 1990er-Jahre, die wir in den Abbildungen 2.12 und 2.13 noch einmal zeigen. Dazu müssen wir noch einmal betonen, dass die Aktienblase und der Börsencrash der Jahre 2000 bis 2002 weitgehend den Technologiesektor betrafen. Die extremste Blase trat im Internetbereich auf. Im Jahre 1996 hatten zehn Prozent der US-Haushalte einen Internetanschluss, und dann entpuppte sich dieser Sektor als

Abbildung 2.12

GSTI Internet Index, 1996 bis 2002

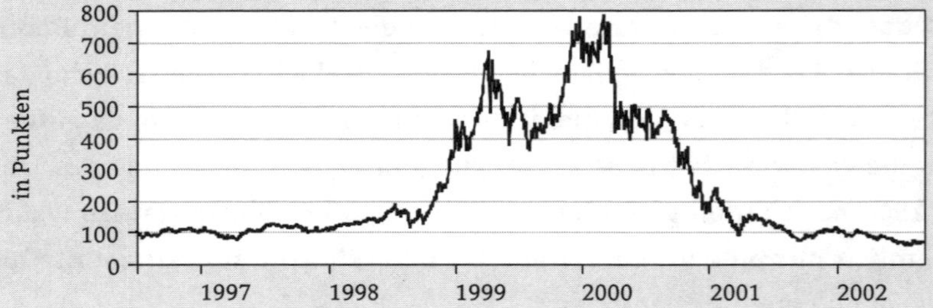

Abbildung 2.13

Nasdaq Composite Index, 1990 bis 2002

neues großes Wachstumsphänomen. Die eigentliche Blase bildete sich erst von Ende 1998 bis Anfang 2002. In eineinhalb Jahren stieg der Internet Index fast auf das Siebenfache seines vorherigen Wertes. Das ist richtig extrem, und das erinnert schon eher an die Blase der South Sea Company von 1719 bis 1720 (Abbildung 2.5).

Während des Crashs verlor der Internet Index 93 Prozent und löschte den gesamten Gewinn seit 1996 und noch mehr aus. Viele kleinere Dot.-com-Aktien sind völlig verschwunden oder haben fast 99 Prozent ihres Wertes eingebüßt. Dies zeigt wieder einmal, dass Blasen eine Frage des Grades sind. Höchst fragwürdige Geschäftsmodelle erzielten dramatische Gewinne – Aufstieg und Crash sind hinsichtlich der Größenordnung mit der Tulpenblase vergleichbar. Es ist unwahrscheinlich, dass der Internet Index auf neue Hochs steigt, obwohl im Jahre 2003 etwa 63 Prozent der Haushalte Internet hatten und dieser Anteil bis zum Jahre 2006 oder 2007 auf rund 90 Prozent steigt. Die treibenden technologischen Kräfte dieser umfassenden Revolution sind Halbleiterchips und Software. Das Internet ermöglicht es, aus Computern, Kommunikationsgeräten und „Content" großen Nutzen zu ziehen. Somit stellt es den wichtigsten Teil der geteilten Infrastruktur für die New Economy dar. Aber genauso wie bei den meisten derartigen Infrastrukturen der Vergangenheit ist auch das Internet an sich kein hoch profitables Produkt und keine hoch profitable Infrastruktur. Deshalb sind für die Finanzierung solcher neuen Infrastrukturen Blasen nötig. Nachdem der Crash mehr als die Hälfte aller Gewinne aus der vorangegangenen Hausse vernichtet hat, sieht es wieder einmal so aus, als würde der Höhepunkt des Marktes für lange Zeit Gültigkeit behalten, genauso wie beim Dow Jones und beim Auto Index 1929 bis 1932 oder beim Crash der South Sea Company 1720 bis 1722. Andererseits jedoch werden die wenigen gangbaren Geschäftsmodelle, die überlebt haben, von eBay bis Cisco, im kommenden Boom wahrscheinlich bedeutende neue Höchststände erreichen.

Betrachten wir uns jetzt die Nasdaq-Blase der späten 1990er-Jahre einmal etwas näher (Abbildung 2.13). Die eigentliche Blase begann im Jahre 1995, und von Ende 1998 bis Anfang 2000 schwoll sie exponentiell an. Von den Anfängen im Jahre 1995 bis zum Jahre 2000 stieg der Nasdaq Composite auf das 6,7-fache, und von Ende 1998 bis Anfang 2000 auf das 3,7-fache. Damit ist er zwar stärker gestiegen als der Dow Jones in den Goldenen Zwanzigern oder der Nikkei in den 1980er-Jahren, aber trotzdem ist die Blase nicht so extrem wie die Blase des Internets, der South Sea Company oder der Tulpenzwiebeln.

Im nachfolgenden Crash gab der Nasdaq Composite 78 Prozent ab. Damit ist er aber nur auf das Niveau von 1996 zurückgefallen und hat nicht den gesamten Gewinn der ersten bullishen Welle vernichtet, die Ende 1990 begonnen hatte. Auch hat er nicht den Höhepunkt der ersten Aufwärtswelle erreicht, die 1987 den Gipfel überschritt. Deshalb hat die Hausse eindeutig noch Wachstumspotenzial.

Das Bild wird klarer, wenn wir die gesamte Hausse des Nasdaq Composite im logarithmischen Chart betrachten (Abbildung 2.14). Logarithmische Charts verwandeln exponentielle Trends in gerade Linien. Langfristig betrachtet summieren sich bedeutende prozentuale Zuwächse immer zu exponentiellen Entwicklungen. Deshalb benutzt jeder halbwegs fähige technische Analyst für die Darstellung langfristiger Trends logarithmische Charts. Viele „Weltuntergangs"-Analysten benutzen

Abbildung 2.14

Der „Nasdaq Channel“, 1974 bis 2009

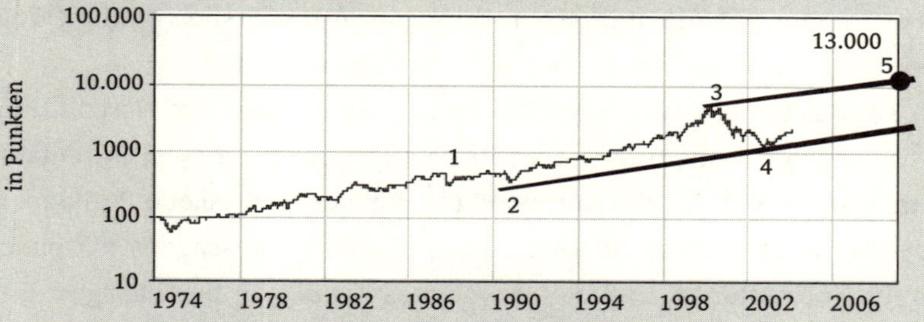

arithmetische Charts und zeigen den Menschen die Extremwerte der Blasen, um ihnen Angst einzujagen und ihnen ihre Bären-Szenarien schmackhaft zu machen.

Prognosen zur letzten großen Hausse

Die schwergewichtigste Neuerung der technischen Analyse, auf die wir schon hingewiesen haben, ist die Elliott-Welle (www.elliottwave.com), die Robert Prechter in die moderne Diskussion gebracht hat. Zur Wiederholung: Gemäß dieser Theorie durchlaufen alle Haussen drei große Wellen aufwärts, bevor sie ihren Höhepunkt erreichen: Die erste Welle führt aufwärts, die zweite korrigiert den Anstieg. Die dritte Welle ist wieder aufsteigend, und meistens ist sie die längste und größte Welle. Darauf erfolgt wieder eine Korrekturbewegung in Form der vierten Welle. Die fünfte Welle führt schließlich zu einem Höhepunkt, der längerfristig Gültigkeit behält. In Abbildung 2.14 ist klar zu erkennen, dass Welle eins aufwärts des Nasdaq Composite im Jahre 1987 gegipfelt hat und dass Welle drei ihren Höhepunkt Anfang 2000 erreicht hat. Wenn man den Chart ausschließlich unter technischen Gesichtspunkten betrachtet, muss man zu dem Schluss kommen, dass noch eine bedeutende Welle fünf kommen muss, genauso wie bei den breiteren Marktbarometern Dow Jones Industrial Average und S & P 500 Index. Die Korrekturbewegung der vierten Welle hat das Hoch von Welle 1 nicht unterschritten. Wenn das passiert wäre, dann würde das bedeuten, dass bereits ein mittelfristiger Höhepunkt überschritten wäre. Da die Korrekturwelle vier auf die stärkste und längste Aufwärtsbewegung (Welle drei) folgt, stellt sie häufig den tiefsten Einschnitt dar.

In Kapitel 1 haben wir in Abbildung 1.18 einen Chart des Nasdaq Composite gezeigt, in dem eine Trendlinie alle Hochs seit 1974 durchläuft. Daraus ergibt sich für das Jahr 2008 ein Zielwert von 20.000 Punkten. Es gibt aber auch noch andere Methoden für die Voraussage von Zielwerten für Höchststände, und damit wollen wir uns jetzt beschäftigen. Eine der besten Möglichkeiten, den Höhepunkt einer fünften Welle beziehungsweise den Endpunkt der gesamten Hausse vorwegzunehmen, funktioniert folgendermaßen: Man zieht die Linie für die untere Begrenzung des Trendkanals durch die Tiefs der Wellen zwei und vier; dann zieht man vom Höhepunkt von Welle drei aus eine parallele Linie in die Zukunft. Wenn wir grob davon ausgehen, dass die Hausse im Jahre 2008 endet (plusminus ein Jahr), weil die neuen Technologien den Sättigungspunkt erreichen und weil die Ausgaben der Babyboom-Generation dann ihren Höhepunkt überschritten haben, dann ergibt sich aus dem so gezeichneten Trendkanal ein Zielwert von 13.000 Punkten für den Nasdaq Composite. Das wäre eine Verzwölffachung des Tiefs vom 8. Oktober 2002 (1.108 Punkte) – in den Goldenen Zwanzigern verzwölffachte sich der Auto Index. Nun könnte es sein, dass die Nasdaq nicht so weit steigt – oder dass sie noch weiter steigt, vielleicht bis zu dem Ziel von 20.000, das wir in Abbildung 2.18 zeigen werden. Ein Anstieg des Nasdaq Composite bis Ende 2008 auf 13.000 Punkte würde einen jährlichen Zuwachs von 39 Prozent bedeuten. Selbst wenn der Kursgewinn nur halb so groß wäre, wären die meisten Anleger nach der höchst demütigenden Korrektur 2000 bis 2002 damit sehr gut bedient.

Kommen wir jetzt auf den Dow Jones zurück. Hier können wir ähnliche Prognosen erstellen, und das auch noch mit höherer Verlässlichkeit, denn der Dow Jones hat sich im Verlauf der Hausse in geordneteren Bahnen nach oben und unten bewegt. Seit 1997 ist der „Dow

Abbildung 2.15
Der „Dow Channel", 1982 bis 2010

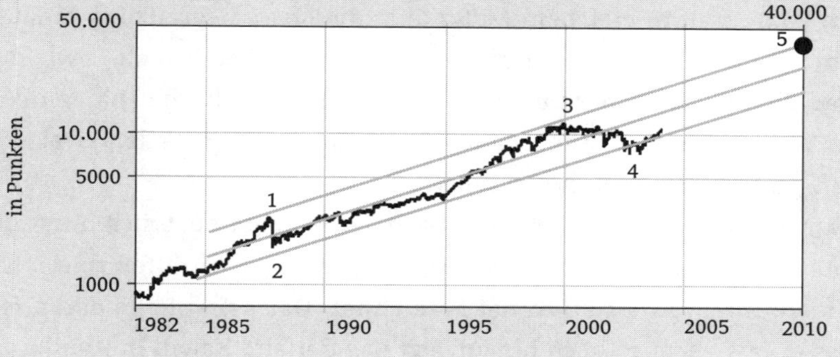

Channel" (Abbildung 2.15) unser wichtigstes Bewertungsinstrument und unser wichtigstes Werkzeug für grobe Prognosen des Kursziels im Jahre 2008. Dieser Trendkanal hat sich besser bewährt als die meisten anderen, denn die parallelen Linien durchlaufen eine ganze Reihe von Hochs und Tiefs, einschließlich des Hochs von Welle eins und des Hochs von Welle drei. Der Dow Channel zeigte unter anderem den ungefähren Zeitrahmen für das Hoch Anfang 2000 an, denn an diesem Punkt erreichte der Index zum ersten Mal seit 1987 wieder die obere Trendbegrenzung. Anfangs ließ er für das Jahr 2008 einen Stand von etwa 35.000 Punkten und für Ende 2009 von 40.000 Punkten erwarten. Im Juni 2002 jedoch wurde der Trend leicht gebrochen. Zunächst gab er beim Stand von rund 8.000 Punkten Ende Sepember 2001 ein extremes Kaufsignal (und das wäre in der Tat ein guter Kaufzeitpunkt gewesen). Am 1. Oktober 2002 gaben wir bei 7.400 Punkten das stärkste Kaufsignal seit unserem Bestehen, und zwar aufgrund anderer technischer Indikatoren, unter anderem wegen der starken Unterstützung durch die Korrekturtiefs von Ende 1998.

Trendkanäle können nach oben oder unten leicht durchbrochen werden und trotzdem ihre Gültigkeit behalten. Tatsächlich ist gerade die Linie durch die Hochs ein guter Indikator für das endgültige Ziel; daher sind 35.000 Punkte für das Jahr 2008 immer noch ein tauglicher Zielwert. Wenn ein Trendkanal vom Tief der vierten Welle nach unten durchbrochen wird, dann hat das häufig zur Folge, dass der Gipfelpunkt von Welle fünf in gleichem Maße über die obere Begrenzung hinausgeht. Die Linien der besten und verlässlichsten Trendkanäle – wie des Dow Channel in Abbildung 2.15 – schneiden sowohl die Höhepunkte der Wellen eins und drei als auch die Tiefpunkte der Wellen zwei und vier. Aber das ist keineswegs typisch.

Nur für den Fall, dass der Trend nach dem kurzen Ausbruch unter die untere Begrenzung im Juli 2002 nicht mehr exakt zutreffen sollte, haben wir einen Alternativkanal gezeichnet. Das Erfreuliche daran ist, dass er fast genauso hoch hinaufzeigt wie der alte Kanal. In Abbildung 2.16 ist der Trendkanal genauso wie im Nasdaq-Chart in Abbildung 2.14 auf die üblichere Weise eingezeichnet: Die obere Trendlinie ist eine Parallele zur unteren und durchläuft das Hoch der dritten Welle; die untere Trendlinie orientiert sich an den Tiefpunkten der Wellen zwei und vier. Aus diesem Chart ergeben sich für den Dow Jones die Zielwerte 34.000 (Ende 2008) und 38.000 (Ende 2009). Sie unterscheiden sich also nicht sehr von den Zielwerten des ursprünglichen Dow Channel. Beide Trendkanäle prognostizieren ab dem Tief Ende 2002 einen

Abbildung 2.16

Der korrigierte Dow Channel, 1974 bis 2010

durchschnittlichen Jahresertrag von rund 24 Prozent. Dieser potenzielle Ertrag ist höher als der Ertrag, den man als Anleger erzielt hätte, wenn man am Beginn der Hausse der 1990er-Jahre (Ende 1990) Aktien gekauft und sie bis zum Höhepunkt im Januar 2000 gehalten hätte.

Und jetzt kommt der wichtigste Grund, weshalb wir erwarten, dass der Nasdaq Composite und der Dow Jones Industrial Average in der letzten Welle der beispiellosen Hausse, die Anfang der 1980er-Jahre begonnen hat und die die zwei (wahrscheinlich drei) besten aufeinander folgenden Jahrzehnte der US-amerikanischen Geschichte hervorgebracht hat, nicht nur bescheidene Hochs erreichen, sondern mit hoher Wahrscheinlichkeit große Höhen erklimmen werden. Abbildung 2.17 auf Seite 100 (identisch mit Abbildung 2.6) ist die Elliott-Wellen-Analyse der Kursentwicklung seit dem frühen 18. Jahrhundert. Darin ist klar zu erkennen, dass wir uns im Endstadium einer langfristigen Hausse befinden, die nach der 69-jährigen Korrektur begonnen hat, welche auf den Zusammenbruch der Blase der South Sea Company im Jahre 1720 folgte. Die erste Welle gipfelte im Jahre 1832 und die dritte im Jahre 1929. Anscheinend treten wir gerade in die fünfte und letzte Welle innerhalb der nächstgrößeren Welle fünf ein. Das gilt sowohl für den Chart des Nasdaq Composite (Abbildung 2.14) als auch für den Chart des Dow Jones Industrial Average (Abbildung 2.15). Es gibt allerdings eine alternative und wahrscheinlich zutreffendere Wellenzählung für den Dow Jones (Abbildung 2.16). Hier ist Welle eins aufwärts recht kurz und reicht von Ende 1974 bis Mitte 1976. Dann kommt Welle zwei mit einer längeren Seitwärtskonsolidierung bis Ende 1982. Die dritte, massive Welle lief von Ende 1982 bis Anfang 2000. Die heftige Welle-vier-Korrektur schlug Ende 2002 zu. Danach ist eine letzte und starke Welle fünf zu erwarten.

Und jetzt das Allerwichtigste: Beachten Sie, dass sich die Trends seit Beginn der großen Hausse um 1780 (siehe Abbildung 2.17) von Welle zu Welle immer mehr beschleunigen, sogar im logarithmischen Chart, in dem schon eine gerade Linie eine konstante exponentielle Beschleunigung anzeigt. Jede größere Welle und jede kleinere Welle innerhalb der

Abbildung 2.17
Der Große Superzyklus, 1700 bis 2010

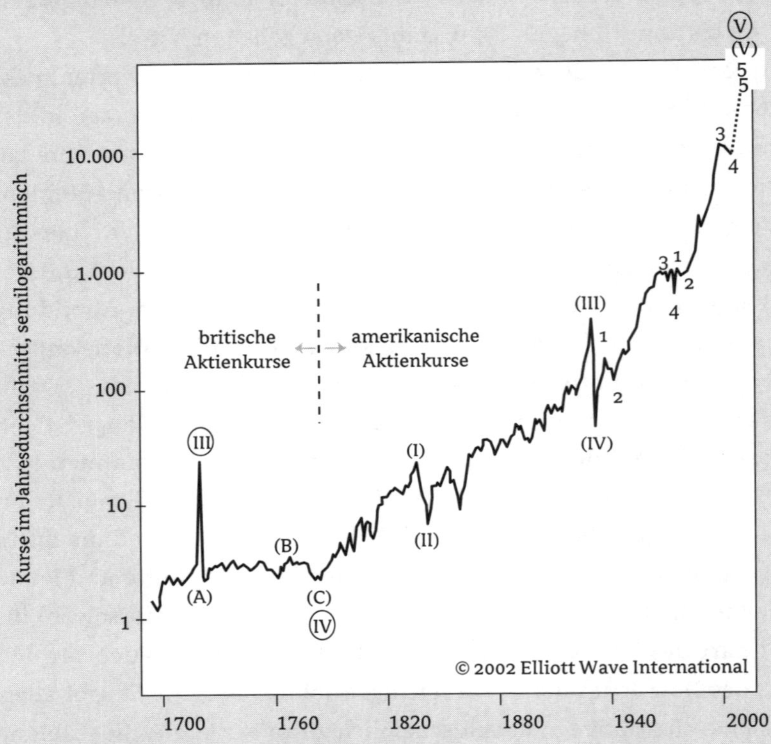

Quelle: Robert Prechter: Besiege den Crash, S. 33

fünften Welle war steiler als die vorangehende. Kann irgendjemand vernünftigerweise erwarten, dass die letzte Welle einer derart beschleunigten und extremen langfristigen Blase nicht dramatisch ausfällt? Der letzte Anstieg zum Gipfel der ersten Welle im Jahre 1832 war dramatisch. Der letzte Anstieg von Welle drei bis 1929 war noch dramatischer. Da die große Welle fünf, die seit 1932 läuft, bereits exponentieller verläuft als die vorangegangene, fällt es uns schwer zu glauben, dass wir nicht genauso in eine letzte große Blase eintreten wie in den Goldenen

Zwanzigern – wahrscheinlich wird sie noch größer, wenn die letzte Welle der größeren Welle fünf beginnt. Daher halten wir es für sehr wahrscheinlich, dass die letzte Phase des Ausgabenzyklus der Babyboom-Generation eine große Blase ist.

Und wo liegen die extremeren Zielwerte? Der Dow Jones könnte aus seinem alten Trendkanal (siehe Abbildung 2.15) ausbrechen – so wie er im Jahre 2002 nach unten ausgebrochen ist – und bis Ende 2008 möglicherweise 40.000 Punkte erreichen. Mit hoher Wahrscheinlichkeit hält die Hausse bis in das Jahr 2009 an, so dass der Dow Jones auf 40.000 Punkte oder noch weiter steigen könnte. Wahrscheinlich jedoch wird die wirklich extreme Blase wieder im Nasdaq Composite auftreten. In Abbildung 2.18 (identisch mit Abbildung 1.18) haben wir von dem eindeutigen Beginn der Hausse im Jahre 1974 an eine Trendlinie durch die Hochs der Nasdaq gezogen. Dieser Trend zeigt bis Ende 2008 auf rund 20.000 Punkte und vielleicht sogar noch höher, wenn sich die Hausse bis in das Jahr 2009 hinein fortsetzt. Das wäre allerdings wirklich erstaunlich, denn das würde bedeuten, dass der Index von dem Oktobertief 2002 aus auf das 18-fache steigt; der durchschnittliche jährliche Zuwachs würde sich in diesem Fall auf 49 Prozent belaufen. Wir halten das Ziel von 13.000 Punkten nach wie vor für wahrscheinlicher.

Abbildung 2.18

Nasdaq Composite Index, 1971 bis 2009

Aber wie ist so etwas möglich, wo doch alle Welt eine derartige Blase samt Crash erlebt hat? Die Wahrheit ist, dass die meisten Menschen selbst harte Lektionen schon nach kurzer Zeit wieder vergessen, wenn kräftige Gewinne ihre Gier aufs Neue anstacheln. Wenn die Technologiesektoren nach einem derartigen Crash wieder schnell steigen und den Marktdurchschnitt überflügeln (was unsere fundamentalen Indikatoren erwarten lassen), dann könnten die Anleger zu der noch festeren Überzeugung als vor einigen Jahren gelangen, dass eine „New Economy" entstanden ist, dass die Wirtschaft endlos boomen wird und dass die Technik weiterhin starkes Wachstum und Produktionssteigerungen hervorbringt. Die größten Extreme wird die Blase wohl vor allem in den Bereichen Breitbandtechnologie und Biotechnologie aufweisen, denn das sind die großen neuen Grenzbereiche der Informationsrevolution. Ist dies das wahrscheinlichste Szenario? Vermutlich nicht, aber wir schließen es auch nicht aus, sondern halten es für eine reale Möglichkeit.

Im vergangenen Jahrhundert entstanden in diversen neuen Wachstumssektoren kurzfristige Blasen, die zuerst korrigiert wurden und auf die dann Haussen folgten. Zuerst kamen die Automobilblasen 1915 bis 1919 und 1925 bis 1929 mitsamt den Crashs 1919 bis 1922 und 1930 bis 1932, die wir bereits besprochen haben. Die Aktien der Fluglinien brachen von 1945 bis 1948 um 62 Prozent und von 1990 bis 1994 um 63 Prozent ein. Danach stiegen sie ohne längere Baissen auf bedeutende neue Hochs und schließlich bis zum Gipfel des Jahres 2000. Die Spielfilmindustrie hat ebenfalls ohne längere Baisse auf einen Schlag 77 Prozent verloren und ist danach ständig gestiegen, sogar in der zweiten Hälfte der Baisse der 1970er-Jahre. Die Hausbau-Aktien steigen immer noch, allerdings haben sie Anfang der 1980er-Jahre eine Korrektur um 58 Prozent und Anfang der 1990er-Jahre eine Korrektur um 62 Prozent erfahren. Die Hongkonger Börse erlebte ab 1974 eine große Hausse, und es fanden zwei bedeutende Korrekturen um mehr als 60 Prozent statt; die letzte Korrektur ereignete sich von Ende 1997 bis in das Jahr 1998.

Damit wollen wir zeigen, dass auf kräftige Anstiege üblicherweise kräftige Korrekturen folgen, sogar während einer Hausse. Ohne hohes Risiko keine hohen Erträge! Die Anleger vergessen dieses einfache Grundprinzip ganz gerne; dann steigen sie ungefähr zum Höhepunkt der Blase ein, steigen ungefähr am Boden hastig aus und brauchen dann viele Jahre, bis sie den Mut haben, wieder einzusteigen. Auf diese Weise macht man während der Hausse Verlust oder nur minimalen Gewinn.

Eine Blase - wieso?

Betrachten wir noch einmal die Tatsache, dass dieser beispiellose Boom von Blasen geprägt war und dass noch eine weitere Blase vor uns liegt. Der Zeitraum von 1985 bis 1987 war die erste Blase des Booms. Danach kam die schärfste kurzfristige Korrektur der amerikanischen Geschichte. Tatsächlich gab es im Jahre 1907 eine ähnliche Blase, auf die vor 80 Jahren ein heftiger Crash folgte. Nach der Blase des Jahres 1980 kam eine technologielastige Blase bis Anfang 2000, parallel zu der Blase 80 Jahre zuvor, also bis 1919. Die Korrektur von 2000 bis 2002 war die größte, die es während des letzten Booms in einem führenden Sektor gegeben hat, und sie dauerte nur wenig länger als der Automobilcrash, der bis Anfang 1922 reichte.

Anders als bei den Crashs 1929 bis 1932, 1973/1974 und 1990 bis 1992 (in Japan) zeigen der demographische Ausgabenzyklus und der Technologiezyklus bis 2008/2009 immer noch deutlich nach oben. Die erwähnten Crashs brachten außerdem auch schwere konjunkturelle Rückgänge mit sich, wohingegen es diesmal nur Ende 2000/Anfang 2001 eine leichte Rezession gegeben hat. Die Ursachen dafür waren vor allem rückläufige Kapitalausgaben der Unternehmen, nicht aber ein Rückgang der Verbraucherausgaben; die Verbraucher kauften weiterhin mehr Häuser als je zuvor. Danach erholte sich die Konjunktur wieder, und im Jahre 2003 zog sie erneut an. Deshalb sehen wir eine weitere große Blase kommen – die dritte aufsteigende (also insgesamt die fünfte) Welle, die in diesem Boom ein klassisches Elliott-Wellen-Muster vervollständigt. Wieder einmal gilt, dass sich während der beispiellosen Hausse jede größere Aufwärtswelle in eine Blase verwandelt hat und dass sich jede Blase steiler und exponentieller entwickelt hat als die vorangegangene.

Die erste Blase bildete sich von 1985 bis 1987, die zweite von 1995 bis Anfang 2000. Wir prognostizieren eindeutig eine dritte und letzte Blase, die bis in das Jahr 2009 oder 2010 reicht und die durchaus noch extremer ausfallen könnte als die letzte Blase. Auch der Crash nach der abschließenden Blase wird noch extremer und anhaltender sein – hinsichtlich des Ausmaßes ähnlich wie die Große Depression, und hinsichtlich der Dauer wie die Baisse in Japan. Wir sagen voraus, dass die nächste längere Baisse von Ende 2009 oder Anfang 2010 bis zum Jahre 2022 reichen wird. Der Dow Jones Industrial Average wird in dieser Zeit 70 bis 80 Prozent oder mehr verlieren, und der Nasdaq Composite wahrscheinlich 90 Prozent oder mehr. Wir rechnen damit, dass beide Märkte mindestens auf die Tiefs von Ende 2002 zurückfallen. Die wahren Gründe, warum der Boom einen derart ausgeprägten Blasencharakter haben wird, sind folgende:

1. Gemäß dem 80-Jahres-Zyklus befinden wir uns in dem Stadium des Wachstumsschubs. Neue Technologien erreichen schnell weite Verbreitung, und die steiler werdende S-Kurve erzeugt dramatisches Wachstum sowie einen Wettlauf um die Führungsposition in den neuen Technologien und Branchen. Booms wie in den Jahren 1902 bis 1929 werden im Laufe des Zyklus immer dramatischer und sind von immer heftigeren Blasen und Crashs geprägt. Von 1915 bis 1919 bildete sich eine Technologieblase, dann wieder von 1925 bis 1929, nachdem Anfang 1922 ein schwerer Crash stattgefunden hatte. Außerdem gab es in den Jahren 1907 und 1914 (Ausbruch des Ersten Weltkriegs) größere Hochs und Crashs. Alle nachfolgenden Höhepunkte und Crashs fanden mit 80-jähriger Verzögerung enge Parallelen in den Jahren 1987, 1993/1994 und 2000 bis 2002. Somit ist der aktuelle Boom dem Wachstumsboom der Jahre 1902 bis 1929 sehr ähnlich. Die Booms der Reifungsphase – beispielsweise von 1942 bis 1968, verlaufen geordneter und weisen weniger dramatische Höhepunkte und Crashs auf.

2. Die Größe der Babyboom-Generation hierzulande und anderswo verstärkt sowohl die Innovationstendenz, die zu der ersten echten Informationsrevolution seit der Erfindung des Buchdrucks geführt hat, als auch das Ausmaß des Booms. Dadurch wiederum steigen die Kurs-Gewinn-Verhältnisse (KGVs) von Aktien, die Verschuldung und vieles andere während des Wachstumsschubs auf Blasenniveau.

3. Das Aufkommen der Discount Broker und der 401(k)-Pläne haben zum ersten Mal in der Geschichte die Geldanlage in Aktien zum Volkssport gemacht. Abbildung 2.19 zeigt die S-förmige Entwicklung der Aktienanlagen von Privathaushalten in den Vereinigten Staaten. Die Aktienkäufer schießen seit 1980 wie Pilze aus dem Boden. Das bedeutet, dass viele unerfahrene Investoren den Markt betreten und eindeutig die Entstehung von Investitionsblasen und Aktienmanien fördern. Im kommenden Jahrzehnt werden noch viel mehr neue Haushalte den Aktienmarkt betreten und die vielleicht größte Blase der Vereinigten Staaten und der neueren Geschichte fördern. Die

Abbildung 2.19

Die S-Kurve der privaten Aktienanlagen in den USA, 1900 bis 2009

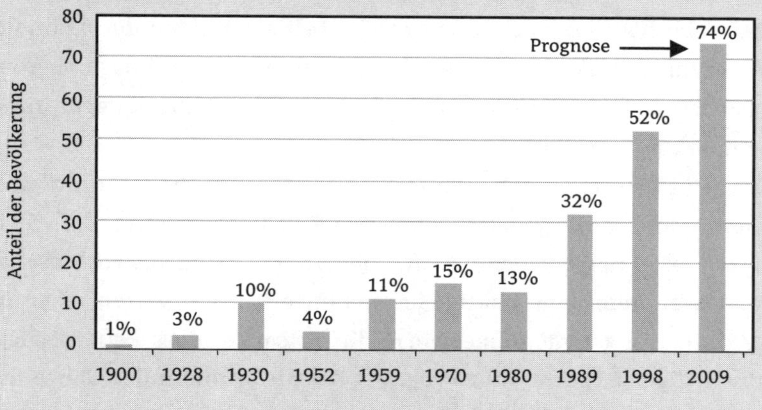

Quelle: Theodore Caplow, Louis Hicks und Ben J. Wattenberg: The First Measured Century.

schlimmsten Blasen der Geschichte bildeten sich im 17. und 18. Jahrhundert, als die Geldanlage noch ein neues Phänomen war und die meisten Anleger deshalb unerfahren waren.

4. Wie in Abbildung 2.17 zu erkennen ist, treten wir anscheinend in die abschließende Welle einer umfassenden Hausse ein, die um 1780 herum begonnen hat. Die Expansion des Aktienmarktes ist von Welle zu Welle exponentieller geworden, und man kann sich kaum vorstellen, dass die letzte Welle nicht die größte sein sollte. Blasen sind fast unmöglich zu verhindern. Den Anfang machen jüngere, unerfahrene Investoren, die die Bewertung von Aktien noch nicht sachgerecht einschätzen können. Ein Beispiel dafür sind die Onlinetrader in den 1990er-Jahren. Die hohen Erträge der schnell wachsenden Sektoren zwingt dann jedoch auch institutionelle Anleger und Fondsmanager – letztendlich alle Investoren – mitzumachen oder zurückzufallen. Das Ende der Blase kommt, wenn alle investiert sind und niemand mehr da ist, der kaufen könnte.

Unsere fundamentalen Indikatoren deuten ganz klar darauf hin, dass sich alle Trends der 1990er-Jahre bis zum Jahre 2008 oder 2009 fortsetzen werden. Die Ausgabewelle der Babyboomer ist bis zum Jahre 2009 immer noch deutlich nach oben gerichtet. Die S-Kurven der technologischen Schlüsselsektoren zeigen bis zum Jahre 2008 steil nach oben. In den nächsten zwei Jahrzehnten werden weiterhin neue Anleger in die Aktienmärkte eintreten.

Wie wir in Kapitel 6 noch erläutern werden, bleibt die Inflation niedrig. Somit sind in diesem Jahrzehnt alle fünf Bedingungen, die wir in diesem Kapitel beschrieben haben, vollständig erfüllt; die technischen Charts lassen indes eine kräftige letzte fünfte Welle erwarten. Aber der beste Indikator ist möglicherweise die Tatsache, dass kein einziger glaubwürdiger Experte oder Prognost für die kommenden Jahre mit einer großen Hausse rechnet.

Unserer Meinung nach stehen die Chancen für eine weitere große und vielleicht noch extremere Blase sehr gut. Machen Sie sich auf die unerwartetste Hausse aller Zeiten gefasst – und auf einen Crash, der die Technologiekatastrophe der Jahre 2000 bis 2002 verblassen lässt.

Das Gute an Boom-Blasen sind die hohen potenziellen Erträge. Aber wie die Erfahrungen der Jahre 1987 und 2000 bis 2002 deutlich gezeigt haben, kann das Verlustrisiko höchst schmerzhaft werden. Wie kann man das Anlagerisiko während der volatilen Boom-Blase und während des sicherlich nachfolgenden großen Crashs vermindern? In Kapitel 3 behandeln wir einige mächtige wiederkehrende Börsenzyklen, die auch ohne unser demographisch-technologisches Modell für die nächsten Jahre kräftige Kursgewinne erwarten lassen. Diese Zyklen können auch zeigen, wann in den kommenden Jahren des Aufstiegs und Niedergangs mit erheblichen Gewinnen und wann mit Rückschlägen zu rechnen ist, so dass man das Risiko begrenzen kann. Wir bieten Ihnen die umfassendste Konjunktur- und Börsenprognose an, die es je gegeben hat; außerdem noch das einfachste langfristige Anlagemodell, das je erfunden wurde und das alle zehn Jahre nur leicht abgewandelt werden muss.

KAPITEL 3

Nutzen Sie langfristige Zyklen aus und vermindern Sie Ihr Risiko in volatilen Marktlagen

Die umfassendste Prognose und das einfachste Anlagemodell aller Zeiten

Inzwischen ist trotz der beispiellosen Erträge, die die Hausse seit Ende 1982 gebracht hat, klar, dass Volatilität und Risiko zunehmen. Das ist ganz logisch, und wir betonen es immer wieder: Ohne höheres Risiko gibt es keine höheren Erträge. Jedoch gibt es systematische und wissenschaftliche Methoden zur Risikobegrenzung. Dazu gehört auch die Diversifizierung, die wir in Kapitel 7 behandeln. Im vorliegenden Kapitel untersuchen wir allerdings Zyklen, die das Risiko in Zeiten von Aufstieg und Niedergang vermindern können – aber nur, wenn man sie systematisch befolgt und alle menschlichen Emotionen außen vor lässt. Warum? Sie funktionieren nicht in jedem Jahr und in jedem Zyklus gleich gut, aber über längere Zeit bewähren sie sich. In unseren früheren Büchern haben wir immer eine Reihe von Zyklen besprochen, die auf fundamentalen Gegebenheiten beruhen: Politik, Steuern, Psychologie. Ihre regelmäßig wiederkehrenden Muster sind über längere Zeiträume verlässlich genug, dass man darauf effektive Anlagestrategien aufbauen kann.

Wenn man zurück in die Vergangenheit blickt, erkennt man, dass es an den Kapitalmärkten saisonale Zyklen gibt, die den alljährlich wiederkehrenden Jahreszeiten beziehungsweise den längerfristigen Wetterzyklen vergleichbar sind. Die Spanne der praktisch verwertbaren Zyklen reicht von einem Jahr bis 80 Jahre, aber es gibt auch Zyklen, die sich über Tausende von Jahren erstrecken. Als Erstes betrachten wir die kurzfristigen Zyklen, und danach die langfristigen. Diese Zyklen sind das beste Mittel, wenn man in den besten Zeiten in Aktien investiert sein und in den schlechtesten Zeiten aktienfrei sein will, ohne dass man auf die Tag für Tag und Monat für Monat wechselnden Meinungen der Wall-Street-Analysten hören muss, die uns sagen wollen „wohin der Markt geht“. Die Erfolgsbilanz dieser Experten, was die Vorhersage von Veränderungen der Stimmung und der Kursbewegungen angeht, ist meistens eher bescheiden. Selbst in längeren Baisse-Phasen des Marktes kann man unter Verwendung der erwähnten Zyklen zu den günstigsten Zeiten Aktien besitzen.

Abbildung 3.1 zeigt eine vereinfachte Analyse des Jahresgangs des Aktienmarktes nach Yale Hirsch (*STOCK TRADER'S ALMANAC*) ab dem Jahre 1950. Sie zeigt, dass durchschnittlich betrachtet fast der gesamte Nettozuwachs am Aktienmarkt in den sechs Monaten von November bis April erzielt wird. Im Gegenzug würde man langfristig keinen oder nur geringen Gewinn machen, wenn man jedes Jahr nur von Mai bis Oktober investiert wäre, denn in dieser Zeit finden die meisten Korrekturen statt. Warum gibt es eine gute Jahreszeit für den Aktienbesitz? Im September und Oktober werden viele Aktien aus steuerlichen Gründen verkauft (man verkauft die Verlierer, um den Gewinn zu schmälern, den man mit den Gewinnern erzielt hat). Dadurch geraten die Aktienkurse unter Druck. Darauf folgt dann eine Rückkaufphase, weil Weihnachtsgratifikationen, Dividendenausschüttungen und Steuerrückerstattungen die Kaufkraft der Anleger bis in den April hinein stärken.

Das geschieht nicht jedes Jahr, aber langfristig ist eine eindeutige Tendenz erkennbar. In manchen Jahren steigen die Aktien von Mai bis Oktober; das war beispielsweise im Jahre 1999 der Fall. Seit 1950 brachte

Abbildung 3.1

Der Jahreszyklus der Aktienkurse, 1950 bis 2000

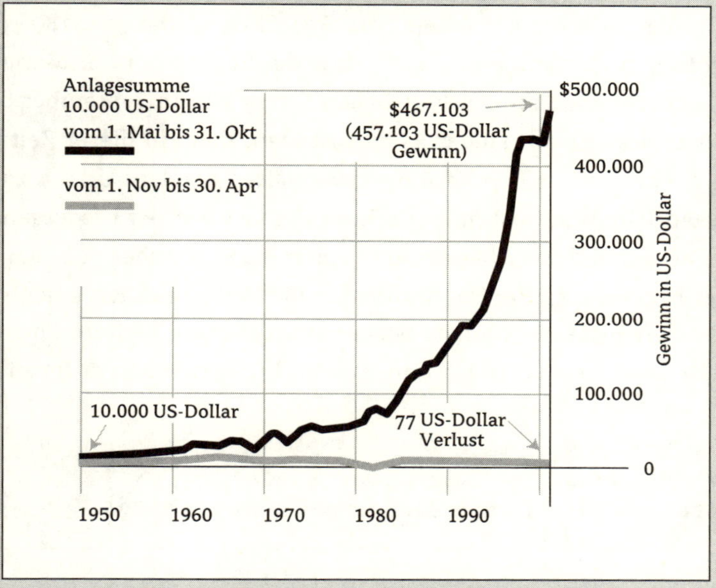

der Zeitraum Mai bis Oktober in 22 Fällen Verlust, der Zeitraum November bis April dagegen nur in zwölf Fällen. Noch einmal: Dieser Zyklus belohnt einen nicht in jedem Jahr, aber über längere Zeit ist er unaufhaltsam. Abbildung 3.1 zeigt, dass ein Anleger mit einer anfänglichen Anlagesumme von 10.000 US-Dollar im Jahre 1950 sein Vermögen bis zum April 2002 auf 467.100 US-Dollar gemehrt hätte, wenn er immer nur von November bis April investiert hätte. Wenn er immer nur von Mai bis Oktober investiert hätte, dann hätte er einen leichten Verlust erlitten und hätte am Ende 9.923 US-Dollar übrig gehabt. Wenn man diesen saisonalen Zyklus beachtet hätte, dann hätte man zum 1. November 2002 wieder kräftig Aktien kaufen müssen. Außerdem hätte man auch zum 1. November 2004 wieder kräftig investieren müssen, falls man vorsichtig war und abwarten wollte.

Viele Menschen halten den Oktober wegen der berühmten Crashs (zum Beispiel 1929 und 1987) für den schlechtesten Aktienmonat. Auch die Bodenbildungen der Jahre 1990 und 1998 fanden im Oktober statt. Wenn man jedoch noch weiter zurückgeht, bis in das Jahr 1896 (siehe Abbildung 3.2), dann ergibt sich, dass der September der Monat mit dem schlechtesten durchschnittlichen Ertrag ist. Im September beginnen die Verkäufe aus steuerlichen Gründen, denn in dieser Zeit kommen die professionellen Vermögensverwalter aus dem Urlaub zurück. In vielen Jahren mit einem schlechten Oktober war der Niedergang nur eine Fortsetzung des Abstiegs, der schon im September oder gar noch früher begonnen hatte. Häufig wurden die Verluste durch einen scharfen Anstieg Ende des Monats wieder ausgeglichen. Weitere Korrekturmonate sind Februar (nach den starken Kursgewinnen aufgrund von

Abbildung 3.2

Die guten und schlechten Monate des Jahres seit 1896

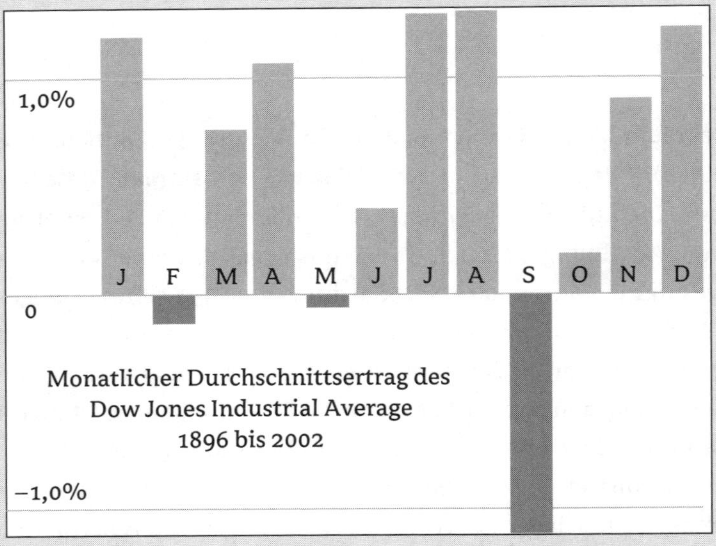

Quelle: Fortune, 30. September 2002, S. 186

steuerlich bedingten Aktienrückkäufen im Januar) und Mai (Beginn der Sauregurkenzeit und Ferienbeginn im Juni).

Aus Abbildung 3.2 geht hervor, dass der Zeitraum von November bis April mit Ausnahme des Februars durchschnittlich eine Reihe guter Monate ist. Das ist ein weiterer Grund dafür, warum dieser Zeitraum so günstig ist. Trotz der Tendenz des Marktes, von Mai bis Oktober zu sinken, treten im Juli und August nach den Korrekturen von Mai und Juni häufig Sommer-Erholungen auf. Wir raten langfristig orientierten Anlegern davon ab, dieses Phänomen zu nutzen, denn es tritt nicht so regelmäßig auf wie die anderen; die Steuern und Transaktionskosten wiegen den Nutzen normalerweise auf. Aber dieser Zyklus hilft bei der Bestimmung des Aus- und Einstiegspunktes in Jahren, in denen der vierjährliche Präsidentschaftszyklus wirksam wird.

Den vierjährlichen Präsidentschaftszyklus haben wir schon in unseren früheren Büchern und in unseren Börsenbriefen erläutert, und er ist auf lange Sicht überraschend zuverlässig. Abbildung 3.3 (auf Seite 114) zeigt eine Analyse von Ned Davis (ebenfalls einer unserer Lieblings-Langzeitanalysten, www.ndr.com). Darin ist die durchschnittliche Kursentwicklung in den vier Jahren der Amtsperiode ab dem Jahre 1900 dargestellt. Dieser Zyklus ist seit dem Zweiten Weltkrieg beständiger als zuvor. Tendenziell fällt der Markt ab dem Ende des ersten Amtsjahres bis zum Ende des zweiten Amtsjahres (in den letzten Jahrzehnten von Anfang bis Mitte des zweiten Amtsjahres) beziehungsweise bis zur Halbzeit der Amtsperiode. Ende des Jahres 2002 war der Tiefpunkt dieses Zyklus fällig, und das war ein weiterer Grund für unser deutliches Kaufsignal. Vom Ende des zweiten Amtsjahres bis zum Ende des dritten Jahres steigen die Kurse dann im Durchschnitt wieder. Der Dow Jones Industrial Average und der S & P 500 legen in dieser Phase im Schnitt knapp über 50 Prozent zu.

Dieser Zyklus kündigte also die kräftige Erholung von Ende 2002 bis Ende 2003 an, die Gewinne von fast 40 Prozent brachte. Von Ende des dritten beziehungsweise Anfang des vierten Amtsjahres bis etwa zur Mitte des vierten Amtsjahres findet in der Regel eine Konsolidierung

Abbildung 3.3

Der vierjährige Präsidentschaftszyklus

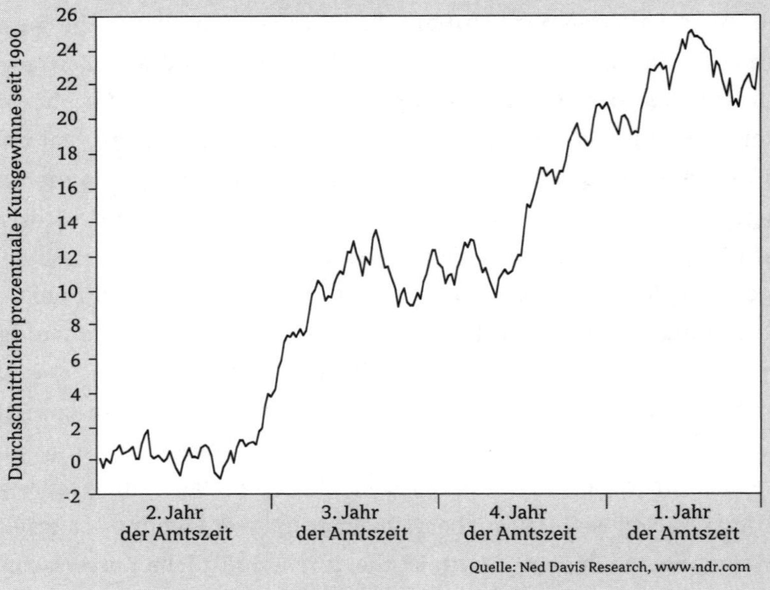

statt. Danach folgt üblicherweise wieder ein kräftiger Anstieg vor der Wahl und während des ersten Jahres der Amtsperiode. Das liegt an den steuer- und währungspolitischen Maßnahmen, die die Wiederwahl sichern sollen und an der Aufbruchsstimmung, die ein neuer Präsident mit sich bringt. Dieser Zyklus würde stark vermuten lassen, dass von Mitte/Ende 2004 bis Anfang/Mitte 2006 ein starker Anstieg den ersten Wiederanstieg des Jahres 2003 fortführt. Konkreter ausgedrückt: Diesem Zyklus zufolge sollte man bis Ende Juni 2004 – allerspätestens aber bis Anfang Oktober 2004 – Aktien gekauft haben.

Alle acht Jahre jedoch (jeden zweiten Vierjahreszyklus) sind die Rücksetzer sehr viel stärker ausgeprägt. Typischerweise beträgt die Korrektur des Dow Jones oder des S & P 500 im Vierjahreszyklus etwa zehn Prozent, aber alle acht Jahre sind es rund 20 Prozent. In Abbildung 3.4 ist zu

Abbildung 3.4

Korrekturen gemäß dem Vier- bzw. Achtjahreszyklus: Dow Jones, inflationsbereinigt, 1958 bis 2002

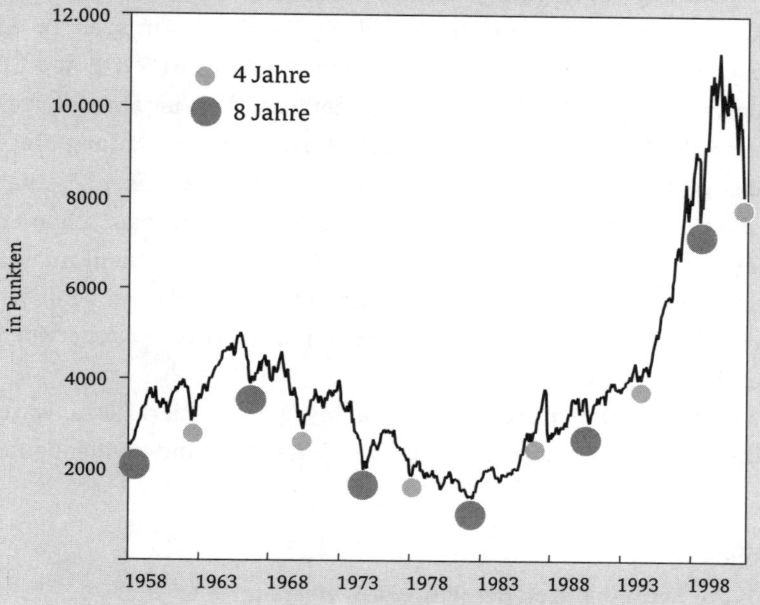

sehen, dass die Jahre 1974, 1982, 1990 und 1998 zu dem Achtjahreszyklus gehören. In *THE ROARING 2000S* (S. 292) haben wir mithilfe dieses Zyklus mehrere Monate im Voraus vorausgesagt, dass der Dow Jones bis Ende 1998 auf 7.200 bis 7.600 Punkte fallen würde. Der bisher letzte Vierjahreszyklus wurde im Jahre 2002 wirksam. Der nächste Achtjahres-Einbruch ist Mitte/Ende 2006 zu erwarten. Deshalb haben wir vorausgesagt, dass der Anstieg nach dem Börsentief Ende 2002 in eine kräftige Erholung münden würde und dass die nächste Welle bis Mitte/Ende 2006 keine größeren Rückschläge mehr erleiden würde. Das ist eine erfreuliche Nachricht. Von Ende 2002 bis Mitte 2006 dürfte die Volatilität der Aktienkurse geringer sein als zuvor, ähnlich wie von Ende 1994 bis Mitte 1998; die Risikofurcht der Anleger ist nämlich ähnlich groß wie damals.

Dies ist der beständigste Zyklus seit dem Zweiten Weltkrieg, der uns bekannt ist. Schon wenn Sie diesen Zyklus systematisch befolgen, reicht das aus, um langfristig Ihren Ertrag zu steigern und Ihr Risiko zu senken. Abbildung 3.5 zeigt, welchen Vorteil es gebracht hätte, wenn man einfach nur in jedem zweiten Jahr der präsidialen Amtszeit in der schwachen Saison von Mai bis September anstatt des S & P 500 US-Schatzwechsel gehalten hätte. Zwar setzen sich die Vierjahres-Korrekturen häufig bis in den Oktober hinein fort, aber zum Anfang dieses Monats gibt es gelegentlich auch kräftige Erholungsphasen. Deshalb fällt die Überprüfung unseres Modells besser aus, wenn man schon Ende September aussteigt, und nicht erst Ende Oktober. Wenn man jedoch die Möglichkeit hat, die Zeitpunkte genauer zu wählen, dann sollte man vielleicht am besten in der zweiten oder dritten Oktoberwoche Aktien kaufen.

Aus einem US-Dollar, den man im Jahre 1952 investiert hätte, wären bis zum Jahre 2002 – also in 51 Jahren – inflations- und dividendenbe-

Abbildung 3.5

Größere Erträge durch Befolgung des vierjährigen Präsidentschaftszyklus, 1952 bis 2004

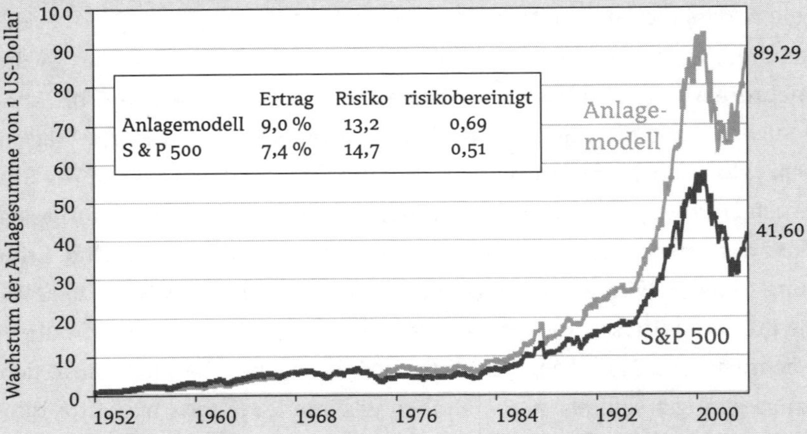

reinigt unter Befolgung dieser Strategie 89,29 US-Dollar geworden. Aus einem Dollar, den man in den S & P 500 investiert hätte, wären hingegen nur 41,60 US-Dollar geworden. Der Ertrag beträgt also das 2,15fache des Marktdurchschnitts. Die kumulierte durchschnittliche Jahresrendite hätte 9,02 anstatt 7,43 (S & P 500) betragen; das sind 21,4 Prozent mehr. Das Risiko – wenn man die Standardabweichung als Maß für die Volatilität verwendet – betrug 13,15 anstatt 14,70. Es war also um 10,5 Prozent geringer. Wenn man den durchschnittlichen Ertrag durch das durchschnittliche Risiko dividiert, erhält man ein Maß für die risikobereinigte Performance. Unser Modell hatte eine risikobereinigte Performance von 0,69, der S & P 500 eine Performance von 0,51 beziehungsweise 35,3 Prozent weniger. Und das aufgrund der Befolgung einer einzigen einfachen Anlageregel: Alle vier Jahre von Mai bis September aussteigen. Das sind nur fünf Monate in vier Jahren!

Ein weiterer Zyklus, den wir im letzten Jahrhundert beobachten konnten, ist der Zehnjahres-Zyklus. Wie schon erwähnt, treten konjunkturelle Abschwächungen und Börsenkorrekturen bevorzugt in den ersten Jahren von Jahrzehnten auf. Dadurch ergibt sich eine Konsolidierung der überzogenen Expansion und der Überbewertungen des vorangegangenen Jahrzehnts, insbesondere in den Sektoren mit dem größten Wachstum. Wir bezeichnen das als den „Zyklus des Jahrzehntkaters". Wir haben bereits gezeigt, dass der große Autoboom im Jahre 1919 in eine Auslesephase und eine Korrektur mündete, die sich über die Jahre 1920 und 1921 erstreckte. In den 1930er-Jahren gingen Konjunktur und Börse von 1930 bis 1932 zurück. Nachdem es in den Jahren 1940 bis 1942 eine Auslese und einen Crash gegeben hatte, wurde der endgültige Boden erreicht. In den 1950er-Jahren war dieser Zyklus am wenigsten ausgeprägt. Im Jahre 1950 gab es nur eine mäßige Korrektur, aber nach dem Niedergang nach dem Zweiten Weltkrieg hatte eine vierjährige Seitwärtskorrektur stattgefunden, die diesen Zyklus vielleicht schon vorwegnahm. In den 1960er-Jahren dagegen kam wieder eine zweifache Korrektur, 1960 und 1962. Die 1970er-Jahre begannen mit einer scharfen Korrektur samt Rezession im Jahre 1970.

An die 1980er-Jahre können sich sicher mehr von uns erinnern: Sie begannen mit einem Doppelcrash und einer Doppelrezession in den Jahren 1980 und 1982. Das nächste Jahrzehnt begann mit dem Aktiencrash und der Rezession 1990 bis Mitte 1991. Und schließlich wurden wir vor kurzem Zeugen des großen Börsencrashs und der konjunkturellen Verlangsamung, die im Jahre 2000 begann und sich bis Ende 2002 erstreckte. Spüren Sie so langsam den Rhythmus? Fast jedes Jahrzehnt fängt mit einem konjunkturellen Abschwung und einem Börsencrash an. Fast jedes Jahrzehnt endet mit einer starken Wirtschaft und mit Überbewertungen. Wenn ein Wirtschaftsboom bestimmte Sektoren begünstigt, dann expandieren wir und investieren zu viel. Es ist klar, dass wir dieses Ungleichgewicht im ersten Jahr oder in den ersten Jahren des neuen Jahrzehnts korrigieren müssen, bevor wir zur nächsten Wachstumsphase übergehen.

In Abbildung 3.6 ist zu sehen, dass es im ersten Jahr aller Jahrzehnte zumindest eine kleine Kurskorrektur gegeben hat. Dieser Zyklus greift tendenziell häufiger Anfang des Jahres, zum Beispiel 1960, 1970 und 1980. Im Jahre 1970 war die Wirkung des Zyklus stärker als sonst, weil sich die Ausgabenwelle der Bob-Hope-Generation langsam abwärts neigte. Die Korrektur 1990 war ebenfalls überdurchschnittlich, was nach dem Vier-/Achtjahres-Zyklus auch zu erwarten war. Die Crashs der Jahre 1960, 1980 und 2000 lassen sich allerdings nicht mit dem Vierjahreszyklus erklären, sondern nur mit dem Zehnjahreszyklus.

Die Aktienkurse weisen ein Zehnjahres- beziehungsweise Jahrzehntmuster auf, das sich am besten für effektive Anlagestrategien nutzen lässt. Genauso wie für den vierjährigen Präsidentschaftszyklus hat Ned Davis auch für den Jahrzehnt-Zyklus die Kursentwicklung der einzelnen Zyklus-Jahre seit dem Jahre 1900 ausgerechnet. Das Resultat ist in Abbildung 3.6 zu sehen und ist sehr aufschlussreich. Zusammenfassend ergibt sich, dass im Durchschnitt so gut wie der gesamte Anstieg des Aktienmarktes in der zweiten Hälfte des Jahrzehnts stattfindet, vom „Fünfer"-Jahr bis zum „Neuner"-Jahr (zum Beispiel 1995 bis 1999). Das ähnelt der Tatsache, dass fast der gesamte Jahresgewinn in dem Halb-

Abbildung 3.6

Korrekturen gemäß dem Zehnjahreszyklus: Dow Jones inflationsbereinigt, 1960 bis 2002

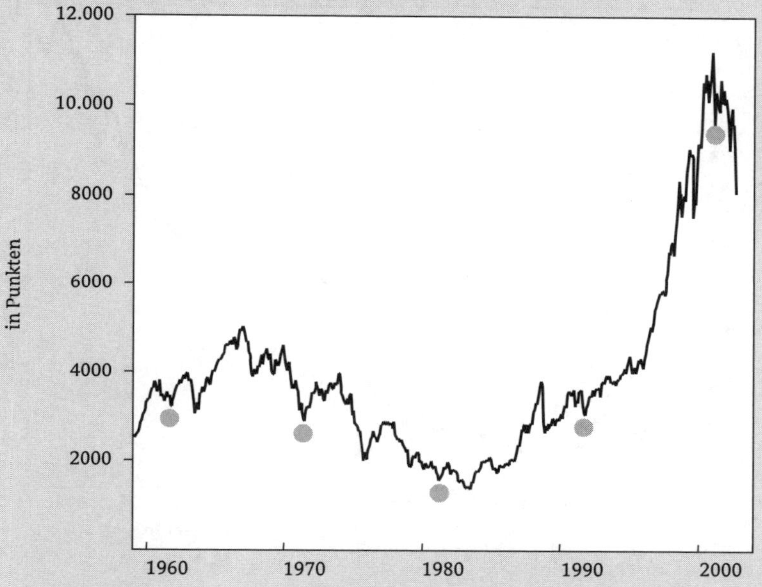

jahr von November bis April zustande kommt. Das passiert deswegen, weil auf die Anstiege und Booms der meisten Jahrzehnte in den ersten Jahren des Folgejahrzehnts normalerweise die Gewinne konsolidieren. Im langjährigen Durchschnitt sieht der Zyklus so aus: Ab Ende des Jahres „9" (in der ersten Hälfte des Jahrhunderts) beziehungsweise Anfang des Jahres „0" (in der zweiten Hälfte des Jahrhunderts) bis zur Mitte des Jahres „2" sinken die Märkte. Während der Jahre „3" und „4" gehen sie wieder nach oben und gleichen meistens die Verluste der Jahre „0" bis „2" wieder aus. In den Jahren „5" bis „9" ziehen die Märkte kräftig an und erzielen praktisch den gesamten Kursgewinn des Jahrzehnts.

Aber genauso wie beim Jahres- und beim Vierjahres-Zyklus verlaufen nicht alle Jahrzehnte exakt gleich. Zudem wirken sich andere Zyklen

Abbildung 3.7

Dow Jones Industrial Average: Jahrzehntmuster

Wochenchart, 06. 01. 1900 bis 31. 12. 1999

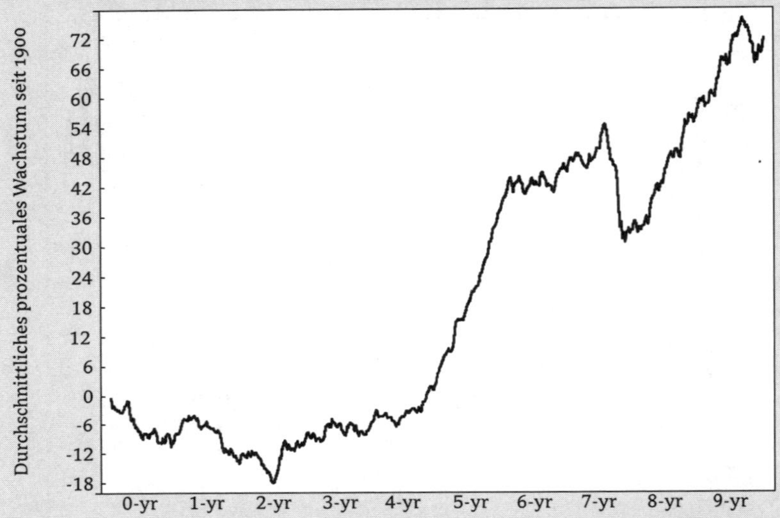

Quelle: Ned Davis Research, www.ndr.com

wie zum Beispiel der Vier-/Acht-Jahres-Zyklus auf die einzelnen Jahrzehnte unterschiedlich aus. Auf lange Sicht jedoch ist die Beständigkeit dieses Zyklus geradezu unheimlich. Größere Abweichungen in einzelnen Jahrzehnten entstehen vor allem aufgrund der grundlegenden Trends. In den 1990er-Jahren wirkten sich mehrere Trends sehr stark aus – die Ausgabewelle der Babyboomer und die beschleunigte S-Kurve der Informationstechnologie. Deshalb war die fallende Tendenz in den Jahren „0“ bis „2“ schwächer ausgeprägt. Doch sogar in jenem Jahrzehnt gingen die Märkte im Jahr „0“ nach unten, und die Gewinne des Jahres 1994 waren eher bescheiden. In den Jahren 1995 bis Anfang 2000 explodierten die Märkte mit ungewöhnlicher Macht. Die größten Zugewinne erzielte der Markt eindeutig von 1995 bis 1999, also vom Jahr „5“ bis zum Jahr „9“.

Das Jahrzehnt, auf das sich die grundlegenden Trends am negativsten auswirkten, waren die 1930er-Jahre. Damals verbuchte der Aktienmarkt von 1930 bis 1932 den größten Verlust der Jahre „0“ bis „2“, den es im vergangenen Jahrhundert gab. Danach stieg er während der fünf Jahre bis 1937 wieder kräftig an und hielt die Gewinne größtenteils bis zu dem Crash 1940 bis 1942, also bis zu den schlechten Jahren „0“ bis „2“ des nächsten Jahrzehnts. Sogar in den bärischen 1970er-Jahren hätte man nur von 1970 bis 1974 viel verloren – in den Jahren „5“ bis „9“, also 1975 bis 1979, hätte man sogar respektable Gewinne erzielt.

Wenn man von allen anderen Kriterien außer diesem Zyklus absieht, dann wäre die beste Zeit für den Aktienkauf etwa Mitte des Jahres „2“ (Ende Juni), wobei man den größten Teil der Gewinne in den Jahren „5“ bis „9“ erzielen würde. Am Ende des Jahres „9“ müsste man dann wieder verkaufen und Mitte des nächsten Jahres „2“ wieder kaufen. Zusätzlich besteht noch die Tendenz, dass Ende des Jahres „7“ heftige Korrekturen stattfinden, so geschehen in den Jahren 1987, 1977, 1947, 1937, 1917 und 1907. Das sind sechs von zehn Jahrzehnten! Deshalb würde es sich langfristig lohnen, in den Jahren „7“ von August bis Oktober aus dem Markt auszusteigen. Abbildung 3.8 (Seite 122) vergleicht den Gewinn, den man seit dem Jahre 1900 erzielt hätte, wenn man in den S & P 500 investiert gewesen wäre, mit dem Gewinn, den man erzielt hätte, wenn man erstens am Beginn des Jahres „0“ ausgestiegen und am 30. Juni des Jahres „2“ wieder eingestiegen wäre, und wenn man sich zweitens von August bis Oktober des Jahres „7“ vom Markt zurückgezogen und danach bis zum Ende des Jahres „9“ wieder investiert hätte. Beachten Sie, dass die Zahlen, die für diese relativ ferne Vergangenheit verfügbar waren, weder inflationsbereinigt sind noch Dividenden berücksichtigen. Deshalb unterscheiden sie sich leicht von den Zahlen für den Vier-Jahres-Zyklus, die in Abbildung 3.5 dargestellt wurden. In der nächsten Abbildung 3.8 sehen Sie einen ähnlichen Vergleich mit dem Vier-Jahres-Zyklus von 1952 bis 2002.

Aus einem Dollar, den man im Jahre 1900 investiert hätte, wären in den vergangenen 102 Jahren 148,41 beziehungsweise 6.066,86 Dollar

Abbildung 3.8

Größere Erträge durch Befolgung des Zehnjahresmusters seit 1900

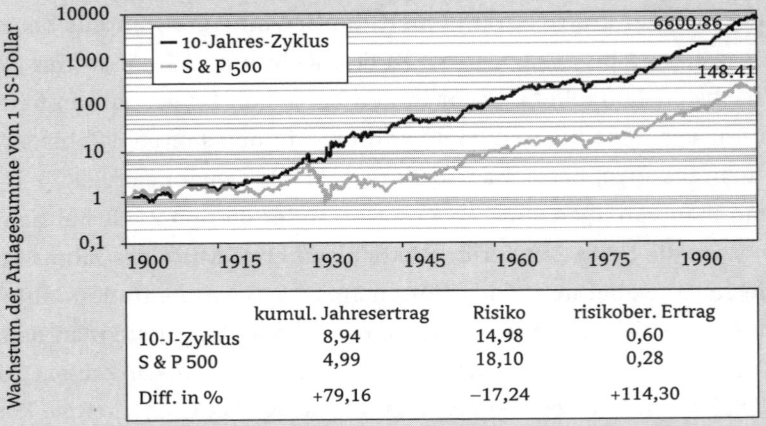

	kumul. Jahresertrag	Risiko	risikober. Ertrag
10-J-Zyklus	8,94	14,98	0,60
S & P 500	4,99	18,10	0,28
Diff. in %	+79,16	–17,24	+114,30

geworden – das ist das 44,5-fache! Es stimmt zwar, dass dieser Zyklus mächtiger ist als der vierjährige Präsidentschaftszyklus, aber die Kumulation über einen längeren Zeitraum lässt den Ertrag übertrieben hoch erscheinen. Der Jahresertrag der Strategie hätte 9,88 Prozent betragen, diejenige des S & P 500 dagegen nur 4,99 Prozent – das sind 79,2 Prozent mehr! Aber zu allem Überfluss wäre auch das Risiko (die Standardabweichung) geringer gewesen – 14,98 gegen 18,10 oder 17,2 Prozent weniger. Die risikobereinigte Performance hätte 0,60 respektive 0,28 betragen, wäre also um 114,3 Prozent höher gewesen. Für eine einfache Ein- und Ausstiegs-Strategie ist das erstaunlich. Dieser Zyklus ist eindeutig der wirksamste, wenn man ihn über lange Zeit systematisch befolgt. Es gibt allerdings noch einen anderen Grund, weshalb er so viel mehr Gewinn bringt als der Vier-Jahres-Zyklus. Die größten Schwankungen des 80-jährigen New Economy-Zyklus gab es in der ersten Hälfte des Zyklus von 1902 bis 1942. Die Umgehung der schweren Crashs Anfang der 1920er-Jahre, Anfang der 1930er-Jahre und Anfang der 1940-

er-Jahre hätte dem Anleger mehr Nutzen gebracht als zu anderen Zeiten. Die Zeit von 1982 bis 2022 ist wieder so eine Zeit der Blasen, Booms und Crashs.

Somit hätte das Modell langfristig eindeutig höhere Erträge gebracht. Man hätte damit auch die meisten schweren Korrekturen umgangen, unter anderem 1907, 1920-1921, 1930-1932, 1937, 1940-1942, 1960-1962, 19980-1982, 1987 und 2000-2002. Den Crash 1973-1974 hätte man damit aber nicht vermieden. Der Vierjahreszyklus dagegen hätte einem einen Teil dieses Kursverfalls erspart. Die 1970er-Jahre sind das einzige unter den vergangenen zehn Jahrzehnten, in denen man mit dem Kauf Ende des Jahres „2“ keine erheblichen Gewinne oder Verluste erzielt hätte. Vergessen Sie aber nicht, dass man selbst während der Baisse der 1970er-Jahre in den guten Jahren „5“ bis „9“, also 1975 bis 1979, beachtliche Gewinne machen konnte. In den Jahren „3“ und „4“ jenes Jahrzehnts ging der Markt aufgrund der stark rückläufigen demographischen Daten und aufgrund des Vier-/Acht-Jahres-Zyklus im Jahre 1974 erheblich nach unten.

Um diesen Zyklus besser zu begreifen, betrachten wir einmal die 1980er-Jahre. Das Jahrzehnt fing mit Korrekturen und Rezessionen in den Jahren 1980 und 1982 an. Im Jahre 1983 erholte sich der Markt kräftig, fiel im Jahre 1984 kurz zurück und startete von 1985 bis 1989 – unterbrochen von dem kurzen Schock im Jahre 1987 – durch. Dieses Jahrzehnt ist ein annähernd perfektes Beispiel für den Zehnjahreszyklus. In den 1960er-Jahren fanden in den Jahren 1960 und 1962 Korrekturen statt (aufgrund des Vierjahreszyklus im Jahre 1962 etwas schwerer). Bis 1968 legte der Markt stetig zu, und einen bedeutenden Abschwung gab es erst 1970. In den 1950er-Jahren kamen die Gewinne gleichmäßiger, weil damals fast alle grundlegenden Trends nach oben zeigten. Nur in den Jahren 1950, 1954 und 1958 verursachte der Vierjahrszyklus kleinere Korrekturen. Die 1950er-Jahre sind das einzige andere Jahrzehnt, in dem es besser gewesen wäre, den Zehnjahreszyklus nicht zu befolgen und abgesehen von den Vierjahreszyklen investiert zu bleiben. In den 1940er-Jahren wurden die Aktienkurse von 1940 bis 1942 kräftig nach unten korrigiert, bis 1946 gab es stetige Gewinne und während des restlichen Jahrzehnts ging es sanft abwärts. Die Goldenen Zwanziger schließlich begannen mit den heftigen Verlustjahren 1920 und 1921. Darauf folgen kräftige Gewinne, die von 1925 bis 1929 aufgrund der demographischen und der technischen Entwicklungen kräftig anzogen.

Im Laufe des vergangenen Jahrhunderts schlossen alle 5er-Jahre im Plus. Dieses Jahr war im Durchschnitt das beste Jahr des Jahrzehnts. Am zweitbesten war das Jahr „8", mit Gewinnen in acht von zehn Fällen. In den Jahren „7" und „9" steigt die Börse tendenziell zunächst rapide und rutscht gegen Ende des Jahres ab. Das Gesamtergebnis ist positiv. Auch die Jahre „3", „4" und „6" sind tendenziell gute Jahre. Das Jahr „0" ist eindeutig das schlechteste, gefolgt von dem Jahr „1". Im Jahr „2" sinken die Kurse anfangs, dann erholen sie sich gegen Ende des Jahres wieder, aber am Ende bleibt ein leichter Verlust.

In Abbildung 3.9 überprüfen wir das Investitionsmodell nach dem Zehnjahreszyklus inflationsbereinigt und einschließlich Dividenden ab

Abbildung 3.9

Größere Erträge durch Befolgung des Zehnjahresmusters seit 1952

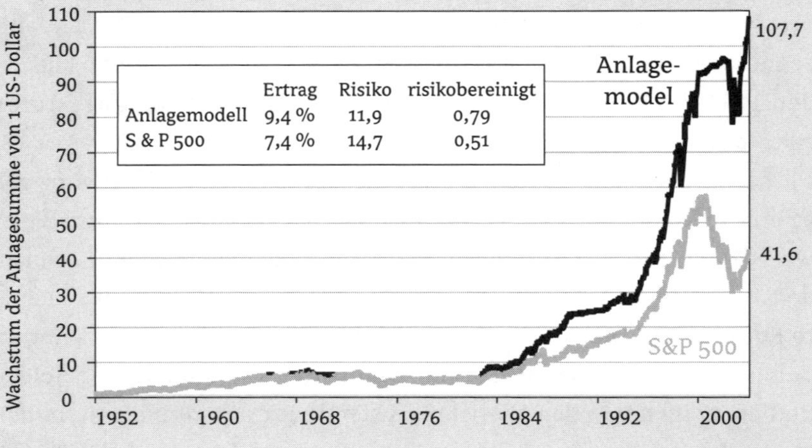

	Ertrag	Risiko	risikobereinigt
Anlagemodell	9,4 %	11,9	0,79
S & P 500	7,4 %	14,7	0,51

dem Jahre 1952, und wir erkennen, dass es immer noch wirksamer ist als der Vierjahreszyklus. Der kumulierte Ertrag auf einen Dollar hätte 107,71 Dollar oder das 2,6fache des Ertrages aus dem S & P 500 (41,60 Dollar) betragen. Das sind 21 Prozent mehr als mit der Investition gemäß dem Präsidentschaftszyklus. Damit hätte der durchschnittliche Jahresertrag bei 9,42 Prozent gelegen, also 26,8 Prozent über den 7,43 Prozent des S & P 500. Das Risiko lag mit 11,86 um 19,3 Prozent unter dem Risiko des S & P 500 von 14,70. Der risikobereinigte Ertrag hätte 0,79 statt 0,51 betragen, wäre also um 54,9 Prozent größer gewesen.

Es gibt aber noch eine andere Gruppe bemerkenswerter langfristiger Zyklen. Wir haben schon erwähnt, dass ungefähr alle 40 Jahre eine neue Generation auftritt. Am Aktienmarkt ist dieser Rhythmus vielleicht noch präziser. In Abbildung 3.10 haben wir gesehen, dass alle 40 Jahre ein bedeutendes Tief auftritt. Die letzten beiden 40-Jahres-Tiefs kamen 1982 und 1942. Die Haussen, die zu solchen Zeitpunkten aufgrund des Erscheinens einer neuen Generation auftreten, dauern typischerweise 26 bis 27 Jahre. Auch bedeutende Hochs treten im Abstand von ungefähr 40 Jahren auf, zum Beispiel 1929 und 1968 (inflationsbereinigt). Deshalb erwarten wir im Jahre 2009 das nächste Hoch und im Jahre 2022 das nächste Tief, das dann außerdem noch mit dem

Abbildung 3.10

20-, 40- und 80-Jahres-Zyklus: Dow Jones Industrial Average, 1900 bis 2025 (inflationsbereinigt)

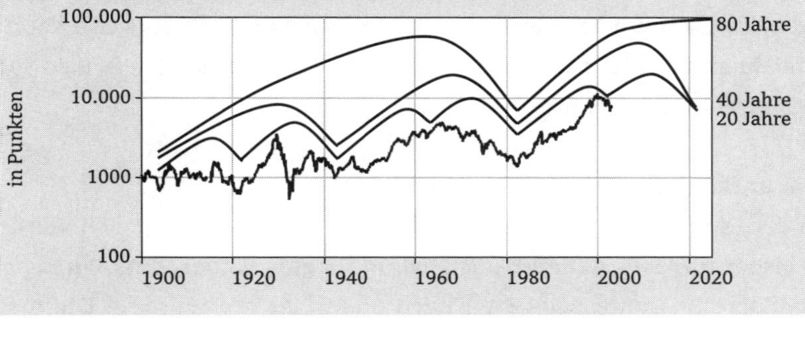

Vier-/Achtjahrszyklus zusammenfällt. Innerhalb des 40-Jahres-Zyklus existiert ein 20-Jahres-Zyklus, der Anfang 1922, Ende 1962 und Ende 2002 wirksam wurde. Der nächste 20-Jahres-Zyklus fällt Ende 2022 mit dem 40-Jahres-Zyklus zusammen. Alle 80 Jahre verbinden sich zwei 40-Jahres-Zyklen zu dem New-Economy-Zyklus. Die Tiefpunkte dieses Zyklus waren die Jahre 1902 und 1982. Der nächste Boden dürfte im Jahre 2062 erreicht werden, wenn die derzeitige technische und wirtschaftliche Revolution abgelaufen ist.

Gerade jetzt, da die meisten Anleger sehr große Risiken erwarten – nach dem Crash 2000 bis 2002 – zeigt für die nähere Zukunft nur ein Vier-/Achtjahreszyklus nach unten, und zwar Mitte bis Ende 2006. Vielleicht verursacht der Zehnjahreszyklus auch noch eine kurze und scharfe Korrektur Mitte oder Ende 2007. Wir betreiben seit zwei Jahrzehnten intensives Research, und wir haben es noch nie erlebt, dass die grundlegenden zyklischen und technischen Indikatoren so deutlich nach oben gezeigt haben wie jetzt. Wir haben es schon Ende 1992 gesagt, und wir sagen es seit dem Jahre 2002 immer wieder: Machen Sie sich auf den nächsten Boom gefasst, auf die große Blase! Wenn Sie die erste Kaufgelegenheit von Ende Juli bis Anfang Oktober 2002 verpasst haben, dann dürften Sie zwischen September und Dezember 2004 einen weiteren hervorragenden Einstiegspunkt finden.

Eine umfassende Prognose des kommenden großen Booms und des kommenden großen Crashs

Anhand der bisher behandelten demographischen, technologischen und zyklischen Indikatoren sowie des Inflationsindikators (siehe Kapitel 6) zeichnen wir hier das bestmögliche Bild der kommenden beiden sehr dynamischen Jahrzehnte.

Die anfängliche Erholung: 2003 bis 2004

In der Oktoberausgabe 2002 von *THE H. S. DENT FORECAST* gaben wir unser bisher stärkstes Aktien-Kaufsignal und sagten voraus, dass Wirtschaft und Börse im Jahre 2003 steil nach oben klettern würden. Die erste

Aufwärtswelle im fünfwelligen Endspurt des Booms, der 1982 begann (oder des übergreifenden Booms, der in den 1780er-Jahren begonnen hat), erreichte im Januar 2004 ihren Höhepunkt. Wahrscheinlich wird sich der Dow Jones Industrial Average während des Jahres 2004 die meiste Zeit zwischen 9.800 und 10.700 Punkten seitwärts bewegen. Die dritte Welle aufwärts beginnt wahrscheinlich im August 2004, also kurz vor der Veröffentlichung des vorliegenden Buches in den USA. Die letzte gute Kaufgelegenheit im Bereich von 10.000 Punkten dürfte zwischen Oktober und Dezember 2004 liegen. Gemäß unseren Zyklen dürfte die beste Kaufgelegenheit Mitte Oktober 2004 sein. Wir sagen außerdem voraus, dass die Inflationsrate niedrig bleibt und dass die Rendite der zehnjährigen Schatzanleihen ab Mitte oder Ende 2004 von rund fünf Prozent bis Ende 2005 oder Anfang 2006 auf weniger als vier Prozent sinken wird. Wir nehmen an, dass die Märkte ab Ende 2004 unter Führung der Technologiewerte wieder anziehen. Kräftiges Wirtschaftswachstum wird es aber wahrscheinlich erst wieder ab Mitte 2005 geben.

Der Markt zieht an: 2005 bis Mitte 2006

Am Mitte 2005 rechnen wir aufgrund der wieder steigenden Kapitalausgaben der Unternehmen mit einem kräftigeren Anstieg der Börse und mit stärkerem Wirtschaftswachstum. Der Dow Jones wird im zweiten Halbjahr 2005 neue Höhen erklimmen und die Theorien Lügen strafen, gemäß denen „die Blase geplatzt und die Hausse vorbei“ ist. Ende 2005 und Ende 2006 wird wahrscheinlich die bisher niedrigste Inflationsrate erreicht, und diese Zeit wird in dem Zeitraum 2005 bis 2009 wahrscheinlich die beste Gelegenheit sein, private oder gewerbliche Immobilien zu refinanzieren beziehungsweise langfristige Geschäftskredite aufzunehmen. Das größte Wachstum und die größten Gewinne wird es im Technologiebereich geben, und die Technologiewerte werden ab dem Jahre 2005 auch am Aktienmarkt wieder führend sein, ähnlich wie in den Jahren 1995 bis 1999. Ab 2006 könnten dann die ersten Anzeichen für leicht zunehmende Inflation erkennbar werden, und die Fed wird die Zinsschraube wahrscheinlich fester anziehen als Anfang des Jahres 2004.

Zuerst werden die Aktien wohl noch kräftig weitersteigen und die kurzfristige Trendwende zunächst ignorieren. Warum? Die Gewinne werden aufgrund der wachsenden Produktivität weiter steigen. Wahrscheinlich werden die Aktien die dritte Welle aufwärts irgendwann zwischen April und August 2006 abschließen. Um diese Zeit könnte das Hoch des Nasdaq Composite vom März 2000 bei 5.050 Punkten getestet werden.

Danach kommt der erste größere Rückschlag aufgrund des Vier-/Achtjahres-Zyklus, der wahrscheinlich bis Oktober 2006 abgeschlossen sein wird. Für den Dow Jones rechnen wir mit einer Korrektur um die 20 Prozent, und für die führenden Sektoren wie den Nasdaq Composite oder die Finanzwerte mit noch mehr. Im Jahre 2006 machen sich politische Faktoren und die terroristische Bedrohung wahrscheinlich verstärkt bemerkbar, und die Popularität des Präsidenten sinkt wahrscheinlich. Vermutlich geben wir von Mai bis August Aktien-Verkaufssignale und empfehlen defensivere Investments. Von Ende September bis Ende Mai verleihen wir unseren Verkaufsempfehlungen wahrscheinlich noch mehr Nachdruck. Die Konjunktur dürfte gegen Ende 2006 ein bisschen zurückgehen, aber eine Rezession wird das bei weitem nicht. Das Jahr 2006 dürfte dem Jahre 1998 sehr ähnlich werden.

Die große Blase: 2007 bis 2009/2010

Die fünfte Welle der Abschlusswelle, die seit Ende 2002 läuft, wird die eigentliche Blase bilden, eine kräftige Erholung des Technologiesektors von Ende 2006 bis Ende 2009 und möglicherweise bis Anfang oder Mitte 2010. Im Jahre 2007 dürften die Aktienkurse steil ansteigen, weil dies das beste Jahr innerhalb des vierjährigen Präsidentschaftszyklus ist. Die Inflation dürfte ebenfalls wieder leicht steigen. Ende 2007 könnte es dann wieder einen heftigen Rückschlag geben, vor allem wenn die Federal Reserve die Zinsschraube anzieht, weil sie eine Aktienblase verhindern will. Wir glauben allerdings, dass sich dieser Zyklus nach der erheblichen Korrektur des Jahres 2006 gar nicht so sehr bemerkbar macht. Falls eine solche Korrektur tatsächlich stattfindet, dann ist das ein weiteres starkes Kaufsignal für Aktien. In den Jahren 2007 und 2008 übernehmen die Technologiewerte noch klarer die Führung, und der Boom rast weiter, obwohl die Inflation stückweise steigt und die Fed die Zinsen erhöht. Die Partei, die die Wahlen 2004 gewinnt, wird das Weiße Haus im Jahre 2008 spielend wieder erobern.

Danach wird es mit Prognosen etwas schwieriger, und es gibt mehrere Möglichkeiten. Der demographisch bedingte Anstieg der Verbraucherausgaben hält wahrscheinlich bis zum Jahre 2010 oder sogar 2011 an. Die S-förmigen Technologiezyklen jedoch überschreiten ihre Höhepunkte wahrscheinlich schon zwischen Ende 2008 und Ende 2009 und gehen dann wieder zurück. Das Jahrzehntmuster zeigt prinzipiell bis Ende 2009 nach oben; der Zehnjahres- und der Vierjahreszyklus greifen im Jahre 2010. Als erste erreichen wahrscheinlich die Technologiemärkte Ende 2008/Anfang 2009 ihren jeweiligen Höhepunkt und verursachen dann erste kräftige Ausschläge nach unten. Die Technologiemärkte gehen wahrscheinlich schon vor den Verbraucherausgaben zurück, noch bevor sich die Anleger an die letzte Blase zurückerinnern und mit Technologie- und Wachstumswerten vorsichtiger werden. Aber weil der Markt so hoch steht, werden sie wahrscheinlich nicht wirklich verkaufen, sondern sich mehr um die Dow-Jones-Werte und Vergleichbares scharen. Deshalb werden die breiten Indizes ihren jeweiligen Höchststand wohl Ende 2009 oder Anfang 2010 erreichen, spätestens jedoch im August 2010. Der wahrscheinlichste Zeitpunkt ist unseres Erachtens der März 2010. Das Rekord-Defizit, das die Bundesregierung im Jahre 2004 verzeichnete, wird im Jahre 2010 so gut wie verschwunden sein. Betrachten wir jetzt ganz kurz die Indikatoren, die wir beobachten müssen, um den ungefähren Zeitpunkt abzuschätzen, zu dem die Blase ihren Höhepunkt erreicht.

Indikatoren für den Höhepunkt der bevorstehenden großen Blase

Als Erstes überwachen wir die Trendkanäle des Dow Jones und des Nasdaq Composite („Dow Channel“ und „Nasdaq Channel“). Wenn zum ersten Mal seit Anfang 2000 die obere Begrenzung des Kanals erreicht wird, ist dies das erste Anzeichen für eine Korrektur. Wenn der Nasdaq

Composite über den ersten Kanal hinausschießt, der bis Ende 2008 auf 13.000 Punkte zuläuft (Abbildung 2.14), und wenn der Dow Jones die obere Begrenzung seines Trendkanals weder berührt noch durchstößt (Abbildungen 2.15 und 2.16), dann könnte das bedeuten, dass der Nasdaq Composite eine noch größere Blase als Ende der 1990er-Jahre vor sich hat und dass er sich der Marke von 20.000 Punkten nähern könnte (Abbildung 2.18). In diesem Fall würden wir dem Markt mehr Spielraum lassen und erst defensiver werden, wenn auch der Dow Jones den oberen Rand des Trends berührt hätte. Wenn der Nasdaq Composite die obere Begrenzung des optimistischen Trends, der bis 20.000 reicht, nicht antastet, aber der Dow Jones über den Rand hinausläuft, dann wäre das ein Anzeichen dafür, dass wir uns dem Endstadium der Blase nähern. In diesem Fall würden wir vorsichtiger werden, und auf jeden Fall würden wir ein Verkaufssignal geben, wenn der Nasdaq bei 20.000 Punkten den Höhepunkt des bullischen Trendkanals aus Abbildung 2.18 erreichen würde.

Abbildung 3.11 fasst das wahrscheinlichste Szenario für den Dow Jones zusammen. Sie stellt die Entwicklung des Dow Jones in den Goldenen

Abbildung 3.11

Dow Jones Industrial Average, um 80 1/2 Jahre versetzt, 2004 bis 2010

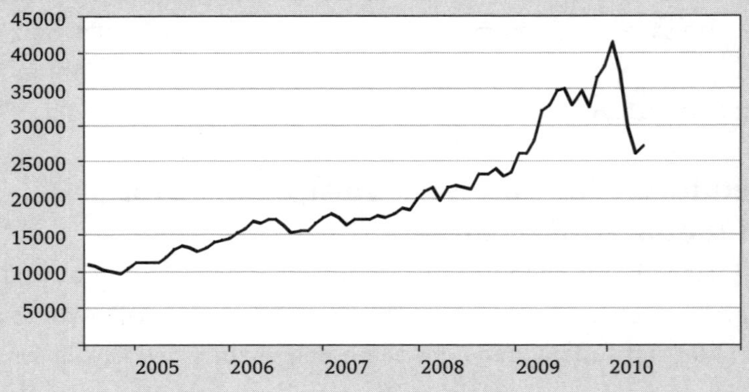

Zwanzigern dar, allerdings um 80 1/2 Jahre versetzt, also ab Mitte 2004. Gemäß diesem Chart wäre zu erwarten, dass der Dow Jones Mitte des Jahres 2005 auf 12.000 Punkte klettert. Er könnte auf 16.000 bis 18.000 Punkte steigen, bevor er im Rahmen der Vierjahreskorrektur Ende 2006 wieder auf 14.000 Punkte zurückfällt. Ende 2007 oder Anfang 2008 erreicht der Dow Jones wahrscheinlich zum ersten Mal 20.000 Punkte, bis Mitte 2009 zieht er auf 33.000 bis 35.000 Punkte an, und Ende 2009/Anfang 2010 steigt er schließlich auf 38.000 bis 40.000 Punkte.

Während der Annäherung an das Hoch würden wir außerdem auf wichtige Divergenzen achten. Als die Blase im Jahre 1929 den Höhepunkt erreichte, hatten die Smallcaps schon im Oktober 1928 den Höhepunkt überschritten, also fast ein Jahr vor den Largecaps; während des Jahres 1929 sanken sie schon wieder (Abbildung 3.12). Die Wachstumswerte unter den Nebenwerten erreichten sogar schon im August 1928 den Gipfel, ein halbes Jahr vor dem Nebenwerthoch (Abbildung 3.13 auf Seite 132). Da in jenem Stadium des Wachstumsbooms das Rennen um die Spitzenposition die Largecaps begünstigte, gaben die Anleger im letzten Jahr der Blase die Diversifizierung auf und konzentrierten sich zunehmend auf hoch kapitalisierte Wachstumsaktien. Am Anfang der Blase 2000 war es ähnlich; der Dow Jones

Abbildung 3.12

Small-Cap- und Large-Cap-Aktien im Vergleich, 1926 bis 1932

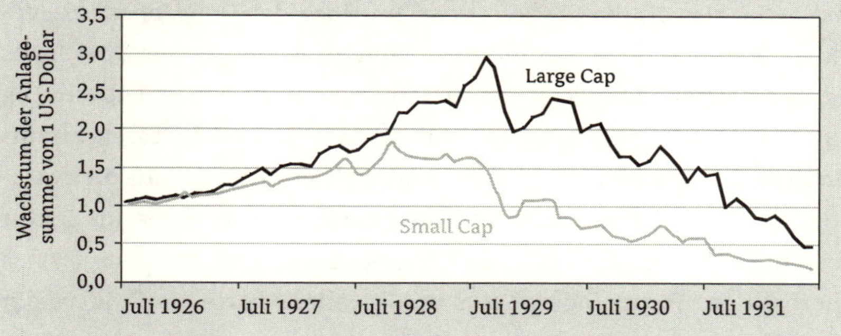

Abbildung 3.13
Small-Cap wertorientiert und Small-Cap wachstumsorientiert im Vergleich, 1926 bis 1932

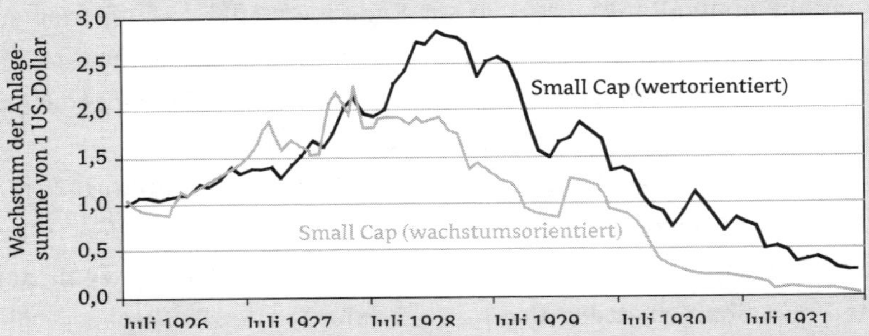

überschritt im Januar 2000 den Gipfel und bewegte sich wieder nach unten, während die Technologiewerte noch bis in den März hinein stiegen. Wieder mieden die Anleger alle Aktien außer den heißesten Technologie-Largecaps. Wir halten auch dieses Mal nach beiden Divergenzen Ausschau, wobei uns die Small-Cap-Divergenz wahrscheinlich viel mehr Vorlaufzeit lassen würde.

Die signifikanteste Divergenz trat auf, als die Technologiewerte noch vor dem breiten Markt den Höhepunkt erreichten – das Gegenteil dessen, was beim letzten Blasenhoch im vergangenen Jahrhundert passierte. Der Automotive Index und GM überschritten ihre Hochs im März 1929, also ein halbes Jahr vor dem Hoch des Dow Jones im September 1929. Sie fielen dann wieder steil ab, während der Dow Jones und der breitere Largecap-Markt langsam weiter stieg (Abbildung 3.14). Für diese Divergenz waren wahrscheinlich zwei Faktoren verantwortlich. Erstens könnte es sein, dass sich die Anleger an die Auto- und Technikblase des Jahres 1919 erinnert haben und diesen Sektor frühzeitig mit Vorsicht behandelt haben. Sie stiegen auf Hauptwerte außerhalb des Technologiesektors um. Zweitens hatte die S-Kurve der Automobil-Penetration Ende 1928 den Wert von 90 Prozent über-

Abbildung 3.14

Dow Jones Industrial Average im Vergleich zu Automobilaktien, 1925 bis 1932

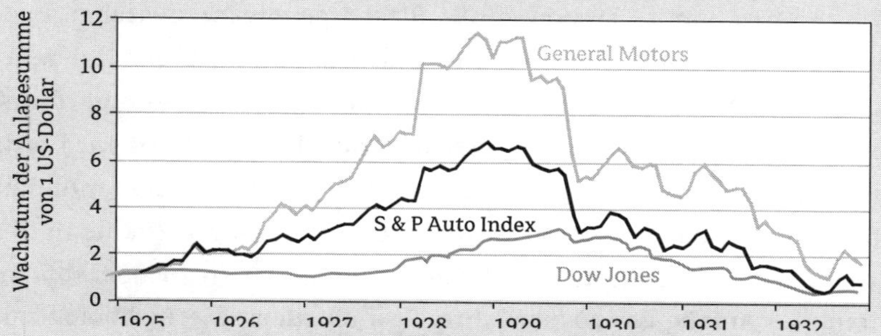

schritten, und daraus resultiert selbst dann eine Verlangsamung des Wachstums, wenn die Wirtschaft aus demographischen Gründen immer noch boomt.

Deshalb wäre es durchaus möglich und ist sogar wahrscheinlich, dass der Nasdaq Composite beziehungsweise bestimmte technologische Schlüsselsektoren den Höhepunkt mehrere Monate vor dem Dow Jones erreichen, also irgendwann im Jahre 2009. Das wäre eine bedeutende Divergenz. Es könnte sein, dass der Nasdaq Composite schon Ende des Jahres 2008 oder im Jahre 2009 den Gipfel überschreitet, dass aber der Dow Jones Industrial Average bis weit in das Jahr 2009 hinein oder gar bis 2010 weiter steigt. Auf jeden Fall werden wir in unseren Börsenbriefen über die Entwicklung der Blase berichten und anhand von technischen Indikatoren übertriebenen Optimismus sowie überzogene Bewertungen registrieren. Das Wichtigste, was Sie im kommenden Jahrzehnt für Ihr Vermögen tun können, ist wahrscheinlich, den Crash zu umgehen, der auf die Blase folgt. Die erste Phase des Crashs wird wahrscheinlich steiler ausfallen als der Crash 2000 bis 2002. Am besten steigen Sie aber auch nicht zu früh aus, denn die größten Gewinne werden normalerweise in den letzten sechs bis zwölf Monaten von Blasen erzielt. Kommen wir jetzt dazu, wie sich der große Niedergang von 2010 bis 2022 wahrscheinlich abspielt.

Der erste Deflations-Crash: Ende 2009/Anfang 2010 bis 2012/2014

Wir rechnen damit, dass die große Blase irgendwann zwischen Ende 2009 und Mitte 2010 platzt. Dieser Crash wird dem Crash der Jahre 2000 bis 2002 sehr ähneln, nur dass er anfangs steiler sein wird und tiefer nach unten führt. Im Unterschied zum letzten Crash wird er in eine tiefere und langwierigere Baisse und in eine Depression münden, ähnlich wie in der letzten Auslesephase des 80-Jahres-Zyklus in den 1930er-Jahren und ähnlich wie die Baisse in Japan in den 1990er-Jahren und Anfang der 2000er-Jahre. Egal ob zuerst die Technologieaktien im Laufe des Jahres 2009 den Höhepunkt erreichen oder ob der breite Markt zwischen Ende 2009 und Mitte 2010 den Höhepunkt erreicht – wir rechnen damit, dass der erste Schock den Markt zwischen Mitte und Ende 2010 erschüttern wird. Zu diesem Zeitpunkt schlägt der Zehnjahreszyklus zu (und von 2009 bis 2012 der absteigende Teil des Jahrzehntzyklus); danach kommt der Vierjahreszyklus von Mai bis Oktober 2010 und der verstärkte Vier-/Achtjahreszyklus von Mai bis Oktober 2014.

Deshalb können wir damit rechnen, dass der Aktienmarkt zwischen April und Dezember 2010 zum ersten Mal schwer einbricht. Die Technologie-Ausgaben dürften im Laufe des Jahres 2009 langsam zurückgehen und im Jahre 2010 heftig einbrechen. Die Verbraucherausgaben insgesamt dürften dagegen im Laufe des Jahres 2010 langsam zurückgehen und im Jahre 2011 schwer einbrechen. Ende 2010 oder 2011 sollte eine offizielle Rezession einsetzen, die diesmal aber länger und tiefgreifender ausfallen dürfte. Die größte Überraschung besteht darin, dass von 2010 bis 2012 die ersten Anzeichen von Deflation erkennbar werden – vielleicht gehen die Verbraucherpreise sogar wirklich zurück. Von 2011 bis 2012 gehen die Hauspreise insbesondere in gehobenen Stadt- und Vorstadtvierteln sowie in Erholungsgebieten deutlich zurück. Das Schlimmste werden allerdings die zunehmenden terroristischen Aktivitäten sein, besonders in den größten Städten der Vereinigten Staaten – und das ausgerechnet, wo wir gerade das Gefühl haben, wir hätten den Kampf gegen den Terrorismus so gut wie gewonnen.

Während der Aktienmarkt und dort vor allem die Technologiewerte zusammenbrechen, steigen die Unternehmens- und Staatsanleihen, weil der konjunkturelle Rückgang eine klassische „Flucht in die Qualität" auslöst. Etwa Ende 2010 dürfte der Aktienmarkt zum ersten Mal wieder ernstlich nach oben federn, aber dann dürften Börse und Wirtschaft über die Jahre 2011 bis 2013 trotz der Anreize seitens der Federal Reserve und des Kongresses drastisch abfallen. Der bis dahin regierende Präsident wird im Jahre 2012 nicht wieder gewählt, sondern ein Präsident im Stile von Franklin D. Roosevelt wird einen Erdrutschsieg erringen. Im Jahre 2011 beschert die abrutschende Wirtschaft selbst hochwertigen Anleihen schlechte Ratings, und sogar die Kurse der Schatzanleihen gehen bei steigenden Renditen vorübergehend zurück. Die schlimmsten Verluste erleiden allerdings die riskanteren hochrentablen Anleihen. Von Anfang/Mitte 2011 bis Mitte/Ende 2012 ist man als Anleger mit kurzfristigen US-Schatzwechseln und Geldmarktfonds wahrscheinlich besser bedient als mit Anleihen.

Der erste Crash dürfte Mitte/Ende 2012 am Boden anlangen. Möglicherweise kommt es dann zu einer weiteren Baisse-Erholung, die bis 2013 anhält, aber der Vier-/Achtjahreszyklus müsste die Aktien bis zum Jahre entweder in die Nähe der Tiefststände von 2012 oder gar noch tiefer herabziehen. Der Dow Jones Industrial Average könnte bis in den Bereich von 7.000 bis 7.400 Punkten sinken. Die Wirtschaft schwächt sich wahrscheinlich mindestens bis zum Jahre 2015 ab, wobei die Arbeitslosenquote zwischen Anfang 2013 und Anfang 2015 vermutlich auf 15 Prozent oder noch höher steigt und weitere deflationäre Kräfte zum Zuge kommen. Da jedoch die Fed die Zinsen extrem senkt und der neue Präsident steuerliche Anreize schafft, geht es etwa im Jahre 2015 wieder leicht aufwärts und der Deflationsdruck lässt nach. Das Staatsdefizit wird zwischen 2013 und 2015 im Verhältnis zum BIP ungeahnte Höhen erreichen, weil die Steuereinnahmn sinken und die Sozialausgaben steigen. Ende des Jahres 2014 beginnt dann wieder eine etwas dauerhaftere Baisse-Erholung.

Ruckelnde Erholung: 2015 bis 2019

Die Jahre 2015 bis 2019 werden äußerst verwirrend, aber trotzdem etwas positiver. Die Regierung versucht mit allen Mitteln, die Wirtschaft anzukurbeln, und es besteht Hoffnung auf eine anhaltende Erholung. Anfang der 2000er-Jahre hat das noch funktioniert, aber angesichts der negativen demographischen Entwicklung wird es diesmal genauso wenig funktionieren wie in den 1990er-Jahren in Japan. Allerdings dürfte es Anzeichen für eine wirtschaftliche Erholung geben. Immerhin dürfte es dafür reichen, dass der neue Präsident im Jahre 2016 wieder gewählt wird. Schließlich herrscht eine schwere Wirtschaftskrise, und wir brauchen Kontinuität. Augrund der widersprüchlichen Signale dürfte die Erholung recht uneben verlaufen. Die kräftigsten Baisse-Erholungen dürfte es 2015 und 2017 bis 2018 geben, und danach löst der Vier-Jahres-Zyklus einen Rückschlag bis Ende 2018 aus. Etwa um das Jahr 2017 nimmt die Wirtschaft aufgrund des kurzfristigen demographischen Anstiegs wieder etwas Fahrt auf. Ende 2019/Anfang 2020 schwindet der demographische Trend allerdings wieder, und der Jahrzehntzyklus zeigt nach unten. Trotz der staatlichen Anreize dürfte von 2015 bis 2019 wieder mäßige Deflation herrschen – was den hochwertigen langfristigen Anleihen zugute kommen dürfte. Die deutlich wachsende terroristische, politische und gesellschaftliche Unruhe in den Städten bringt immer mehr Menschen dazu, in Erholungsgebiete und sonstige außerstädtische Regionen mit hoher Lebensqualität umzuziehen. In diesen Regionen könnten die Immobilienpreise dann auch leicht steigen, während die Wohnungspreise in den Städten und Vorstädten sinken oder stagnieren.

Der zweite große Crash: 2020 bis 2022

Von Ende 2019 bis Ende 2022 dürfte es zum finalen Börsencrash kommen, der den größten Teil der in den Jahren 2015 bis 2019 erzielten

Gewinne vernichtet. Wahrscheinlich bildet sich ein doppelter Boden; der Dow Jones fällt auf neue Tiefststände zwischen 5.000 und 7.400 Punkten, und der Nasdaq Composite auf etwa 1.100 Punkte. Die Deflation dürfte in dieser Zeit am schwersten sein, mit der Wirtschaft dürfte es trotz staatlicher Anreize bergab gehen, denn sowohl die Ausgabenwelle als auch die Familiengründungswelle der Echo-Boomer verläuft dann wieder abwärts. In diesem Zeitraum dürfte die terroristische Bedrohung aus dem Nahen und Mittleren Osten sowie die militärische Bedrohung aus dem Fernen Osten (Nordkorea und/oder China) in den Vereinigten Staaten und in Europa am stärksten sein. Dann wird der Samen zu einem möglichen Dritten Weltkrieg gelegt werden– vielleicht sogar noch früher! In dieser Zeit wird die Arbeitslosigkeit noch höher steigen als in den Jahren 2013 bis 2015, wenn sie nicht durch einen großen Krieg wieder ausgeglichen wird.

Der Beginn der nächsten langfristigen Hausse: 2023

Die Konjunktur wird ihren Sinkflug wahrscheinlich im Jahre 2023, spätestens 2024, beenden, und gleichzeitig haben auch die deflationären Kräfte ein Ende. Der Aktienmarkt wird den Boden wahrscheinlich schon im Jahre 2020 erreichen und sich noch vor der Wirtschaft ab Ende 2022 oder bereits Ende 2020 wieder nach oben wenden. Internationale Konflikte und der erste langfristige Anstieg der Ausgabenwelle dürften dann wieder Aufwärtstrends erzeugen. Die Zinsen und die Anleihenrenditen werden wieder steigen und das Ende des langen Anleihenbooms sowie den Beginn der neuen Aktienhausse einläuten. Diese Hausse dürfte sich bis in das Jahr 2040 oder noch weiter erstrecken, aber in den Vereinigten Staaten nicht annähernd so stark ausfallen wie die große Hausse von 1982 bis 2008/2009. Der demographische und der technologische Trend werden dann einfach nicht so stark sein, und sogar Wachstumsregionen wie China werden sich bis dahin abschwächen. Höchstwahrscheinlich werden sich die Kurse im Rahmen dieser Hausse in den Vereinigten Staaten nur bis zu den Hochs der Jahre 2009 und 2010 erholen und sie zu unseren Lebzeiten nicht mehr überbieten.

Die einfachste langfristige Anlagestrategie für turbulente Zeiten

Wenn wir Recht haben, dann müsste Ihnen unsere Voraussage des großen Crashs, der wachsenden terroristischen Bedrohung und der Kriegsgefahr eigentlich einen gehörigen Schrecken einjagen. Der Crash der Jahre 2000 bis 2002 war sozusagen ein Weckruf, der uns auf den volatilen Charakter des Booms und der gesamten Epoche aufmerksam machte, insbesondere auf die neue terroristische Bedrohung. Zum ersten Mal wurden wir 1987 wachgerüttelt, aber als sich die Märkte ein Jahrzehnt lang positiv entwickelten und nur kleinere Korrekturen dazwischenkamen, gaben sich die meisten Finanzberater und langfristig orientierten Anleger mit der simplen Strategie des „Kaufen und Halten" zufrieden. In den 1990er-Jahren kam es immer mehr in Mode, „kleine Absacker" für den Kauf zu nutzen. Die Jahre 2000 bis 2002 waren aber mehr als ein Absacker, sie waren mit dem Crash der Jahre 1973 und 1974 vergleichbar, der während einer langfristigen Baisse eintrat und länger dauerte als sich die meisten Anleger leisten konnten, die „Kaufen und Halten" praktizierten.

Für die nächsten fünf Jahre rechnen wir zwar mit weniger Kursschwankungen, aber ab 2009 dürfte die Volatilität noch mehr zunehmen. Außerdem zeigt sich immer deutlicher, dass die Volatilität in den ersten 40 Jahren von 80-Jahres-Zyklen sowohl in der Phase des Aufschwungs als auch in der Phase des Niedergangs viel größer ist. Deshalb haben wir ein ganz einfaches Anlagemodell entwickelt, das es Ihnen ermöglicht, weitgehend in Aktien investiert zu bleiben (soweit es Ihre Risikobereitschaft und Ihr Einkommen zulassen), das es aber ebenfalls ermöglicht, Ihr Portfolio vor denjenigen Zeiten zu bewahren, in denen Ausschläge nach unten am wahrscheinlichsten sind.

Am Aktienmarkt gibt es drei einfache und regelmäßige Zyklen, die belegt sind und die Sie systematisch in Ihre Anlagestrategie einbeziehen können, so dass Sie die besten Chancen haben, die größten Risiken zu umgehen, aber trotzdem den Löwenanteil der kommenden Gewinne einzustreichen. Den ersten haben wir in Kapitel 1 abgehandelt. Am besten entwickelt sich der Aktienmarkt, wenn immer mehr Menschen in das Alter kommen, in dem sie das meiste Geld ausgeben. Die Jahre 1983 bis 2009 sind ein solcher Zeitraum. Alle 40 Jahre entwickelt sich der Markt schlechter und fällt meistens deshalb, weil immer weniger Menschen in das Alter kommen, in dem sie am meisten Geld ausgeben. Das war in den Jahren 1969 bis 1982 und in den Jahren 1930 bis 1942 der Fall.

Abbildung 3.15 zeigt noch einmal den Ausgaben-Zyklus und seine Korrelation mit den inflationsbereinigten Aktienkursen. Wir empfehlen schon immer, kräftig in Largecaps zu investieren, wenn die Ausgabenwelle nach oben zeigt, und sich mehr auf Anleihen, Auslandsmärkte und defensive Sektoren zu verlegen, wenn die Ausgabenwelle nach

Abbildung 3.15

Die Ausgabenwelle: Zeitlich versetzte Geburtenstatistik – Höhepunkt der Ausgaben der Familien, 1954 bis 2050

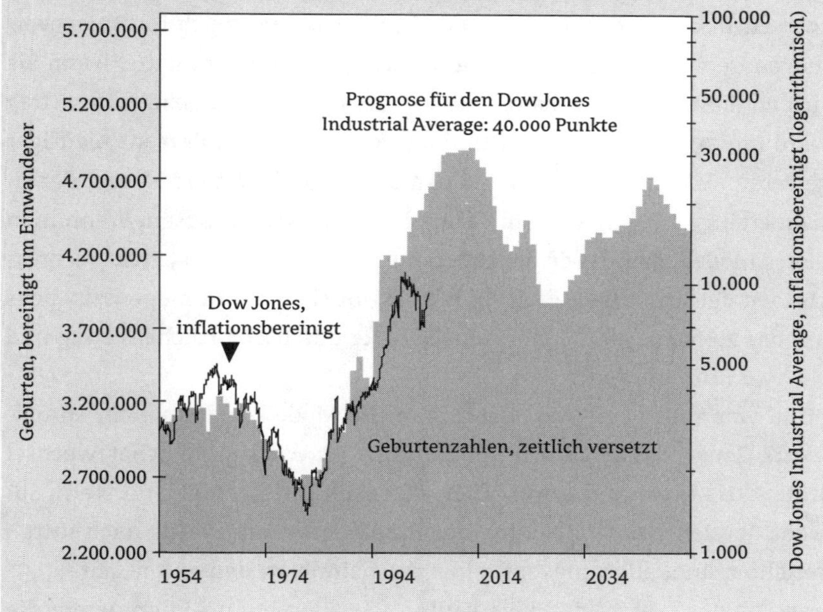

unten zeigt. Denken Sie daran: Wir erwarten, dass der Dow Jones bis Ende 2009 oder Anfang 2010 auf 40.000 Punkte steigt. Von Ende 2009/2010 bis 2020/2022 wird es deutlich abwärts gehen, und wir halten es für wahrscheinlich, dass der Dow Jones mindestens auf das Tief von Ende 2002 bei 7.286 Punkten zurückkehren wird. Wenn der Niedergang deflationsbedingt ist, wie zum Beispiel 1930 bis 1942, spart dieses Modell mehr Geld als wenn der Niedergang auf Inflation basiert, wie zum Beispiel 1969 bis 1982.

Der zweite regelmäßig wiederkehrende Zyklus ist der vierjährige Präsidentschaftszyklus, den wir in diesem Kapitel behandelt haben (Abbildung 3.3, S. 114). In Abbildung 3.5 (S. 116) haben wir gezeigt, dass eine Anlagestrategie, bei der man in der schlechten Saison des zweiten Jahres im Präsidentschaftszyklus aussteigt, die Anlagesumme seit 1953 auf das 2,3fache vermehrt hätte; der Ertrag wäre um 22,6 Prozent höher gewesen und die Volatilität um 10,7 Prozent geringer. Der dritte und stärkste regelmäßige Zyklus ist der in Abbildung 3.7 (S. 120) dargestellte Jahrzehntzyklus. Er ist der mächtigste der drei Zyklen, und er ist bis in das Jahr 1900 zurück belegt. Abbildung 3.8 (S.122) zeigt, dass sich Ihr Anlagevermögen in den letzten 51 Jahren auf das 44,5fache erhöht hätte, wenn Sie sich an dieses Modell gehalten hätten. Der durchschnittliche Jahresertrag wäre um 79,2 Prozent höher und das Risiko um 17,2 Prozent niedriger gewesen als wenn Sie einfach in den S & P 500 investiert hätten; der risikobereinigte Ertrag wäre um 114,3 Prozent höher gewesen. Wenn man dieses Modell ebenso wie die anderen nur ab dem Jahr 1952 nachrechnet, also weniger volatile Zeiten nimmt, ergibt sich ein Vermögenszuwachs um das 2,6fache, ein 28,3 Prozent höherer durchschnittlicher Ertrag und ein 19,6 Prozent niedrigeres Risiko.

Und was kommt heraus, wenn man alle Modelle miteinander kombiniert? Genau das tun wir in Abbildung 3.16. Wir kaufen Schatzwechsel statt Aktien, wenn die Ausgabewelle nach unten zeigt und wenn sowohl der Jahrzehnt- als auch der Präsidentschaftszyklus nach unten gerichtet sind, allerdings mit einer Ausnahme: In den guten Jahren „5“ und „9“ des Jahrzehntzyklus kaufen wir auch dann Aktien, wenn die

Abbildung 3.16

Das kombinierte Zyklus-Modell, 1952 bis 2003

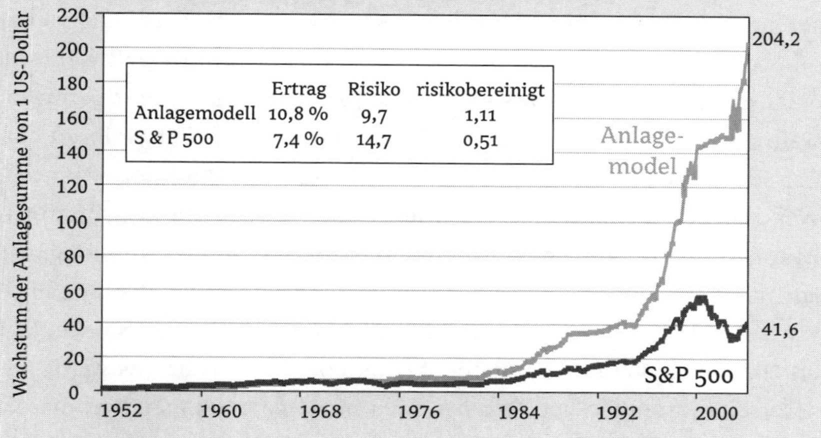

Ausgabenwelle fällt – es sei denn, die anderen Zyklen zeigen ebenfalls nach unten. Gerechnet ab dem Jahre 1952, dem ersten Jahr, ab dem wir über verwertbare Zahlen zu dem Ausgabenzyklus verfügen, erbringt dieses einfache Modell, bei dessen Befolgung Sie während der vergangenen fünf Jahrzehnte die meiste Zeit über investiert gewesen wären, noch verlockendere Ergebnisse. Aus einem US-Dollar wären in dieser Zeit 204,25 US-Dollar geworden, die Zunahme wäre also 4,9-mal so groß gewesen wie die Zunahme des S & P 500, der nur auf 41,60 US-Dollar gestiegen wäre. Das ist wirklich verblüffend! Der durchschnittliche Jahresertrag hätte 10,77 Prozent betragen (S & P 500: 7,43 Prozent), also 45,0 Prozent mehr. Gleichzeitig wäre das Volatilitätsrisiko um 34,1 Prozent geringer gewesen: 9,69 im Vergleich zu 14,70. Der durchschnittliche risikobereinigte Ertrag wäre mit 1,11 gegenüber 0,51 um beeindruckende 117.6 Prozent höher gewesen.

Noch deutlicher zeigt sich die Performance, wenn man den Anteil der erwischten Gewinne mit dem Anteil der umgangenen Verluste vergleicht. Unser Modell hätte 95,5 Prozent der Gewinne geerntet (beziehungsweise nur 4,5 Prozent der Gewinne verpasst) und nur 62 Prozent der Verluste mitgenommen (beziehungsweise 38 Prozent der Verluste umgangen). Das ist ein großartiger Schnitt. Der Schmerz und die Versuchung zu verkaufen sind während der extremsten Niedergänge am größten. Der schwerste Verlust, den man mit diesem Modell während einer längeren Verlustphase erlitten hätte, hätte 16,4 Prozent betragen, während der S & P 500 in der gleichen Zeit 51,9 Prozent verloren hat. Das Risiko ist um 68,4 Prozent geringer! Das ist ein immenser Vorteil. Was aber noch wichtiger ist: Dieses Modell würde Sie in denjenigen Zeiten aus dem Markt heraushalten, die unserer detaillierten Prognose aus Kapitel 2 zufolge das größte potenzielle Risiko versprechen, nämlich von 2010 bis 2014 und von 2020 bis 2022. Außerdem wären Sie von Mai bis Oktober 2006 und von August bis Oktober 2007 nicht investiert. Andererseits wären Sie von Oktober 2002 bis Ende 2009 meistens massiv engagiert; in dieser Zeit könnten Sie aufgrund der hohen potenziellen Gewinne des Aktienmarkts Ihr Vermögen so weit ausbauen, dass Sie in der nachfolgenden und vermutlich schlechtesten Zeit der amerikanischen Geschichte mit sicheren Investments Ihren Wohlstand trotzdem erhalten können.

Das besprochene Modell ist die beste und einfachste Anlagemethode, mithilfe deren der Durchschnittsanleger Risiko und Volatilität minimiert, aber trotzdem von den langfristigen Kursgewinnen profitiert. In Kapitel 7 stellen wir ein etwas komplexeres Modell vor, das in jeder Saison den Schwerpunkt auf die jeweils besten Wirtschaftssektoren legt und das bei leicht niedrigerem Risiko drastisch höhere Erträge bringt als der S & P 500. Das ist das beste einfache Modell für aggressive Anleger.

Wir haben jetzt ein einfaches, systematisches Anlagemodell, das den durchschnittlichen risikobereinigten Ertrag mehr als verdoppelt und das pro Jahrzehnt nur wenige Änderungen erfordert, ohne dass man dafür auf Meldungen achten müsste oder versuchen müsste zu entscheiden, ob nun dieser oder jener Experte Recht hat beziehungsweise wann man sich vom Markt zurückziehen sollte.

Zusammenfassung

Trotz des schweren und anhaltenden Crashs der Jahre 2000 bis 2002 sind wir bullisher gestimmt als je zuvor in den 20 Jahren, seit wir Prognosen erstellen. Wir bezeichnen die Jahre 2002 bis 2004 als „die Anlagechance Ihres Lebens“. Alle unsere fundamentalen und zyklusorientierten Analysen deuten darauf hin, dass die Anleger in den Jahren 2002 bis Ende 2009 oder Anfang 2010 die höchsten durchschnittlichen Jahreserträge aller Zeiten ernten können. Das gilt für die breiten Indizes wie den Dow Jones Industrial Average und den S & P 500 genauso wie für die führenden Sektoren Technologie, Biotechnologie, Finanzdienstleister, Gesundheit und Asien ohne Japan.

In den Kapiteln 6 und 7 erklären wir, wie man seine Portfolios fein abstimmen und den Schwerpunkt für den bevorstehenden Boom und den nachfolgenden Zusammenbruch auf die besten Sektoren legen kann. In Kapitel 7 zeigen wir, wie man den Ertrag des kombinierten Zyklusmodells (Abbildung 3.16) stark vergrößern kann, indem man ganz einfach die Möglichkeit schafft, sich genau dann auf Largecap-Aktien, Small-Cap-Aktien, langfristige oder kurzfristige Anleihen zu konzentrieren, wenn sich die betreffenden Sektoren unseren Voraussagen nach (Kapitel 6) am besten entwickeln.

Doch zunächst untersuchen wir in Kapitel 4 die Aussichten für die Wertentwicklung von Immobilien und Ihres Eigenheims während des Aufstiegs und Falls, der vor uns liegt – sie sind schlechter als Sie vielleicht glauben. In Kapitel 5 werden wir uns damit befassen, wie sich Demographie, Technologie und die Zyklen auf wichtige Entscheidungen in Ihrem Leben auswirken, zum Beispiel wann man am besten sein Unternehmen und sein Haus verkauft, wann man seine Kinder auf das College schicken sollte und wo man während des Abschwungs wohnen sollte.

Wir blicken zwar höchst optimistisch auf das nächste Jahrzehnt, aber wir sagen auch voraus, dass die jetzige Hausse auf Jahrzehnte hinaus die letzte bleiben wird. Das ist Ihre letzte Chance, Ihr Vermögen außerordentlich zu vergrößern. Mit diesen Gewinnen kommen Sie gut durch den nächsten Winter, und Sie können Ihren Wohlstand in dieser Zeit sogar noch leicht mehren anstatt den größten Teil davon zu verlieren. Allerdings müssen Sie dafür mutig und schlau genug sein, gerade dann zu kaufen, wenn die meisten Menschen wegen des Crashs der Jahre 2000 bis 2002 immer noch vorsichtig sind.

KAPITEL 4

Die demographische Entwicklung und die Aussichten am Immobilienmarkt

Auch während des restlichen Jahrzehnts entwickeln sich die Wohnungspreise und die Konjunktur schlechter als die Aktienkurse.

Der Durchschnittshaushalt hat rund 50 Prozent seines Vermögens in selbst genutzte Immobilien oder Anlage-Immobilien investiert. Deshalb kann sich die richtige Entscheidung auf diesem Gebiet genauso auf Ihren langfristigen Wohlstand auswirken wie Ihr Investment-Portfolio. Im Zeitraum von 2000 bis 2002 fielen die Aktien, und die Wohnungspreise stiegen; im Allgemeinen stiegen sie auch noch Anfang des Jahres 2004. Deshalb dachten die meisten Anleger natürlich, in den nächsten Jahren sollte man am besten in Immobilien investieren. Aber dann stiegen die Hauspreise langsamer, und in teureren Lagen begannen sie in den Jahren 2003 und 2004 sogar zu sinken; das könnte ein Vorzeichen für eine Trendwende sein.

Wir werden im vorliegenden Kapitel zeigen, dass der durchschnittliche Wohnungspreis in den letzten drei Jahrzehnten nicht annähernd so stark gestiegen ist wie die Aktienpreise. Wahrscheinlich wird sich die Preissteigerung in den kommenden Jahren bestenfalls verlangsamen und vielleicht gehen die Wohnungspreise sogar zurück, während der

Aktienmarkt mindestens bis zum Jahre 2009 steigt. Die Mehrzahl der Experten sagte für die Jahre 2002 und 2003 einen Zusammenbruch der Wohnungspreise voraus. Wir dagegen schrieben im Juli 2003 in einer Sonderausgabe unseres Newsletters, dass die demographisch stärkste Phase des Hauskaufs eindeutig schon vorüber sei und dass der Wohnungsmarkt nach dem Jahre 2003 erheblich schrumpfen würde.

Wir argumentierten, dass es aufgrund der guten konjunkturellen Bedingungen und der günstigen Zinsen keinen großen Zusammenbruch geben würde. Allerdings warnten wir davor, dass die oberen Preissegmente anfälliger für Verluste sein würden. Die Preise werden höchstens noch bis zum Jahre 2010 oder 2011 steigen, und dann erleidet der Immobilienmarkt von 2011 bis 2014 in den meisten Regionen der Vereinigten Staaten den ersten schweren Niedergang seit der Großen Depression, denn dann endet der Ausgabenzyklus der Babyboom-Generation, und es werden weniger Häuser gekauft. Erst dann werden die Preise wirklich einbrechen, und dies wird sich auf Ihre Immobilien und Ihr Leben auswirken. Die Schwäche wird bis zum Jahre 2023 anhalten, denn dann erreicht der Babyboom-Abschwung die Talsohle. Etwas Ähnliches passierte Anfang der 1990er-Jahre in Japan und während der Großen Depression in den Vereinigten Staaten.

Das ist unsere bisher umfassendste Analyse, denn die Zahlen des U. S. Bureau of Labor Statistics zu den Verbraucherausgaben (Consumer Expenditure Survey, CES) umfassen neuerdings auch Erhebungen zum Kauf von Erstwohnungen und Ferienwohnungen. Unsere Analyse basiert auf den Statistiken für die Jahre 1996 bis 2000, die wir detailliert ausgewertet haben. Im vorliegenden Kapitel werfen wir einen ausführlichen Blick auf die harten demographischen Trends im Wohnungskauf (sowie im Kauf von gewerblichen Immobilien) sowie die Veränderungen in Abhängigkeit vom Lebensalter und von den Einkommensverhältnissen.

Im Gegensatz zu der Entwicklung der Immobilienpreise erwarten wir, dass die Aktienkurse aufgrund der steigenden Ausgaben der Babyboom-Generation im Verlauf des restlichen Jahrzehnts ähnlich steigen werden wie während der Hausse der 1990er-Jahre. Außerdem bringt die schnelle Verbreitung neuer Technologien wie Homecomputer, Handys und Internet von 1994 bis 2008 oder 2009 nach der Unterbrechung der Jahre 2000 bis 2002 in der Mitte des Zyklus eine zweite Wachstumswelle von technologischen und anderen Wachstumsbranchen sowie eine höhere Produktivität – genauso wie die New Economy des Automobils und der Elektrizität in den Goldenen Zwanzigern. Aber obwohl die Konjunktur grundsätzlich bis zum Jahre 2009 anzieht, werden die Immobilienpreise viel langsamer steigen oder vielleicht sogar zurückgehen. Das liegt an den speziellen demographischen Daten, die für den Immobilienbereich maßgeblich sind und die ihren Höhepunkt zwischen 1998 und 2003 überschritten haben.

Im ersten und längeren Teil des Kapitels geht es vor allem um Erstwohnungen und Ferienwohnungen, also um den Wohnraum, den man normalerweise selbst nutzt. Immobilien repräsentieren meistens einen großen Teil des persönlichen Vermögens; für die meisten Menschen sind sie zwar nicht in erster Linie eine Geldanlage, aber trotzdem beeinflussen sie sehr stark das finanzielle Wohlergehen und die Kreditwürdigkeit. Kapitel 5 befasst sich mit Lebensplanung, und darin erklären wir auch, wie man demographische Statistiken benutzen kann, um zu beurteilen, ob Immobilien in der Region, in der man sie kaufen oder in die man umziehen will, über- oder unterbewertet sind.

Was die Wohnungspreise steigen lässt

In diesem Kapitel untersuchen wir alle wichtigen Zyklen, die an den verschiedenen Punkten der relevanten demographischen Zyklen die Nachfrage nach Eigenheimen und den Preis bestimmen. Es gibt vier grundlegende Trends, die den Häusermarkt und die Preise beeinflussen:

1. **Die vorhersehbare Entwicklung der Ausgaben für Wohnraum entsprechend dem Alter und dem Einkommen:** Die demographisch bedingte Ausgabenentwicklung ist der wichtigste Faktor, der den Wohnungsbau und den Wertzuwachs von Wohnraum beeinflusst; auf diesem Faktor liegt der Schwerpunkt des vorliegenden Kapitels. Mit

zunehmendem Alter geben die Menschen beziehungsweise die Haushalte zwar grundsätzlich immer mehr Geld für Wohnraum aus, aber der Verlauf der Ausgaben hängt auch in hohem Maße vom Einkommen ab. Die demographischen Trends, die wir hier untersuchen, schwächen sich nach dem Jahre 2003 deutlich ab; um das Jahr 2011 erreicht die Nachfrage nach Häusern einen Höhepunkt, und dann brechen Nachfrage und Preis erheblich ein.

2. **Hypothekenzinsen und Erschwinglichkeit:** Die Inflationsrate ist schon gesunken, und die Hypothekenzinsen werden ebenfalls sinken. Wenn die Zinsen zurückgehen, können sich mehr Menschen Häuser kaufen, und mehr Menschen können sich größere Häuser leisten. Wir sagen seit Ende 2002/Anfang 2003 voraus, dass die allgemeinen Kreditzinsen und die Hypothekenzinsen leicht steigen, wenn sich die wirtschaftliche Erholung beschleunigt. In Kapitel 3 haben wir allerdings auch festgestellt, dass Inflation und Zinsen laut unseren Indikatoren wahrscheinlich zum Stillstand kommen und von Mitte/Ende 2004 bis Ende 2005 oder Anfang 2006 wieder leicht zurückgehen werden. Ab dem Jahre 2006 dürfte die Inflationsrate wieder ganz leicht steigen. Sie dürfte sich bis zum Ende des Jahrzehnts also zwischen 0,5 und 3,0 Prozent bewegen. Die fortgesetzt niedrige Inflation und die niedrigen Hypothekenzinsen bis zum Jahre 2005 dürften die demographische Schwäche etwas dämpfen, die wir für die kommenden Jahre erwarten.

3. **Überkapazitäten:** Wenn die Nachfrage zunimmt, reagieren die Bauherren mit übertriebener Bautätigkeit, so dass Überkapazitäten entstehen können. Häufig beginnt der Preisrückgang bereits vor einem solchen Höhepunkt, und es entsteht ein regelmäßiger Zyklus. Der überschüssige Wohnraum, der bis zum Jahre 2004 geschaffen wurde, wird wahrscheinlich bis Mitte/Ende 2005 wieder abgearbeitet sein. Bis zum Ende des Jahrzehnts nimmt dann die Bautätigkeit bestenfalls noch mäßig zu, und die Preise steigen ebenfalls nur

noch mäßig. Es erscheint klar, dass der starke Wohnungsmarkt der letzten Jahre insbesondere im mittleren und oberen Preissegment zu übertriebener Bautätigkeit geführt hat. Das wird die Schwächung beziehungsweise den Rückgang der Preise, die im Jahre 2004 begonnen hat und die wahrscheinlich bis weit in das Jahr 2005 anhält, noch verstärken.

4. **Die gesamtwirtschaftliche Entwicklung:** Wenn die Wirtschaft insgesamt wächst und die Arbeitslosigkeit sinkt, wächst das durchschnittliche Einkommen und die Tendenz zum Hauskauf oder zum Kauf eines größeren Hauses; das kommt zu den Auswirkungen der demographischen Entwicklung und der Zinsentwicklung noch hinzu. Wenn die Konjunktur generell zurückgeht, gehen auch die Zukunftserwartungen der Verbraucher zurück, und dies wirkt sich bis zu einem gewissen Grade auch auf größere dauerhafte Güter aus, zum Beispiel auf Häuser. Unsere demographischen Prognosen deuten auf eine kräftige Erholung ab 2003 und auf eine blühende Konjunktur bei geringer Inflation von 2005 bis 2009 oder 2010. Diese positive konjunkturelle Tendenz wird dafür sorgen, dass die Nachfrage nach Häusern größer und die Preise höher bleiben werden als es alleine aufgrund des demographischen Trends der Fall wäre. Nach den Jahren 2009 und 2010 jedoch wendet sich der Anstieg der Ausgaben der Babyboom-Generation genauso nach unten wie es in Japan von 1990 bis 2004 der Fall war. Darüber hinaus kündigt unser langfristiger Inflationsindikator für die Zeit nach 2010 Deflation an. Aufgrund der schwachen Wirtschaft und der Preisdeflation werden die Preise für Häuser und Grundstücke zum ersten Mal seit den 1930er-Jahren sinken, und viele Marktsegmente werden sich genauso wie im Japan der 1990er-Jahre auf Jahre hinaus schlecht entwickeln.

Der Trend der Hauspreise

Betrachten wir zunächst die Entwicklung der Hauspreise ab der Rezession des Jahres 1974. Wie in Abbildung 4.1 zu sehen, ist der durchschnittliche Preis für ein Haus, mit Ausnahme der frühen 1990er-Jahre, seit 1975 während des gesamten Booms gestiegen. Diese Entwicklung mag auf den ersten Blick beeindruckend scheinen, aber der durchschnittliche Hauspreis ist in dieser Zeit nur auf das 4,4fache gestiegen, während sich der Dow Jones von 1975 bis 1999 mehr als verzwanzigfacht hat und sogar im Jahre 2004 noch beim 18fachen des Durchschnittspreises stand. Der Grund, weshalb der Wertzuwachs von Häusern so groß zu sein scheint, sind die Hypothekenschulden.

Natürlich schwanken die Hauspreise grundsätzlich weniger als Aktienkurse – sie steigen mit der Zeit stetiger an und gehen in schwachen Marktlagen weniger dramatisch zurück. Allerdings kann man Aktien bei Bedarf leichter verkaufen. Wenn der Markt übersättigt ist oder die Nachfrage wie Anfang der 1930er- und Anfang der 1990er-Jahre plötzlich zurückgeht, dann ist das mit Immobilien nicht so einfach. In den genannten Zeiträumen empfanden die Menschen ihre Häuser als Fallen,

Abbildung 4.1

Durchschnittlicher und mittlerer Eigenheimpreis, 1975 bis 2002

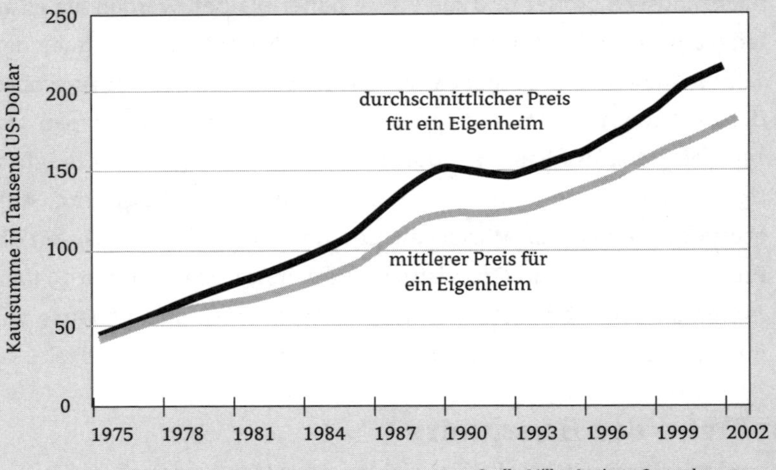

Quelle: Milken Institute, September 2002

in denen sie gefangen waren, und die Investition in Immobilien war riskanter als man aufgrund des sonst üblichen stetigen Wertzuwachses angenommen hatte. Vergessen Sie nicht, dass die meisten Häuser mit Hypotheken belastet sind und dass dies nach oben wie nach unten eine gewisse Hebelwirkung erzeugt. Wir prophezeien seit Juni 2003, dass die Entwicklung der Immobilienpreise von Ende 2003 bis 2005 flacher verlaufen beziehungsweise leicht rückläufig sein wird und dass sie von 2011 bis 2014 und wahrscheinlich noch darüber hinaus erheblich zurückgehen werden.

Die demographisch bedingte Entwicklung der Nachfrage sagt uns erstens, dass die Preise für Häuser während des restlichen Jahrzehnts langsamer als bisher steigen beziehungsweise leicht zurückgehen werden, insbesondere in den Jahren 2004 und 2005. Die wichtigste Erkenntnis jedoch – für Bauunternehmen, Hypothekenbanken, Hauskäufer und Anleger –, die man aus dem Marktforschungs-Bericht ziehen kann, ist die Tatsache, dass der Häusermarkt im Gegensatz zu vielen anderen Ausgabenkategorien nicht einfach nur entsprechend dem Alter steigt und fällt. Im Lebenszyklus der Verbraucher steigen die Ausgaben für den Hauskauf mehrmals. Außerdem gibt es große Unterschiede im Kaufverhalten zwischen Verbrauchern mit hohem und Verbrauchern mit niedrigem Einkommen. Zudem entwickeln sich die verschiedenen Immobiliensektoren unterschiedlich, während neue Verbrauchergenerationen altern und vorhersagbare Ausgabe- sowie Bedürfniszyklen durchlaufen: Büros, Einzelhandel, Hotels – Wohnungen, Wohnhäuser, Wochenendhäuser/Ruhesitze.

Der große Häuser-Crash? Noch nicht! Die konjunkturellen Bedingungen sind zu gut

In den Jahren 2002 und 2003 war viel von einer Immobilienblase die Rede, und es erschien ein Buch mit dem Titel *THE COMING CRASH IN THE HOUSING MARKET*. Der Autor John Talbott (und viele andere Analysten) sagen voraus, dass auf den Börsencrash der Jahre 2000 bis 2002 ein Immobiliencrash folgt. Neben vielen Zahlen zu der Zunahme der Schulden und den steigenden Wohnraumpreisen argumentieren sie mit der Tatsache, dass die Verbraucher den wahren Wert ihrer Häuser einige Jahre später zu spüren bekommen als den wahren Wert ihrer Aktien, genauso wie es Anfang der 1930er-Jahre in den Vereinigten Staaten und Anfang der 1990er-Jahre in Japan nach bedeutenden Börsencrashs geschah. Allerdings traten diese Crashs auf, als die allgemeinen demographischen Trends in der jeweiligen Volkswirtschaft langfristig bereits nach unten gedreht hatten. In Kapitel 1 haben wir gezeigt, dass der jüngste Börsencrash in den Vereinigten Staaten große Ähnlichkeit mit dem großen Auswahlprozess und mit der geplatzten Technologieblase Anfang der 1920er-Jahre hat, die in einen noch größeren Boom und Ende 1929 in eine noch größere Blase mündete. Wir sehen keinen Zusammenbruch des Wohnungsmarktes voraus, denn die Konjunktur wird aufgrund der demographisch bedingt durchweg höheren Ausgaben anziehen, während die Hypothekenzinsen sehr günstig bleiben.

Besonders gut werden sich im kommenden Jahrzehnt im privaten Bereich Mehrfamilienhäuser, Wochenendhäuser und ländliche Immobilien sowie im gewerblichen Bereich Hotels und Einzelhandelsimmobilien entwickeln. Die meisten Sektoren entwickeln sich wahrscheinlich rückläufig, wenn die Baby-Boom-Ausgabenkurve Anfang des kommenden Jahrzehnts ihren Höhepunkt überschreitet und wieder Überkapazitäten gebaut werden. Die Aktienblase, die wir für die Jahre 2005 bis 2009 oder vielleicht 2010 voraussagen, dürfte die Wirtschaft und den Wohnungsmarkt letzlich noch weiter schwächen, wenn ab 2009 oder 2010 bis 2012 oder 2014 ein Börsencrash und ein Selektionsprozess stattfinden, die noch schlimmer sein werden als in den Jahren 2000 bis 2002.

Demographie und Hauskauf

Wir betrachten den Kauf von Häusern aus vier verschiedenen Perspektiven, damit wir ein möglichst vollständiges Bild erhalten: Käufe insgesamt (Umsatz) nach Alter, durchschnittlicher Kaufpreis nach Alter, durchschnittlicher Wert des Hauses nach Alter und Hypothekenzinsen nach Alter. Und dann betrachten wir diese vier Dimensionen auf drei verschiedenen Einkommensniveaus: den oberen 20 Prozent, den mittleren 40 Prozent und den unteren 40 Prozent. Beachten Sie dabei zunächst, dass sich der Hauskauf von anderen Verbraucherausgaben unterscheidet, denn Häuser halten sehr lange, und Neubauten erhöhen die Anzahl der vorhandenen Häuser; das drückt auf die Menge der vorhandenen Freiflächen und hat Auswirkungen auf die Umwelt. Wenn die Nachfrage steigt, dann steigen im Allgemeinen die Preise. Die meisten Häuser sind mit Hypotheken belastet, die über längere Zeit bezahlt werden. Daher entstehen zwar hohe Anfangskosten, aber der größte Teil der Ausgaben – Zinsen, Unterhaltung, Grundsteuer etc. – verteilen sich gleichmäßiger über die Zeit. Wir müssen also viele Dimensionen des Hauskaufs betrachten, um ein klares Bild des Umsatzes und des Wertes zu erhalten.

Die wichtigste Zahl der Verbraucherausgaben-Statistik des U. S. Bureau of Labor Statistics ist der in Abbildung 4.2 dargestellte nach Alter gegliederte Gesamtbetrag der Hauskäufe von 1996 bis 2000. Dieser Chart zeigt am besten, wie sich der Markt für Neubauten entwickelt hat, während die Babyboom-Generation in das entsprechende Alter gekommen ist. Beachten Sie, dass alle Charts, die wir in diesem Zusam-

Abbildung 4.2
Gesamtsumme der Hauskäufe nach Alter

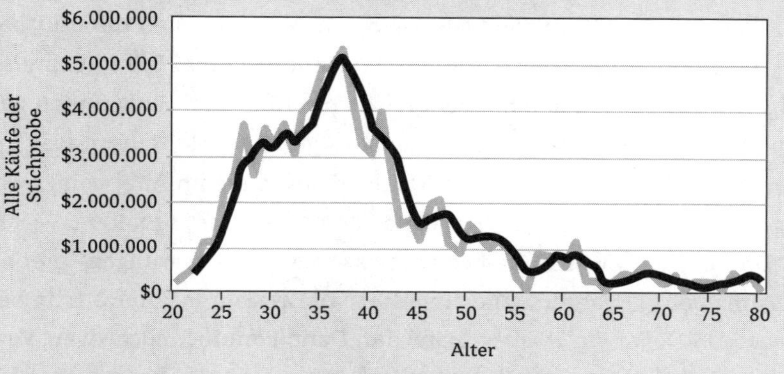

Quelle: Consumer Expenditure Survey, 2000; U. S. Bureau of Labor Statistics.

menhang zeigen, zwei Linien aufweisen. Die graue Linie repräsentiert die tatsächlich erhobenen Zahlen, während die schwarze Linie den gleitenden Durchschnitt aus drei Jahren darstellt. Dies glättet die Entwicklung ein wenig, denn die Zahlenbasis ist relativ klein. Aus Abbildung 4.2 ist vor allem zu ersehen, dass die meisten Häuser im Alter von 26 (wenn der Durchschnittsbürger heiratet und die höchsten Mietkosten hat) bis 42 Jahren gekauft werden.

Sie sehen, dass die Kurve beim Alter von 37 Jahren eine kräftige Spitze aufweist. Im Alter von 28 bis 31 steigt die Kurve aufgrund des Erstkaufs von Häusern an, und im Alter von 37 steigt sie, weil sich die Menschen dann größere Häuser zulegen. Ab 37 Jahren geht das Volumen zurück, und ab 42 Jahren sinkt es rapide. Die Menschen, die auf dem Höhepunkt des Babybooms im Jahre 1961 geboren wurden, erreichten die Hauptspitze im Jahre 1998 und den Nebengipfel im Alter von 42 Jahren im Jahre 2003. Das bedeutet allerdings nicht, dass der Gesamtmarkt zu diesem Zeitpunkt seinen Gipfel erreicht hätte, denn es kommen ja immer noch kleinere Spitzen dazu. Aber die Dynamik geht seit dem Jahre 2004 zurück und wird noch weiter zurückgehen. Weitere kleinere Spitzen treten im Alter von 47 (für 1961 Geborene 2008) und im Alter von 57 bis 61 Jahren (Höhepunkt 2022) auf.

Abbildung 4.3 zeigt den durchschnittlichen Preis, den Käufer, gestaffelt nach Alter, für die Häuser bezahlt haben. Dieser Chart zeigt den Zyklus der „Verbesserung" beziehungsweise des Zweitkaufs, die Preise für die verschiedenen Altersklassen und die Wertentwicklung. Die Hauspreise steigen enstprechend den Spitzenpreisen pro Alter und Einkommen zuzüglich der Inflationsrate – es sei denn, es gibt zu viele Häuser, was im Jahre 2003 sicherlich der Fall war. Die Ersthäuser, die im Alter von 24 bis 31 gekauft wurden, stiegen von rund 100.000 auf fast 140.000 US-Dollar. Die meisten Zweitkäufe beziehungsweise „Verbesserungen" gibt es im Alter von 37 Jahren, und im Alter von 41 Jahren (2002) tritt bei 170.000 US-Dollar ein zweiter Gipfel auf. Dann kommen noch zwei „Verbesserungs"-Gipfel: von 44 bis 49 Jahren (2005 bis 2010) bei 175.000 US-Dollar und von 57 bis 62 Jahren (2018 bis 2023) bei rund 220.000 US-Dol-

Abbildung 4.3
Durchschnittlicher Haus-Kaufpreis nach Alter

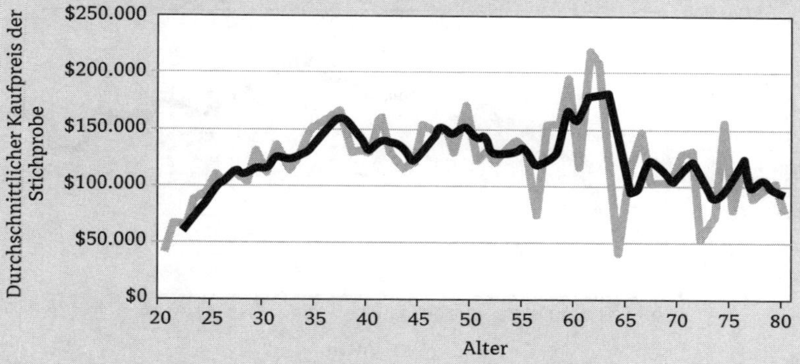

Quelle: Consumer Expenditure Survey, 2000; U. S. Bureau of Labor Statistics.

lar. Obwohl die Dynamik des Häusermarktes ihren Höhepunkt schon überschritten hat, werden die Preise während des restlichen Jahrzehnts wahrscheinlich weiterhin leicht ansteigen (nachdem sie im Jahre 2005 ein wenig zurückgegangen sein werden). Der Höhepunkt des Trends wird mit dem Lebensalter von 49 Jahren im Jahre 2010 erreicht.

Abbildung 4.4 (S. 156) zeigt den durchschnittlichen Wert der Häuser in Abhängigkeit vom Lebensalter. Auch hier ist der „Verbesserungs"-Zyklus gut zu erkennen, aber man sieht auch, wann die Häuser wieder kleiner werden. Der Wert der Häuser steigt bis zum Alter von 39 Jahren stetig an und erreicht bei 145.000 US-Dollar den Höhepunkt. Im Alter von 47 bis 56 Jahren steigt der Wert erneut an, und zwar auf 156.000 US-Dollar. Ab dem Alter von 56 Jahren (für den Spitzenjahrgang des Babybooms ab dem Jahre 2017) verkleinern sich viele Haushalte wieder, und insbesondere auf dem Markt für Häuser der mittleren bis gehobenen Klasse entsteht dadurch Verkaufsdruck. Abbildung 4.3 zeigt zwar, dass Ende der 50er und Ende der 60er der durchschnittliche Kaufpreis am höchsten ist, aber diese Altersgruppe repräsentiert nur einen kleinen Teil der Häuser kaufenden Bevölkerung. Die Divergenz zwischen dem sin-

Abbildung 4.4

Durchschnittlicher Wert der Häuser nach Lebensalter

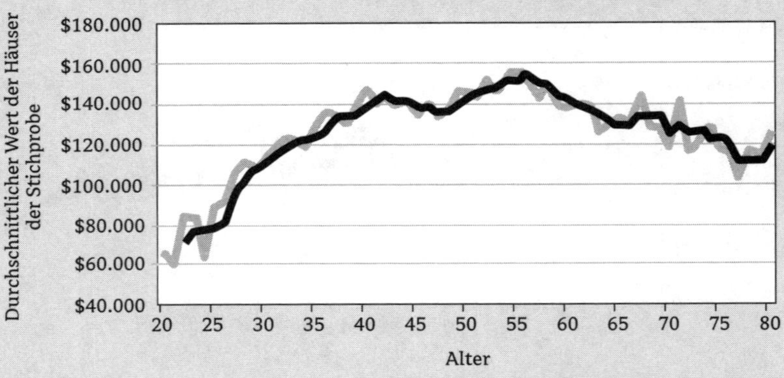

Quelle: Consumer Expenditure Survey, 2000; U. S. Bureau of Labor Statistics.

kenden Wert der Häuser (Abbildung 4.4) und dem steigenden durchschnittlichen Kaufpreis (Abbildung 4.3) deutet darauf hin, dass viele Hausbesitzer im Alter von Ende 50 bis Anfang 60 ihre Häuser nicht kau-

Abbildung 4.5

Anteil der Hausbesitzer an der Bevölkerung nach Alter

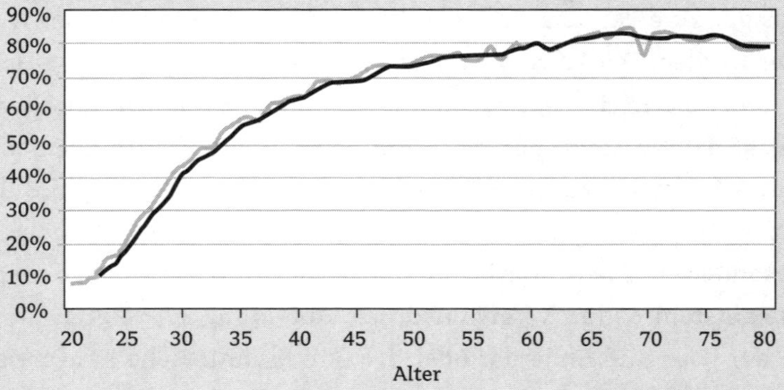

Quelle: Consumer Expenditure Survey, 2000; U. S. Bureau of Labor Statistics.

fen, sondern erben. Im Durchschnitt sind die geerbten Häuser kleiner, aber für denjenigen kleinen Anteil der genannten Altersgruppe, der seine Häuser kauft, geht es im Durchschnitt um den größten Hauskauf ihres Lebens, die größte „Verbesserung" des Durchschnittshaushalts.

Eine der grundlegenden Tendenzen des Wohnungsmarktes besteht darin, dass mit zunehmendem Alter ein immer größerer Anteil der Haushalte Kredite bekommt und sich ein Haus leisten kann. Abbildung 4.5 zeigt, dass der Anteil der Eigenheimbesitzer unter den Haushalten bis Anfang 40 rapide auf 70 Prozent ansteigt und dann langsamer weiter steigt, bis er im Alter von Ende 60 mit 83 Prozent seinen Höhepunkt erreicht. Der Gesamtdurchschnitt beträgt derzeit 68 Prozent, und er wird in den kommenden Jahren noch zunehmen. Dabei liegt der Schwerpunkt der Nachfrage im unteren und mittleren Preisbereich. Wie wir später in diesem Kapitel noch sehen werden, kaufen Haushalte mit hohem Einkommen ihre Häuser früher; mit der Zeit kaufen oder erben dann auch immer mehr Haushalte mit niedrigen Einkommen Häuser.

Abbildung 4.6 zeigt, dass die Hypothekenbelastung bis zum Alter von 41 Jahren stetig steigt und dann wieder zurückgeht. Dieser Chart lässt

Abbildung 4.6

Durchschnittliche jährliche Hypothekenbelastung nach Alter

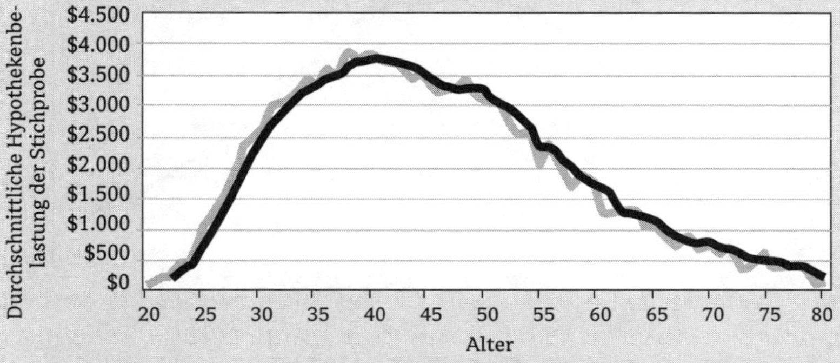

Quelle: Consumer Expenditure Survey, 2000; U. S. Bureau of Labor Statistics.

darauf schließen, dass die Kaufdynamik im Alter von 41 Jahren am größten ist. Für die Babyboom-Generation wäre das im Jahre 2002 gewesen und nicht – wie laut Abbildung 4.2 – im Alter von 37 Jahren (1998). Dazu später in diesem Kapitel noch mehr. Die meisten Haushalte finanzieren den Hauskauf mithilfe eines Hypothekenkredits, den sie dann über einen langen Zeitraum langsam zurückzahlen. Mit zunehmendem Alter lösen allerdings viele Haushalte den Kredit mit ihrem Ersparten oder aus früherem Hauseigentum auf, oder sie erben Häuser, die ihre Eltern schon bezahlt haben. Abbildung 4.7 zeigt den Anteil der Haushalte mit Eigenheimkrediten. Dieser Anteil steigt bis Mitte der 40 an und erreicht einen Höchststand von 55 Prozent, auf dem er dann eine Zeit lang bleibt. Ab dem Alter von 56 Jahren schrumpft er dann stetig, weil dann der durchschnittliche Wert der Häuser den Höhepunkt überschritten hat und die „Verkleinerung" beginnt.

Abbildung 4.8 erlaubt einen genaueren Einblick in den Erstkauf- und Zweitkauf- (beziehungsweise „Verbesserungs"-) Zyklus. Das Balkendiagramm zeigt den Anteil der Haushalte, die zum ersten Mal ein Haus kaufen, und den Anteil der Haushalte, die laut Makler-Statistiken ein

Abbildung 4.7

Anteil der Bevölkerung mit Hypothekenschulden nach Alter

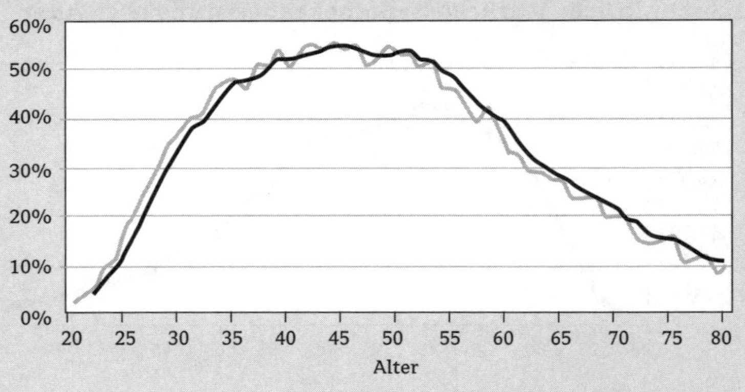

Quelle: Consumer Expenditure Survey, 2000; U. S. Bureau of Labor Statistics.

Abbildung 4.8

Erstkäufer und Wiederholungskäufer

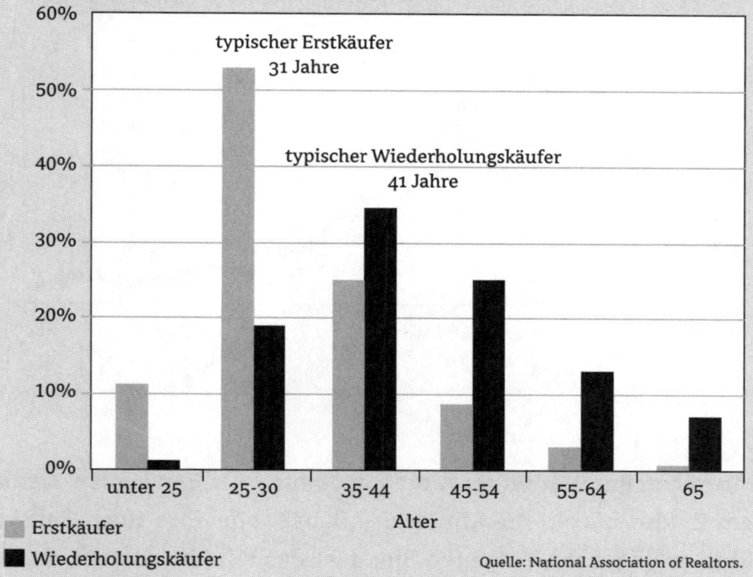

Quelle: National Association of Realtors.

zweites oder ein größeres Haus kaufen. Im Alter von 25 bis 34 Jahren ist der Anteil der Erstkäufer am größten, und innerhalb dieses Bereichs im Alter von 31 bis 32 Jahren. Der durchschnittliche und typische Erstkäufer ist 31 Jahre alt, und das bestätigt den Höhepunkt, der in dieses Alter fällt. Die Wiederholungs-Käufer stellen im Alter von 35 bis 44 Jahren den größten Anteil, wobei der interpolierte Höhepunkt bei 40 bis 41 Jahren liegt. Der durchschnittliche Zweitkäufer ist 41 Jahre alt, und das bestätigt genauso wie der Höhepunkt der Ratenzahlungen in diesem Alter den Gipfelpunkt bei 41 Jahren.

Abbildung 4.9 (S. 160) zeigt die Anzahl der Käufer pro Altersgruppe laut dem Consumer Expenditure Survey (Statistik der Verbraucherausgaben). Das Diagramm zeigt, dass die Anzahl der Käufer Spitzen bei 38 und bei 42 Jahren aufweist. Auch hier sieht man wieder, dass die meis-

Abbildung 4.9
Hauskäufer nach Alter

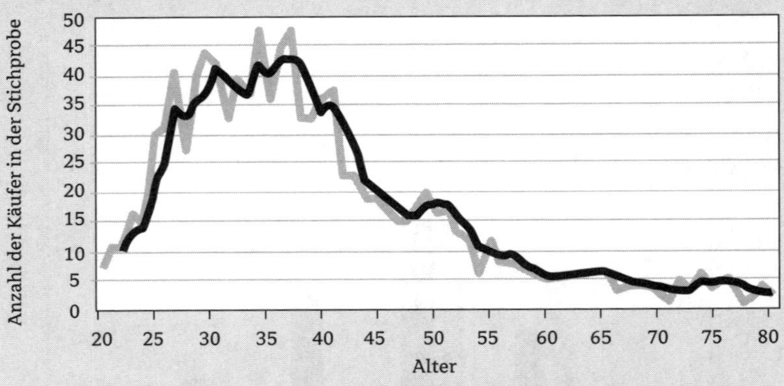

Quelle: Consumer Expenditure Survey, 2000; U. S. Bureau of Labor Statistics.

ten Menschen ihre Häuser im Alter von 26 bis 42 Jahren kaufen. Gemäß diesem Zyklus hätten die Kinder des Babybooms ihre Hoch-Zeit von 1986 bis 2003 gehabt. Beachten Sie, dass das Käufervolumen ab dem Alter von 42 Jahren (2003 für den Höhepunkt des Babybooms) bis zum Alter von 49 Jahren steil abfällt. Das deutet stark darauf hin, dass die Baubranche bis zum Jahr 2003 zu viel gebaut hat und dass die Nachfrage nach Neubauten während des restlichen Jahrzehnts weiter nachlassen dürfte. Die Überkapazitäten sind wahrscheinlich bis zum Jahre 2005 abgebaut, und dann sind wieder bescheidene Preisanstiege möglich. Aber wahrscheinlich fallen die Preisanstiege wirklich klein aus, denn der durchschnittliche Kaufpreis und der Wert der Häuser steigen nach dem Alter von 42 Jahren kaum noch an.

Zusammenfassung der demographischen Trends

Die eindeutigen Dynamikspitzen des Häusermarkt-Wachstums treten aufgrund von Zweitkäufen beziehungsweise „Verbesserungen" im Alter von 41 bis höchstens 42 Jahren auf. Dass die Anzahl der gekauften Häuser im Alter von 37 am höchsten ist, liegt an den 20 Prozent wohlhabenden Hauskäufern. Deshalb musste das demographisch bedingte Wachstum dieses Marktes im Jahre 2003 seinen Höhepunkt erreichen. Auch der drastische Zinsrückgang sorgte dafür, dass sich die Preise bis Mitte 2003 solide entwickelten, aber inzwischen ist dieser Trend weitgehend beendet. Die Eigenheimpreise dürften bis in das Jahr 2005 hinein langsamer steigen oder sogar zurückgehen. Ab Ende 2005 oder ab 2006 sollten die erneuten Zweitkäufe und die demographisch bedingten Preissteigerungen bis zum Jahre 2010 oder 2011 für ein gewisses Wachstum sorgen. Aber den größten Teil des Markt- und Preiswachstums haben wir eindeutig hinter uns, und wir rechnen damit, dass sich die Wohnungsbranche während des restlichen Jahrzehnts im Vergleich zur Gesamtwirtschaft unterdurchschnittlich entwickelt. Im Laufe dieses Kapitels werden wir zeigen, dass die Wohnungsbaubranche stattdessen in den Bereichen Ferien-/Wochenendhäuser und Mietwohnungen wachsen wird.

Das Hauskauf-Verhalten wohlhabender Haushalte

Haushalte mit unterschiedlich hohem Einkommen weisen unterschiedliches Kaufverhalten auf. Haushalte mit hohem Einkommen kaufen ihre

Abbildung 4.10

Gesamte Hauskäufe der 20 Prozent „Top-Verdiener“ nach Alter

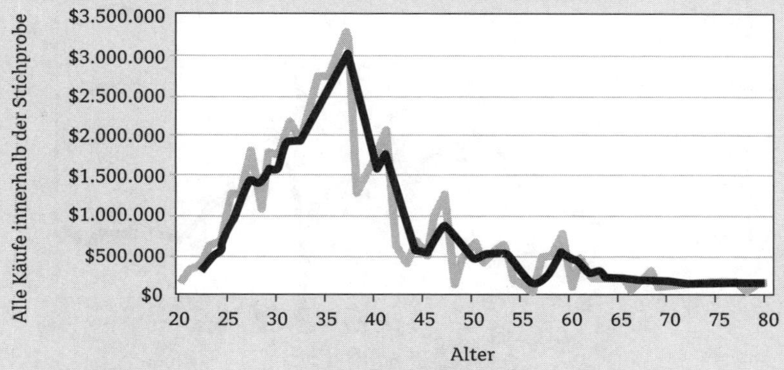

Quelle: Consumer Expenditure Survey, 2000; U. S. Bureau of Labor Statistics.

Erst- und Zweithäuser früher, und sie stellen aufgrund der höheren Preise den größeren Teil des Marktes. Abbildung 4.10 zeigt für die 20 Prozent der Haushalte mit dem höchsten Einkommen, wie viel Geld sie in verschiedenen Altersklassen für Häuser ausgeben. Bei dieser Bevölkerungsgruppe steigt das Aufkommen sehr steil an und fällt auch wieder sehr steil ab. Es gibt eine Erstkauf-Spitze bei 27 Jahren und eine Zweitkaufspitze bei 37 Jahren. Was die Babyboom-Generation angeht, so weisen die wohlhabenden Haushalte den größten Ausschlag im Jahre 1998 auf. Im Alter von 41 (2002) und 47 Jahren (2008) treten kleinere Spitzen auf. Zwischen 49 und 59 Jahren (2010 bis 2020) setzt sich die Kauftätigkeit auf niedrigerem Niveau fort, und ab dem Alter von 54 Jahren (ab 2016) setzt in diesem Segment der Rückgang ein.

Abbildung 4.11 zeigt den durchschnittlichen Kaufpreis für die verschiedenen Altersklassen. Bis zum Alter von 39 Jahren (2000) steigt er kontinuierlich bis auf 400.000 US-Dollar an. Dann folgen kurze, extreme Ausschläge: im Alter von 46 Jahren (2007) auf 500.000 US-Dollar und im

Abbildung 4.11

Durchschnittlicher Haus-Kaufpreis der 20 Prozent „Top-Verdiener" nach Alter

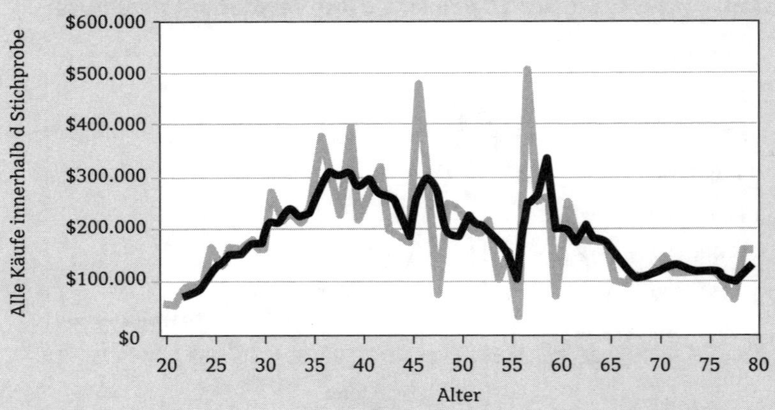

Quelle: Consumer Expenditure Survey, 2000; U. S. Bureau of Labor Statistics.

Abbildung 4.12

Durchschnittlicher Wert der Häuser der 20 Prozent „Top-Verdiener" nach Alter

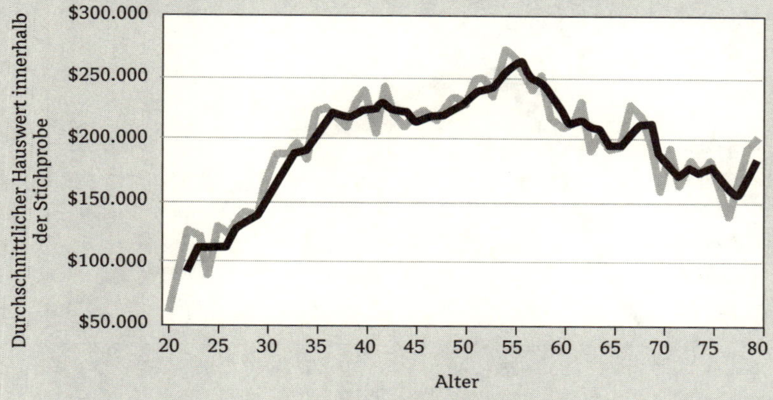

Quelle: Consumer Expenditure Survey, 2000; U. S. Bureau of Labor Statistics.

Alter von 57 Jahren (2018) auf etwa das gleiche Niveau. Abbildung 4.12 zeigt, dass der durchschnittliche Wert der Häuser im Alter von 54 den Höhepunkt erreicht und dann wieder zurückgeht, weil die Kinder aus dem Haus sind. Die Raten, die diese Gruppe bezahlt (Abbildung 4.13, S. 143) erreichen im Alter von 35 den Gipfel und fallen ab dem Alter von 40 Jahren deutlich ab. Die Hypothekenbanken können an diesem Markt auf Jahre hinaus mit Rückgängen rechnen – abgesehen von gelegentlichen Refinanzierungsspitzen.

Die Gruppe der Wohlhabenden hat die maximale Wachstumsdynamik bereits in den Jahren 1998 bis 2002 hinter sich gebracht. Die Preise haben sich in diesem Bereich aufgrund der niedrigen Zinsen noch bis in das Jahr 2003 recht gut gehalten. Nachdem sich dieser Markt in den Jahren 2002 und 2003 so gut entwickelt hat, erlebte er im Jahre 2004 den bislang schwersten Rückgang, der sich noch bis Mitte oder Ende 2005 fortsetzen dürfte. Im Jahre 2008 oder 2009 dürfte dieser Markt wegen des letzten Kaufhöhepunkts im Alter von 47 Jahren noch einmal

Abbildung 4.13
Durchschnittliche jährliche Hypothekenbelastung der 20 Prozent „Topverdiener“ nach Alter

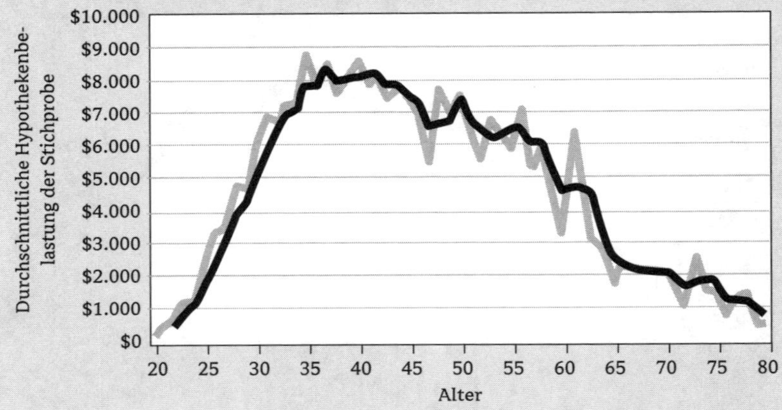

Quelle: Consumer Expenditure Survey, 2000; U. S. Bureau of Labor Statistics.

einen Anstieg verzeichnen; wahrscheinlich fällt dieser Punkt auch noch mit einer Blase am Aktienmarkt zusammen. Wenn um das Jahr 2011 die Konjunktur zurückgeht, trifft es den Wohnungssektor der Immobilienbranche wieder einmal am schwersten.

Die gehobenen Märkte steigen und fallen am heftigsten

Haben Sie sich jemals gefragt, warum die Zinsen auf „Jumbo“-Kredite für teuere Häuser höher sind, obwohl die Käufer solcher Häuser üblicherweise ein höheres Einkommen und eine höhere Kreditwürdigkeit haben? Die Banken wissen, dass Oberklasse-Häuser in wachsenden Marktlagen schneller an Wert gewinnen, aber in sinkenden Marktlagen auch schneller im Wert verfallen. Solche Häuser sind mit mehr Risiko verbunden, genauso wie das Wachstum der Technologiewerte im Vergleich zum S & P 500. Während des Immobilienabschwungs Anfang der 1990er-Jahre fiel der Kaufpreis durchschnittlicher Häuser um weniger als zehn Prozent, während der Preis von Häusern der Oberklasse teilweise um 40 bis 50

Abbildung 4.14

Haus-Preisentwicklung in ausgewählten Städten des Nordostens

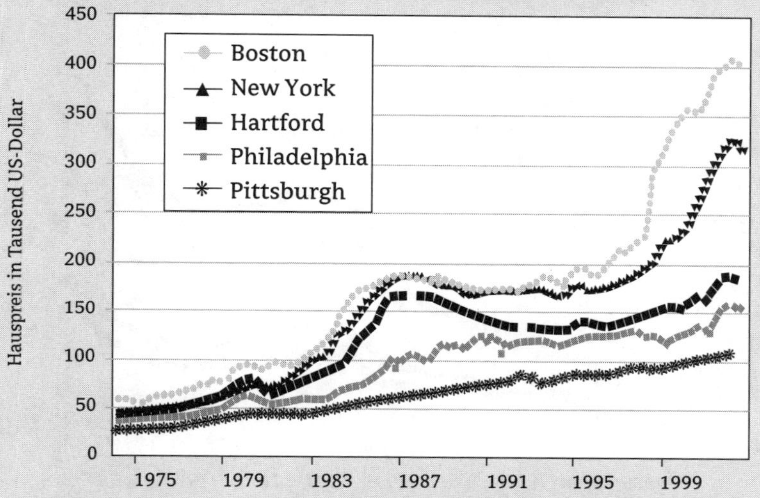

Quelle: Fidelity National Information Solutions, Inc.

Prozent zurückgegangen ist. Abbildung 4.14 zeigt die Preisentwicklung in den teuren Ballungsräumen an der Ostküste. Dieser und die nächsten drei Charts stammen von Fidelity National Information Solutions (FNIS). Auf der Internetseite www.fnis.com finden Sie dazu eine Reihe kostenloser Artikel und eine große Menge kostenpflichtiger Informationen.

Aus Abbildung 4.14 ist zu entnehmen, dass Boston im Jahre 2003 mit 400.000 US-Dollar den höchsten mittleren Immobilienpreis an der Ostküste hatte, gefolgt von New York mit 300.000 US-Dollar. Am niedrigsten war der mittlere Preis mit 110.000 US-Dollar in Pittsburgh. Das liegt ganz einfach daran, dass der Markt in Boomzeiten umso mehr steigt, je höher sein generelles Preisniveau ist. Wenn die Preise den Wellenkamm überschreiten und wieder zurückgehen – wie im Jahre 2004 –, dann ist das Verfallsrisiko in solchen Märkten ebenfalls höher.

Abbildung 4.15 zeigt eine Reihe von Märkten in Südkalifornien, und

Abbildung 4.15
Haus-Preisentwicklung an großen kalifornischen Märkten

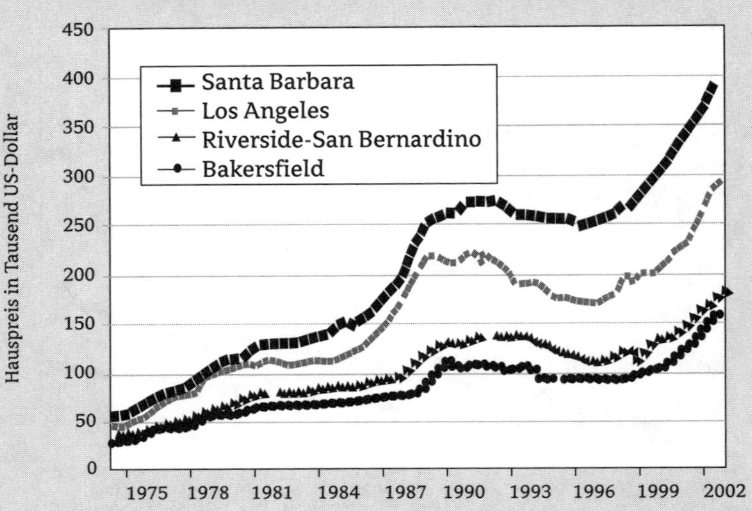

Quelle: Fidelity National Information Solutions, Inc.

zwar vom teuersten, nämlich Santa Barbara, bis zu zum preiswertesten, nämlich Bakersfield. Auch hier ist wieder zu sehen, dass die Preise an den teureren Märkten wie Santa Barbara (bis zu 400.000 US-Dollar) und Los Angeles (bis zu 300.000 US-Dollar) während des jüngsten Booms am schnellsten gestiegen sind. In Riverside lag der mittlere Preis für ein Haus mit nur 180.000 US-Dollar näher am landesweiten Durchschnitt, und daher ist diese Stadt einer der wenigen erschwinglichen Wohnorte im weiteren Umfeld von L. A. Das weit draußen im Tal gelegene Bakersfield erlebte die geringste Wertsteigerung und weist mit rund 165.000 US-Dollar den niedrigsten Preis auf.

Abbildung 4.16 führt am deutlichsten vor, dass die gehobenen, exklusiveren Häuser an teureren Märkten im Zuge eines Wohnungsbooms am schnellsten zulegen und eher Blasen erzeugen. Der Chart zeigt die Preisentwicklung von Häusern verschiedener Größe in Greenwich in

Abbildung 4.16

Preisentwicklung nach Wohnfläche in Greenwich, Connecticut

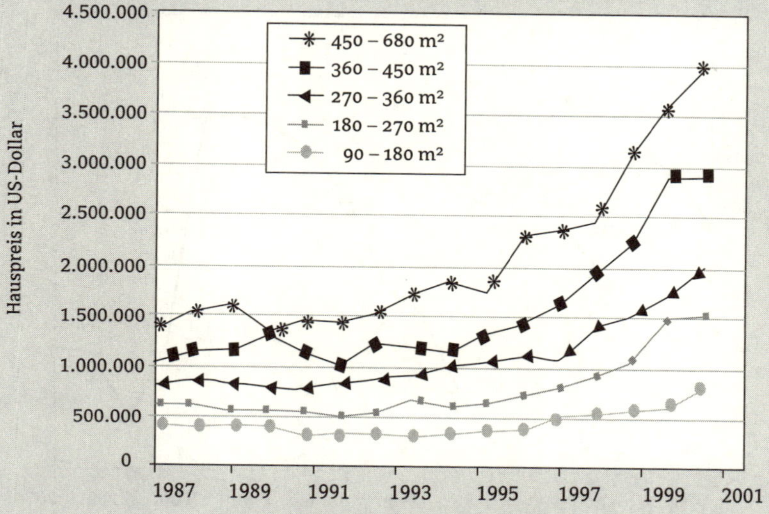

Quelle: Verwendung in Lizenz von Fidelity National Information Solutions, Inc.

Connecticut, einer der nobelsten Wohnregionen außerhalb von New York. Die Preise für Häuser mit einer Wohnfläche von 450 bis 680 Quadratmetern bewegen sich im Bereich von vier Millionen US-Dollar und sind am schnellsten gestiegen. Die Preise für Eigenheime im Bereich von 360 bis 450 Quadratmetern Wohnfläche liegen im Durchschnitt bei 2,9 Millionen US-Dollar und sind fast genauso dramatisch gestiegen. Je tiefer man hinsichtlich der Größe und des Preises hinuntergeht, desto weniger dramatisch fällt der Anstieg aus.

Es sollte nicht überraschen, dass mit den sinkenden Hauspreisen des Jahres 2004 die gehobenen Märkte in manchen Regionen ganz erheblich gefallen sind. Erstens ist der Einbruch der Kauftätigkeit nach dem Spitzenalter von 37 Jahren und nach dem Nebengipfel um 41 bis 42 Jahre bei den 20 Prozent mit dem höchsten Einkommen steiler; das haben wir in Abbildung 4.10 gezeigt. Zweitens besteht nach schnelleren und größe-

Abbildung 4.17

FNIS Real Estate Lending Index: San Francisco, 1986 bis 2004

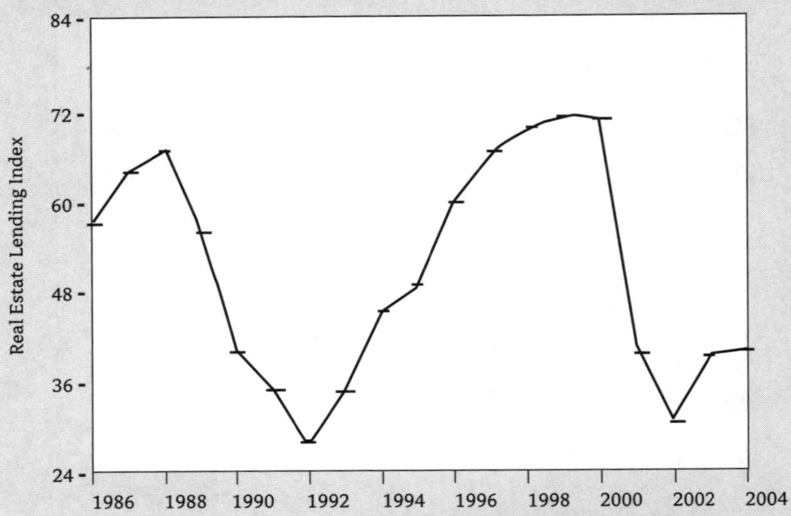

Quelle: Fidelity National Information Solutions, Inc.

ren Wertsteigerungen im Falle von Preisrückgängen ein größeres Verfallsrisiko. Bei FNIS gibt es zwei Indikatoren, mit deren Hilfe Sie feststellen können, ob in Ihrer Region ein bevorstehender Preisverfall wahrscheinlich ist. Der erste ist der Real Estate Lending Index, den es für 316 Stadtregionen der Vereinigten Staaten gibt. Abbildung 4.17 zeigt diesen Indikator für San Francisco, denjenigen Markt im Westen mit den überzogensten Preisen. Dieser Index warnt seit Anfang 2000 vor einer Verlangsamung des Preisanstiegs, aber jetzt steigt er wieder leicht an.

Außerdem gibt es bei FNIS noch einen kurzfristigeren Indikator, den so genannten Buy/Sell Indicator. Dieser Indikator misst die Kauf- und Verkaufsdynamik; ähnlich wie mit den „Oszillatoren" an den Aktien- und Rohstoffmärkten kann man mit diesem Indikator wahrscheinliche Wendepunkte des Immobilienmarktes bestimmen. Wenn wir den Index für San Francisco betrachten, dann sehen wir, dass er Ende 2003 fast ein Verkaufssignal gegeben hätte; die Hauspreise sind seither eindeutig gesunken, in vielen gehobenen Gebieten um zehn bis 20 Prozent. In Kapitel 5 legen wir dar, wie Sie diesen Index in Ihrer Region anwenden können. In diesem Kapitel untersuchen wir neuartige Ansätze, die Demographie nicht nur für Ihr Investment-Portfolio, sondern auch für Ihre gesamte Lebensplanung zu verwenden.

Das Kaufverhalten von Haushalten mit mittlerem Einkommen

Das mittlere Einkommens-Segment stellt fast 40 Prozent der Einkommen und repräsentiert Haushalte mit mittlerem bis gehobenem Einkommen. Dieser Markt entspricht zu Spitzenzeiten nur etwa 64 Prozent der Kaufkraft des oberen Segments, obwohl er aus der doppelten Anzahl von Haushalten besteht. Auch diese Gruppe hat den Höhepunkt ihrer Kaufdynamik bereits überschritten. Die Gesamtzahl der Hauskäufe nach Altersgruppen (Abbildung 4.18) zeigt einen Erstkauf-Gipfel bei 31 Jahren und einen Zweitkauf-Gipfel bei 39 Jahren. Die Zweitkauf-Spitze

Abbildung 4.18

Gesamte Hauskäufe der 40 Prozent „mittleres Einkommens-Segment" nach Alter

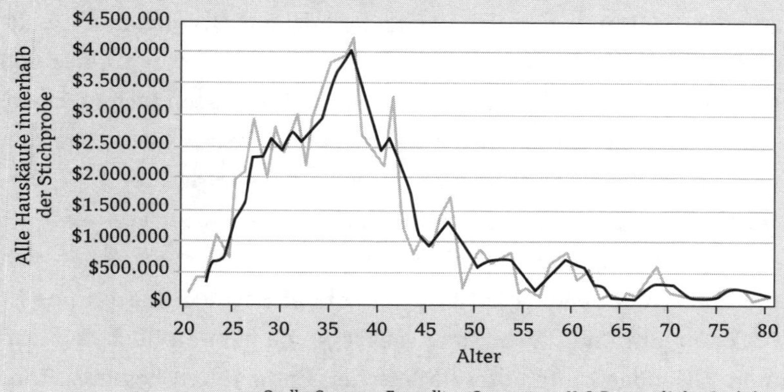

Quelle: Consumer Expenditure Survey, 2000; U. S. Bureau of Labor Statistics.

Abbildung 4.19

Durchschnittlicher Haus-Kaufpreis der 40 Prozent „mittleres Einkommens-Segment“ nach Alter

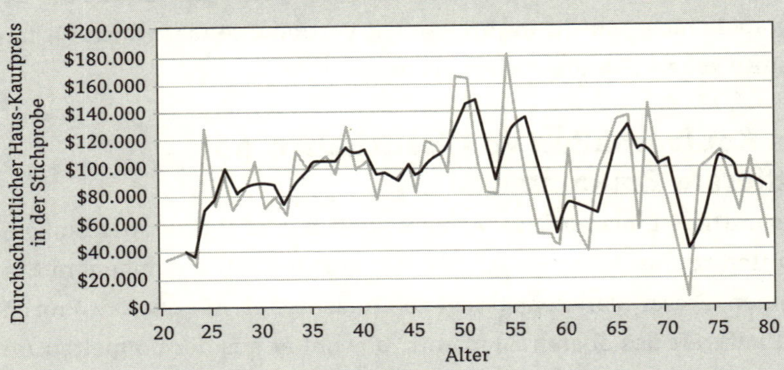

Quelle: Consumer Expenditure Survey, 2000; U. S. Bureau of Labor Statistics.

dieser Gruppe fällt in das Jahr 2000. Nach diesem Punkt geht die Zahl von 40 bis 42 Jahren kräftig zurück, und danach kommen kleinere Zweitkauf-Ausschläge im Alter von 43, 52 und 56 Jahren.

Abbildung 4.19 zeigt den durchschnittlichen Kaufpreis, der bis zum Alter von 38 Jahren stetig auf rund 130.000 US-Dollar ansteigt. Beachten Sie, dass die gleiche Altersklasse im obersten Einkommens-Fünftel mit 400.000 US-Dollar fast das Dreifache bezahlt. Die meisten Zweitkäufe gibt es im Alter von 46 bis 54 Jahren, wobei Spitzenpreise von fast 190.000 US-Dollar erreicht werden. Zusammenfassend ist zu sagen, dass im Alter von etwa 39 Jahren die meisten Häuser gekauft werden und dass im Alter von etwa 54 Jahren die höchsten Preise bezahlt werden. Abbildung 4.20 zeigt, dass die Häuser beim Alter von etwa 56 Jahren mit rund 135.000 US-Dollar den höchsten Wert erreichen und sich die Kurve dann wieder abflacht. Bei dieser Bevölkerungsgruppe ist der Rückgang am Ende nicht so ausgeprägt wie bei den höchsten Einkommen. Offenbar kaufen diese Menschen Ende 30 ein besseres Haus und bleiben dort bis zum Rentenalter wohnen. Die Hypothekenraten

Abbildung 4.20

Durchschnittlicher Wert der Häuser der 40 Prozent „mittleres Einkommens-Segment“ nach Alter

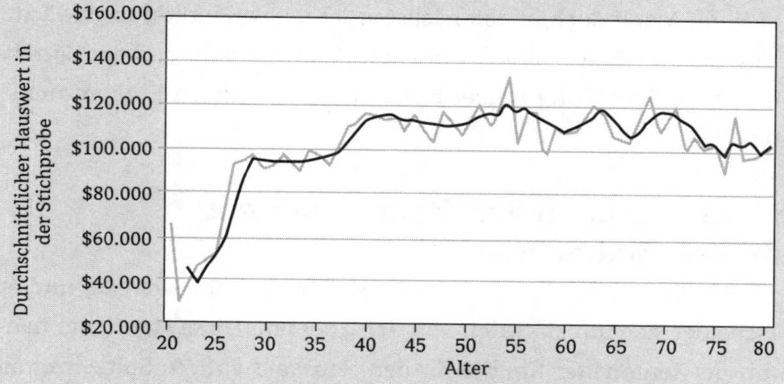

Quelle: Consumer Expenditure Survey, 2000; U. S. Bureau of Labor Statistics.

(Abbildung 4.21) bewegen sich auch bei dieser Gruppe zwischen 40 und 47 Jahren auf dem höchsten Niveau (für die Babyboom-Generation ist

Abbildung 4.21

Durchschnittliche jährliche Hypothekenbelastung der 40 Prozent „mittleres Einkommens-Segment“ nach Alter

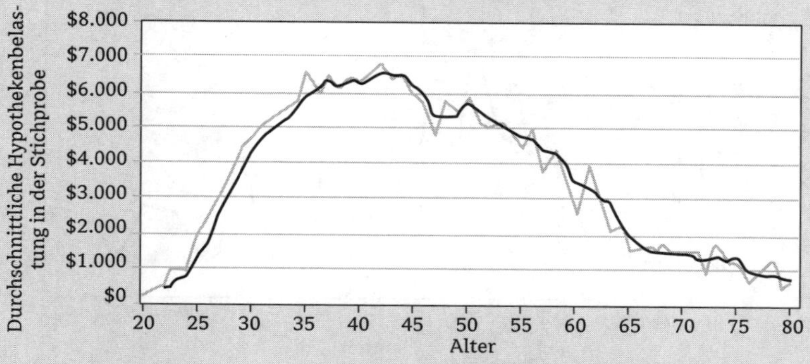

Quelle: Consumer Expenditure Survey, 2000; U. S. Bureau of Labor Statistics.

das von 2001 bis 2008) und fallen dann ab. Das Kreditaufkommen bleibt in dieser Gruppe vorläufig noch hoch, dürfte sich aber im kommenden Jahr etwas abschwächen.

Die demographische Entwicklung dieses Segments deutet darauf hin, dass sich der Markt auch in den nächsten Jahren wesentlich abschwächt, aber dass sich die Preise und das Kreditaufkommen während der Korrekturphase 2004/2005 hier besser halten als im obersten Einkommenssegment.

Das Kaufverhalten von Haushalten mit niedrigem Einkommen

Dieser Markt ist in Dollar gerechnet mit Abstand der kleinste, und er unterscheidet sich am stärksten von den anderen. Diese Haushalte nehmen bis ins Rentenalter Kredite für den Hauskauf auf. Zu Spitzenzeiten entspricht dieser Markt nur 38 Prozent des Marktes für mittlere Einkommen. Die Anzahl der gekauften Häuser (Abbildung 4.22) erreicht beim Lebensalter von 33 Jahren den Erstkauf-Höhepunkt und bei 39 Jahren (2000) das Maximum der Zweitkäufe – ähnlich wie bei den Hauskäufern

Abbildung 4.22

Alle Hauskäufe der 40 Prozent „Geringverdiener" nach Alter

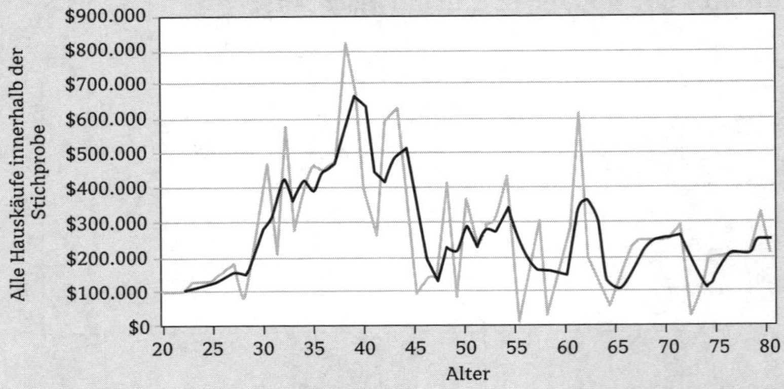

Quelle: Consumer Expenditure Survey, 2000; U. S. Bureau of Labor Statistics.

Abbildung 4.23
Durchschnittlicher Haus-Kaufpreis der 40 Prozent „Geringverdiener“ nach Alter

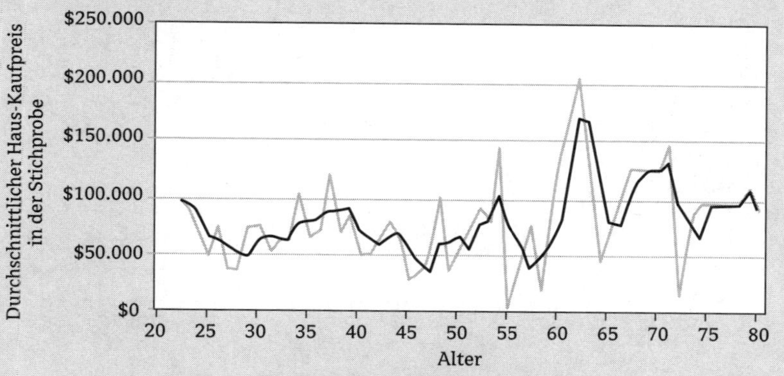

Quelle: Consumer Expenditure Survey, 2000; U. S. Bureau of Labor Statistics.

mit mittlerem Einkommen. Allerdings gibt es hier mehr und ausgeprägtere Anstiege: im Alter von 44 Jahren (2005), im Alter von 49 Jahren (2010) und im Alter von 55 Jahren (2016). Die größte Zunahme des Kauf-Aufkommens tritt im Alter von 62 Jahren auf, also viel später als in den anderen Segmenten. Der durchschnittliche Kaufpreis (Abbildung 4.23) steigt beim Alter von 35 Jahren auf rund 125.000 US-Dollar, also ähnlich hoch wie bei den Käufern mittleren Einkommens; allerdings erreicht der höchste Durchschnittspreis im Alter von 62 Jahren die Marke von 200.000 US-Dollar. Somit gibt es hinsichtlich der Preise eine breite Überlappung zwischen den mittleren 40 Prozent und den unteren 40 Prozent, nur dass die unteren 40 Prozent später in ihrem Leben kaufen.

Der in Abbildung 4.24 (S. 174) dargestellte durchschnittliche Wert der Häuser steigt durchgehend bis zum Lebensalter von 67 Jahren, und darin unterscheidet sich dieser Markt am stärksten von den anderen. Diese Bevölkerungsgruppe „verbessert“ sich bis in das Rentenalter hinein, weil dann das verfügbare Einkommen zunimmt und die Menschen erben. Die Menschen in diesem Segment sind stärker motiviert, ihren Lebensstan-

Abbildung 4.24
Durchschnittlicher Wert der Häuser der 40 Prozent „Geringverdiener" nach Alter

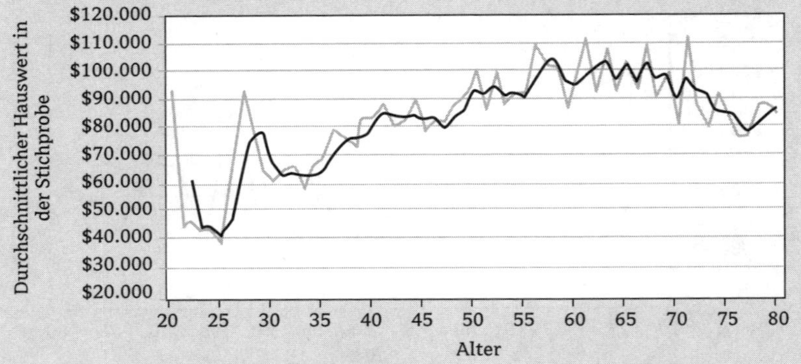

Quelle: Consumer Expenditure Survey, 2000; U. S. Bureau of Labor Statistics.

dard im Laufe ihres Lebens zu verbessern und in die „Mittelklasse" aufzusteigen; viele von ihnen sind Einwanderer oder gehören ethnischen Minderheiten an. Die Schuldenlast (Abbildung 4.25) erreicht zwei Höhepunkte bei 41 und bei 48 Jahren, bevor sie wieder abnimmt.

Obwohl dies der kleinste Markt mit den niedrigsten Preisen ist und obwohl er seine höchste Wachstumsdynamik bereits in den Jahren 2000 bis 2003 erlebt hat, wächst dieser Markt aufgrund der Alterung künftig am stärksten und bietet größere Preissteigerungen als das mittlere und obere Segment. Das untere bis mittlere Segment des Häusermarktes entwickelt sich in den kommenden Jahren relativ solide. Und auch in den Jahren des Abschwungs 2010 und 2011 wird dieser Markt zusammen mit der wachsenden Flut von Erstkäufen im Rahmen des Echo-Booms das stärkste Segment darstellen.

Ist die Verschuldung der Verbraucher noch tragbar?

Wir haben ganz klar gezeigt, dass die demographisch bedingte Nachfrage nach Eigenheimen seit dem Jahre 2003 nicht mehr so stark ist wie

Abbildung 4.25

Durchschnittliche jährliche Hypothekenbelastung der 40 Prozent „Geringverdiener" nach Alter

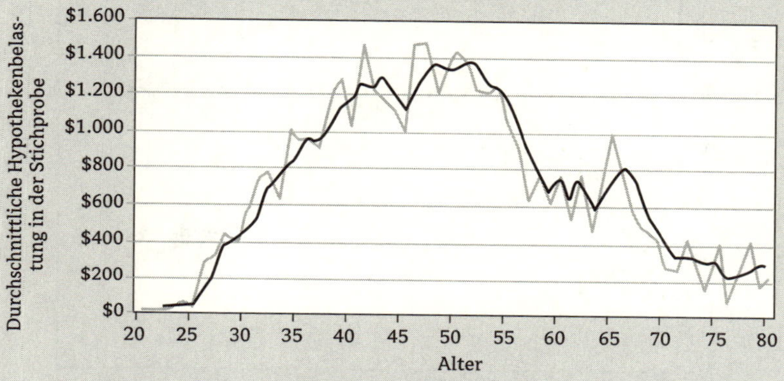

Quelle: Consumer Expenditure Survey, 2000; U. S. Bureau of Labor Statistics.

davor. Aber auch hier sagen wir keinen tief reichenden Crash voraus, sondern nur eine Verlangsamung und leichte Rückgänge, die in den oberen Marktsegmenten und in überbewerteten Regionen etwas stärker ausfallen dürften. Vergessen Sie nicht, dass wir uns in einer Boom-Blase befinden, nur dass der Häusermarkt nicht annähernd so großen Schwankungen nach oben oder unten unterworfen ist wie der Aktienmarkt. Diejenigen Experten, die einen Crash voraussehen, betonen vor allem die Tatsache, dass sich die Verbraucher – gelockt von den niedrigen Hypothekenzinsen – äußerst hoch verschuldet haben und sich die Kosten für die Eigenheimfinanzierung nicht mehr leisten können. Aber das wird im Rest unseres Jahrzehnts nicht eintreten, und das war auch nicht der Grund für die jüngste Schwäche des Wohnungsmarktes.

Die Schulden für die Hausfinanzierung stellen den mit Abstand größten Teil der Verbraucherverschuldung dar. Die Tatsache, dass sie im Alter von 41 Jahren den Höhepunkt erreicht, lässt stark vermuten, dass die Gesamtverschuldung der Verbraucher gerade dann langsamer wachsen wird als die Wirtschaft, wenn sich die meisten Wirtschaftsexperten

Abbildung 4.26

Bruttoeinkommen, Nettoeinkommen und Ausgaben nach Alter

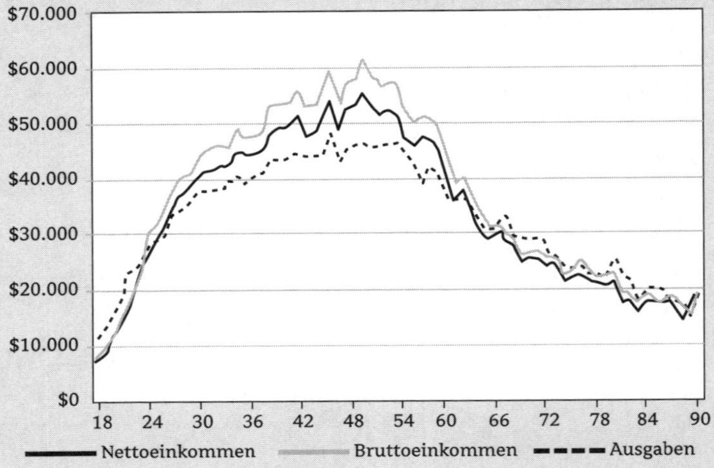

Quelle: Consumer Expenditure Survey, 2000; U. S. Bureau of Labor Statistics.

um die extreme Verschuldung der Verbraucher Sorgen machen und befürchten, dass sie diese Belastung künftig nicht mehr tragen können. Wie in Abbildung 4.26 zu sehen, weitet sich die Spanne zwischen Einkommen und Ausgaben zwischen dem Alter von 25 und dem Alter von 50 Jahren. Bis Ende 30 wird ein großer Teil des Einkommensüberschusses von den steigenden Ecksteuersätzen aufgezehrt, aber ab Ende 30 bis Anfang oder Mitte 50 nehmen die Ersparnisse und Geldanlagen zu. Mit der Alterung der Babyboom-Generation im kommenden Jahrzehnt dürfte sich das Schuldenwachstum im Verhältnis zu Einkommen und Vermögen eher verlangsamen als dass die Verschuldung steigt.

Im Gegensatz zur landläufigen Meinung gehört den meisten Hausbesitzern ein größerer Teil ihres Hauses als die meisten Experten glauben. Ende der 1970er-Jahre betrug der Eigenanteil 70 Prozent, und seither geht er zurück. Die Bob-Hope-Generation hatte den Höhepunkt ihres Hauskauf-Zyklus Mitte der 1960er-Jahre überschritten und inzwischen ihre Schulden weitgehend abbezahlt. Jetzt kamen die Babyboomer in das Alter für den Hauskauf, und diese jüngeren Käufer nahmen auf ihre Häuser größere Darlehen auf als die vorige Generation. Zudem sind die Zinsen von 1981 bis 2003 von 16 auf fünf Prozent zurückgegangen. Dadurch wurden Hypothekenkredite attraktiver und erschwinglicher. Aber trotz dieser Tendenz ist das Haus des durchschnittlichen Eigenheimbesitzers zu 57 Prozent aus Eigenkapital und nur zu 43 Prozent aus Hypothekenschulden finanziert. Die Hypotheken stellen 77 Prozent der Verbraucherschulden. Und tatsächlich ist der Anteil des Eigenkapitals im Jahre 2002 auf neue Höhen gestiegen, nachdem er im Zuge des Eigenheim-Abschwungs Anfang/Mitte der 1990er-Jahre gesunken war. Aus diesem Grund geht dem amerikanischen Durchschnittsverbraucher weder die Kaufkraft für ein Eigenheim noch die allgemeine Kaufkraft aufgrund überzogener Schulden aus (von einer kleinen Minderheit abgesehen).

Abbildung 4.27 verdeutlicht am besten, wieso der Häusermarkt im Zuge des Booms stärker gewachsen ist als der stetig steigende demographische Trend, der die Grundlage bildet – und zwar trotz der wachsenden Gesamtverschuldung aufgrund der mit zunehmendem Alter wachsenden Ausgaben und Kreditaufnahme der Babyboom-Generation (zumindest bis zu dem Höhepunkt der Hypothekenbelastung im Alter von 41, also im Jahre 2002). Die seit Anfang der 1980er-Jahre rückläufigen Hypothekenzinsen haben dafür gesorgt, dass der Anteil des Nettoeinkommens, der für die Schuldenzahlung aufgewendet wird, von 61 Prozent im Jahre 1982 in den letzten Jahren auf rund 30 Prozent zurückgegangen ist. Auch dies bedeutet, dass ein Hauskredit für den Durchschnittshaushalt immer erschwinglicher wird und dass man sich bei gleichem Einkommen ein größeres Haus leisten kann.

Die sinkende Tendenz dürfte sich während des restlichen Jahrzehnts fortsetzen, weil im Rahmen des Ausgabenbooms, der sich bis 2009 oder 2010 fortsetzt, die Zinsen weiter sinken und die Einkommen weiter steigen dürften. Wir befürchten nicht, dass sich der durchschnittliche Haushalt wegen der künftig wieder leicht steigenden Preise kein Haus

Abbildung 4.27

Erschwinglichkeit und Verkauf von Neubauten, 1975 bis 2002

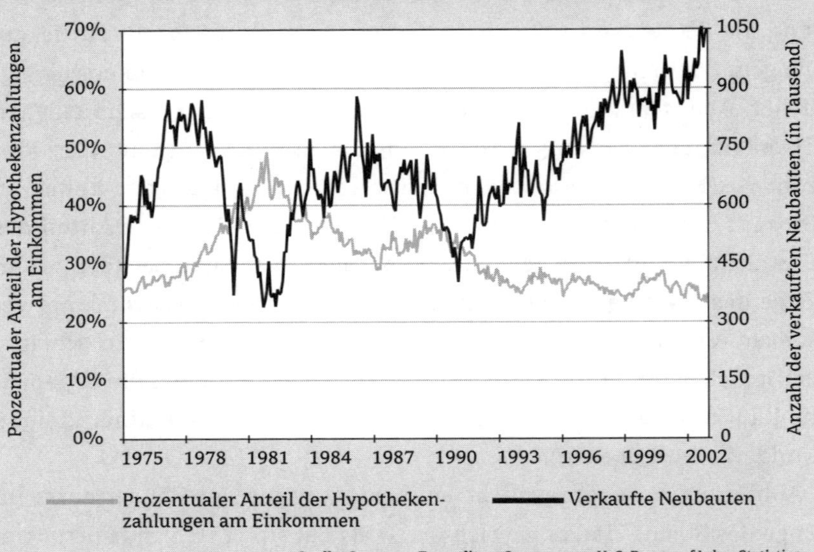

Quelle: Consumer Expenditure Survey, 2000; U. S. Bureau of Labor Statistics.

mehr leisten kann. Vielmehr dürfte in den kommenden Jahren die Verschuldung im Verhältnis zum Einkommen pro Haushalt sogar zurückgehen. Die Teilzahlungskredite für Autos und Möbel dürften zwar im Verhältnis zum Einkommen ein wenig zunehmen, aber dies stellt nur einen geringen Teil der Gesamtverschuldung dar.

Ein Megatrend setzt sich fort: Die Verbraucher flüchten weiter aus den Städten

In den Kapiteln 9, 10 und 11 von *THE ROARING 2000S* haben wir uns ausführlich mit der langfristigen Bevölkerungsverlagerung beschäftigt, die in Abbildung 4.28 dargestellt ist. Dank der Informationstechnologie können inzwischen immer mehr Menschen in Gebieten mit hoher Lebensqualität außerhalb der heutigen Großstädte und Vorstädte leben. Es locken preiswerteres Wohnen, weniger Verkehrsstaus und bes-

Abbildung 4.28

Wanderungsbewegung von den Vorstädten in den außerstädtischen Bereichen

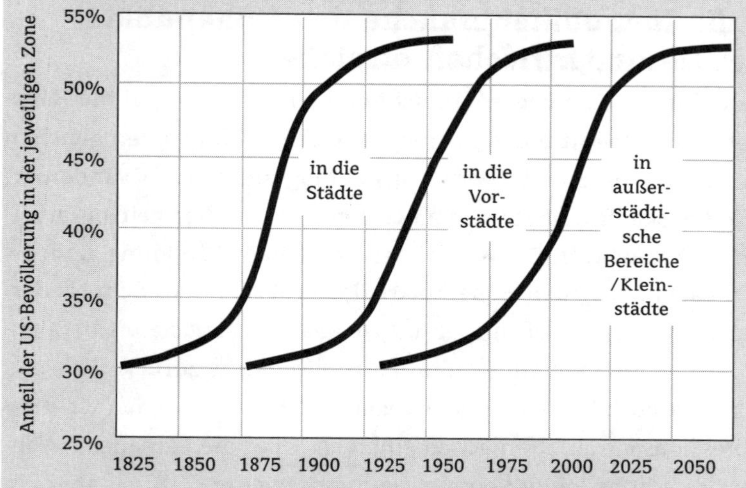

Quelle: Consumer Expenditure Survey, 2000; U. S. Bureau of Labor Statistics.

sere Erholungsmöglichkeiten. Die Regionen am Rande der großen Städte, Ferienorte, Erholungsorte und Universitätsstädte dürften künftig schneller wachsen als die Stadtrandgebiete. Sie ziehen immer mehr Haushalte an, weil sich der Zugang zu Internet-Breitbandverbindungen immer mehr ausbreitet und weil die Preise für Wohnraum in vielen der genannten Gebiete nach wie vor attraktiv sind.

Dieser Trend ist genauso breit wie die Wanderung von den Innenstädten in die Vorstädte, die schon im ersten Jahrzehnt des 20. Jahrhunderts eingesetzt hat und sich dann mehrere Jahrzehnte lang bis in die 1970er-Jahre immer weiter beschleunigte. Zusammen mit der demographisch bedingten Entwicklung des Baus und Kaufs von Wochenendhäusern und Ruhesitzen macht dieser Trend die genannten Regionen für Bauunternehmer, Hauskäufer und Investoren immer verlockender, weil die Eigenheimpreise in den kommenden Jahren langsamer steigen. Im Zuge des großen Niedergangs vom Jahre 2010 bis ungefähr zum Jahr 2023 werden diese Regionen als Zufluchtstätten sogar noch attraktiver werden.

Kann die Immobilienbranche den Höhepunkt vor der Gesamtwirtschaft erreichen?

In den Goldenen Zwanzigern erreichten die Hauskäufe und die Hauspreise etwa in der Mitte des Booms wahrscheinlich aus den gleichen Gründen wie heute Spitzenwerte: Aus demographischen Gründen erreicht die Hauskaufaktivität vor dem Höhepunkt der allgemeinen Ausgaben den höchsten Wert. Die Anzahl der Hauskäufe (Abbildung 4.29) erreichte im Jahre 1925 den Höhepunkt, also fünf Jahre vor dem Niedergang der Gesamtwirtschaft im Jahre 1930. Danach ging sie bis 1933 zurück. Von 1925 bis 1929 gingen die Hauspreise leicht zurück, während die Wirtschaft noch florierte und erst von 1930 bis 1933, in den schwersten Depressionsjahren, dramatisch einbrach. Über die damaligen Wohnungspreise gibt es leider keine guten landesweiten Zahlen, aber die

Abbildung 4.29
Hauskäufe von 1918 bis 1941

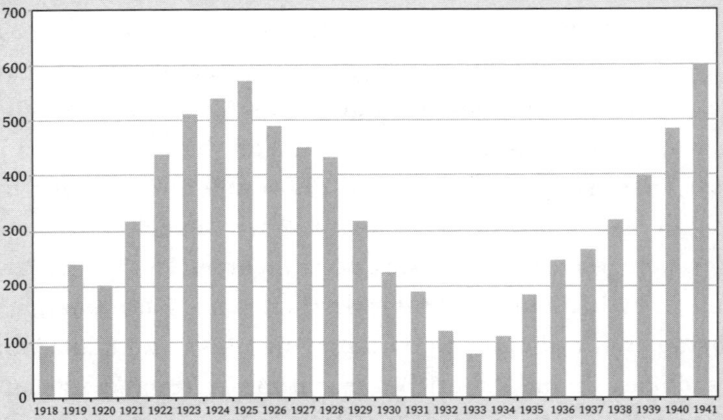

Quelle: „Historical Statistics of the U. S.: Colonial Times to 1970", U. S. Bureau of the Census, 1975.

Abbildung 4.30

Mittlerer Angebotspreis für Altbauten in Washington, D. C., von 1918 bis 1941

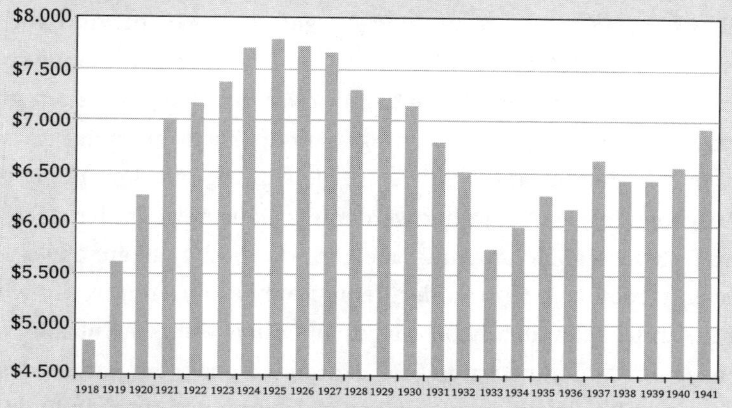

Quelle: „Historical Statistics of the U. S.: Colonial Times to 1970", U. S. Bureau of the Census, 1975.

besten verfügbaren stellen wir in Abbildung 4.30 dar: Den Angebotspreis von Häusern in Washington, D. C., von 1918 bis 1941.

Nach dem Höchststand des Jahres 1925 fielen die Preise bis zum Jahre 1929 um sieben Prozent und von 1929 bis 1933 noch einmal um 21 Prozent, also vom Höhepunkt 1925 ab um insgesamt 26 Prozent. Beachten Sie, dass der Chart die Preise darstellt, zu denen die Häuser angeboten wurden. Die tatsächlichen Verkaufspreise waren während des katastrophalen Niedergangs vielleicht wesentlich niedriger. Und wenn das durchschnittliche Haus von 1925 bis 1933 um 26 Prozent gefallen ist, dann kann man davon ausgehen, dass Häuser der Oberklasse wohl eher 40 bis 60 Prozent verloren haben. Als die Große Depression Anfang 1942 vorbei war, hatten sich die Hauspreise trotz erholter Konjunktur und steigender Börse noch nicht auf das Niveau erholt, das sie auf dem Höhepunkt des Booms 1929 und 1930 hatten, und sie lagen noch erheblich unter den Spitzenpreisen des Jahres 1925.

Zu den Ausgaben und den Hauskäufen reichen die Zahlen nicht bis in das Jahr 1900 zurück, ja nicht einmal bis in die 1960er-Jahre. Es ist jedoch klar, dass die durchschnittliche Lebenserwartung damals geringer war und dass der Höhepunkt der Ausgaben früher erreicht wurde. Außerdem ist klar, dass die Dynamik des Hauskaufs beziehungsweise Hausbaus etwa fünf Jahre vor den Ausgaben insgesamt und vor der Wirtschaftsaktivität den Gipfel erreichte. Die heutigen demographischen Zahlen zeigen, dass die Dynamik zwar im Alter von 41 am größten ist, dass aber die größte Nachfrage und die höchsten Preise etwa im Alter von 49 oder 50 Jahren auftreten, gleichzeitig mit dem Höhepunkt der Ausgaben insgesamt. Daher werden die Hauspreise in den nächsten Jahren wahrscheinlich langsamer steigen oder leicht sinken, obwohl die Wirtschaft boomt. Aufgrund der demographischen Trends, die wir in diesem Kapitel behandelt haben, ist es allerdings wahrscheinlicher, dass die Preise nur in den nächsten zwei Jahren (ab 2005) langsamer steigen beziehungsweise sinken, insbesondere am oberen und unteren Ende des Marktes. Der Anteil der Hausbesitzer ist von 1994 bis heute von 64 auf 68 Prozent gestiegen. Bis zum Ende des Jahrzehnts könnte er durchaus noch einmal um zwei bis vier Prozentpunkte auf 70 bis 72 Prozent steigen. Der fortgesetzte, aber sich abschwächende Zweitkaufzyklus der Einkommensschwachen deutet darauf hin, dass die Nachfrage nach neuen Häusern in den nächsten sechs Jahren um zwei bis vier Millionen steigt. Dieser Trend wird dem Markt der niedrigen Einkommensgruppen mehr zugute kommen als den mittleren Einkommen. Letztere dürften eher stagnieren. Der Markt für Häuser der gehobenen Klasse dürfte zwischen Ende 2003 und 2005 am stärksten zurückgehen, dürfte allerdings in den Jahren 2005 bis 2009 aufgrund der Aktienblase und aufgrund der Zunahme der „Verbesserungs"-Käufe im Alter von 46 und 57 Jahren einen kleinen Schub erfahren.

Zusammenfassend zu den Preisen für Einfamilienhäuser: Unter Berücksichtigung der allgemeinen wirtschaftlichen Trends ist es wahrscheinlich, dass sich der Preiszuwachs in den nächsten Jahren zumindest verlangsamen wird und dass die Preise möglicherweise sogar leicht fallen. Am dynamischsten dürfte sich das untere Segment des Marktes entwickeln, und die größte Abschwächung beziehungsweise der stärkste Rückgang dürfte an den gehobenen Märkten der Städte und Vorstädte stattfinden. Das obere Marktsegment könnte im Blasenstadium der Wirtschaft von Ende 2005 bis 2009 ein bescheidenes Comeback erleben, wenn die wohlhabenden Haushalte Oberwasser bekommen. Der Markt für Wochenendhäuser, Ruhesitze und Wohnungen außerhalb der großen Städte dürfte sich besser entwickeln und den einzigen gesunden Teil des Wohnungsmarktes darstellen.

Denken Sie aber immer daran, dass sich die Immobilienmärkte lokal unterscheiden. Regionen, die aufgrund der Lebensqualität oder der Erschwinglichkeit Zuzug anziehen oder in denen Bauland nur begrenzt verfügbar ist, werden trotz der landesweiten demographischen Entwicklung wahrscheinlich weiterhin eine positive Entwicklung verzeichnen. Trotzdem wird die Wertsteigerung in aktiveren Märkten wie beispielsweise Las Vegas, Phoenix, Myrtle Beach und Südflorida aufgrund des schwachen demographischen Trends schwächer ausfallen.

Falls Sie darüber nachdenken, Ihr Haus in den nächsten Jahren zu verkaufen, dann tun Sie das am besten im Jahre 2009 oder spätestens 2010.

Große, luxuriöse Häuser in den Städten und Vorstädten werden ihre schlechteste Zeit von 2010 bis 2014 haben, und sie werden auf Jahre hinaus keine wesentliche Preissteigerung mehr erfahren, weil der Trend der Zweit- oder Verbesserungskäufe bis in das Jahr 2016 hinein nach unten zeigt und weil sich die Konjunktur aufgrund der allgemeinen Ausgabenentwicklung bis in das Jahr 2023 hinein abschwächen wird.

Dauerbrenner: Urlaubs-, Erholungs- und Ruhestandsgebiete

Sechs Prozent aller Häuser und ein wachsender Anteil der Hauskäufe sind Zweit- oder Ferienhäuser. Die neueren Zahlen des Consumer Expenditure Survey deuten stark darauf hin, dass es nicht mehr nur eine Spitze Anfang der 50er gibt (wie unsere groben Statistiken zur Vergangenheit vermuten lassen), sondern dass der Kauf von Wochenendhäusern zwei Anstiege aufweist, nämlich einmal Ende 40 und dann verstärkt Ende 50/Anfang 60. Deshalb wächst dieser Markt in den nächsten Jahren aus demographischen Gründen. Die Statistik zeigt außerdem, dass die Käufer von Wochenendhäusern nicht überwiegend zu den Wohlhabenden gehören, sondern dass sie sich quer über das Einkommensspektrum verteilen. Das liegt vielleicht auch an der Beliebtheit des Timesharings.

Abbildung 4.31 zeigt die Verkaufszahlen für Ferienhäuser. Beachten Sie, dass die Zahlenbasis sehr schmal ist, weil nur ein kleiner Anteil der Menschen solche Häuser kauft. Der erste größere Anstieg erreicht seinen Höhepunkt etwa bei 48 Jahren (für die Babyboomer im Jahre 2009), und die zweite Serie von Anstiegen gipfelt im Alter von 58 bis 65 Jahren (2016 bis 2026). Somit dürfte der Markt für Wochenendhäuser gegen Ende des Jahrzehnts eine Steigerung erleben, dann im

Abbildung 4.31

Kauf von Ferienhäusern nach Alter

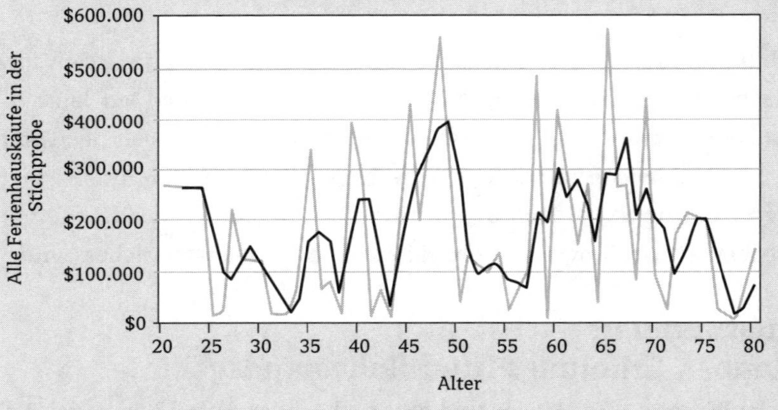

Quelle: Consumer Expenditure Survey, 2000; U. S. Bureau of Labor Statistics.

Zuge des negativen konjunkturellen und Hauskauftrends etwa ab 2010 zurückgehen und im Jahre 2015 oder 2016 wieder anziehen. Der beste Zeitpunkt für den Kauf eines Wochenendhauses ist entweder jetzt, weil die Zinsen sehr niedrig sind, oder nach dem Crash und dem Abschwung, weil dann die Preise wahrscheinlich wieder steigen, also im Jahre 2013 oder 2014.

Abbildung 4.32 zeigt, wie viel Geld der Bevölkerungsdurchschnitt wann für Ferien- und Wochenendhäuser ausgibt. Sie vermittelt die Größe dieses Marktes besser. Abbildung 4.33 (S. 186) ist aufgrund des hohen Anteils der Babyboomer im Alter von Ende 30 bis Anfang 40 etwas verzerrt. Das größte Kaufaufkommen und die höchsten Preise gibt es Ende 50/Anfang 60. Im Alter von Ende 50/Anfang 60 ist dieser Markt etwa doppelt so groß wie Ende 40. Daher unterscheidet sich dieser Markt hinsichtlich der demographischen Entwicklung sehr von den anderen. Wenn man annimmt, dass das Alter von 63 Jahren den Gipfelpunkt darstellt, dann ergibt sich aus den hohen Geburtenraten der Jahre 1937 bis 1961 eine Welle von Ferienhauskäufen, die von dem

Abbildung 4.32

Durchschnittlicher Ferienhaus-Kaufpreis nach Alter

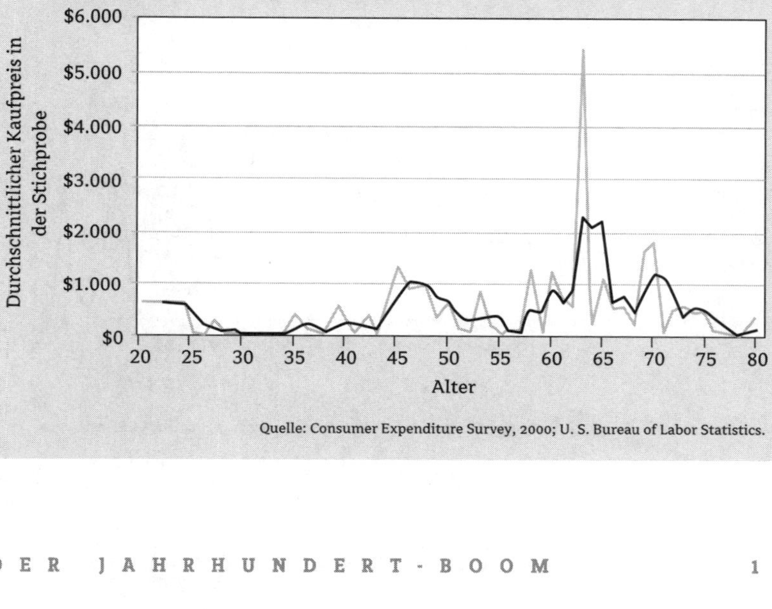

Quelle: Consumer Expenditure Survey, 2000; U. S. Bureau of Labor Statistics.

Jahr 2000 bis zu dem Jahr 2024 reicht. Die Preise steigen an diesem Markt seit dem Jahre 2000.

Die Raten für Wochenendhäuser (Abbildung 4.33) weisen im Alter von 41 und im Alter von 56 bis 58 Jahren jeweils eine Spitze auf. Nur etwa 52 Prozent der Käufer von Wochenendhäusern finanzieren den Kauf mittels Hypotheken, während dies 94 Prozent der Käufer von Wohnhäusern tun. Die älteren Käufer, auf dem Höhepunkt des Zyklus Ende der 50er-Lebensjahre finanzieren den Kauf erst Recht nicht, denn sie haben geerbt und haben ohnehin ein größeres verfügbares Einkommen sowie größere Ersparnisse. Deshalbt untertreibt der Chart der Zinsbelastung die relative Größe des Marktes für Wochenendhäuser, und insbesondere untertreibt er die zunehmenden Ausgaben Ende 50 und Mitte 60. Dies ist in Abbildung 4.33 am deutlichsten zu erkennen.

Das mittlere Alter der Wochenendhausbesitzer beträgt 61 Jahre. Das spricht ebenfalls dafür, dass die Kaufspitze viel später auftritt, aber es spiegelt auch die Tatsache wider, dass die meisten Menschen solche Häu-

Abbildung 4.33
Jährliche Hypothekenzahlungen für Ferienhäuser nach Alter

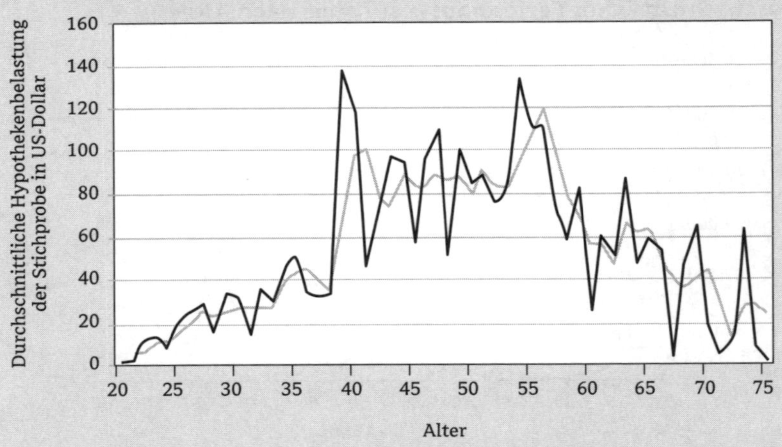

Quelle: Consumer Expenditure Survey, 2000; U. S. Bureau of Labor Statistics.

Abbildung 4.34

Mittlerer Preis für ein Ferienhaus, 1989 bis 2001

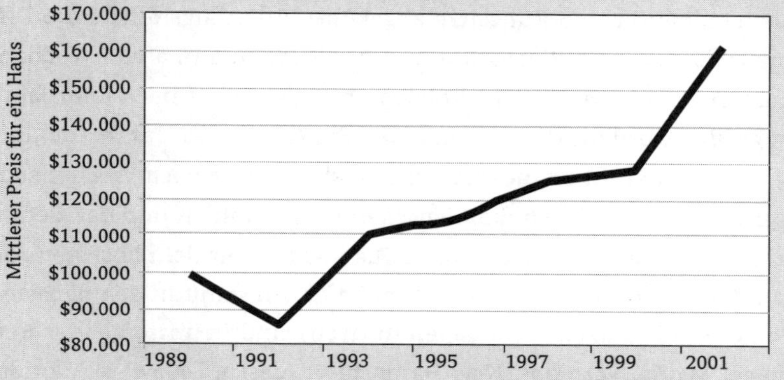

Quelle: National Association of Realtors

ser bis zum Rentenalter behalten, auch wenn sie sie in einer viel früheren Phase des Zyklus gekauft haben. Von 2000 bis 2024 gehen immer mehr Kinder des Babybooms in den Ruhestand. Die zunehmende Anzahl der werdenden Ruheständler läuft parallel zum aufsteigenden Zyklus der Verkaufszahlen von Wochenendhäusern, und sie läuft der zunehmenden Attraktivität der Erholungs- und Rückzugsgebiete parallel. Deshalb stärkt die zunehmende Anzahl der Rentner den Markt für Ferien- und Wochenendhäuser. Den Bauunternehmen bescheren Rentnersiedlungen und Altenheime auf Jahrzehnte hinaus Wachstumsmöglichkeiten.

Abbildung 4.34 zeigt die durchschnittliche Preisentwicklung von Wochenendhäusern seit dem Jahre 1989. Nachdem sich die Preise nach der Rezession 1991 und der Immobilienkrise 1993 erholt hatten, stiegen sie ab 1995 wieder steil an, und in den Jahren 2000 und 2001 legten sie trotz der konjunkturellen Abschwächung und des Börsencrashs dramatisch zu. Das passt zum Aufstieg der Ausgabenwelle für Wochenendhäuser von 2000 bis 2004 – 63 Jahre nach den stärksten Geburtsjahren. Wir sagen seit Jahren voraus, dass sich der Markt für Wochenend- und Ferienhäuser in diesem Jahrzehnt besser entwickeln würde als der Markt für den

Zweitkauf von Wohnhäusern; bisher scheint dies auch einzutreffen.

Aufgrund der allgemeinen Schwäche des Immobilienmarktes, die wir für die Jahre 2003 bis 2005 prophezeit haben, ist auch der Markt für Wochenendhäuser und Ruhesitze abgekühlt. Allerdings dürfte die Differenz zwischen dem Wachstum und der Wertzunahme von Wochenendhäusern einerseits und Wohnhäusern andererseits nach dem Jahre 2005 größer werden. Die Aktienblase, die wir für die Jahre 2005 bis 2009 voraussehen, wird die Nachfrage insbesondere nach Wochenendhäusern stärken, weil sich die Menschen reicher fühlen und das Gefühl haben, sich etwas leisten zu können. Die Staaten mit dem höchsten Anteil an Wochenend- und Ferienhäusern (in denen somit in den nächsten Jahren die Preise nach oben gehen dürften) sind in absteigender Reihenfolge: Maine, Vermont, New Hampshire, Alaska, Delaware, Florida, Arizona, Wisconsin, Montana und Hawaii.

Abbildung 4.35

Wachsende Anzahl von Ruheständlern, 1980 bis 2020: immigrationsbereinigte Geburtenrate, um 62 Jahre versetzt

Abbildung 4.35 zeigt die Anzahl der Menschen, die in den kommenden zwei Jahrzehnten 62 Jahre alt werden. Diese „verzögerte Geburtenstatistik" ist der beste Anhaltspunkt für die wachsende Anzahl der verkauften Wochenendhäuser und Ruhesitze. Dieser Markt wird in Zukunft der stärkste sein, denn den Höhepunkt der Eigenheimkäufe haben die Babyboomer schon in den Jahren 2002 und 2003 überschritten. Wie Sie sehen, hält die Nachfrage nach Ferien-, Erholungs- und Ruhestands-Häusern sogar während des großen Abschwungs an, den wir für die Zeit nach 2010 voraussagen. In Kapitel 5 werden wir sehen, wie man mithilfe lokaler demographischer Daten die besten Regionen für Investitionen in Wochenendhäuser und Ruhesitze findet und wie man herausfindet, welche lokalen Märkte von diesen Trends am meisten profitieren. Wir zeigen Ihnen sogar, wie Sie Regionen finden, in denen es viele Menschen mit einem ähnlichen Lebensstil wie dem Ihren gibt, so dass Sie sich wohler fühlen können.

Zusammenfassend zu den Preisen für Wochenendhäuser, Ferienhäuser und Ruhesitze: Der Markt für Wochenendhäuser wird weiterhin schneller wachsen als der Markt für Wohnhäuser, und zwar vor allem ab dem Jahre 2003, denn dann sinkt die demographisch bedingte Nachfrage nach Eigenheimen, weil die Zinsen steigen und weil Überkapazitäten bestehen. In den meisten Regionen sind im Jahre 2004 auch die Preise für Ferienhäuser kurzfristig zurückgegangen. Wahrscheinlich wird die Nachfrage von Ende 2005 bis zum Jahre 2009 wieder anziehen, weil die Wirtschaft und der Aktienmarkt neue Blasen bilden und weil die dritte und letze Welle der Babyboomer den ersten Höhepunkt des Wochenendhaus-Kaufs durchläuft. Wenn Sie ein Ferienhaus haben und über einen Verkauf nachdenken, dann sind die Jahre 2008 und 2009 dafür am besten geeignet, denn dann bekommen Sie die Wertsteigerung mit, entgehen aber auch den frühen und heftigen Phasen des konjunkturellen Abschwungs. Das vorhergesagte Platzen der Blase und der demographisch bedingte Rückgang der allgemeinen Ausgaben, der zwischen 2010/2011 und 2012/2014 stattfinden dürfte, trifft den Markt für

Wochenendhäuser wahrscheinlich am schwersten, und hier vor allem den gehobenen Bereich. Der beste Zeitpunkt für den Kauf eines Ferienhauses beziehungsweise für die Investition in Ferienhäuser ist entweder jetzt bei irgendeiner kleineren Schwäche vor Ende des Jahres 2005, also deutlich vor dem Höhepunkt des Booms – oder aber Ende 2013/Anfang 2014, denn dann sind die Preise niedrig; aber es kommen noch viele Jahre steigender Nachfrage, weil die zweite Serie von Anstiegen vor allem zwischen 2016 und 2024 oder 2026 eintreten dürfte.

Die Entwicklung von Renditeobjekten und gewerblichen Immobilien

Werfen wir nun einen kurzen Blick auf eine Art von Immobilien, die viele von uns mehr als Investition kaufen, und nicht zu Wohnzwecken. Wir wollen sehen, wie sich die demographische Entwicklung auf Mietwohnungen auswirkt, auf Büroflächen, Industrieflächen, auf Einzelhan-

Abbildung 4.36
Durchschnittliche jährliche Mietkosten nach Alter

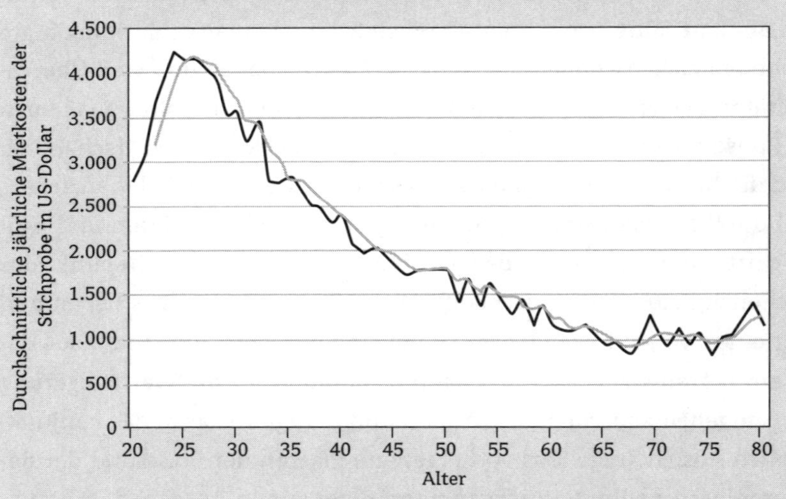

Quelle: Consumer Expenditure Survey, 2000; U. S. Bureau of Labor Statistics.

delsimmobilien und Hotels. Beachten Sie, dass in diesen Bereichen viel mehr Besitzerwechsel stattfinden und dass deshalb eine ausführlichere Analyse des lokalen Angebots und der entsprechenden Nachfrage sowie der einzelnen Marktsegmente erforderlich ist, die den Rahmen dieses Buches sprengen würde. Aber Sie können immerhin erkennen, welche Sektoren von der demographischen Entwicklung am meisten profitieren, wenn Sie etwas mit diesen Sektoren des Immobilienmarktes zu tun haben oder sie in Ihr Anlageportfolio aufnehmen.

Der nächste Brennpunkt: Mehrfamilien- und Mietshäuser

Der Echo-Babyboom kommt jetzt in die Phase der Heirat und der Familiengründung, und gleichzeitig wird für Mieten und Mehrfamilienhäuser am meisten Geld ausgegeben. Abbildung 4.36 zeigt die Ausgaben für Wohnungsmieten. Sie erreichen im Alter von 24 bis 26 Jahren den Höhepunkt. Abbildung 4.37 zeigt, dass die Ausgaben für den Kauf von Mehrfamilienhäusern im Jahre 1985 einen Höhepunkt überschritten ha-

Abbildung 4.37
Der Zyklus der Mehrfamilienhäuser, 1969 bis 2001

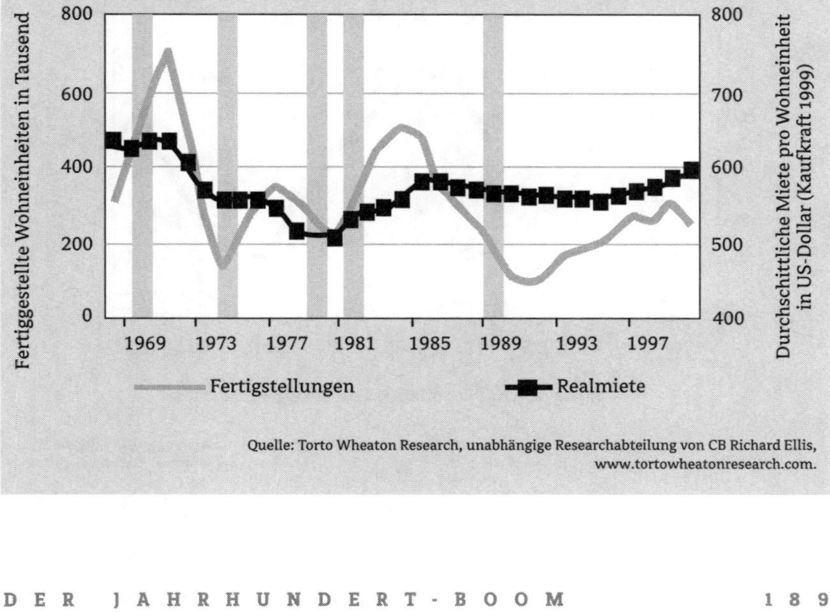

Quelle: Torto Wheaton Research, unabhängige Researchabteilung von CB Richard Ellis, www.tortowheatonresearch.com.

ben und seither trotz boomender Wirtschaft und sinkender Hypothekenzinsen wieder zurückgehen. Der Höhepunkt des Babyboom-Zyklus müsste in das Jahr 1986 fallen, also 25 Jahre nach dem Höhepunkt der Geburtenrate im Jahre 1961. Der Trend geht schon seit einigen Jahren aufwärts und dürfte sich in den kommenden Jahren noch verstärken. Wenn man auf den letzten Höhepunkt 26 Jahre dazurechnet, weil die Kinder des Babybooms heiraten, dann ergibt sich eine Nachfragesteigerung durch den Echo-Boom von 2003 bis 2016 oder 2017. Die Tatsache, dass Eigenheime erschwinglicher werden, könnte das Wachstum im Mietsektor zwischenzeitlich etwas dämpfen, aber während des nachfolgenden Abschwungs dürfte die Nachfrage nach Mietwohnungen wieder steigen, weil die Menschen weniger zuversichtlich sind und weniger Häuser kaufen.

Zusammenfassend zu der Entwicklung des Marktes für Mietwohnungen und Mehrfamilienhäuser: Dieser Markt dürfte sich während des restlichen Booms bis Ende 2009 preislich und im Volumen besser

Abbildung 4.38
Der Büro-Zyklus, 1967 bis 2001

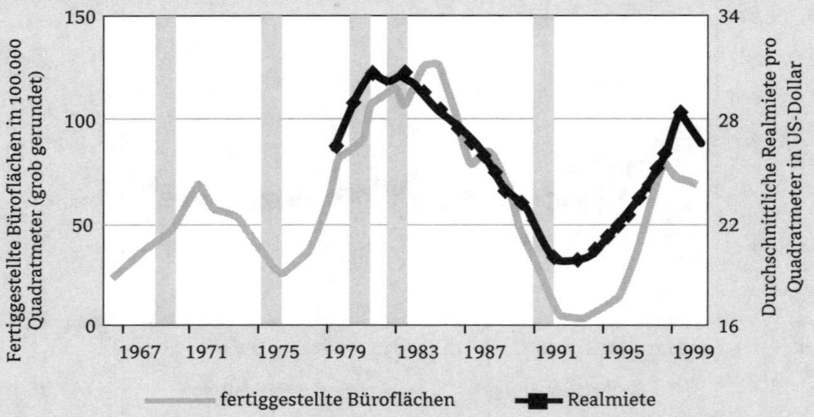

Quelle: Torto Wheaton Research, unabhängige Researchabteilung von CB Richard Ellis, www.tortowheatonresearch.com.

entwickeln als der Häusermarkt, und auch während des Abschwungs von 2010 bis 2017 dürfte es ihm wesentlich besser ergehen als dem Eigenheim-Markt. Die Übernahme oder der Bau von preiswerten Mietobjekten könnte während des Niedergangs ab 2012 gute Chancen bieten; das Gleiche gilt für den Kauf und die Vermietung von preiswertem Wohneigentum in den Jahren 2013 bis 2017.

Die Aussichten für Büro- und gewerbliche Immobilien

Der Markt für Büroflächen sowie für industrielle und sonstige gewerbliche Immobilien korreliert einerseits mit der Anzahl der darin beschäftigten Menschen und andererseits mit der Konjunktur und der Arbeitslosenquote. Der Eintritt in das Arbeitsleben findet heutzutage im Durchschnitt mit 20,5 Jahren statt. Rechnet man dieses Alter als Verzögerung auf die geburtenstarken Jahre, ergibt sich für Büro- und Industriebauten ein Babyboom-Gipfel in den Jahren 1980 und 1981, dann eine Verlangsamung bis 1995 oder 1996 und ein erneuter Aufwärtstrend im Zuge

Abbildung 4.39

Der Zyklus der Industriebauten, 1967 bis 2001

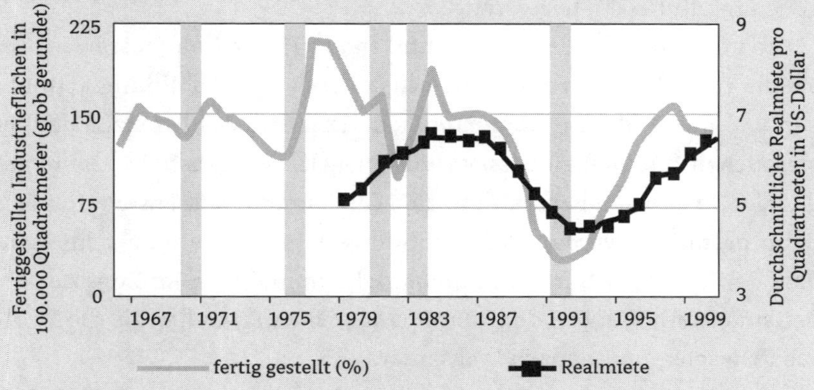

Quelle: Torto Wheaton Research, unabhängige Researchabteilung von CB Richard Ellis, www.tortowheatonresearch.com.

des Echo-Babybooms in den Jahren 2010 und 2011. Abbildung 4.38 zeigt den Büro-Zyklus und Abbildung 4.39 den Industrie-Zyklus. Beide überschritten im Jahre 1985 den Gipfel, also ein paar Jahre früher als es die demographischen Zyklen vermuten lassen. Das lässt sich durch die schwere Arbeitslosigkeit in den Rezessionen 1980 und 1982 erklären. Der Niedergang bremste diese beiden Märkte, und der rapide Rückgang der Arbeitslosigkeit während der Erholung der Jahre 1983 bis 1985 verursachte den Höhepunkt im Jahre 1985. Danach gingen die Märkte passend zu den demographischen Trends zurück, obwohl die Konjunktur wieder anzog.

Da aufgrund des Echo-Booms in den Jahren 2010 und 2011 viele junge Menschen in das Arbeitsleben eintreten, zeigen in dieser Zeit beide Zyklen nach oben. Allerdings sorgen drei begrenzende Faktoren dafür, dass das Wachstum geringer ausfällt als man es während eines derartigen Wirtschaftsbooms eigentlich erwarten würde. Erstens geht die Babyboom-Generation immer zahlreicher in Rente und kompensiert die Berufsanfänger des Echo-Booms zunehmend. Unsere langfristige Inflationsprognose, die wir in Kapitel 6 vorstellen, sagt die prozentuale Zunahme der Beschäftigtenzahl auf Grundlage der 20-jährigen Berufsanfänger (drei Jahre Verzögerung) und der 63-jährigen angehenden Ruheständler voraus.

Dies gibt den Markt für Büro- und Industriegebäude besser wieder als die reine Verzögerung der Berufsanfänger. In Abbildung 4.40 haben wir eine Änderung vorgenommen, damit sie das Potenzial der gewerblichen Immobilien besser widerspiegelt. Wir haben drei Jahre abgezogen, weil neue Beschäftigte zunächst einmal Geld kosten und erst dann produktiv werden. Aus Abbildung 4.40 könnte man schließen, dass der Markt für Büro- und industrielle Immobilien im Zuge der Arbeitsmarkterholung in den Jahren 2003/2004 schneller als die Wirtschaft wächst und danach langsamer.

Der zweite Faktor ist der stetige Übergang zu Heimarbeit in Teil- und in Vollzeit – ein Nebenprodukt der technologischen Revolution und der New Economy. Aufgrund dieser Entwicklung können Unternehmen mit

Abbildung 4.40

Wachstum der Erwerbsbevölkerung. 1950 bis 2030

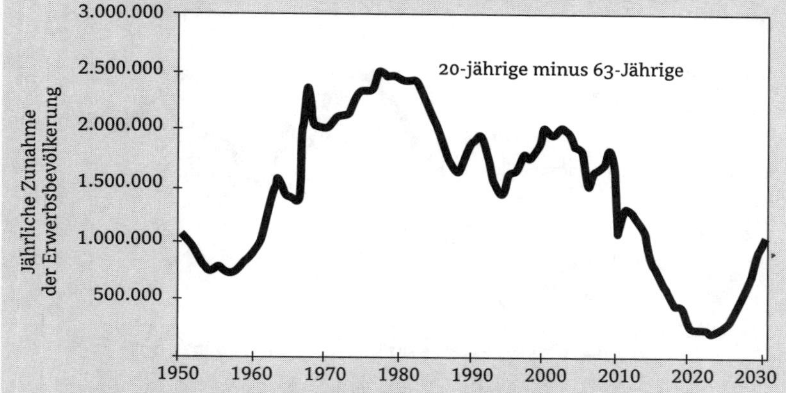

Quelle: U. S. Census Bureau und U. S. Bureau of Labor Statistics.

weniger Bürofläche als in früheren Booms expandieren. Der dritte Faktor wird während des Abschwungs 2010 bis 2023 wirksam, denn diese extreme Selektionsphase der Wirtschaftssektoren wird wie in den 1930er-Jahren auch von einem rapiden Anstieg der Arbeitslosenquote begleitet. Im Jahre 1933 erreichte die Arbeitslosigkeit am Tiefpunkt der Großen Depression mit 25 Prozent ihren Höhepunkt. Wir rechnen zwar nicht mit einer derart hohen Arbeitslosenquote, aber sicherlich wird die Arbeitslosigkeit schlimmer als in der Rezession des Jahres 1982.

Wir erwarten, dass die Arbeitslosenquote in dem Abschwung nach dem Jahre 2009 auf mindestens 15 Prozent steigt. Deshalb werden am Immobilienmarkt die Segmente Büro und Industrie durch den Niedergang nach 2009 beziehungsweise 2010 wahrscheinlich am schwersten in Mitleidenschaft gezogen.

Einzelhandel und Einkaufszentren

Die Märkte für Einzelhandelsgeschäfte und Einkaufszentren sind dem Markt für Wohnungen und Mehrfamilienhäuser sehr ähnlich. Sie

Abbildung 4.41
26-jährige Verzögerung der Einzelhandels-Spitzen, 1937 bis 2027

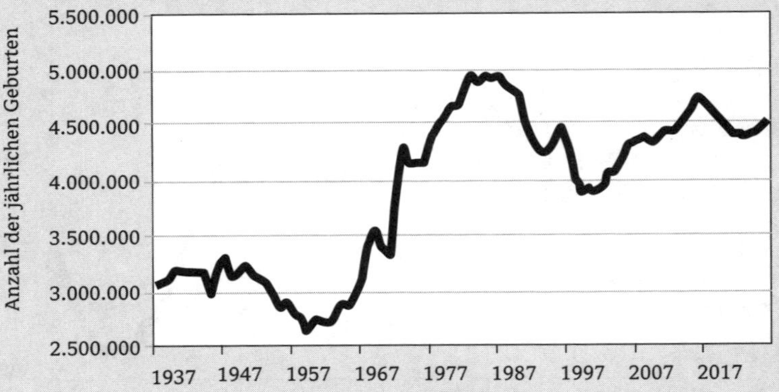

Quelle: U. S. Census Bureau und U. S. Bureau of Labor Statistics.

müssen expandieren, um den Einkaufsbedürfnissen der neu gegründeten Hausstände gerecht zu werden, wenn im Alter von 25 bis 26 Jahren geheiratet wird. Genauso wie der Markt für Büro- und Industrieflächen von höheren Beschäftigungsraten profitiert, so kommen dem Markt für Einzelhandelsimmobilien die höheren Ausgaben zugute, die sich aus dem steigenden allgemeinen Ausgabentrend ergeben, den wir bis mindestens 2009 erwarten. In Abbildung 4.41 zeigen wir die um 26 Jahre versetzte Kurve der Gründung neuer Haushalte als Annäherung für die spezifischen demographischen Trends, die den Bedarf an Einzelhandelsgeschäften und Einkaufszentren bestimmen. Der Echo-Babyboom dürfte diesen Trend von 2002 bis 2016 oder 2017 steigen lassen (bis dahin liegt das durchschnittliche Heiratsalter vermutlich eher bei 27 Jahren).

Auch dieser Trend wird ab 2009 oder 2010 durch den konjunkturellen Abschwung beeinträchtigt. Allerdings zeigt der allgemeine Ausgaben- und Wirtschaftstrend mindestens bis zum Jahre 2009 nach oben, während die Wirtschaft noch boomt. Abbildung 4.42 zeigt die Entwicklung des Marktes für Einzelhandelsimmobilien. Den ersten Gipfelpunkt erreichte dieser

Abbildung 4.42

Der Einzelhandels-Zyklus, 1969 bis 2001

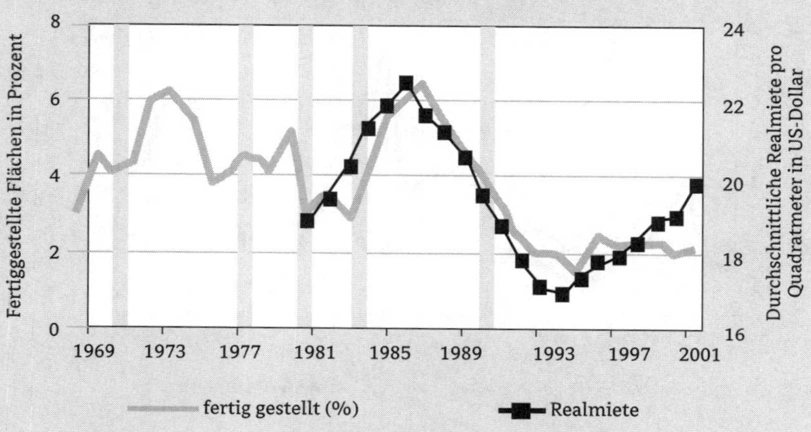

Quelle: Torto Wheaton Research, unabhängige Researchabteilung von CB Richard Ellis, www.tortowheatonresearch.com.

Zyklus im Jahre 1986, also 25 Jahre nach dem Höhepunkt der Geburtenrate während des Babybooms; das entspricht dem damaligen durchschnittlichen Heiratsalter. Die einzige Einschränkung – und das könnte erklären, warum das Wachstum des Einzelhandelsmarktes dem Aufwärtstrend des Marktes für Mietobjekte hinterherhinkt – besteht darin, dass neue Technologien die Effizienz des Einzelhandels erhöhen und dass der Handel im Internet langsam aber sicher einen Teil der real existierenden Geschäfte ersetzt. Dieser Trend dürfte sich in den kommenden Jahren und Jahrzehnten fortsetzen oder sogar noch beschleunigen.

Hotels

Der Markt für Hotels – ohne diejenigen in Erholungsorten, die eher dem Urlaubstrend folgen, welcher im Alter von rund 54 Jahren seinen Höhepunkt erreicht – korreliert ganz einfach mit der Wirtschaftsentwicklung und der Ausgaben-Welle. Der in Abbildung 4.43 dargestellte Hotelzyklus erreichte im Jahre 1987 gemeinsam mit dem Aktienmarkt

Abbildung 4.43

Der Hotelzyklus, 1971 bis 2001

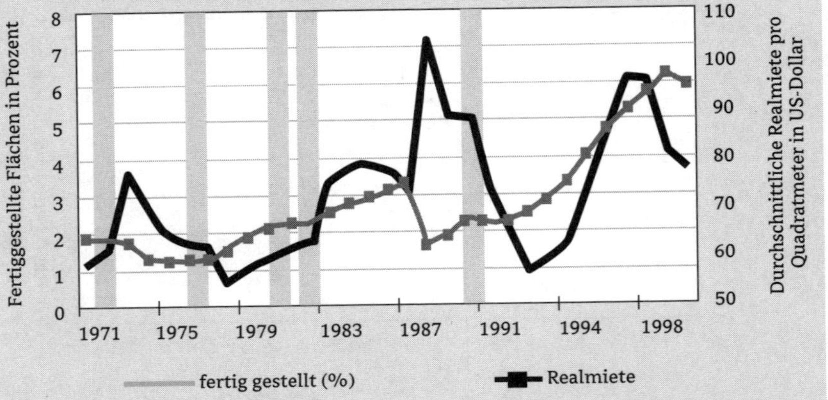

Quelle: Torto Wheaton Research, unabhängige Researchabteilung von CB Richard Ellis, www.tortowheatonresearch.com.

seinen ersten Höhepunkt, gelangte dann aber im Jahre 1988 schnell zu der Talsohle und steigt seither wieder. Dieser Trend dürfte im Jahre 2009 oder 2010 seinen Höherpunkt erreichen und dann zusammen mit dem Ausgabentrend bis etwa zum Jahre 2023 nach unten gehen.

Während des restlichen Jahrzehnts dürften die Märkte für Erholungszentren und Hotels schneller wachsen, weil die Wirtschaft boomt und weil die Reiseaktivität wegen der zurückgehenden Angst vor Terrorismus wieder zunimmt. Der Höhepunkt der Urlaubsreisen im Alter von 54 Jahren (Abbildung 4.44) dürfte dafür sorgen, dass sich dieser Sektor bis in das Jahr 2015 oder 2016 hinein überdurchschnittlich gut hält. Dieser Sektor entwickelt sich bis etwa zum Lebensalter von 62 Jahren prächtig, und somit dürfte es nach dem Jahre 2016 keinen steilen Niedergang geben. Allerdings wird der breite wirtschaftliche Abschwung nach dem Jahre 2009 oder 2010 diesen Sektor sicherlich beeinträchtigen, besonders in der Frühphase von 2011 bis 2014. Und von 2011 bis 2023 wird die terroristische Bedrohung im Zuge des weltweiten Wirt-

Abbildung 4.44
Ausgaben für Urlaubsreisen nach Alter

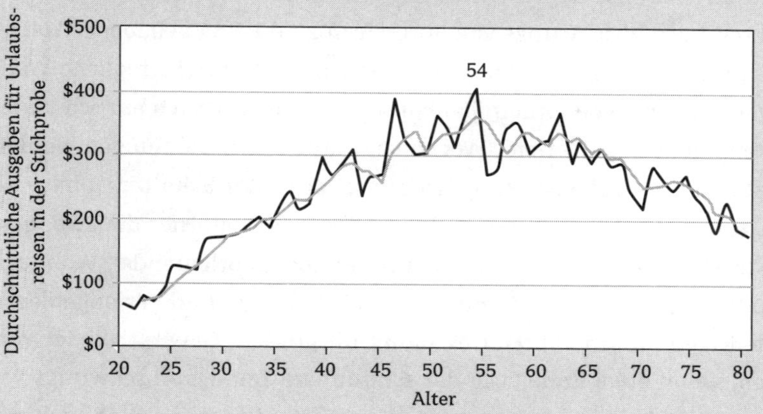

Quelle: U. S. Bureau of Labor Statistics, Consumer Expenditure Survey, 2000.

schaftsabschwungs diesen Sektor wahrscheinlich noch schwerer beeinträchtigen.

Kurze Zusammenfassung aller Immobilienmärkte

Von 2005 bis 2009 dürfte es dem Markt für Ferienhäuser und Ruhesitze generell am besten gehen, gefolgt von Wohnungen, Mehrfamilienhäusern und dem unteren Rand das Eigenheim-Marktes. Der Markt für mittlere bis gehobene Eigenheime hat sich im Laufe des Jahres 2004 abgeschwächt und wird sich wahrscheinlich auch im Jahre 2005 noch stark abschwächen. Der Markt für luxuriöse Häuser dagegen dürfte bis zum Jahre 2010 eine weitere Mini-Blase erleben; diese Häuser dürften im Jahre 2009/Anfang 2010 verkauft werden, denn diesem Bereich wird es während des großen Niedergangs am schlimmsten ergehen. Im gewerblichen Bereich dürfte sich der Hotelsektor am besten entwickeln, gefolgt vom Einzelhandel. Büro- und Industrieflächen dürften sich während der Erholung 2004 und 2005 zunächst gut entwickeln und während des restlichen Jahrzehnts wachsen, wenn auch unterdurchschnittlich. Büro und Industrie sollten kein Anlageschwerpunkt sein. Bis zum Jahre 2009 sollte man alles verkauft haben, weil dann die Arbeitslosigkeit schwer zuschlagen wird.

Während des Abschwungs von 2010 bis 2023 dürften gehobene Wohn-, Büro- und Industrie-Immobilien am tiefsten fallen. Erschwingliche Wohnungen und einfache Einfamilienhäuser dürften sich noch am schwungvollsten entwickeln. Ferien-, Wochenend- und Alterswohnungen werden zuerst zwar am schwersten getroffen, aber in der Erholungsphase ab etwa 2014 haben sie dafür auch das größte Potenzial. Hier die zwei besten Strategien für den Konjunkturabschwung: „notleidende" Wohnungen oder einfache Einfamilienhäuser in Erholungs- und Feriengebieten zu niedrigen Zinsen kaufen und dann mit großem Gewinn wieder verkaufen, wenn etwa Ende 2014 der schlimmste Teil des Abschwungs vorüber ist. Und schließlich werden die außerstädtischen Wohngebiete und die Erholungsgebiete blühen, während der Markt in den Städten und Vorstädten im Endstadium des großen Booms und während des großen Abschwungs zugrunde geht. Aber auch die außerstädtischen Märkte werden zu Beginn des Abschwungs geschwächt. Bauunternehmen und Haushalte sollten sich lieber auf diese Gebiete als auf die zugebauten Städte und Vorstädte konzentrieren, die aufgrund der demographischen Entwicklung weiter im Preis verfallen.

Jetzt haben wir die Faktoren untersucht, die Ihren Immobilienbesitz beeinflussen. In Kapitel 5 erweitern wir die Anwendung der demographischen Prognosewerkzeuge und wollen sehen, wie sich die künftigen Trends auf Ihr Unternehmen, Ihr Leben, Ihre Kinder, Ihr Engagement für wohltätige Zwecke und Ihren Ruhestand auswirken. Sie haben zwar Ihren eigenen Lebenszyklus und folgen Ihrem eigenen Plan, aber auch die Konjunktur hat ihre eigenen Zyklen und folgt ihrem eigenen Plan – der Ihr Leben auf bedeutende Weise beeinflusst. Im nächsten Kapitel werfen wir einen Blick auf eine neue Dimension der Finanzplanung.

KAPITEL 5

Lebensplanung

Wie sich der Lebenszyklus der Wirtschaft mit Ihrem Lebenszyklus überschneidet

Wie sich die Wirtschaftszyklen auf Ihr Leben und Ihre Geschäfte auswirken - und zwar für den Rest Ihres Lebens

In den Kapiteln 1 bis 3 haben wir gezeigt, dass langfristige Entwicklungen und Trends – auch des Aktienmarktes – weitaus besser vorhersehbar sind, als uns die Wirtschaftswissenschaftler glauben machen. In Kapitel 4 haben wir gezeigt, wie sich diese Trends in den nächsten Jahrzehnten auf Ihr Eigenheim und auf Ihre Immobilieninvestitionen auswirken werden. In den Kapiteln 6 und 7 werden wir zeigen, wie die demographische Entwicklung bestimmte Sektoren Ihres Investment-Portfolios und Ihres Pensionsplans beeinflusst, und dabei werden wir entscheidende Erkenntnisse gewinnen. Hier jedoch die wichtigste Frage: Wie wirken sich diese Trends auf Ihr Leben aus: auf Ihr Unternehmen, Ihre Karriere, auf Ort und Art Ihres Ruhestands, den Wert Ihres Hauses, Ihren Wohnort, die Ausbildungs- und Karrierechancen Ihrer Kinder, Ihre Hobbys, darauf, ob Sie ein Unternehmen gründen, kaufen oder verkaufen, auf Ihre Vermögens- und Steuerplanung und sogar auf Ihre Spenden für gemeinnützige Organisationen.

Der Sinn des Vermögensaufbaus sind mehr Entscheidungsfreiheit und eine höhere Lebensqualität. Der Sinn des vorliegenden Kapitels ist es zu zeigen, dass Sie bei der Planung der wichtigsten Ereignisse Ihres Lebens nicht einfach nur Ihren eigenen Lebenszyklus und Ihre Bedürfnisse betrachten können, was ja gute Finanzplaner ohnehin schon tun. Warum? Der ökonomische Lebenszyklus kann und wird diese Entscheidungen erheblich beeinflussen.

Hier nur ein Beispiel: Sagen wir, im Jahre 2004 sind Sie 46 Jahre alt, und Sie wollen Ihr Geschäft verkaufen, wenn Sie 54 werden, denn dann wollen Sie in den Süden von Colorado ziehen. Dort wollen Sie in Teilzeit als Berater arbeiten, öfter Ski fahren gehen und damit Ihren Kindern, die das College schon hinter sich haben, einen größeren Anreiz bieten, Sie regelmäßig zu besuchen. Das Problem bei der Sache mit dem naturverbundenen Leben ist nur, dass Sie das Alter von 54 Jahren im Jahre 2012 erreichen. Wirtschaft und Aktienmarkt befinden sich von 2010 bis 2023 sehr wahrscheinlich in einem schweren Abwärtstrend, wobei die schwersten Einbrüche der Aktienkurse und Immobilienpreise im Jahre 2012 beginnen. Sie bekommen für Ihr Unternehmen vielleicht viel mehr, wenn Sie es schon im Jahre 2008 oder 2009 verkaufen, also vier Jahre früher als geplant, dicht am Höhepunkt des Booms. Für Ihr Vorstadt- oder Stadthaus bekommen Sie im Jahre 2009 wahrscheinlich 30 bis 50 Prozent mehr. Es könnte sogar sein, dass Sie Ihr Haus im Jahre 2012 überhaupt nicht zu einem vernünftigen Preis loswerden können.

Sie könnten Ihr Unternehmen im Jahre 2008 oder 2009 verkaufen und dann entscheiden, ob Sie schon jetzt nach Colorado ziehen oder noch ein paar Jahre warten. Unter Berücksichtigung des Konjunkturzyklus wäre es wahrscheinlich am besten, Sie würden Ihr Haus im Jahre 2009 verkaufen und entweder gleich nach Colorado umziehen oder sich dort erst einmal in Ruhe nach einem Haus umsehen. Vielleicht wäre es am besten, ein paar Jahre lang zur Miete zu wohnen, bis Sie wirklich dort etwas finden, wo Sie wirklich viel mehr Zeit im Freien verbringen können. Und dann kaufen Sie Ihr neues Haus, wenn die Preise von 2012 bis 2014 kräftig fallen. Wenn Sie bis 2013 oder 2014 warten, bekommen Sie Ihr neues Eigenheim wahrscheinlich am billigsten und zu den günstigsten Zinsen. Warum? Unsere Inflationsprognose (Kapitel 6) prophezeit ab 2010 Deflation und sinkende Zinsen, vor allem aber ab 2014. Wenn Sie Ihre Lebensziele mit dem Wirtschaftszyklus in Einklang bringen, dann können Sie Ihren „halben Ruhestand“ vielleicht mit dem zwei- bis vierfachen Vermögen antreten. Ihr Traumhaus kaufen Sie dann für den halben Preis und finanzieren es zu Zinsen, von denen Sie heute nicht einmal zu träumen wagen.

Der Lebenszyklus der Wirtschaft ist fast genauso lang wie der des Menschen: etwa 80 Jahre

In Kapitel 1 haben wir festgestellt, dass in jeder zweiten Generation oder etwa alle 80 Jahre neue Wirtschaftsweisen oder New Economys auftauchen. Das entspricht etwa der heutigen durchschnittlichen Lebenserwartung der Menschen. Und der Wirtschaftszyklus beinhaltet vier deutlich unterschiedene Jahreszeiten, wie in Abbildung 5.1 zu sehen: Innovationsstadium (Inflation), Wachstumsboom, Auslese (Deflation) und Reifungsboom. Das ähnelt den Perioden Jugend, Erwachsenenalter, Lebensmitte und Rentenalter – oder den Jahreszeiten Frühling, Sommer, Herbst und Winter. Diese langfristigen Jahreszeiten und die darin enthaltenen demographisch bedingten Trends, die für Innovation, Einführung von Technologien, BIP-Wachstum, Inflation, Börsenbooms und Börsencrashs, Schulden, Investitionen und Hauskauf verantwortlich sind, können Ihre Lebensentscheidungen erheblich beeinflussen. Die schlechteste Zeit für den Verkauf eines Hauses oder eines Unternehmens dürfte die Auslesephase von 2010 bis 2023 sein, vor allem gegen Ende. Im Gegenzug dürfte dies eine der besten Zeiten für den Kauf von Häusern und Unternehmen sein. Die Jahre 2010 bis 2023 sind außerdem die schlechteste Zeit für Ihre Kinder, vom College abzugehen und ihre berufliche Laufbahn zu beginnen. Sie sind überdies wohl die schlechteste Zeit, Ihr Vermögen in Aktien anzulegen.

Abbildung 5.1
Die vier Jahreszeiten des 80-jährigen Wirtschaftszyklus

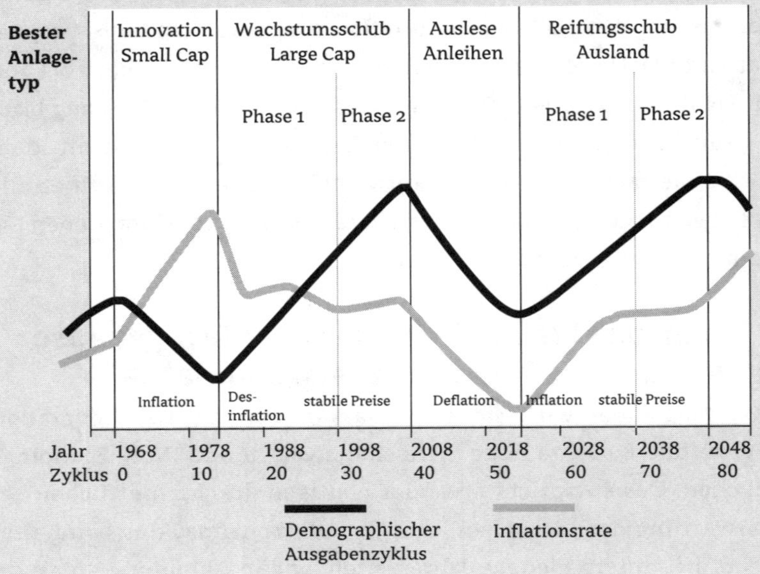

Anleihen, asiatische Aktien, defensive Aktien und preiswerte Mietobjekte wären dann besser.

In den Kapiteln 6 und 7 gehen wir ausführlicher darauf ein, dass man mithilfe der Prognosen für die Wirtschaft, Inflation, Large-Cap-Aktien (Ausbreitung neuer Marken und Technologien) und Small-Cap-Aktien (Einführung neuer Marken und Technologien) sehr gut nach vorne blicken und entscheidende Ereignisse oder Veränderungen im eigenen Leben planen kann. Die Instrumente und Prinzipien der Lebensplanung stellen wir allerdings schon in diesem Kapitel vor, denn der erste und wichtigste Schritt der effektiven Finanzplanung ist die Klärung der Lebensziele und des Vermögens- beziehungsweise Einkommensbedarfs. Um einen realistischen Überblick über Ihre persönliche Zukunft zu bekommen, müssen Sie die verschiedenen Jahreszeiten kennen und wissen, wann sie ungefähr anfangen und enden (Abbildung 5.1).

Das Innovationsstadium ist von radikal neuen Technologien, Produkten und Lebensformen sowie von zunehmender Inflation und schweren Rezessionen geprägt. Die letzte derartige Phase dauerte von 1969 bis 1982.

Während des Wachstumsschubs werden die Innovationen auf breiter Basis eingeführt, und der Wettlauf um die Führung entscheidet, welche Unternehmen in den neuen Branchen dominieren werden. In dieser Phase steigt die Produktivität, Wirtschaft und Börse boomen und die Inflationsrate sinkt. Die letzte derartige Phase dauerte von 1902 bis 1929. Der jetzige Wachstumsboom begann Ende 1982 und wird wahrscheinlich Ende 2009/Anfang 2010 enden.

Das schlimmste Stadium ist die Auslesephase – zum Beispiel die Große Depression 1930 bis 1942. Zahlreiche Unternehmen machen Bankrott, Beschäftigte werden entlassen, die Preise sinken und die Konjunktur geht drastisch zurück. Die nächste Depression wird Ende 2009 oder Anfang 2010 anfangen und bis 2022 oder 2023 dauern. Angesichts der Tatsache, dass der bevorstehende demographische Gipfelpunkt Teil eines Booms ist, der sowohl Börsen als auch Volkswirtschaften miteinbezogen und Ende des 18. Jahrhunderts begonnen hat (wie in Kapitel 2 dargelegt), dürfte die Selektionsphase die schlimmste werden, die es je gab; vielleicht erreicht der Aktienmarkt zu unseren Lebzeiten keine neuen Hochs mehr.

Was jetzt das Wichtigste ist: Nutzen Sie den Boom aus, bereiten Sie Ihre Karriere und Ihre Geldanlagen auf die schwere Abschwungphase vor. Verkaufen Sie bis zum Jahre 2009 den größten Teil Ihrer Wachstumsaktien und Ihrer Immobilien.

Der Reifungsschub ist die letzte und für die meisten Menschen die stabilste und lohnenswerteste Phase. Er besteht aus einem weniger chaotischen Boom als zuvor, während dessen die Innovationen aus dem Auslesestadium immer breiter eingeführt werden. Die Inflation steigt sehr mäßig, und die Technologien, Lebensstile und Geschäftsmodelle, die mit dem neuen Wirtschaftszyklus erschienen sind, gelangen zur vollen Blüte. So ähnlich sahen die glücklichen Tage der 1950er- und 1960-

er-Jahre aus. Der letzte Reifungsschub fand von Ende 1942 bis 1968 statt. Beachten Sie, dass er mit steigender Inflation und mit dem Zweiten Weltkrieg begann, dass er dann aber in die beiden Jahrzehnte der amerikanischen Geschichte mündete, in denen die meisten Menschen im Wohlstand lebten und gemeinsamen Werten folgten.

Der nächste Reifungsschub dürfte von 2023 oder 2024 bis mindestens 2042 laufen, wahrscheinlich sogar bis Ende der 2040er-Jahre oder Anfang der 2050er-Jahre. Das wird der Boom unserer Kinder. Alle neuen Technologien, Lebensstile und Geschäftsmodelle, die in den letzten Jahrzehnten erschienen sind, werden dann allgemein akzeptiert und in unsere Gesellschaft integriert. Unsere Kinder sind genauso mit Computern und dem Internet aufgewachsen wie wir mit Autos und Fernsehgeräten. Allerdings kann dieser Boom weder hinsichtlich des Wirtschaftswachstums noch hinsichtlich der Aktienerträge mit dem Börsenboom von 1982 bis 2009 mithalten, hinter dem der Babyboom steht. Die besten Chancen entstehen in den neuen führenden Ländern und Bevölkerungszentren in Südostasien und Indien. Dort wächst die Zuwanderungsrate in die Städte, und die demographischen Bedingungen bessern sich.

Jede langfristige Jahreszeit weist andere Innovationstrends, Wachstums- und Inflationstrends auf. Die Jahreszeiten begünstigen höchst unterschiedliche Investments, und sie haben immensen Einfluss auf unseren Lebensstil, unsere Karriere und unsere Unternehmen. Nichts ist derart entscheidend für unsere langfristige Anlageplanung, nicht einmal unser eigener Lebenszyklus, denn der wirtschaftliche Lebenszyklus ist viel größer und bedeutender.

„Demographisch denken!"

Bevor wir die Auswirkungen des wirtschaftlichen Lebenszyklus auf unser Leben betrachten, lernen wir zwei einfache Werkzeuge kennen, die dazu beitragen, dass Sie bei der Betrachtung Ihres Lebens und Ihrer Zukunft aus allen Blickwinkeln (Geldanlage, Karriereplanung, private Immobilien, Geschäftsstrategien, Kinder und Lebensziele) „demographisch denken". Sie müssen zwei Dinge begreifen, wenn Sie die Auswirkungen der wirtschaftlichen Entwicklung auf beliebige künftige Ereignisse schnell und einfach abschätzen wollen, nachdem Sie die vier Jahreszeiten grundsätzlich verstanden haben. Erstens müssen Sie die wichtigsten Anstiege und Rückgänge der Geburtenzahlen der letzten Jahrzehnte kennen, weil sie verschiedene wirtschaftliche und gesellschaftliche Aktivitäten zunehmen oder abnehmen lassen. Die wichtigsten Zyklen stellen wir in Tabelle 5.1 vor. Wenn Sie als Finanzplaner viel mit Kunden arbeiten, dann sollten Sie diese entscheidenden Jahrgangszyklen auswendig kennen. Ansonsten können Sie für Ihre Zukunftsprognosen einfach die Tabelle benutzen.

Das zweite Werkzeug ist die Kenntnis der entscheidenden demographischen Ereignisse, die hinter den ökonomischen Trends in Tabelle 5.2 stehen. Der Eintritt in das Berufsleben (drei Jahre Verzögerung) verursacht Inflation, und der Innovationszyklus hat eine Verzögerung von 23 Jahren; wir nennen das den „Yuppie-Faktor", denn unsere bestausgebil-

Tabelle 5.1
Die wichtigsten Anstiege und Rückgänge der Geburtenrate

	Aufwärtstrend	Abwärtstrend
Bob-Hope-Generation	1909–1914	1917–1919
	1920–1921	1924–1933/1936
Babyboom	1937–1943	1944–1945
	1946–1947	1948–1950
	1951–1957/1961	1962–1968
	1969–1970	1971–1973/1976
Echo-Babyboom	1977–1990	1991–1996

Tabelle 5.2
Zeitliche Versetzung wesentlicher wirtschaftlicher Faktoren

Ereignis	**durchschnittl. Alter***
Eintritt in das Erwerbsleben	20
Inflation (drei Jahre nach Eintritt in das Erwerbsleben)	23
Innovation	23
Familiengründung	26
Erster Hauskauf	31
Höchste Kreditaufnahme	32
Höchste Wohn-Ausgaben	42
Höchste Verschuldung	42
Höchste Ausgaben	48
Größte Geldanlagen	54
Höhepunkt der wirtschaftlichen und politischen Macht	58
Ruhestand (Desinflation)	63
Größtes Vermögen	64
Höchstes Spendenaufkommen	65

*Anmerkung: Die meisten Altersangaben verschieben sich pro Jahrzehnt um ein Jahr nach oben.

deten und innovationsfreudigsten Menschen treten nach dem College in ihren jeweiligen Lebens- und Karrierezyklus ein. Die Heirat im Alter von 26 Jahren erhöht die Ausgaben am stärksten, steigert die Vermietung von Wohnungen und den Verkauf von preiswerten dauerhaften Gütern. Im Durchschnitt bekommt man Ende 20 Kinder, und dies verändert die Prioritäten im Leben und im Ausgabeverhalten sehr stark. Faith Popcorn, Chronist der Verbrauchertrends, wurde dadurch berühmt, dass er die Tendenz der Babyboomer erkannt und prognostiziert hat, man werde in den 1980er- und 1990er-Jahren das „Cocooning" leben – nämlich sich vor den großen Umwälzungen in der Welt verstecken. Wir schreiben diesen Trend ganz einfach der Tatsache zu, dass die Babyboomer Kinder bekommen haben und sich in dieser Zeit mehr auf ihre Familien konzentrierten.

Im Alter von 31 Jahren kauft der Durchschnittsbürger sein erstes Haus, und mit der Einrichtung des Hauses steigt seine Verschuldung am schnellsten an. Die höchste Gesamtverschuldung entsteht im Alter von 42 Jahren, denn im Alter zwischen 37 und 42 Jahren kaufen wir unser größtes Haus und richten es ein. Der Höhepunkt der Ausgaben, die das Wirtschaftswachstum speisen, liegt heutzutage zwischen 46 und 50 Jahren, also im Mittel bei 48 Jahren. Im Alter von 54 Jahren legen die Menschen am meisten Geld regelmäßig an, und im Alter von 64 Jahren ist das angesammelte Vermögen am größten. Dazwischen, nämlich bei 58 Jahren, liegt das Alter, in dem wir den Höhepunkt unserer beruflichen Laufbahn erleben und in dem wir die größte Macht haben, Institutionen, Geschäftsmodelle und die Arbeitswelt zu verändern.

Der Durchschnittsbürger geht heutzutage im Alter von 63 Jahren in Rente. Wir erwarten, dass das durchschnittliche Renteneintrittsalter künftig pro Jahrzehnt um mindestens ein Jahr steigt. Vielleicht geht es sogar noch schneller, weil die Kinder des Babybooms begreifen, dass sie älter werden als ihre Eltern und weil sie beschließen, länger aktiv zu bleiben, entweder durch längere Berufstätigkeit, durch Teilzeitjobs oder gemeinnützige Aktivitäten.

Neben diesen groben Kerntrends können Sie auch für alle Produktbereiche, in denen Ihr Unternehmen tätig ist, den ungefähren Höhepunkt ermitteln. Aus der Verzögerung gegenüber den stärksten Geburtsjahrgängen können Sie darauf schließen, wann Ihr Geschäft mehr und wann es weniger expandieren kann. Bei Consumer Expenditure Survey (www.bls.gov/cex/#data) finden Sie die Altersverteilung der Ausgaben für 190 Produktkategorien. Auf unserer Internetseite www.hsdent.com haben wir die Altersverteilung der wichtigsten Ausgabentrends für die meisten bedeutenden Produkte und Dienstleistungen zusammengefasst. Klicken Sie auf „Key Concepts“ und dann auf „Consumer Product

Trends". Unternehmern empfehlen wir trotzdem, ihren Kundenkreis direkt zu analysieren, weil sie nur so exakt herausfinden, welche Altersgruppe ihre Produkte am meisten kauft und wie die Einkommensstruktur aussieht, denn die Werte können sich von der Durchschnitts-Statistik unterscheiden. Außerdem ist zu beachten, dass sich solche Trends normalerweise in jedem Jahrzehnt etwa um ein Jahr nach hinten verschieben. Daher geben die Menschen im Jahre 2010 mit 49 Jahren am meisten Geld aus, im Jahre 2020 mit 50 Jahren und so weiter.

Zusammenfassung: Man kann für jeden großen wirtschaftlichen Trend von dem Spitzenalter ausgehen und von den Geburtenstatistiken aus in die Zukunft rechnen; so findet man ungefähr heraus, wann ein solcher Trend in den nächsten Jahrzehnten steigt oder fällt. Und dann kann man überprüfen, wie sich diese Trends auf den Verlauf des eigenen Lebens auswirken, auf die Planung wichtiger Entscheidungen und Veränderungen.

Wie Demographie und Wirtschaftszyklen Ihr Unternehmen und Ihre Karriere beeinflussen

Betrachten wir ein weiteres kleines Beispiel, um zu sehen, wie mächtig diese einfachen Werkzeuge sein können. Nehmen wir an, Ihr Unternehmen verwaltet Appartementkomplexe für junge Paare. Wenn Sie wissen wollen, ob die Geschäfte gut oder schlecht gehen werden, versetzen Sie den letzten Geburtenanstieg im Zuge des Echobooms von 1977 bis 1990 (Abbildung 5.1) zeitlich. Den Zeitpunkt der Familiengründung und der maximalen Ausgaben für Wohnungsmieten finden Sie in Tabelle 5.2. Daraus ergibt sich, dass die Nachfrage nach Wohnungen und die Mieten von 2003 bis 2017 steigen. Für das Alter der Familiengründung würden Sie 27 Jahre ansetzen, weil das durchschnittliche Heiratsalter mit jedem Jahrzehnt etwa ein Jahr steigt. Daraus ergeben sich die einfachen Rechnungen: 1977 + 26 = 2003 für den Beginn des Marktwachstums und 1990 + 27 = 2017 für den ungefähren Höhepunkt.

Aber dann würden Sie logisch überlegen: Wenn die Wirtschaft insgesamt ab Ende 2009 oder 2010 bis 2023 zurückgehen soll, weil der Höhe-

Abbildung 5.2

Jährliche Ausgaben für Wohnungsmiete nach Alter

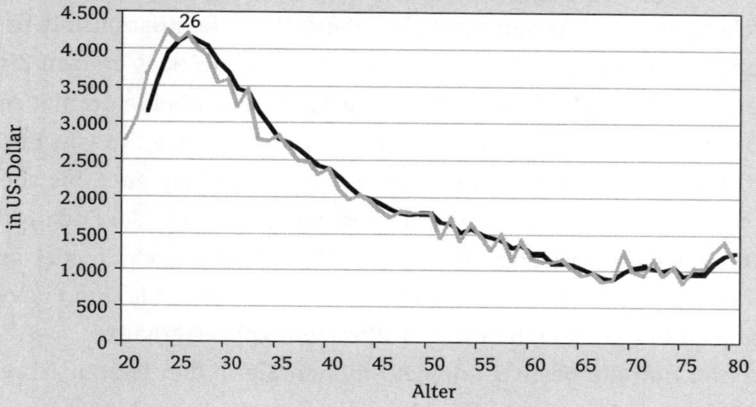

punkt der Gesamtausgaben überschritten wird, dann hat das unvermeidlich zur Folge, dass das Wachstum in den Jahren 2010 bis 2017 geringer ausfällt als erwartet, obwohl der Mieten-Zyklus nach oben zeigt. Die Wirklichkeit könnte so aussehen, dass die Nachfrage nach Mietwohnungen steigt, dass sich aber aufgrund der steigenden Arbeitslosigkeit weniger Menschen ein Haus leisten können; die Mieten für Ihre Objekte würden auf jeden Fall sinken. Da in den Jahren 2018 bis 2023 sowohl die Konjunktur zurückgeht als auch weniger Haushalte gegründet werden, dürfte der Wohnungsmarkt in dieser Zeit fürchterlich werden. Deshalb sollten Sie von 2003 bis 2009 expandieren und mit höheren Einnahmen rechnen. Allerdings dürften Sie mit Ihrem Geschäft ab 2010 Schwierigkeiten bekommen, und ab 2018 müssen Sie mit großen Einbußen rechnen. Wenn Sie jedoch in der Abschwungphase ab 2009 oder 2010 – wenn sich weniger junge Familien ein Haus leisten können – preiswerte Mietwohnungen anbieten, dann floriert Ihr Geschäft vielleicht sogar während des Niedergangs. Sie könnten in dieser Zeit sogar Ihr Geschäft und Ihren Marktanteil vergrößern, indem Sie mit dem Geld, das Sie mit Ihrer erfolgreichen Strategie verdienen, Konkurrenten zu Spottpreisen aufkaufen.

Sie sollten allerdings auch auf die voraussichtliche Entwicklung der Zinsen und der Inflation achten, denn Hypotheken sind einer Ihrer größten Ausgabenposten. Die Inflationsprognose, die wir in Kapitel 6 vorstellen, besagt, dass von 2005 bis Anfang 2006 die Inflationsrate und die langfristigen Zinsen sinken. Von Anfang 2006 bis 2009 steigen Zinsen und Inflation mäßig an, und von 2010 an fallen beide dramatisch ab. Das heißt, Sie sollten Ihre jetzigen Hypothekenkredite von Ende 2004 bis Anfang 2006 behalten, aber dann von Anfang 2006 bis 2009 oder 2010 einen niedrigeren Zinssatz festschreiben lassen. Ab Ende 2009 könnten Sie dann entweder zu variablen Zinsen zurückkehren oder mit Ihren Gewinnen die Hypotheken tilgen. Damit würden Sie Ihre Fixkosten senken und Ihr Geschäft in der Abschwungphase erhalten.

Und hier nun die beste Strategie: Erhöhen Sie in den letzten Jahren des laufenden Jahrzehnts Ihre Investitionen in Immobilien besser nicht. Besser wäre es, um das Jahr 2009 herum einen Teil der Objekte zu verkaufen, um Bargeld zu erlösen und eine saubere Bilanz zu bekommen. Dann hätten Sie in der Frühphase des Abschwungs Geld und Kredit für den Kauf von Mietobjekten und anderen Objekten, die Sie zu verschwindenden Kosten in Mietobjekte umwandeln könnten. Somit könnten Sie den Kindern des Echobooms und anderen Menschen, die sich in der Phase des Niedergangs abstrampeln, sehr preiswerte Mietwohnungen bieten. Wenn sich der Markt für Mietwohnungen nach dem Jahre 2018 dann wieder abzuschwächen beginnt, könnten Sie diese Objekte rechtzeitig wieder verkaufen. Die Banken werden während des Abschwungs ihre Kreditbedingungen verschärfen, und dann ist es ihnen lieber, Sie kaufen in Ihrer soliden Finanzposition insolvente Unternehmen auf, als dass die Unternehmen einfach bankrott machen. Deshalb wird es Gelegenheiten im Überfluss geben.

Falls Sie die Absicht haben, Ihr Unternehmen zu verkaufen, dann sind die Jahre 2008 und 2009 wahrscheinlich die beste Zeit dafür. Doch wenn Sie beschließen, Ihre Vermietungsfirma bis in den Abschwung hinein zu behalten, weil Sie glauben, mit niedrigen Mieten könnte sie aufgrund der demographisch bedingt wachsenden Nachfrage nach Mietwohnungen trotzdem florieren, dann sollten Sie stark in Erwägung ziehen, das Geschäft im Jahre 2018 zu verkaufen, weil dann die Nachfrage nach Mietwohnungen wahrscheinlich zurückgehen wird und sich auch die Konjunktur bis zum Jahre 2023 abschwächen wird.

Betrachten wir noch ein anderes Beispiel. Nehmen wir an, Sie verkaufen Campingausrüstung und haben in den letzten zehn Jahren in Ihrer Stadt drei Ladengeschäfte aufgebaut. Ihre Firma ist jetzt kein kleiner Familienbetrieb mehr, sondern so langsam erweist sich, dass Sie das Geschäft auf Gebiete ausweiten könnten, in denen eine demographisch ähnliche Verbrauchernachfrage besteht, und zwar nicht nur in Ihrer Stadt, sondern auch in anderen Städten und Regionen des Landes. Wie wirken sich die demographischen Zyklen auf Ihr Unternehmen aus? Die Darstellung der demographischen Zyklen in Abbildung 5.3 deutet stark darauf hin, dass das Geschäft mit Campingartikeln zweimal ansteigt: Einmal im Alter von 23 bis 24 Jahren mit jungen Menschen, die Karriere und Familie noch vor sich haben, und dann noch einmal im Alter von 53 bis 54 Jahren, wenn die Reiseaktivität der älter werdenden Erwachsenen ihren Höhepunkt erreicht.

Ihr Geschäft wird in den kommenden Jahren und Jahrzehnten von bei-

Abbildung 5.3

Kauf von Campingausrüstung nach Alter

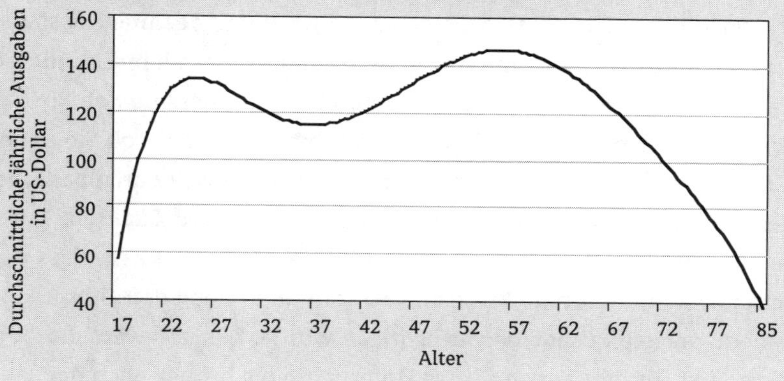

den Zyklen beeinflusst, dem Babyboom und dem Echo des Babybooms. Ausgehend von dem Maximum bei 54 Jahren ergibt sich eine Ausgabewelle von 1991 (1937 + 54) bis 2015. Die Flut der Echoboom-Kinder erlebt von 2000 (1977 + 23) bis 2013 (1990 + 23) ihren erste Ausgabenanstieg. Nach dem Jahre 2015 zeigen diese beiden Zyklen genauso wie der allgemeine Wirtschaftszyklus nach unten. Bis zum Jahre 2009/2010 gehen alle Zyklen nach oben. Irgendwann zwischen 2009 und 2015 wäre es somit an der Zeit zu verkaufen oder sich zumindest für einen schweren Niedergang der Branche zu rüsten.

Nehmen wir einmal an, Sie werden älter und Ihre Kinder haben an Ihrem Geschäft kein Interesse. In diesem Fall sollten Sie etwa Ende 2009 Ihr Unternehmen verkaufen, weil dann die Konjunktur immer noch läuft und auch Ihr Segment sehr gut dasteht. Machen Sie die Firma zu Geld und überlegen Sie, wo Sie Ihren Ruhestand verbringen wollen; Sie könnten auch in Erwägung ziehen, in der abgelegenen Bergregion, in die Sie sich zurückziehen wollen, einen Laden zu eröffnen. Diese Region dürfte während des Abschwungs vergleichsweise gut gedeihen, weil immer mehr alternde Babyboomer aus den Städten flüchten und sich dort Wochenendhäuser oder Ruhesitze kaufen.

Und dann nehmen wir einmal an, Ihre Kinder hätten in dem Geschäft mitgearbeitet und Sie wünschten, dass sie die Tradition fortführen. Für den Anfang können sie damit rechnen, dass die Geschäfte in den ersten Jahren des Abschwungs besser gehen als in den meisten anderen Branchen. Nach dem Jahre 2015 sollten sie jedoch damit rechnen, dass die Nachfrage abrutscht, weil die Anzahl der Babyboomer kleiner wird. Sie und Ihre Kinder stehen dann vor der schweren Entscheidung, ob Sie das Unternehmen durch den Abschwung hindurchsteuern oder ob Sie es gegen Ende des Aufschwungs verkaufen und in der Abschwungphase ein neues Geschäft gründen beziehungsweise das alte zurückkaufen.

Genauso wie der Wohnungsbesitzer müssten Sie bedenken, dass der allgemeine konjunkturelle Rückgang ab dem Jahre 2009 den Umsatz bis zu einem gewissen Grade beeinträchtigen würde. Deshalb wäre der beste Zeitpunkt für den Verkauf Ihres Unternehmens immer noch das Jahr

2008 oder 2009. Wenn Sie jedoch beschließen würden, das Geschäft auf Dauer zu behalten, dann böte Ihnen der Abschwung genauso wie im vorigen Beispiel die Chance, durch den Kauf anderer Campingläden zu niedrigen Preisen zu expandieren. Da die Geschäfte mit Campingausrüstung aufgrund des zweiten Maximums Mitte 50 bedeutend besser gehen würden als die meisten anderen Geschäfte, hätten Sie auch im Jahre 2015 noch die Möglichkeit, Ihre Firma zu einem vernünftigen Preis zu verkaufen, wenn auch wahrscheinlich wesentlich preiswerter als im Jahre 2008 oder 2009.

Ihre Kinder und Enkelkinder: Wie wirkt sich der wirtschaftliche Lebenszyklus auf ihre Ausbildung, ihre Karriere und ihr finanzielles Wohlergehen aus?

Betrachten wir nun den wichtigsten Faktor in unserem Leben: Kinder und Enkelkinder! Der Einfachheit halber gehen wir davon aus, dass Sie nur ein Kind haben, dass dieses Kind Ende 2004 seinen 16. Geburtstag feiert und dass es im Jahr darauf seinen Führerschein machen will – das kann einem ganz schön Angst machen. Mitte 2007 macht das Kind seinen Highschool-Abschluss. Wenn es wie so viele andere ein College besucht, macht es seinen Abschluss Mitte 2011. Der Wirtschaftszyklus legt die Vermutung nahe, dass es den Arbeitsmarkt betritt, nachdem Abschwung und Depression schon begonnen haben. Daher könnte es sehr schwierig werden, eine Stelle zu finden beziehungsweise seine Stelle zu behalten, falls es gleich eine findet. Die Unternehmen werden in dieser Zeit mehr Mitarbeiter entlassen und stärker konsolidieren als Anfang der 1930er-Jahre – noch viel schlimmer als anlässlich des Crashs im Jahre 1974 oder der Dot-com- und Technologiekatastrophe der Jahre 2000 bis 2002.

Dieses Wissen würde Ihrem Sohn oder Ihrer Tochter alternative Wege eröffnen. Die beste Möglichkeit wäre vielleicht folgende: Machen Sie es Ihrem Sohn schmackhaft, das College zunächst nur in Teilzeit oder als Abendschule zu besuchen und direkt nach der Highschool einen Job bei einem kleinen oder großen Wachstumsunternehmen anzunehmen.

Kleinere Unternehmen sind wahrscheinlich eher bereit, fähige und motivierte Highschoolabgänger einzustellen als Großunternehmen, besonders wenn Sie als Eltern Beziehungen vor Ort haben oder selbst ein Familienunternehmen betreiben. Vielleicht wäre es am besten, wenn Ihr Sohn einen Beruf ergreift und erst einmal ein paar College-Abendkurse besucht. Er könnte Erfahrungen sammeln und bis zum Jahre 2009 oder 2010 zum geschätzten Mitarbeiter werden. Wenn es dann mit der Wirtschaft abwärts geht und es zu Entlassungen kommt, bekommt er vielleicht einen Vollzeit-Platz an einem College und kann sich dort auf diejenigen Bereiche konzentrieren, die für sein Fortkommen in dem Unternehmen am vorteilhaftesten sind – inzwischen hat er ja Erfahrungen gesammelt, er kennt seine Stärken und Schwächen sowie die Bereiche, die ihn am meisten interessieren. Ab dem Jahre 2008 steigen die Chancen auf einen Vollzeit-Studienplatz, weil sich dann aufgrund der demographischen Entwicklung weniger Echoboomer bewerben (siehe Abbildung 5.4).

Abbildung 5.4

Um 18 Jahre versetzte Geburtenrate, College-Einschreibungen 2003 bis 2018

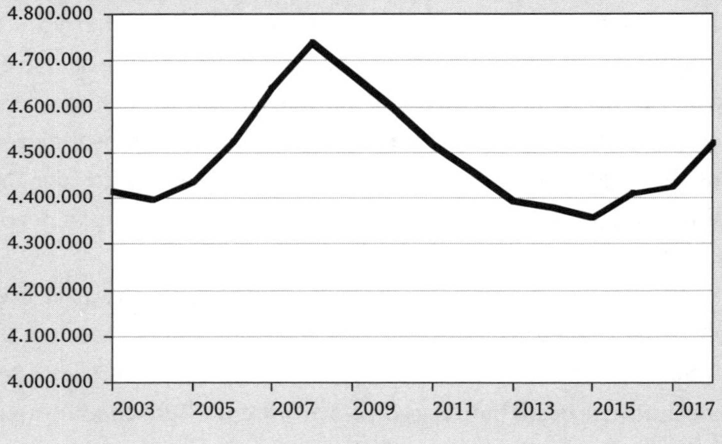

Der Abschwung ab dem Jahre 2009 bedeutet für Sie als Eltern geringere College-Gebühren und für Ihren Sohn bessere Aussichten, einen Platz in einer guten Schule zu bekommen. Seine Kenntnis der Unternehmenswelt und die Interessen, die seine mehrjährige Arbeit in der richtigen Welt geweckt haben, schärfen wahrscheinlich seine Konzentration und seine Motivation, so dass er wohl ein hervorragender College-Student wird. Auch erhöht die Berufserfahrung seine Chancen auf einen Platz an einem besseren College. Aus all dem geht hervor, dass die beste Zeit für den College-Eintritt nach dem Herbst 2009 oder noch besser im Jahre 2012 wäre. Wenn er dann zwischen 2012 und 2015 – während die Konjunktur wieder zurückgeht – seinen Abschluss macht (unter der Annahme, dass er vor dem College-Eintritt schon ein paar Kurse besucht hat), dann hat er bessere Aussichten, in schweren Zeiten zu seinem früheren Arbeitgeber zurückzukehren. Ab 2015 dürfte die Konjunktur dann wieder nachhaltig anziehen.

Es könnte sogar sein, dass er bis 2014 oder 2015 ein Stipendium oder Unterstützung von dem Unternehmen bekommt, in dem er früher gearbeitet hat, und dass ihn sein Abschluss somit weniger kostet. Bis zu seinem Abschluss dürfte die Wirtschaft die schlimmste Konsolidierung und den schwersten Abschwung seit 1932/1933 hinter sich haben, und im Jahre 2019 oder 2020 dürfte es zum ersten Mal wieder zügig aufwärts gehen. Dieser Zeitpunkt wäre für den Wiedereintritt in das Unternehmen oder gar für die Gründung eines eigenen Unternehmens in der gleichen Branche noch besser geeignet; es wäre besser, eine neue oder erweiterte Karrierestrategie anzugehen, bevor der letzte Abschwung zwischen 2020 und 2023 dazwischenkommt. Arbeitsplätze findet er als Absolvent in der Abschwungphase wohl eher bei innovativen Kleinunternehmen als bei großen, etablierten Unternehmen, denn das Innovationsstadium der Generation des Echo-Babybooms steigt ab 2013 oder 2014 kräftig an und tendiert noch bis zum Jahre 2025 aufwärts. Danach kommen die ersten geburtenschwachen Jahrgänge. In dieser wirtschaftlichen Phase der Schwäche erfreuen sich Bereiche wie zum Beispiel die Gesundheitsbranche demographisch bedingt noch am ehesten einer starken Nachfrage.

Wenn Ihr Sohn zuerst in ein Unternehmen eintritt und sich dann im günstigsten Moment des Wirtschaftszyklus weiter qualifiziert, optimiert er seine Ausbildungs- und Karrierechancen, und außerdem spart er Ihnen als Eltern oder Großeltern viel Geld. Also bekommt Ihr Sohn eine bessere und preiswertere Ausbildung als geplant. Und da sich in Abschwungphasen dem Unternehmergeist viele Chancen bieten, könnte Ihr Sohn in der Branche, in der er von 2006 bis 2009 gearbeitet hat, sogar sein eigenes Unternehmen gründen oder als Berater arbeiten. Die Zeit mit dem größten Anteil von Millionären an der Bevölkerung waren bis vor kurzem die 1930er-Jahre, also eine ähnliche Ausleseperiode.

Wenn Sie kleinere Kinder oder Enkel haben, dann ist die beste Zeit für den Collegebesuch zwischen 2010 und 2023. Die beste Zeit für den Eintritt in das Berufsleben oder für den Beginn einer neuen Karriere sind die Jahre 2015 bis 2017 oder die Zeit nach 2023. In den Schwellenländern Asiens und Südamerikas ist das demographische Wachstum noch viel größer, und daher wäre es sehr sinnvoll, wenn Ihre Kinder Chinesisch oder Spanisch lernen würden, denn dann könnten sie in multinationalen Unternehmen mit Schwerpunkt in den jungen Industrieländern arbeiten.

Planen Sie die Jahreszeiten Ihrer Karriere

Das Gleiche gilt für die Planung Ihrer eigenen Karriere. Nehmen wir an, Sie sind 39 Jahre alt und Systemanalytiker in einem größeren Unternehmen. Achten Sie zunächst darauf, dass Ihr Unternehmen in dem harten Wettlauf um die Führung, der im Jahre 2009 beginnt, ganz vorne dabei ist. Wenn nicht, dann stehen Sie vielleicht trotz Wirtschaftsboom bald auf der Straße. Wenn das Unternehmen den Crash 2000 bis 2002 ohne Verlust von Marktanteilen überlebt hat, dann ist das schon einmal ein gutes Zeichen. Stellen Sie sich als Zweites die Frage, ob das Unternehmen einer Branche angehört, die von der wachsenden Bedeutung der Informationstechnologie und insbesondere der Breitbandverbindungen im kommenden Jahrzehnt profitiert. Können Videokommunikation und Sprachsteuerung die Qualität der Dienstleistungen erhöhen, die Ihr Unternehmen zu niedrigeren Preisen anbietet?

Kommt es den Produkten oder Dienstleistungen Ihres Unternehmens zugute, dass die Babyboomer bald das Alter von 40, 50 und 60 Jahren überschreiten? Branchen wie Finanzdienstleistungen, Gesundheitsvorsorge, Reise und Erholung, Wohnraum und Dienstleistungen für Rentner, Lieferservice sowie gehobene Lebensmittel und Restaurants gehören zu den Nutznießern dieser Entwicklung. Andere wiederum werden davon profitieren, dass die Generation des Echo-Booms Familien gründet: Mietwohnungen, preiswerte Einzelhandelsketten wie Wal-Mart, IKEA oder Target, Stereoanlagen und so weiter. Wenn Sie ein paar Recherchen anstellen und/oder Ihre Kunden befragen, können Sie feststellen, wer Ihre Produkte am meisten kauft. Dann können Sie vom Lebensalter Ihrer Hauptkunden ausgehend mithilfe der Geburtenstatistik feststellen, wann der Markt am stärksten wächst.

Berücksichtigen Sie dann den Wirtschaftszyklus. Wenn Sie im Ende 2004 gerade 39 Jahre alt sind, dann sind Sie im Jahre 2009 zum konjunkturellen Höhepunkt 44 Jahre alt. Dann stehen Sie wahrscheinlich kurz vor dem Höhepunkt Ihrer Karriere und vor der Midlife Crisis, die den Durchschnittsamerikaner zwischen Mitte 40 und Mitte 50 heimsucht. Das ist das Alter, in dem die meisten Menschen darüber nachdenken, ihr Leben zu ändern, eine zweite Karriere zu starten, ein eigenes Unternehmen zu gründen, ein Wochenendhaus zu kaufen oder gar vollends in ein Erholungsgebiet umzuziehen. Falls ein solcher Schritt zusätzliche Qualifikationen erfordert, ist die beste Zeit für einen längeren Urlaub die Zeit nach 2009. Wie schon gesagt, Abschwünge eignen sich unter Umständen sehr gut für die Unternehmensgründung, weil es dann bei den großen Unternehmen drunter und drüber geht und weil sie dann zu sehr mit der Konsolidierung beschäftigt sind, als dass sie kleine, neue und aufstrebende Märkte ausnutzen könnten. Vielleicht hat Ihr Unternehmen in der Abschwungphase Interesse daran, Sie als Subunternehmer zu beschäftigen, denn damit spart es Kosten und kann Ihre Fähigkeiten und Ihre Erfahrung weiterhin nutzen. Dadurch hätten Sie einen finanziellen Grundstock und etwas Zeit für den Unternehmensaufbau beziehungsweise um Ihre Dienste anderen Unternehmen Ihrer Branche zur Verfügung zu stellen.

So um das Jahr 2009 herum werden Ihre Kinder wahrscheinlich flügge. Vielleicht ist das bereits erwähnte Ferienhaus die beste Möglichkeit, sie immer noch regelmäßig zu sehen, obwohl sie mit ihrer Ausbildung, ihrer Karriere und ihrer eigenen Familie beschäftigt sind. Wer fährt nicht gerne einmal im Jahr in den Skiurlaub oder ans Meer? Natürlich locken Sie damit auch Ihre Enkelkinder, Sie zu besuchen. Natürlich hat die veränderte Wirtschaftslage auf eine derartige Veränderung großen Einfluss. Wenn Sie Inhaber eines Unternehmens sind, verkaufen Sie das Unternehmen vor dem Abschwung. Wenn Sie in einem Unternehmen beschäftigt sind, dann handeln Sie den Teilzeit-Beratervertrag auf dem Höhepunkt des Aufschwungs oder im Anfangsstadium des Niedergangs aus. Wenn Sie sich zusätzlich qualifizieren wollen, dann tun Sie das während des Abschwungs. Wenn Sie umziehen wollen, verkaufen Sie Ihr Haus im Jahre 2008 oder 2009, bevor der Niedergang einsetzt. Wenn Sie ein neues Haus oder ein Ferienhaus kaufen wollen, warten Sie ab, bis der Abschwung zwischen 2012 und 2014 so richtig greift. Dann wohnen Sie vielleicht eine Zeitlang zur Miete, aber dadurch können Sie viel Geld sparen und die neue Umgebung, in der Sie leben möchten, erst einmal erkunden, bevor Sie wirklich kaufen.

Ruhestandspläne

Das Rentenalter ist für viele Menschen die wichtigste Phase der Finanz- und Lebensplanung. In dieser Zeit sind Sie gesundheitlich am anfälligsten, Sie möchten nicht mehr so viel arbeiten, und Sie wünschen sich beziehungsweise brauchen mehr Annehmlichkeiten als vorher in Ihrem Leben. Nehmen wir das gleiche Beispiel wie eben, im Jahre 2004 sind Sie also 40 Jahre alt. Das übliche Ruhestandsalter liegt zwischen 63 und 65 Jahren, bis dahin vielleicht eher bei 65. Wahrscheinlich treten Sie in 25 bis 26 Jahren in den Ruhestand, also im Jahre 2028 oder 2029. Um diese Zeit dürfte die Wirtschaft wieder boomen, weil der Ausgabenzyklus der

Echoboom-Generation steigt und auf den Niedergang 2010 bis 2023 eine kräftige Erholung folgen lässt. Dieser Boom dürfte sich etwa im Jahre 2023, spätestens jedoch 2025 oder 2026 deutlich bemerkbar machen. Für eine optimale Rentenplanung müssen Sie viele Dinge berücksichtigen.

Das erste sind die Anlagestrategien, die Sie bis dahin befolgen. Da die große Hausse noch fünf bis sechs Jahre anhalten dürfte und da Sie in dieser Zeit Ende 40 sind, spricht nichts gegen ein diversifiziertes Aktienportfolio mit den Schwerpunkten Wachstumswerte, Technologie, Finanzdienstleister, Gesundheit, Asien, Tourismus und Immobilien (vor allem außerstädtisch oder in Erholungsgebieten). Aber auch wenn Sie zu Beginn des Niedergangs im Jahre 2009 immer noch in dem Alter sind, in dem man das mit Aktien verbundene Risiko tragen kann, sollte der größte Teil Ihres Portfolios aus hochwertigen langfristigen Unternehmensanleihen bestehen. Diese können Sie entweder bis zum Ende der Baisse behalten, oder Sie kaufen nach dem ersten schweren Crash der Jahre 2012 bis 2014 Asien-, Gesundheits- und Pharmawerte, Investmentfonds, Miet-Immobilien und defensive Aktien (zum Beispiel Versorgungsunternehmen). Ähnlich wie in Japan von 1990 bis Anfang der 2000er-Jahre werden in den Jahren 2009 bis 2022 die meisten amerikanischen Aktienmärkte sinken, nur dass es hier noch schlimmer wird, weil die demographische Entwicklung in den Vereinigten Staaten kräftiger nach unten tendiert und weil es in Europa sowie in vielen anderen Ländern ebenfalls abwärts geht.

Etwa ab Ende 2002 können Sie wieder einen größeren Teil Ihres Portfolios in Investmentfonds, Aktien und Immobilien anlegen, und zwar sowohl in den Vereinigten Staaten als auch im Ausland – und das obwohl die meisten Menschen Ihres Alters Anleihen und festverzinsliche Renten bevorzugen würden. Warum sollten Sie also in die genannten Papiere investieren? Weil der Wirtschaftszyklus stark darauf hindeutet, dass der Markt für Aktien und Immobilien stetig steigt und dass die steigende Inflation den Kapitalwert Ihrer Anleihen drücken würde. An diesem Punkt müssen Sie entscheiden, was Sie tatsächlich brauchen, um sich ein Auskommen zu sichern. Diesen Teil sollten Sie in festverzinslichen Renten, in kurzfristigeren Anleihen oder in Einlagezertifikaten anlegen, denen steigende Inflation nichts anhaben kann. Mit zunehmendem Alter können Sie einen immer größeren Teil Ihrer Aktiengewinne in festverzinsliche Papiere umschichten. Am besten warten Sie damit jedoch so lange Sie können, denn der Aktienanteil Ihres Portfolios bringt dann mehr Gewinn.

Wie schon gesagt ist es in den meisten Regionen Unsinn, nach 2009 Immobilien zu besitzen. Verkaufen Sie Ihr Stadt- oder Vorstadthaus lieber, und mieten Sie sich notfalls für ein paar Jahre eine Wohnung. Danach kaufen Sie ein Ferienhaus, das Sie zu Ihrer Ruhestandswohnung machen, oder Sie warten ab und kaufen Ihre Traumwohnung in den Jahren 2022 bis 2023, denn dann bekommen Sie wahrscheinlich den besten Preis und die besten Zinsen Ihres Lebens. Daher kann das Haus im Laufe Ihres Ruhestands an Wert gewinnen und Ihr Vermögen vergrößern. Es sollte sich mindestens bis 2040 Gewinn bringend verkaufen lassen.

Falls Sie während Ihres Ruhestands lieber eine Teilzeitbeschäftigung haben möchten, könnten Sie vielleicht zwischen 2014 und 2023 ohne Anzahlung und insgesamt sehr preiswert ein kleines Unternehmen kaufen. Dessen Wert kann sich im Laufe Ihres Ruhestands erhöhen. Wenn Sie Ihre Investitionen, Ihre Wohnung und Ihre Teilzeitbeschäftigung richtig wählen, dann haben Sie ein größeres Einkommen und bis zu Ihrem Tode ein größeres Vermögen als zum Anfang Ihres Ruhestands; das können Sie dann an Ihre Kinder, Ihre Enkelkinder oder andere geliebte Personen vererben.

Vermögensabsicherung und Steuern

Wir können davon ausgehen, dass Sie 50 Jahre alt sind, wenn die meisten Besserverdiener ihre Vermögensverhältnisse regeln. Woher wir das wissen? Aus den demographischen Statistiken natürlich! Die 20 Prozent Haushalte mit dem größten Einkommen kaufen die meisten Lebensversicherungen im Alter von Ende 50. In diesem Alter ist das verfügbare Einkommen der meisten wohlhabenden Haushalte immer noch hoch und der Ruhestand rückt in greifbare Nähe. Wie Abbildung 5.5 zeigt, muss

Abbildung 5.5
Jährliche Prämienzahlungen für Lebensversicherungen nach Alter und Einkommen

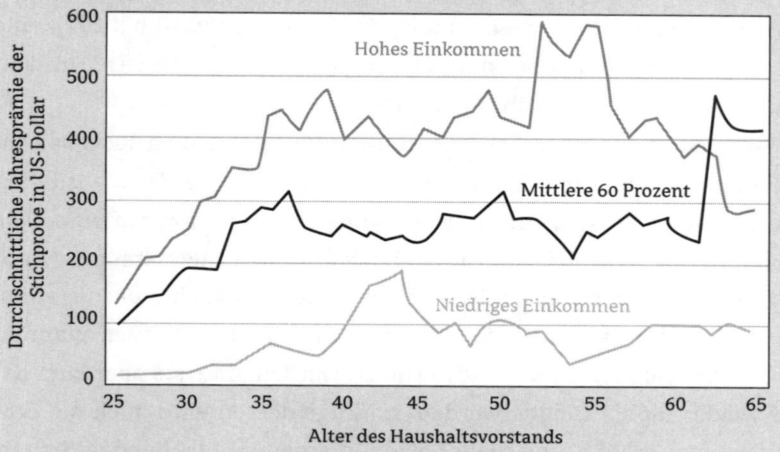

man in diesem Alter das meiste Einkommen und Vermögen vor Steuerverlusten schützen.

Jetzt denken Sie vielleicht, dass unter der Bush-Administration die Eingangssteuersätze sinken, dass auch die Erbschaftssteuer gesenkt wird und dass deshalb die Steuerplanung für wohlhabende Haushalte in Zukunft nicht mehr so wichtig ist wie früher. Der 80-jährige Wirtschaftszyklus bewirkt jedoch das Gegenteil. Im Boom der Goldenen Zwanziger – also 80 Jahre vor dem Boom des aktuellen New-Economy-Zyklus – wurden ebenfalls die Steuern gesenkt, und die Steuereinnahmen des Staates stiegen aufgrund des höheren Aufkommens trotzdem. Aber als dann in den 1930er-Jahren die Große Depression beziehungsweise die Auslese einsetzte, gingen die Steuersätze zwei Jahrzehnte lang so steil nach oben wie noch nie zuvor. Warum? Abschwünge lassen die Steuereinnahmen des Staates noch drastischer sinken als sie zuvor gestiegen sind, und die Kosten für Sozialleistungen steigen exponentiell an. Da allerdings der Staat in Zeiten sinkender Löhne und zunehmender Entlassungen nicht einfach grundsätzlich die Steuern anheben kann, hält er sich in solchen Fällen an die besser Verdienenden. Zudem ließ der Zweite Weltkrieg, der für die Vereinigten Staaten am Ende der Depression Anfang der 40er-Jahre begann, die Regierungsausgaben nochmals steigen. Wir sagen voraus, dass etwa von 2018 bis 2025 eine vergleichbare militärische oder politische Krise eintreten wird. Im Folgenden wollen wir das näher erläutern.

In Abbildung 5.6 sehen Sie, dass die größten Regierungsausgaben im Verhältnis zum BIP und damit auch das größte relative Haushaltsdefizit von Anfang der 1930er-Jahre bis Mitte der 1940er-Jahre anfielen. Wie Abbildung 5.7 zeigt, stieg in dieser Zeit der Einkommenssteuersatz auf bis zu 90 Prozent, so hoch wie noch nie in der Geschichte der Vereinigten Staaten. Deshalb sagen wir voraus, dass die Steuern zwar planmäßig bis zum Jahre 2009 oder 2010 sinken werden, dass sie aber kurz darauf wieder rapide steigen werden. Im Zuge dessen wird auch die Erbschaftssteuer erhöht, und viele Kosten, die den Wohlhabenden Steuerersparnisse ermöglichen – beispielsweise gemeinnützige Spenden – werden nicht mehr in gleichem Maße absetzbar sein wie bisher.

Abbildung 5.6

Defizit/Überschuss des US-Staatshaushalts in Prozent des BIP

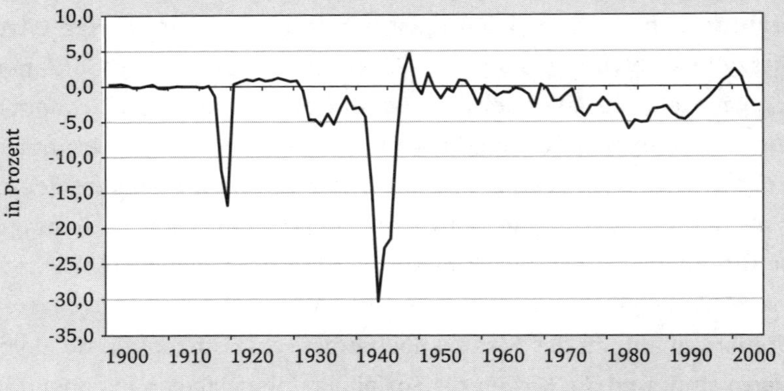

Quelle: Office of Management and Budget, Budget of the U. S. Government

Abbildung 5.7

Eingangssteuersätze 1913 bis 1999

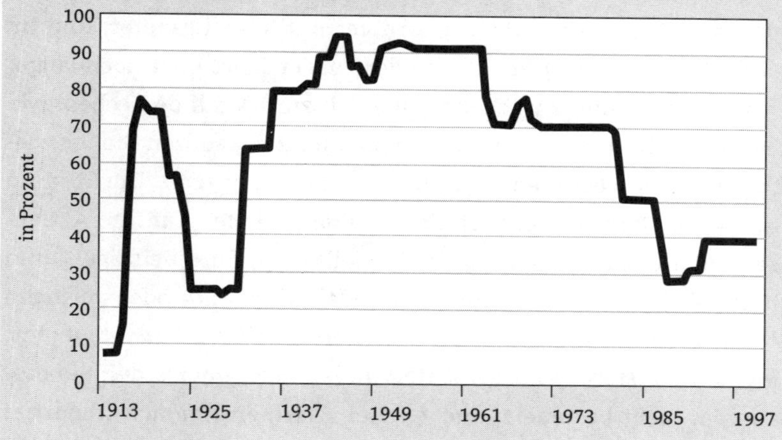

Wenn Sie jetzt 40 Jahre alt sind, sollten Sie sich im Voraus auf die steigenden Steuern einrichten. Sie sollten Ihre steuerbegünstigten Anlagen und Versicherungen noch vor dem Jahre 2010 organisieren, damit sie der Staat nicht ohne Weiteres zunichte machen kann. Es ist also höchst empfehlenswert, sich möglichst bald mit einem Finanzberater in Verbindung zu setzen, der sich mit Steuern auskennt.

Aus diesem Grund empfehlen wir den Wohlhabenderen, ihre steuerbegünstigten und absetzbaren Anlagen im kommenden Jahrzehnt voll auszuschöpfen. Und vergessen Sie nicht: Wir sagen voraus, dass die Zahl der Haushalte mit einem Jahreseinkommen über 100.000 US-Dollar und mit einem Vermögen von 500.000 bis 1.000.000 US-Dollar bis zum Höhepunkt des Booms erheblich steigen wird. In Zukunft müssen sich mehr Menschen als bisher mit solchen Fragen auseinandersetzen. Aber wie organisiert man seinen Nachlass und seine Steuern für den Rest des Lebens im Voraus?

Unabhängig von Ihrem Alter dürften sich die Steuern bis zum Jahre 2009 oder 2010 günstig entwickeln; falls im Jahre 2004 John Kerry zum Präsidenten gewählt wird, dürften sie nur minimal steigen. Danach werden die Steuersätze von 2011 oder 2013 bis 2025 vermutlich rapide steigen.

Nach dieser Zeit steigen die Steuern vermutlich langsamer, und im Zuge des Booms ab 2023 bis Anfang der 2040er-Jahre oder noch länger gehen sie sogar wieder zurück. Kommen wir zurück auf den Lebenszyklus des 39-jährigen: Bis zum Jahre 2008 oder 2009 sollten Sie vorwiegend in Aktien investieren, um den Boom auszunutzen. Die Steuern dürften weiter sinken, was auch den Kapitalgewinnen auf Ihre Aktienanlagen zugute kommt. Auf jeden Fall sollten Sie Ihre Beiträge – und die Ihres Arbeitgebers – zu Ihrem 401(k)-Plan, Ihrem IRA oder sonstigen Pensionsplänen maximieren. Diese Pläne bringen die größte Steuerentlastung, denn erstens wird der Anteil Ihres Einkommens, den Sie hier investieren, nicht besteuert, und zweitens vermehrt er sich steuerfrei bis zum Rentenalter.

Die Beitragsgrenzen werden zwar immer weiter angehoben, aber es gibt auf jeden Fall Obergrenzen. Wenn Sie überschüssiges Einkommen haben, können Sie es in Rentenpapiere oder in eine variable universelle Lebensversicherung investieren. Solche Investments verbinden die klassische Lebensversicherung mit verschiedenen anderen Investments einschließlich Investmentfonds. Da es sich um eine Lebensversicherung handelt, ist die Besteuerung der Gewinne aufschiebbar, und das „variabel" bedeutet, dass Sie damit indirekt auch in Investmentfonds investieren können, bei denen im Gegensatz zu Rentenpapieren (letztendlich langfristige Anleihen) die Ertragsrate nicht festgelegt ist. Solche Instrumente sind zwar mit zusätzlichen Kosten verbunden, aber damit können Sie während des bevorstehenden Booms höhere Erträge erzielen als mit Anleihen oder festverzinslichen Renten. Trotzdem sind die Gewinne einkommensteuerfrei. Wenn es dann nach dem Jahre 2009 mit der Wirtschaft wieder abwärts geht und die meisten Aktienfonds an Wert verlieren, können Sie von Aktien- auf Anleihenfonds umsteigen und dadurch von der konjunkturellen Abschwächung und der Deflation profitieren.

Hier das eigentliche Geheimnis variabler Renten und Versicherungen, das den meisten Menschen nicht klar ist: Wenn das konjunkturelle Klima wechselt, können Sie Ihre Anlagestrategie wesentlich ändern, ohne dass Sie auf die Gewinne aus der alten Strategie Steuern bezahlen müssten! Die meisten Anlagestrategen würden Ihnen sagen, Sie könnten sich die höheren Kosten einer variablen Versicherung beziehungsweise variabler Renten sparen, denn Sie könnten doch ganz einfach in Large-Cap-Aktien investieren und sie bis zum Rentenalter behalten – in diesem Fall würde die Kapitalertragssteuer ebenfalls nur bei Verkauf fällig werden. Aber versuchen Sie einmal, diese Aktien von 2010 bis 2020 zu halten!

In Wirklichkeit verursacht eine derartige Strategie zweifache Kosten. Erstens könnten einige Aktien (erinnern Sie sich noch an Enron?) trotz des Booms verlieren. Dann sind Sie gezwungen zu verkaufen, und dabei machen Sie entweder Verlust, oder Sie müssen den verbleibenden Gewinn versteuern. Zweitens deuten der 80-jährige Wirtschaftszyklus und die demographische Ausgabenwelle darauf hin, dass Blue-Chips und Large-Cap-Aktien länger als ein Jahrzehnt drastisch nach unten gehen werden. Ähnlich war es von Ende 1929 bis 1942 und von Ende 1968 bis Ende 1982 in den Vereinigten Staaten sowie von Ende 1989 bis Anfang 2003 in Japan. Wenn man solche Aktien im Jahre 2008 oder 2009 verkaufen würde, um den Niedergang zu umgehen, dann müssten Sie der Bundesregierung 20 Prozent Kapitalertragssteuer zahlen, und dazu noch den vollen Einkommensteuersatz an den Bundesstaat. In New York und Kalifornien können das neun bis zehn Prozent sein. Eine durchschnittliche Steuerersparnis von 20 bis 25 Prozent kann weitaus mehr wert sein als die geringen zusätzlichen Versicherungsgebühren, die Sie für die variable Rente bezahlen müssen.

Wenn etwa ab Ende 2022 der Aktienmarkt wieder langfristig nach oben wendet, dann können Sie Ihre Anlagen wieder in Aktienfonds umschichten und den Anteil, den Sie für regelmäßige Einnahmen oder gelegentliche Mitnahmen brauchen, in Anleihen belassen – und wiederum haben die umfangreichen Änderungen in Ihrem Portfolio keinerlei steuerliche Konsequenzen. Auf diese Art können Sie während des Booms Ihren Ertrag maximieren, Ihren Gewinn bewahren und während des großen Crashs mittels Anleihen weiterhin Gewinn erzielen; danach können Sie dann im Jahre 2023 oder noch später wieder zu den Aktien zurückkehren. Damit würden Sie Ihre Geldanlagen so lange vor Steuern bewahren, bis Sie Beträge entnehmen – genauso wie bei einem 401(k)-Plan.

Allerdings haben variable universelle Lebensversicherungen noch andere Vorteile. Kurz gesagt bleiben damit nicht nur Ihre Gewinne bis zur Entnahme steuerfrei, sondern Sie können gegen den Wert Ihrer Versicherung sogar einen Kredit aufnehmen, so dass selbst während Ihres Ruhestands der größte Teil Ihres Einkommens steuerfrei bleibt. Dabei ist zu beachten, dass variable universelle Lebensversicherungen und variable Renten komplexe Anlageinstrumente sind – deshalb können sich die jährlich anfallenden Mehrkosten für den zusätzlichen Nutzen auf mehr als ein Prozent belaufen. Wir glauben jedoch, dass die Vorteile die Kosten wert sind – zumindest für Anleger mit hohen Steuersätzen und einem langfristigen Anlagehorizont.

Unseren Analysen zufolge stellen nicht die leicht erhöhten Gebühren das größte Risiko solcher Instrumente dar (falls Ihr Steuersatz hoch genug ist und Sie das Investment lange genug halten, um die Steuervorteile zu genießen), sondern die Möglichkeit, dass sich die Aktienfonds, die in den variablen Renten enthalten sind, in langfristigen Phasen des Niedergangs wie den Jahren 2010 bis 2022 unterdurchschnittlich entwickeln. Im Falle variabler Renten kann dies zur Folge haben, dass Sie am Ende weniger Rente bekommen als erwartet, aber im Falle einer variablen universellen Lebensversicherung kann eine unterdurchschnittliche Kursentwicklung bedeuten, dass Sie gerade dann Prämien für die Weiterführung der Police hinlegen müssen, wenn Sie der Niedergang in die übelste Finanznot bringt. Ziehen Sie also bitte einen kompetenten Finanzberater mit Erfahrung auf diesem Gebiet heran. Er hilft Ihnen, Kosten, Nutzen und Risiken richtig einzuschätzen. Investieren Sie nicht in eine derartige Anlage, wenn Sie auf diese Fragen keine eindeutigen Antworten haben. Verlangen Sie von Ihrem Anlageberater vor allen Dingen, dass er in der langfristigen Anlagestrategie, die er entwirft, die saisonalen Veränderungen und die Veränderungen des wirtschaftlichen Klimas beachtet, die wir in unseren Portfoliostrategien in Kapitel 7 berücksichtigen.

Gemeinnützige Spenden

Die meisten von uns möchten der Gesellschaft beziehungsweise der Gemeinde etwas zurückgeben, vor allem wenn wir älter werden und mehr Vermögenswerte haben, aber weniger alltägliche finanzielle Verpflichtungen. Nur sehr wenige Finanzexperten machen sich ausführliche Gedanken darüber, wie sich die konjunkturellen Zyklen des Aufstiegs und Niedergangs auf die Spendentätigkeit auswirken. Sie denken nur so weit, dass die meisten Menschen in schlechten Zeiten die Einkommensminderung schmerzlich zu spüren bekommen und dass sie in Zeiten des Aufschwungs großzügiger werden. Genauso wie uns die demographische Statistik Prognosen zu den steuerlichen Schutzmaßnahmen der Menschen erlaubt, genauso können wir auch vorhersagen, wann die meisten Menschen am meisten spenden (Abbildung 5.8). Im Durchschnitt ist dies im Alter von 65 Jahren der Fall. Das bedeutet,

Abbildung 5.8
Jährliche Spenden für gemeinnützige Zwecke nach Alter

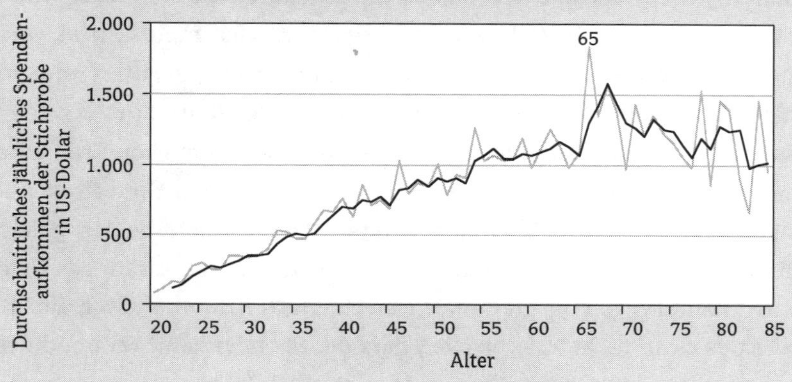

dass wir wohl von 2002 (1937 + 65) bis 2006 (1961 + 65) die größte Zunahme der Wohltätigkeit beobachten können, weil dann die Babyboom-Generation in das entsprechende Alter kommt.

Nehmen wir an, im Jahre 2004 sind Sie 60 Jahre alt und haben schon damit angefangen, Ihre Lieblingsorganisation mit Spenden zu bedenken, denn die Ausgaben für die Erziehung und Ausbildung Ihrer Kinder liegen schon lange hinter Ihnen. Sie haben mehr Geld, als Sie ausgeben können und verfügen über ein Anlageportfolio, das Ihren Bedürfnissen für den Ruhestand vollauf genügt. Sie stellen sogar fest, dass Ihnen die Spenden – gleich nach der Versorgung Ihrer Familie – die größte Freude bereitet haben. Vielleicht wird Ihnen schon jetzt klar, dass der Bedarf an Spenden etwa im Jahre 2009 am stärksten sein wird, wenn Sie 65 werden und in den Ruhestand gehen. Aber gerade dann brauchen Sie ja einen größeren Teil Ihres Anlageertrags für ihren Lebensunterhalt. Es mag zwar zunächst ein Schock sein, aber der Wirtschaftszyklus lässt es geraten erscheinen, jetzt noch nicht so viel zu spenden, sondern lieber noch fünf oder sechs Jahre lang zu investieren, damit Sie ab dem Jahre 2010 mehr an Wohltätigkeitsorganisationen spenden können – wenn sie es am dringendsten brauchen.

Bevor jetzt die Wohltätigkeitsorganisationen kommen und uns den Mund verbieten wollen, lassen Sie mich bitte erklären, wieso dieser Weg sowohl für die von Ihnen gewählte Organisation als auch für Ihre Steuerplanung mehr Vorteile hat. Stellen Sie sich zunächst die Frage: Wann brauchen die meisten Wohltätigkeitsorganisationen mehr Mittel, und wann wird ihre Arbeit am dringendsten benötigt? In guten oder in schlechten Zeiten? Während des Abschwungs der Jahre 2010 bis 2023 werden mit der wachsenden Arbeitslosigkeit alle möglichen Probleme zunehmen – Armut, Missbrauch innerhalb der Familie, Umweltzerstörungen in der Dritten Welt und so weiter. Wäre es nicht besser, genau dann mehr zu spenden, wenn die gemeinnützige Organisation das Geld für den Kampf gegen die größten Ungerechtigkeiten am meisten braucht? Und ist es denn nicht zu erwarten, dass der Spendenhahn während des von uns prognostizierten Abschwungs ab dem Jahre 2010 noch mehr versiegt als während des kurzen, aber heftigen Crashs der Jahre 2000 bis 2002, als die Organisationen händeringend auf Spenden warteten?

Und dann stellen Sie sich eine zweite Frage: In welcher Form werden die meisten Wohltätigkeitsorganisationen das gespendete Geld während des Booms wohl anlegen? In Anleihen, Einlagenzertifikate oder höchstenfalls in konservative Aktienportfolios, oder? Ihre treuhänderische Verantwortung und die Regulierungsvorschriften sorgen dafür, dass sie mit ihren Anlagen einen Ertrag von drei bis maximal zehn Prozent erwirtschaften. Aufgrund des von uns vorhergesagten konjunkturellen Aufschwungs können Sie mit Ihren Investitionen bis zum Jahre 2009 wesentlich mehr gewinnen. In ein paar Jahren, wenn der Abschwung einsetzt und wenn die Organisation Ihrer Wahl mehr Mittel braucht, aber weniger bekommt, können Sie dann tatsächlich mehr Geld spenden. Die Organisation und die Betroffenen, denen sie hilft, wissen die Spenden dann noch mehr zu schätzen.

Stellen Sie sich dann noch eine dritte Frage: In welchen Zeiten hält die von Ihnen gewählte Wohltätigkeitsorganisation eher die Kosten niedrig und setzt Ihre Spenden wirksamer ein – in Boomzeiten oder in Krisenzeiten? Noch mehr als für Wirtschaftsunternehmen gilt für gemeinnützige Organisationen das Prinzip, dass ihre Effizienz in Zeiten des Niedergangs am höchsten ist. Sie erhalten dann weniger Mittel von den Spendern, aber der Bedarf an ihren Leistungen nimmt zu. Deshalb empfehlen wir Ihnen, das für Spenden vorgesehene Geld für einige Jahre in einem Investmentfonds, einem Charitable Remainder Trust oder einem Donor-advised Fund zu verwahren und den Erlös erst nach dem Jahre 2009 an die Organisation Ihrer Wahl spenden, weil sie es dann am nötigsten braucht. Auf diese Weise leisten Sie in der Zeit des größten Bedarfs einen größeren Beitrag und tun so das Beste für den guten Zweck, der Ihnen am meisten am Herzen liegt. Und das heißt ja nicht, dass Sie in den vor uns liegenden Jahren des Booms gar nichts spenden würden.

Es gibt allerdings noch eine vierte Frage, die Sie beantworten müssen: Wann bringt Ihnen die steuerliche Absetzbarkeit der Spenden den größten Nutzen? Wie schon in dem Abschnitt über Steuern gesagt, gehen die

Steuern in Boomzeiten zurück, und in Zeiten des Niedergangs steigen sie meist drastisch. Wenn Sie zu den Betuchteren gehören, dann lohnt sich die steuerliche Absetzung von Spenden wahrscheinlich mehr, wenn die Steuern während des Abschwungs wieder auf Jahre hinaus zu steigen beginnen. Und schließlich bringen Ihre Investitionen während des Niedergangs selbst dann weniger potenziellen Ertrag, wenn Sie unseren Rat befolgen und auf Unternehmensanleihen oder andere Investments umsteigen, die wenigstens verhindern, dass Ihr Vermögen kleiner wird. Deshalb sind die Jahre 2010 bis 2023 für die meisten Menschen die beste Zeit, ihren Lieblingsorganisationen Geld zu spenden – es sei denn, für bestimmte Projekte, die Ihnen besonders wichtig sind, bestünde akuter Bedarf. Aber zumindest können Sie sich in Ihrer Entscheidung an den ökonomischen Zyklen orientieren, die eindeutig große Auswirkungen auf Ihre Wohltätigkeit und auf Ihre Steuerplanung haben.

In den letzten Jahren ist eine neue Art von Organisation aufgetaucht, die so genannten Donor-advised Charitable Trusts. In diese Fonds können Sie (vorläufig) steuerfrei investieren, und Sie können einen Teil des Ertrags an gemeinnützige Organisationen Ihrer Wahl spenden. Außerdem gibt es noch die Charitable Remainder Trusts. In diesem Fall geben Sie Ihr Geld unwiderruflich in Verwahrung. Sie selbst bekommen aus dem Fonds eine lebenslange feste Zinszahlung, und der Rest des Vermögens geht nach Ihrem Tode an eine gemeinnützige Organisation Ihrer Wahl. Und schließlich gründen immer mehr Menschen ihre eigene öffentliche oder private gemeinnützige Organisation, an die man steuerbegünstigt spenden kann. Als Stifter einer solchen Organisation kann man entscheiden, wohin die Investitionen und wohin die Spenden gehen. Wenn Sie sich die relativ geringen Kosten für die Einrichtung und den Betrieb einer solchen Stiftung leisten können (üblicherweise 3.000 bis 10.000 US-Dollar), ist das ein idealer Weg.

Der beste Zeitpunkt für die Gründung einer derartigen wohltätigen Stiftung ist in den nächsten Jahren dann, wenn Sie mit Aktien oder anderen Anlagen im Zuge des großen Booms Gewinn gemacht haben. Wir raten Ihnen, sich zu diesem Thema die Meinung eines Finanzberaters einzuholen. Im nächsten Abschnitt widmen wir uns der entscheidendsten Frage der Lebensplanung: Wo wollen Sie leben, wenn der große Abschwung kommt – wenn nicht nur die wirtschaftliche und gesellschaftliche Instabilität zunimmt, sondern auch die terroristische Bedrohung, die sich Ende 2001 so deutlich gezeigt hat, schlimmer wird als je zuvor?

Die Konsequenzen der terroristischen Bedrohung und der zunehmenden politischen Instabilität während der bevorstehenden Depression für die Lebensplanung

Ende 2001 gaben wir einen Sonderbericht mit dem Titel „The Terrorist Attack" heraus. In diesem Bericht, den Sie übrigens auf unserer Internetseite (www.hsdent.com) lesen können, stellten wir eine sehr kontrarianische Sichtweise der ernsten Krise vor. Wir schrieben, die Terroristen würden am liebsten dann zuschlagen, wenn wir uns am meisten in Sicherheit wiegen und am wenigsten damit rechnen. In der Vergangenheit gab es eine Reihe von Bedrohungen, unter anderem den Golfkrieg und den Bombenanschlag auf das World Trade Center im Jahre 1993. Dann blieben die terroristischen Aktionen bis zum Jahre 2001 aus. Seither sind wir in höchster Alarmbereitschaft, und den Terroristen ist bisher kein Anschlag mehr gelungen, obwohl es entsprechende Pläne gab. Wir rechnen zwar fest mit weiteren Anschlägen in den kommenden Jahren, aber sie werden nicht mehr so dramatisch ausfallen, denn es sieht so aus, als würden wir den Kampf gegen den Terrorismus nicht verlieren, sondern gewinnen. Zwischenfälle werden den Aktienmarkt kurzfristig einbrechen lassen, aber der kluge Anleger, der sich mit Zyklen auskennt, nutzt sie als Kaufgelegenheiten, und nicht für den Verkauf.

Die terroristische Bedrohung wird unserer Meinung nach die grundlegenden Entwicklungstendenzen der Wirtschaft und der Märkte nicht schlimmer erschüttern als vergleichbare Ereignisse in den Goldenen Zwanzigern, am Beginn des 80-Jahres-Zyklus. Vor 80 Jahren, mitten in der Technologiekatastrophe 1920/1921, wurde der erste moderne Terroranschlag in den Vereinigten Staaten verübt; bei J. P. Morgan in der

Wall Street explodierte eine Bombe. Der Anschlag heizte die Einwandererfeindlichkeit auf; der Ku Klux Klan hatte im Jahre 1924 im Verhältnis zur Gesamtbevölkerung die höchste Mitgliederzahl aller Zeiten. Neue Wachstumsbranchen boomten, mit vielen alten Unternehmen ging es bergab, es kamen die Prohibition und die „Gangster in den Straßen". Das Gefälle zwischen Arm und Reich wurde immer größer.

Die heftigen gesellschaftlichen und politischen Turbulenzen verhinderten den Wirtschafts- und Börsenboom der Goldenen Zwanziger genauso wenig wie der 11. September 2001 den derzeitigen Boom aufhalten kann. Wenn nicht gerade ein extremer Terrorakt unsere technische Infrastruktur lahmlegt, können wir uns nicht vorstellen, dass die terroristische Bedrohung den unglaublichen Boom stoppt, der vor uns liegt. Und wir halten ein derartiges Ereignis in den kommenden Jahren auch nicht für wahrscheinlich, denn wir befinden uns in voller Alarmbereitschaft und wir sind mächtiger als die kleinen, wenn auch erfindungsreichen Terrororganisationen. Der Terrorzyklus hat große Ähnlichkeiten mit dem Zyklus der Large-Cap- und Small-Cap-Aktien. Neue und innovative Unternehmen greifen sich die Marktanteile der mächtigen und etablierten Unternehmen gerade dann, wenn der Ausgabenzyklus seinen Höhepunkt überschritten hat. Die Etablierten wiegen sich in Sicherheit, aber gleichzeitig steigen aus der neuen jungen Generation Innovationszyklen auf.

Die Dritte Welt beginnt ihren Aufstieg genau in dem Moment, in dem sich die entwickelten Länder – deren Inbegriff die Vereinigten Staaten sind – auf dem größten Gipfelpunkt seit dem Römischen Reich befinden, kurz bevor es zerfiel und ab dem 5. Jahrhundert nach Christus das Jahrhunderte währende dunkle Mittelalter begann. Gerade eben haben wir prophezeit, dass sich die terroristische Bedrohung, die Ende 2001 ihren Kopf reckte, in den kommenden Jahren weniger stark auswirken wird als befürchtet; genauso klar sehen wir, dass der Höhepunkt der Industrienationen unsere Wirtschaft und unser Leben auf Jahrzehnte hinaus beeinträchtigen wird. Am stärksten ist die Bedrohung natürlich während des Abschwungs 2010 bis 2023. Wenn sich die Wirtschaftsbedingungen in den Vereinigten Staaten verschlechtern, dann verschlechtern sie sich in den meisten Ländern der Dritten Welt umso mehr. Auf dem Gipfel des aktuellen Booms werden wir genauso selbstzufrieden sein wie in den ersten Jahren unseres Jahrhunderts, als wir gerade ein weiteres Jahrzehnt des Wirtschaftsbooms und der scheinbaren Fortschritte im Kampf gegen den Terrorismus hinter uns hatten.

Das Aufbegehren gegen die amerikanische Kultur und den Kapitalismus sollte eigentlich nicht überraschen. Genauso wie in vielen anderen Teilen der Welt hat sich unser Lebensstandard unglaublich verbessert, während gleichzeitig die Mehrheit der Weltbevölkerung immer noch unterhalb der Armutsgrenze lebt – und viele Länder fallen immer weiter zurück. Das größte Problem besteht jedoch darin, dass unser demokratischer, liberaler Lebensstil und unsere freie Marktwirtschaft für viele fundamentalistische Kulturen in allen Teilen der Welt eine unmittelbare Bedrohung darstellen. Diese Kulturen sind sehr restriktiven moralischen Regeln unterworfen. Diese Regeln können sie nur schwer gegen die TV- und Konsumwelt des Westens verteidigen. Diese Welt empfinden sie als Bedrohung für ihre Kultur und insbesondere für ihre Kinder. Außerdem können sie nicht verstehen, warum es uns so gut geht und ihnen nicht. Das ergibt für sie einfach keinen Sinn.

Daher rührt der heilige Krieg gegen den amerikanischen Kapitalismus. Für viele fundamentalistische Kulturen der ganzen Welt sowie für die radikalsten Fraktionen und Personen wie zum Beispiel Al Quaida und Osama bin Laden sind wir ganz einfach „der Feind". Sie glauben, wir müssten um der höchsten religiösen Prinzipien willen vernichtet werden. Aus historischer Sicht war es unvermeidlich, dass der Aufstieg der Dritten Welt und die ökonomische Reifung der wohlhabenden entwickelten Welt zu diesem Konflikt führen würde. Wie schon in Kapitel 3 erwähnt, steigen Südostasien und China gerade in den Status entwickelter Länder auf, und gleichzeitig zeigt ihre demographische Kurve nach oben. Und noch etwas kann man aus der Geschichte lernen: Wenn sich neue wirtschaftliche, politische und militärische Mächte erheben, dann geraten sie unweigerlich mit den etablierten Mächten in Konflikt.

Deshalb halten wir es für sehr wahrscheinlich, dass es in den kommenden Jahrzehnten zu wirtschaftlichen und/oder militärischen Konflikten mit Ländern wie zum Beispiel China kommt. Aus dem 80-Jahres-Zyklus lässt sich ableiten, dass dies etwa 80 Jahre nach dem Zweiten Weltkrieg passieren dürfte, also zwischen 2018 und 2025.

Aus der Tatsache, dass der derzeitige Wachstumsschub seinen Höhepunkt erreicht und dass danach die Auslesephase kommt sowie aus der Tatsache, dass möglicherweise auch der lang angelegte Aufstieg der westlichen Zvilisation, der irgendwann zwischen den Kreuzzügen und der Renaissance begonnen hat, den Gipfel überschreitet, kann man Folgendes schließen: Die terroristische Bedrohung aus notleidenden Drittweltländern und die militärische Bedrohung durch aufsteigende Industrienationen wird in der Zeit des Abschwungs unseren Lebensstil stärker bedrohen als sich die meisten Menschen vorstellen können. Aber auch wenn die Bedrohung nicht so schwer ausfällt, sollte ein derartiger Niedergang Sie auf die ultimative Frage der Lebensstrategie bringen:

Wo will ich zur Zeit des großen Einbruchs leben?

In den Jahren 2010 bis 2023 geht die Wirtschaft zunächst in den Vereinigten Staaten und dann von wenigen Ausnahmen abgesehen (zum Beispiel Südostasien und Indien) in der ganzen Welt zurück. Aber selbst diese sehr exportorientierten Regionen werden einen gewissen Rückgang des Wachstums und des Wohlstands verzeichnen. Offenbar wird es in der ganzen Welt schwieriger, und in diesem Klima gedeiht der Same der Unzufriedenheit, des Terrorismus und der Meinungsverschiedenheiten. In den Goldenen Zwanzigern waren alle in Geschäfte und in den Kapitalismus verliebt, aber in den 1930er Jahren waren sie allen verhasst. In jener Zeit wurden die wirtschaftsfeindliche Politik und der New Deal erfunden. Sie sollten den Durchschnittsbürger vor den wirtschaftlichen Schwankungen schützen. Außerdem wurde damals die Sozialversicherung eingeführt.

In etwa zehn Jahren werden wir nicht nur im Inland ähnliche Regungen beobachten können, sondern auch die fundamentalistischen Kulturen der Dritten Welt werden heftiger reagieren. Sie werden sagen: Seht her, der Kapitalismus des freien Marktes und die Globalisierung haben diese große Wirtschaftsblase erzeugt, die unsere Kultur bedroht; sie hat den schwersten Abschwung der Geschichte verursacht. Die Menschen werden dort unter noch schlechteren wirtschaftlichen Bedingungen als jetzt leiden, und sie haben dann noch mehr Grund, gegen die Vereinigten Staaten, ihre Kultur und ihre Wirtschafts- beziehungsweise Militärpolitik aufzubegehren.

Stellen Sie sich einmal vor, die Unruhe im Land würde aufgrund der wachsenden Arbeitslosigkeit größer werden, international würden Unruhen und Terroranschläge zunehmen – gerade als wir dachten, wir hätten den Kampf gegen den Terrorismus gewonnen. Im Endstadium des Abschwungs könnten wir vielleicht nicht nur vor politischen und militärischen Konflikten mit Ländern des Nahen und Mittleren Ostens, sondern mit bedeutenden asiatischen Staaten wie Nordkorea, Indonesien oder gar China stehen. Wo würden Sie dann leben wollen? Unsere Antwort auf diese Frage ist einfach: in einer Region mit hoher Wohnqualität außerhalb der am schwersten bedrohten großen Städte – und auch außerhalb herausragender Erholungsgebiete wie Aspen oder Palm Beach.

Wenn wir uns für einen Moment in die Lage einer terroristischen Organisation oder Nation versetzen, die die Grundfesten der westlichen Gesellschaft erschüttern will – was wären die wahrscheinlichsten Ziele in den Vereinigten Staaten? Hier eine grob nach Priorität geordnete Liste:

1. New York und Umgebung
2. Washington, D. C.
3. San Francisco und das Silicon Valley
4. Las Vegas
   (der Inbegriff der amerikanischen Vergnügungsgesellschaft)
5. Los Angeles und Hollywood
6. Chicago
   (Zentrum des Mittelwesten, Wolkenkratzer)

7. Nashville, Tennessee
   (Heimat der Country-Musik)
8. Aspen, Colorado
   (Ferienmekka und Zufluchtstätte für die Reichen)
9. Der Südosten Floridas
   (wohlhabender Ballungsraum mit hohem jüdischen Bevölkerungsanteil)

Der Kauf Ihres Traum-Wochenendhauses oder Ihres Eigenheims für den Ruhestand ist vielleicht die wichtigste Entscheidung in Ihrem Leben, egal ob Sie sie jetzt oder in der Anfangsphase des Abschwungs treffen. Aufgrund der Weiterentwicklung des Internets und der Breitbandtechnologie kann man immer besser von außerhalb der großen Städte aus arbeiten und kommunizieren; dort hat man bessere Erholungsmöglichkeiten und schöneres Wetter. Da solche Regionen immer mehr Menschen anziehen – vor allem wohlhabende Menschen –, steigen dort auch die Restaurantvielfalt und das Freizeitangebot. Und wo wollen Sie, dass Ihre Kinder leben? Selbst wenn Sie sie nicht dazu bringen können, in eine solche Region umzuziehen, weil sie mit ihrer Familie und ihrer Karriere zu tun haben, dann könnten sie immerhin zu Ihnen kommen, wenn das Leben in den größeren Städten und deren Vorstädten zu gefährlich wird. Aber wie sollen Sie entscheiden, wann Sie Ihr Haus verkaufen und umziehen – und vor allem wohin?

Es gibt einen langfristigen Zyklus, der viele Menschen dazu bewegt, über einen Umzug in eine außerstädtische oder Urlaubsregion umzuziehen. In *DIE GOLDENEN 2000ER-JAHRE* haben wir diesen Zyklus ausführlich behandelt. Jede wirtschaftliche Revolution bringt Technologien mit sich, die das Wohnen in preiswerteren Regionen mit höherer Lebensqualität ermöglichen (siehe Abbildung 5.9). Die Eisenbahn, die Elektrizitätskraftwerke und der Telegraph ermöglichten die Wanderung von den ländlichen Gebieten in die Städte. Das Automobil, das Telefon und die elektrotechnische Revolution ermöglichten die Bewegung von den Städten in die Vorstädte. Und jetzt erlaubt es die Informationsrevolu-

Abbildung 5.9

Drei Migrationswellen, 1875 bis 2075

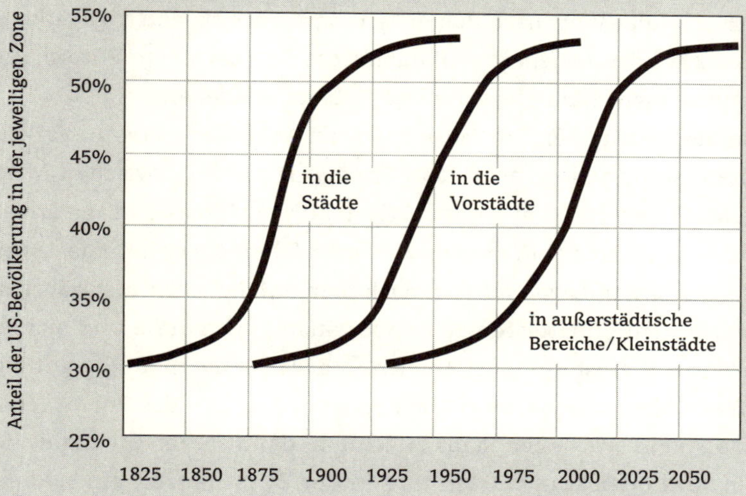

tion – das Internet, der Heimcomputer, die Unterhaltungselektronik, intelligente Handys und die Breitbandtechnologie (verkabelt oder drahtlos) –, dass immer mehr Menschen in außerstädtischen Gebieten vor den Toren der Vorstädte, in Erholungsgebieten oder Universitätsstädten wohnen und arbeiten.

Die ländlichen Gebiete sind jetzt wieder in! Wo findet man die teuersten Grundstücke der gesamten Vereinigten Staaten? In San Francisco? New York? Nein, in Aspen, Colorado und in Jupiter, Florida! Dieser langfristige Trend wird sich noch über den größten Teil unserer Lebenszeit erstrecken, und er ist der bedeutendste langfristige Trend im Immobilienbereich.

Fassen wir unsere Erkenntnisse zusammen: Wenn Sie in nächster Zeit ein Ferienhaus oder einen Ruhesitz kaufen wollen, dann dürfte das bis etwa 2009 eine gute Investition sein. Dann können Sie sich überlegen, ob Sie es im Jahre 2009 oder 2010 wieder verkaufen, oder ob Sie es über den Abschwung hinweg behalten, weil Sie dort langfristig wohnen oder Ihren Lebensabend verbringen wollen. Der spätere Wertzuwachs dürfte die potenziellen Verluste der Jahre nach 2009 wieder ausgleichen. Vermutlich wird der Wert nach den ersten Jahren des Niedergangs zirka ab Ende 2014 wieder anziehen, weil dann trotz der schlechten Wirtschaftslage immer mehr Menschen in diese Gebiete umziehen.

Wenn Sie beschließen, im Jahre 2009 ein Wochenendhaus zu verkaufen, dann sollten Sie ernsthaft in Erwägung ziehen, zwischen Mitte 2012 und Ende 2014 in einer attraktiven außerstädtischen Lage erneut zu kaufen, weil bis dahin die Preise wieder fallen oder zumindest stagnieren. Die besten Lagen dürften nach dem anfänglichen mehrjährigen Preisverfall am günstigsten sein, aber auch angenehme und sichere Mittelklasse-Kleinstädte dürften sich in der Abschwungphase gut eignen. Wenn Sie vorhaben, in einem späterem Stadium des Booms (etwa nach 2005) ein Wochenendhaus zu kaufen, dann sollten Sie damit lieber bis 2012 oder 2014 warten und in der Zwischenzeit ein schönes Häuschen mieten.

Informationen über die örtlichen Immobilienmärkte

Zusätzlich zu den demographischen Zyklen, die wir in Kapitel 4 vorgestellt haben, gibt es zwei neue Internetseiten, die Ihnen bei der Schätzung von Hauswerten und bei der Beurteilung der allgemeinen Wertentwicklung lokaler Immobilienmärkte helfen können. Mike Sklarz von Fidelity National Information Solutions analysiert mithilfe eines selbst entwickelten Modells die Preise an 316 lokalen Märkten. Die Internetadresse lautet: www.fnis.com/products; dort klicken Sie bitte auf „Value Your Home“. Bei John Burns Real Estate Consulting gibt es demographische Modelle, mit denen man feststellen kann, welche Bundesstaaten und welche Countys die Ferien- und Ruhestands-Haus-Käufer im Alter von 45 bis 64 Jahren anziehen. Burns' Internetseite finden Sie unter www.realestateconsulting.com. Berichte über lokale Märkte kosten 95 US-Dollar pro Stück, und die gesamte landesweite Datenbank bekommen Sie für 4.995 US-Dollar. Wir selbst bieten auf unserer Internetseite www.hsdent.com im Online Store einen Sonderbericht mit dem Titel „Demographic Trends in Real Estate“ an. Darin finden Sie auch eine Anleitung für die Benutzung von Datenbanken wie der oben genannten, um festzustellen, ob die Eigenheimpreise in Ihrer Region eher weiter steigen, oder ob der Markt schon überhitzt ist.

In Kapitel 6 befassen wir uns ausführlich mit der Frage, welche Arten von Geldanlagen – Anleihen, Hauptwerte, Nebenwerte, Auslandsaktien und so weiter – sich laut unseren demographischen Indikatoren in den kommenden Jahren und Jahrzehnten am besten entwickeln. Außerdem beschäftigen wir uns mit der Prognose der Inflation und der Zinsentwicklung. In Kapitel 7 betrachten wir die unterschiedlichen Risiken und Erträge in verschiedenen Phasen des 80-jährigen Wirtschaftszyklus, und wir erkären, wie man das am besten diversifizierte Portfolio für den bevorstehenden Boom und den nachfolgenden langen Niedergang zusammenstellt.

KAPITEL 6

Die Aussichten an den Kapitalmärkten

Large-Cap-, Small-Cap- und Auslandsaktien; langfristige und kurzfristige Anleihen

Die besten Anlagenbereiche für den Boom

Nachdem wir Sie mit der harten Realität des bevorstehenden Abschwungs konfrontiert haben, wenden wir uns jetzt wieder dem freundlicheren Gesicht der kommenden fünf bis sechs Jahre zu. Welchen Sektoren wird es im Zuge des Booms am besten ergehen? Technologie, Biotech, Finanzdienstleister, Gesundheit, Tourismus, multinationale Unternehmen, Asien oder Europa? Sollte man hoch oder niedrig kapitalisierte Aktien kaufen? Von 1958 bis 1983 übertrumpften die Small Caps die Large Caps, aber von 1984 bis 1999 zogen die Großen zunehmend an den Kleinen vorbei. Werden die Small Caps die Large Caps jetzt wieder locker schlagen, nachdem Letztere Anfang 2000 extrem überbewertet waren und danach kräftig durchgeschüttelt wurden? Wann sollte man Wachstumswerte und wann wertorientierte Aktien kaufen?

Markieren die ersten Jahre des neuen Jahrtausends eine neue Ära der Aktienbewertung, wie Warren Buffett und viele andere voraussagen? Wann sind die Preise und Renditen langfristiger Anleihen günstiger, und wann sollte man lieber in kurzfristige Anleihen investieren? Die langfristigen sind den kurzfristigen seit 1981 klar überlegen. In den 1970er-Jahren schlugen sich jedoch die kurzfristigen Anleihen lange Zeit besser als die langfristigen. Wie soll man sich in diesen verwirrenden Änderungen der langfristigen Anlagestrategie zurechtfinden? Gerade dann, wenn der eine Sektor am besten zu sein scheint, erweist sich ganz plötzlich ein anderer als noch besser. Die meisten Menschen kaufen einfach das, was sich in den letzten paar Jahren am besten entwickelt hat – also gerade rechtzeitig zum nächsten Rückgang. Aber wie kann man die „pervertierte" Voraussicht umkehren, die uns immer wieder dazu bringt, das Falsche zur falschen Zeit zu tun?

Wie schon in der Einleitung des vorliegenden Buches kurz skizziert, können wir auf der Grundlage der demographischen Entwicklung alle wichtigen Trends voraussagen, die sich in den kommenden Jahrzehnten auf Ihre Geldanlagen auswirken werden. Die meisten Wirtschaftswissenschaftler finden das unbegreiflich, aber die meisten Finanzberater und Investoren, denen wir unsere Modelle vorstellen, finden die demographischen Trends leicht verständlich und die Prognosen langfristiger Trends höchst verlässlich. Wie kann man sich als Anleger wohl in seiner Haut fühlen, wenn man keine Ahnung hat, wann die nächste Trendwende das Anlagevermögen vernichtet oder die Anlagestrategien wertlos macht? Beginnen wollen wir dieses Kapitel mit dem Lieblingssektor der meisten Anleger, dem Sektor mit dem besten risikobereinigten Ertrag: hoch kapitalisierte Aktien oder Large Caps.

Large-Cap-Aktien: Wirtschaftswachstum mit Hebelwirkung

Nachdem wir geklärt haben, dass wir wahrscheinlich kurz vor einem großen Börsenboom stehen, stellt sich natürlich folgende Frage: Wann ist der Boom am stärksten, und wo bieten sich dann die besten Anlagechancen? Bedenken Sie dabei, dass es in diesem Jahrzehnt ebenso wie in den Goldenen Zwanzigern heftige Schwankungen geben wird, gesellschaftliche Veränderungen und einschneidende politische Ereignisse.

Wir können zwar voraussagen, dass es mit hoher Wahrscheinlichkeit große Schwankungen geben wird, aber Art und Zeitpunkt der politischen und gesellschaftlichen Ereignisse können wir nur anhand der im vorangegangenen Kapitel vorgestellten Zyklus-Analyse vorhersagen. Die terroristischen Ereignisse seit Ende 2001 und die Konfrontationen mit skrupellosen Diktatoren seit dem Jahre 2003 haben vermutlich noch auf Jahre und Jahrzehnte hinaus bedeutende Nachwirkungen. Behalten Sie das bitte im Gedächtnis, wenn wir die vorhersehbaren Entwicklungen betrachten, die sich in den kommenden Jahren und Jahrzehnten sehr wahrscheinlich abspielen. Wir glauben, dass die terroristische Bedrohung in den kommenden Jahren geringer sein wird als viele Menschen erwarten. Erst während des Niedergangs nach dem Boom wird die Gefahr wieder größer.

Im Hinblick auf Investments ist es wichtig zu wissen, dass Large-Cap-Aktien der wirtschaftlichen Entwicklung und der Ausgabenwelle folgen. Das ist unser Large-Cap-Indikator und unser Prognosewerkzeug für Hauptwerte. Large-Cap-Aktien geben über längere Zeit das Wirtschaftswachstum vergrößert wieder. Das BIP-Wachstum seit dem Jahre 1900 beträgt durchschnittlich 5,5 Prozent oder inflationsbereinigt 3,4 Prozent. Die Large-Cap-Aktien (S & P 500) sind in der gleichen Zeit um 9,9 Prozent (inflationsbereinigt 6,6 Prozent) gestiegen. Das ist etwa das Doppelte des BIP-Wachstums, sowohl nominal als auch real. Während der jüngsten Boom-Periode von 1982 bis 2000 stieg der Aktienmarkt 2,7-mal so schnell wie das BIP – 16,5 Prozent gegenüber 6,2 Prozent. Inflationsbereinigt stiegen die Aktienkurse um 12,7 Prozent und das BIP um 3,2 Prozent; die Aktienkurse wuchsen also viermal so schnell wie die Wirtschaft. Das bedeutet, dass Aktienkurse in längeren Wachstumsphasen im Verhältnis zum BIP exponentiell wachsen. Langfristig entsprechen sie dem Wirtschaftswachstum und dem Gewinnwachstum der Unternehmen.

Daher bieten Large-Cap-Aktien sozusagen eine Hebelwirkung auf die Wirtschaft und die Verbraucherausgaben. Wenn die Verbraucherausgaben steigen, steigen die Aktien exponentiell, weil sie das künftige Wachstum auf mehrere Jahre vorwegnehmen und weil sie auf dem

Höhepunkt von Wachstumsperioden überbewertet sind. Im Gegenzug fallen sie aber auch exponentiell, wenn das Wachstum mit den sinkenden Verbraucherausgaben zurückgeht – wie zum Beispiel in den 1930er-Jahren in den Vereinigten Staaten und in den 1990er-Jahren in Japan. Die Ausgabenwelle (Abbildung 6.1, identisch mit Abbildung 2.1) zeigt fünf Jahrzehnte im Voraus, wann die Wirtschaft boomt und wieder kollabiert. Die Kurse der Large Caps folgen diesem Trend sehr eng, wenn man sie um die Inflation bereinigt und logarithmisch beziehungsweise exponentiell darstellt – so wie wir es mit der Ausgabenwelle tun. Somit sind wir in der Lage, den Trend von Large-Cap-Märkten wie des Dow Jones Industrial Average oder des S & P 500 fünf Jahrzehnte im Voraus zu erkennen.

Abbildung 6.1

Die Ausgabenwelle: Zeitlich versetzte Geburtenstatistik – Höhepunkt der Ausgaben der Familien, 1954 bis 2050

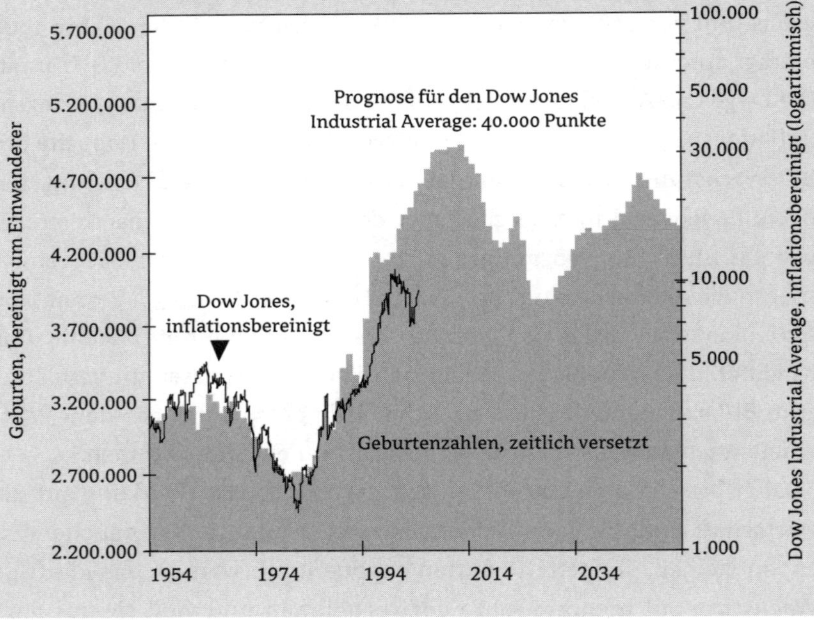

Wenn man sich das einmal richtig überlegt, dann ist das höchst erstaunlich! Der Indikator ist nicht neu. Wir benutzen ihn seit 1988, und die Wirtschaft und die Aktienmärkte folgen ihm seither trotz vorübergehender Perioden der Überbewertung und trotz der großen Crashs 1987 und 2000 bis 2002. Falls Sie glauben sollten, die Aktien würden nicht sinken, wenn die Konjunktur nach dem Jahre 2009 zurückgeht, dann sehen Sie sich einmal den Notstand Japans nach Ende 1989 an. Abbildung 6.2 zeigt, dass der Rückgang der Verbraucherausgaben in den Jahren 1990 bis 2002 mit dem Niedergang der japanischen Aktienmärkte zusammenfiel. Ende der 1980er-Jahre haben wir den Abschwung in Japan vorausgesehen, weil die Verbraucherausgaben aufgrund der demographischen Daten bis Anfang der 2000er-Jahre zurückgehen mussten.

Die Ausgabenwelle der Vereinigten Staaten enthält zwei Komponenten, die Auskunft über die Wachstumsaussichten geben. Die eine Komponente ist der durchschnittliche Höhepunkt der Ausgaben, der momen-

Abbildung 6.2

Der Crash in Japan 1990 bis 2003: Nikkei Index und Rückgang der Verbraucherausgaben, 1987 bis 2003

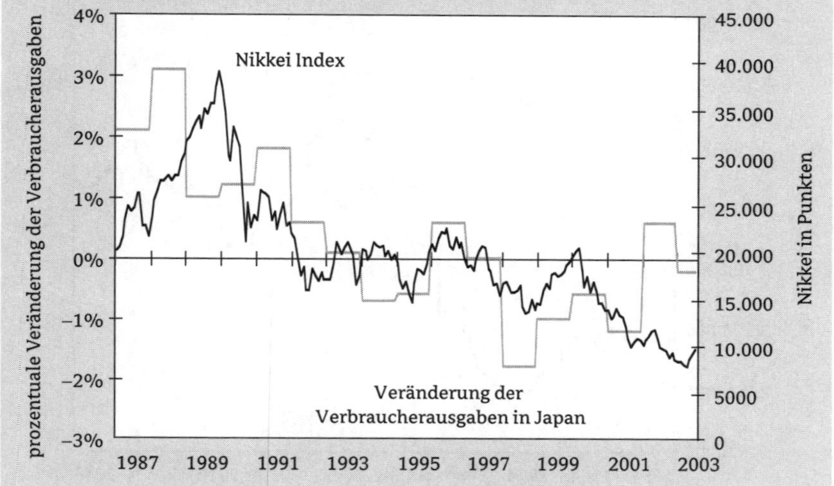

tan 48 Jahre nach dem Geburtenmaximum (immigrationsbereinigt) auftritt und pro Jahrzehnt um ein Jahr nach hinten wandert; somit liegt der nächste Höhepunkt im Jahre 2010. In geringerem Maße berücksichtigen wir bei diesem Indikator den Anstieg der Ausgaben im Heiratsalter von 26 Jahren, der ebenfalls pro Jahrzehnt ein Jahr weiter wandert. Am stärksten nehmen die Ausgaben mit der Familiengründung Mitte/Ende der Zwanziger zu. Abbildung 6.3 zeigt das Zusammenspiel dieser beiden Faktoren. Wie aus der versetzten Ausgabenwelle zu ersehen, war die treibende Kraft hinter dem unglaublichen Boom ab 1982 einschließlich des Aufstiegs der Large Caps die massive Babyboom-Generation. Die zweite Entwicklung, die in Abbildung 6.3 dargestellt ist, betrifft die Familiengründung. Von Ende der 1950er-Jahre bis 1986 beeinflusste sie die Wirtschaftsentwicklung positiv, und von 2003 bis 2017 wird es ähnlich sein. Das war für uns ein weiterer Grund anzunehmen, dass die Konjunktur im Jahre 2003 kräftiger anziehen würde als vorausgesagt.

Abbildung 6.3
Zyklus der Familiengründung und Ausgabenzyklus, 1954 bis 2050

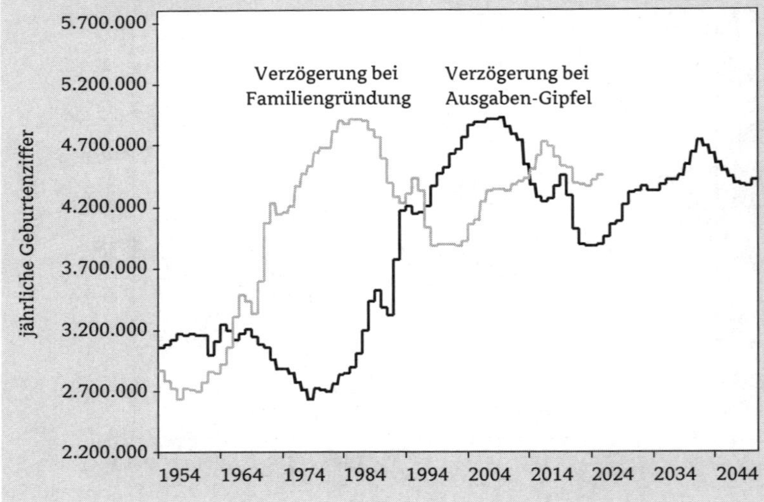

Das hohe Ausgabenniveau der Bob-Hope-Generation flachte sich von Ende der 1950er-Jahre bis 1965 ab. Man beachte, dass der Dow Jones, der die damaligen Large Caps am besten repräsentiert, inflationsbereinigt tatsächlich Ende 1965 seinen Höhepunkt überschritt. Der Beginn des Babyboom-Familiengründungszyklus trug ab Ende der 1950er zu dem Wirtschaftswachstum bei und verlieh den Small- und Mid Caps einen kräftigen Schub. Der Abschwung von Ende der 1960er- bis Anfang der 1980er-Jahre wäre wesentlich schlimmer ausgefallen, wenn der Familiengründungszyklus nicht weiterhin so steil angestiegen wäre. Von 1987 bis 1998 jedoch tendierte der Familiengründungszyklus aufgrund des Pillenknicks entgegen den breiteren aus dem Babyboom resultierenden Trends abwärts. In jener Zeit gab es trotz des fortgesetzten Booms mehrere erhebliche Korrekturen.

Die Tatsache, dass die Wirtschaft in den 1970er-Jahren und Anfang der 1980er-Jahre in eine immer schlimmere Rezession geriet und dass der breite Large-Cap-Markt (inflationsbereinigt) weiterhin nach unten ging, zeigt deutlich, dass der Ausgabenzyklus der dominante Zyklus ist. Aber auch als der Familiengründungszyklus nach 1986 scharf nach unten abknickte, wuchsen Wirtschaft und Börse weiter. Zum Glück können wir feststellen, dass der Zyklus der Familiengründungen seit 2002 wieder langsam nach oben geht und dass sich sein Anstieg seit 2003 beschleunigt.

Warum ist das so wichtig? Beide Zyklen gingen im Jahre 2003 nach oben, und die Erholung nach der Schwäche 2000 bis 2002 fiel recht kräftig aus. Im nächsten Jahrzehnt wird sich herausstellen, dass das Wirtschaftswachstum im Jahre 2003 eher groß war und dass jenes Jahr eines der drei oder vier besten Aktienjahre war. Was aber noch wichtiger ist: Der Ausgabenzyklus des Babybooms wird sich Ende 2005/Anfang 2006 bis Ende 2009 oder Anfang 2010 abflachen und verlangsamen, genauso wie es mit dem Ausgabenzyklus der Bob-Hope-Generation Ende der 1950er- und Mitte der 1960er-Jahre geschah. In den letzten Jahren des Booms, gerade dann, wenn es am nötigsten ist, wird der Echo-Babyboom das Wirtschaftswachstums noch einmal anstacheln.

Wir können also von 2005/2006 bis 2009/2010 allein aufgrund der Babyboom-Trends mit kräftigerem Wachstum rechnen. Das gilt insbesondere für die Zeit zwischen Mitte 2007 und Mitte 2009, denn dann sind beide Zyklen nach oben gerichtet.

Die Familiengründungskurve wird sogar nach dem Ausgabenhöhepunkt der Babyboomer Mitte 2009 noch die Wirtschaft stützen. Dieser Trend wird den Niedergang um das Jahr 2018 etwas dämpfen, aber dann geht es von 2019 bis 2023 oder 2024 wieder bergab. Die Vergangenheit lehrt uns allerdings, dass dies an dem bedeutenden Niedergang von Wirtschaft und Börse ab dem Jahre 2010 nichts ändert, vor allem weil die Echoboom-Generation erheblich kleiner ist als die erste Babyboom-Generation. Außerdem wird die Blase der großen Technologie-Explosion platzen und sowohl die Börse als auch die Wirtschaft mit sich herabziehen.

Der Crash 2000 bis 2002 war genau deshalb nur von einer kleineren Rezession begleitet, weil die durch den Babyboom bedingten Ausgabentrends immer noch deutlich nach oben gingen und weil der Trend der Familiengründungen die Talsohle durchschritten hatte. Im Endeffekt vernichtete der Börsencrash ein Vermögen von sieben Billionen US-Dollar, und es geschahen die schlimmsten politischen Ereignisse seit Jahrzehnten. Trotzdem mussten die Verbraucher Geld für Häuser und Autos ausgeben – und dabei halfen ihnen die sinkenden Zinsen. Wir rechnen also mit einem sehr schweren Crash von 2010 bis 2012, der sich wahrscheinlich bis Ende 2014 fortsetzt; das haben wir in Kapitel 3 vorausgesagt. Ähnlich wie Anfang der 1930er-Jahre wird in dem nachfolgenden wirtschaftlichen Ausleseprozess die Arbeitslosigkeit rapide steigen. Wir erwarten aber auch, dass die Wirtschaft von 2020 bis 2023 wieder langsam bis mäßig wächst, während beide Indikatoren nach unten zeigen.

Das heißt, dass der Trend ab 2010 trotz der Korrektur der Ausgabenwelle durch die Familiengründungen der Echoboomer nach unten gerichtet ist. Allerdings gibt es Wirtschaftssektoren, die davon profitieren. Der gehobene Einzelhandel wird etwa bis 2005 florieren, aber der Discountbereich – von Wal-Mart bis IKEA – dürfte eher von 2003 bis 2017 blühen, denn die jungen Familien kaufen Grundausstattungen für ihre ersten gemeinsamen Wohnungen; und außerdem werden die Verbraucher durch den Abschwung ab 2009 preisbewusster.

Aus der Kombination der beiden Indikatoren ergeben sich insgesamt bessere Wachstumsaussichten für die Jahre 2002 bis 2009. Die Babyboomer und die Echo-Babyboomer sorgen seit Mitte 2003 für eine Zunahme der Verbraucherausgaben. In dieser Zeit erholte sich die Wirtschaft, die nach der Schwäche 2000 bis 2002 schon einmal kurz angezogen hatte, zum ersten Mal wieder ernstlich. Das zweite Halbjahr 2003 dürfte eine der stärksten Wachstumsperioden werden, und im Jahre 2004 dürfte sich die Erholung fortsetzen – allerdings nur gedämpft; erst ab Mitte 2005 geht es wieder steiler aufwärts. Im Jahre 2006 könnte sich das Wachstum in der zweiten Jahreshälfte verlangsamen, und irgendwann im Jahre 2007 dürfte wieder ein kräftigerer Anstieg einsetzen, der bis Ende 2009 oder bis 2010 anhält; dazu trägt ab Ende 2006 auch die äußerst fest tendierende Börse bei.

Es gibt aber noch einen anderen Grund, weshalb das Wachstum in der Spätphase des Booms kräftiger ausfallen sollte als es die Ausgabenwelle vermuten lässt. Von 2005 bis 2009/Anfang 2010 dürfte gleichbleibendes Wachstum herrschen. Die Volkszählung des Jahres 2000 bescherte uns aktuelle Daten zur Altersverteilung in den Vereinigten Staaten. Dank der Volkszählung konnten wir die Geburtenentwicklung mitsamt den Immigranten rekonstruieren und daraus eine neue Version der Ausgabenwelle erstellen. Die revidierte Fassung zeigt, dass das Niveau am Ende des Babybooms höher ist als ursprünglich aufgrund der reinen Geburtenrate angenommen. Daraus sollte eher ein starker Aufwärtstrend als eine Verlangsamung des Wachstums resultieren. Die Ursache dafür ist die Immigration. Wir haben im Jahre 1997 angefangen, die Einwanderer in der Ausgabenkurve zu berücksichtigen. Aus den Altersverteilungen der Immigranten der letzten Jahre erstellten wir eine durchschnittliche Alterskurve der Einwanderer. In Kapitel 1 von *DIE GOLDENEN 2000ER-JAHRE* haben wir schon erklärt, dass wir die jährlichen Einwandererzahlen genommen haben und sie in die US-Geburtenstatistiken

Abbildung 6.4
Ausgabenwelle gemäß der Volkszählung 2000 (1982 bis 2050)

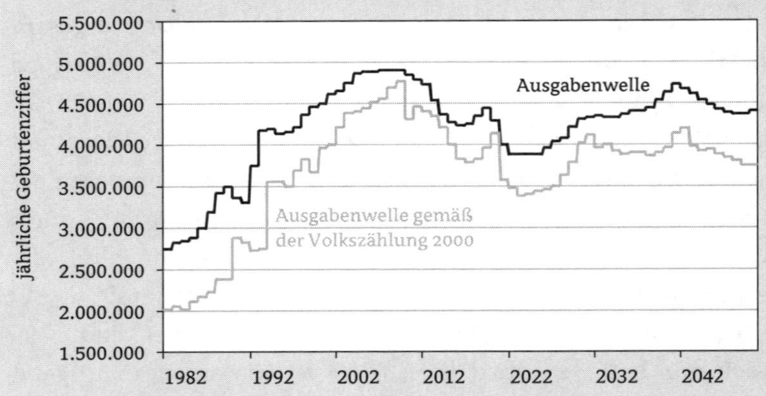

eingerechnet haben, so dass sich eine einwanderungsbereinigte Geburtenstatistik ergibt.

Abbildung 6.4 zeigt, dass die von uns konstruierte Ausgabenkurve von den Zahlen der Volkszählung 2000 abweicht; dort dürfte die Altersverteilung der Immigranten genauer sein als in unserem Computermodell. Zum Beispiel gibt es eine Anomalie, die unser Modell nicht berücksichtigt: Die US-Regierung gewährte von 1986 bis 1989 illegalen Einwanderern eine einmalige Amnestie. Wer sich anmeldete, konnte zum legalen Immigranten werden. Dieses Programm ließ die Zahl der gemeldeten Einwanderer insbesondere im Jahre 1991 nach oben schnellen (Abbildung 6.5). Zum Teil beruht dieser Ausschlag auf den bereits im Lande befindlichen illegalen Einwanderern, die sich jetzt erst anmeldeten, aber die Amnestie lockte auch junge Einwanderer an, die schnell noch einreisten. Der Schwerpunkt dieser Einwanderungsexplosion lag eindeutig auf den letzten Jahren des Babybooms – insbesondere auf den Geburtsjahren 1960 und 1961. Aus diesem Grund steigt die Ausgabenkurve der Volkszählung 2000 in den letzten Boomjahren steiler an als unsere in Abbildung 6.1 gezeigte flachere Ausgabenwelle.

Zusammenfassung: Sowohl die auf der Amnestie basierende Einwanderungsspitze als auch der Familiengründungszyklus des Echo-Babybooms sorgen dafür, dass die letzten Jahre des Booms besser ausfallen als die Geburts- und Ausgabenziffern des Babybooms für sich genommen vermuten lassen. Diese Logik funktioniert aber auch in der umgekehrten Richtung: In Abbildung 6.4 ist zu erkennen, dass die Ausgaben ab 2009 steiler abfallen; auf den schnelleren Aufstieg folgt ein schnellerer Fall. Kombiniert mit dem endgültigen Platzen der Technologieblase ergibt sich daraus, dass der erste Einbruch im Jahre 2010 wahrscheinlich sehr heftig ausfällt.

Das stärkste BIP-Wachstum dürfte von Mitte 2003 bis Mitte 2006 und von 2007 bis 2009 herrschen. Zwischen Ende 2009 und 2010 dürfte das Wachstum zunächst scharf abfallen und dann mindestens bis zum Jahre 2015 weiter abnehmen, weil der Ausgabenzyklus der Babyboomer so steil abfällt. Die Jahre 2010 bis 2012 und 2014 bis Anfang 2015 bringen in der ersten Phase des Abschwungs wahrscheinlich die schwersten Rezessionen. Die Arbeitslosenquote dürfte zwischen Anfang 2013 und An-

Abbildung 6.5
Einwanderung, 1820 bis 2002

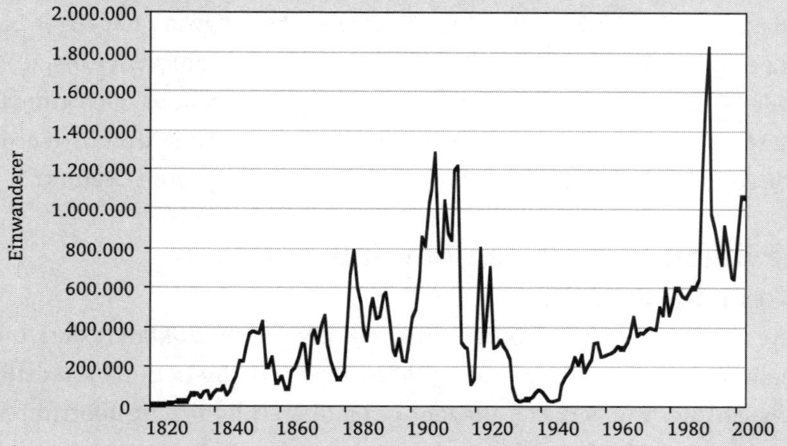

fang 2015 den ersten Höhepunkt erreichen. Dann entspannt sich die Situation bis zum Jahre 2017 wieder leicht, und im Jahre 2018 oder 2019 geht es im Zuge der letzten Babyboom-Ausgabenwelle, aufgrund der Anreize seitens der Fed und aufgrund staatlicher Arbeitsmarktprogramme wieder spürbar aufwärts. Von Anfang 2020 bis 2023 geht es dann wieder rapide abwärts, weil beide Sektoren gleichzeitig deutlich nach unten zeigen. Die schlechtesten Jahre für den Aktienmarkt dürften also die Jahre 2010 bis 2012 und 2020 bis 2022 werden. Die Jahre 2011 bis 2013 und 2021 bis 2023 dagegen werden wohl als die wirtschaftlich schlechtesten Zeiten seit den Jahren 1930 bis 1933 in die Geschichte eingehen. In diesen Zeiten wird wohl auch die Arbeitslosenquote in den Vereinigten Staaten am höchsten sein – 15 Prozent, vielleicht sogar noch höher. Etwa Anfang 2023 dürfte die Arbeitslosigkeit den Tiefpunkt erreichen, falls die Vereinigten Staaten Anfang der 2020er-Jahre in einen Krieg eintreten oder in eine politische Krise geraten – und die Geschichte legt nahe, dass dies sehr wahrscheinlich ist. Der einzige positive Zeitraum für den Aktienmarkt und die Wirtschaft wird wahrscheinlich die Zeit von Ende 2014 bis 2019.

Noch einmal zusammenfassend: Die besten Wachstums-Zeiträume und die besten Zeiten für Large-Cap-Aktien dürften die Zeiträume von Ende 2004 bis 2006 und von Ende 2006 bis Ende 2009/Anfang 2010 sein. Ab Ende 2009 oder Anfang 2010 bis mindestens Mitte 2012 oder sogar bis 2014 folgt dann ein kräftiger Abstieg und bis Ende 2017 oder bis 2019 wieder eine deutliche Erholung. Von 2020 bis 2022 geht es noch einmal erheblich abwärts, bevor ein neuer, weniger dramatisch und in geordneteren Bahnen verlaufender Wirtschafts- und Börsenboom beginnt.

Die Small Caps folgen den Innovationen junger Menschen

Jeremy Siegel zeigt in seinem Buch *AKTIEN FÜR DIE ZUKUNFT*, dass die Small Caps die Large Caps von 1926 bis 1997 mit einem durchschnittlichen Jahresertrag von 12,5 Prozent gegenüber 11,0 Prozent übertroffen haben. Aber heißt das wirklich, dass man mit Small Caps besser bedient ist? In Kapitel 7 werden wir zeigen, dass das Risiko und die Volatilität der Small Caps die leicht höheren Erträge im Allgemeinen überwiegt. Aber an dieser Stelle geht es vielmehr darum, dass es lange Zeiträume gibt, in denen die Large Caps besser laufen und dann wieder lange Zeiträume, in denen die Small Caps besser laufen. Natürlich stehen hinter den unterschiedlichen Perioden demographische Trends. Jeremy Siegel stellt fest, dass sich der Löwenanteil der Überlegenheit der Small Caps auf die acht kurzen Jahre von 1975 bis 1983 konzentriert.

Deshalb sollte die Frage eigentlich lauten: Warum übertrafen die Small Caps die Large Caps von 1975 bis 1983 so deutlich? Dafür muss es ja einen Grund geben. Gab es irgendeine Möglichkeit vorher zu wissen, dass man in dieser erstaunlichen Periode in Small Caps hätte investieren sollen? Zunächst einmal: Wie erstaunlich war sie denn überhaupt? Der durchschnittliche Jahresertrag der Small Caps belief sich von 1975 bis 1983 auf 35,3 Prozent, also kumuliert auf das Vierfache und pro Jahr auf das 2,2-fache des Ertrages der Large Caps. Aber in Wirklichkeit war das nicht nur in diesen acht Jahren so. In *DIE GOLDENEN 2000ER-JAHRE*

Abbildung 6.6

Small-Cap-Aktien und Large-Cap-Aktien im Vergleich, 1958 bis 1983

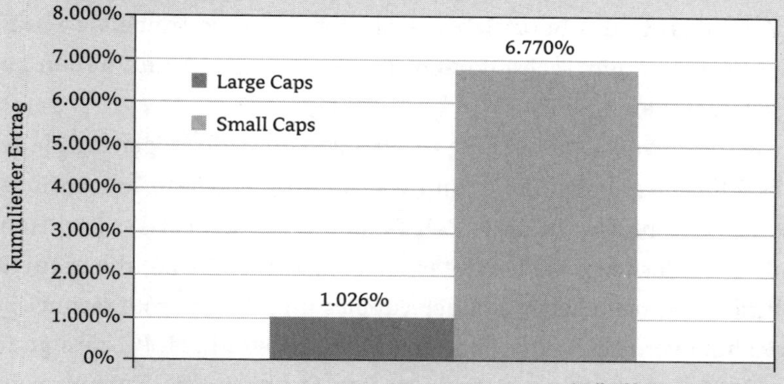

Quelle: Ibbotson & Associates

haben wir gezeigt, dass der kumulierte Ertrag der Small Caps in den 25 Jahren von 1958 bis 1983 fast siebenmal so groß war wie der Ertrag der Large Caps (Abbildung 6.6).

In diesen 25 Jahren wäre man mit Small Caps wesentlich besser bedient gewesen. Der durchschnittliche Jahresertrag der Small Caps von 1958 bis 1983 betrug 17,31 Prozent, also 81 Prozent mehr als die 9,56 Prozent der Large Caps. Das jährliche Risiko war um 56 Prozent höher; die Standardabweichung der Small Caps betrug 23,60 und die Standardabweichung der Large Caps 15,12. Für spekulative Anleger ist das ein sehr günstiges Chance-Risiko-Verhältnis. Das war der einzige Zeitraum, in dem das höhere Risiko der Small Caps die Investition lohnenswert gemacht hätte. Woran lag das? Daran, dass die Babyboom-Generation in das Innovations-Stadium eintrat.

Small Caps folgen vollkommen anderen Zyklen als Large Caps. Natürlich hängen beide vom Wirtschaftswachstum ab und somit von der Ausgabenwelle und der zeitlich versetzten Geburtenrate, die Auskunft über den Höhepunkt der Verbraucherausgaben gibt (Abbildung 6.1). Außerdem profitieren die Small Caps von Innovationen und neuen Produkten für Marktnischen, in denen kleinere Unternehmen gegenüber den Großen Wettbewerbsvorteile haben. Die treibende Kraft hinter den Innovationen sind junge Menschen, und deshalb sprechen wir auch von dem „Yuppie-Effekt". Die College-Absolventen, die nach dem Abschluss in das Berufsleben eintreten, sind die treibenden Kräfte, die hinter neuen Technologien, neuen Produkten und neuen Lebensstilen stehen.

Der Zeitraum von 1958 bis 1983 ist eine 22-jährige Verzögerung (College-Abschluss) des Babybooms und war damit die größte Innovationsphase der Geschichte. In diese Zeit fallen Elvis, die Beatles, Jimi Hendrix und zahllose andere Vertreter neuartiger Musikstile, die sexuelle Revolution, der neue Lebensstil der Yuppies und die gesamte technische Entwicklung vom Halbleiter über den Mikrochip und den PC zum grafischen Betriebssystem; neue Produkte von Starbucks bis Armani, neue Einzelhandelsketten von Sharper Image über Wal-Mart bis Charles

Schwab; der Aufstieg von BMW, Mercedes und Lexus sowie der Fall von Cadillac und Lincoln.

Wir haben inzwischen herausgefunden, dass man die Performance der Small Caps am besten aus der um 23 Jahre versetzten (und immigrationsbereinigten) Geburtenkurve ablesen kann, denn die meisten Altersgruppen verschieben sich im Laufe der Zeit nach hinten. Die neuen Yuppies haben also ein Jahr Zeit, das College zu verlassen, sich in ihre Karriere einzuarbeiten und sich an die neuen Ausgabenmuster zu gewöhnen. Wir haben ein einfaches, aber effizientes Modell entwickelt, das die Entwicklung der Small Caps voraussagt und anzeigt, wann man solche Aktien kaufen sollte. Es ist ganz einfach eine Kombination der Ausgabenwelle (100 Prozent gewichtet) und der um 23 Jahre versetzten Geburtenwelle (zu 75 Prozent gewichtet). Erstere zeigt die Wachstums- und Schrumpfungsphasen der Wirtschaft an, Letzere den Höhepunkt

Abbildung 6.7

Der Small-Cap-Indikator, Januar 1954 bis Januar 1999

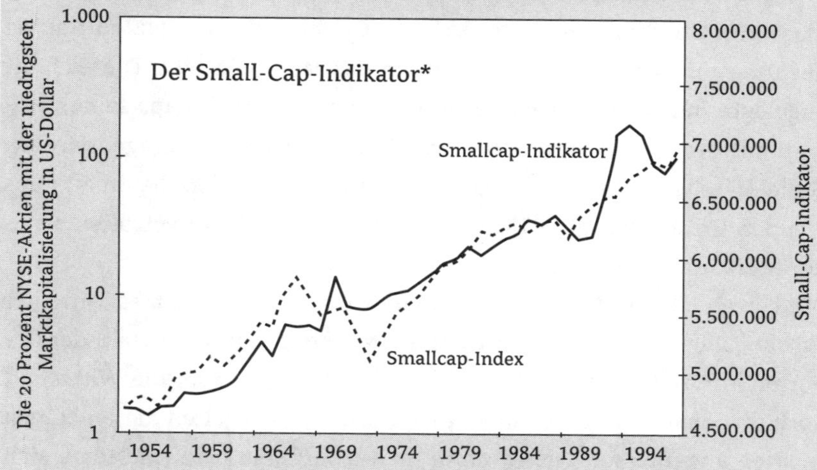

*Dieser Indikator ist eine Kombination zweier Indikatoren: Die um 23 Jahre versetzte Geburtenkurve (zu 75 Prozent gewichtet) zeigt das Alter der Innovation an, die Ausgabenwelle (zu 100 Prozent gewichtet) zeigt das Wirtschaftswachstum an.

der Innovationskraft. Abbildung 6.7 zeigt den parallelen Verlauf des Small-Cap-Indikators und eines gängigen Small-Cap-Indexes, der die 20 Prozent kleinsten Aktien an der NYSE repräsentiert. Der Russell 2000 ist zwar heutzutage der verbreitetste Small-Cap-Index, aber er reicht lediglich bis in das Jahr 1980 zurück.

Der Index wich im Betrachtungszeitraum nur zweimal von der Prognose des Indikators ab. Das erste Mal waren die Jahre 1969 bis 1974. Wir haben schon immer gesagt, dass sich Small Caps in der Frühphase ausgedehnter Niedergänge schwach entwickeln. Die Großunternehmen wurden von den Börsencrashs 1970 und 1973/1974 schwer getroffen, aber die Small Caps traf es noch härter, obwohl sie sich in einer positiven Phase des Innovationszyklus befanden. Das Gleiche geschah Anfang der 1930er-Jahre während des Crashs, der die Große Depression einläutete. Wenn die Großen auf wackeligen Füßen stehen, haben die Investoren um die Kleinen noch mehr Angst.

Die Small Caps entwickelten sich nach 1958 besser als die Large Caps, und wie es in den führenden Sektoren im Rahmen einer Hausse gang und gäbe ist, bildeten sie bis zum Höhepunkt Ende 1968 eine gewisse Blase aus. Beachten Sie, dass auch der Gipfelpunkt der letzten Hausse des inflationsbereinigten S & P 500 in das Jahr 1968 fällt. Dieser breit angelegte Index erreichte aufgrund der starken Small Caps seinen Höhepunkt drei Jahre nach dem Dow Jones Industrial Average, der den Gipfel bereits 1965 überschritten hatte. Danach wurden die Small Caps von den Crashs der Jahre 1970 und 1964/1974 schwerer getroffen als es der Indikator hätte erwarten lassen.

Die zweite Abweichung zwischen Index und Indikator gab es Mitte der 1990er-Jahre. Kurz nach dem Zweiten Weltkrieg war die Anzahl der Geburten kurzzeitig steil nach oben geschnellt, aber weder die Wirtschaft noch die Small-Cap- und Large-Cap-Indikatoren spiegelten diesen kurzen Anstieg angemessen wider, denn er war äußerst kurz und löste sich schnell wieder auf. Wir haben schon früher festgestellt, dass sehr kurzfristige Schwankungen der Ausgabenwelle oder demographischer Indikatoren keine wesentlichen Auswirkungen haben. Ansonsten hat dieser Indikator die Entwicklung der Small Caps genauso präzise angezeigt wie die Ausgabenwelle die Entwicklung der Large-Cap-Aktien. Und die beiden besten Zeiträume waren die Jahre 1958 bis 1968 und 1975 bis 1983.

So glänzend wie damals werden sich die Small Caps in Zukunft nicht mehr steigern, obwohl das um 23 Jahre versetzte Innovationsstadium des Echo-Booms im Jahre 1999 eingesetzt hat. Aber immerhin wird es den Small Caps viel besser ergehen als in den 1990er-Jahren. Von 1984 bis 1998 entwickelten sie sich unterdurchschnittlich, weil der Einbruch der Geburtenrate 23 Jahre zuvor den Innovationstrend sinken ließ und den Aktien den Wind aus den Segeln nahm. Von 1999 bis 2002 jedoch entwickelten sich die Kurse überdurchschnittlich.Viele Experten betrachten dies als Anzeichen dafür, dass die Small Caps wieder wie in den 1970er-Jahren über die sinkenden Large Caps triumphieren werden. Da sich der demographische und technologische Zyklus derzeit in einem vollkommen anderen Stadium befinden als in den 1970er-Jahren, müssen wir dem natürlich widersprechen (aber im Zweifelsfall ist es ja meistens sinnvoll, anderer Meinung zu sein als die „Experten").

Unsere Indikatoren zeigen an, dass die Small Caps zwischen 1999 und 2009 zwar besser dastehen als im Jahre 1998, aber die Large Caps liegen – insbesondere risiko- und volatilitätsbereinigt – weiterhin vorne. Wieso? Anders als in den 1970er-Jahren befinden wir uns derzeit in einem fortgesetzten Boom, und es findet ein Wettlauf um die Führung statt. Dabei wird sich zeigen, welche Großunternehmen in den entscheidenden Zukunftsbranchen der S-Kurve führend sein werden. Als die Penetrationsrate der neuen Technologien zwischen zehn und 90 Prozent lag, hielten die Large Caps natürlich die Führungsposition. Eine Ausnahme war die Selektionsphase in der Mitte der Kurve, von 2000 bis 2002.

Die Small Caps gingen schwer unterbewertet in den Crash 2000 bis 2002, weil ihre Performance schon seit Jahren zu wünschen übrig ließ. Die Large Caps gingen höchst überbewertet in den Crash, so überbewertet wie nie zuvor, und zwar weil sie von 1995 bis Anfang 2000 so schön gestiegen waren. Es ist nur logisch, dass die Large Caps in dieser bewertungsorientierten Korrektur wesentlich mehr Schläge einstecken mussten. Bedenken Sie, dass die Generation des Echobooms zahlenmäßig schwächer ist als die Generation des Babybooms und dass die Small Caps keine astronomischen Steigerungen wie in den 1960er- und 1970er-Jahren erleben werden. Im kommenden Jahrzehnt werden sie sich zwar mehr an die Large Caps angleichen, aber wie wir in Kapitel 7 noch näher erläutern werden, ist das Risiko dann ebenfalls größer.

Die Large Caps folgen wieder einmal einem anderen Rhythmus. Sie orientieren sich einfach an dem allgemeinen Wirtschaftswachstum und den Ausgabenspitzen der neuen Generation. Wenn die neuen Generationen älter werden, integrieren sie die Neuerungen ihrer Jugendzeit (als die Small Caps dominierten) zunehmend in den Massenmarkt. Sie geben etwa im Alter von 48 Jahren am meisten Geld aus, und deshalb werden die Large Caps immer beherrschender. Aus diesem Grund zeichnen Large Cap-Indizes wie der Dow Jones und der S & P 500 inflationsbereinigt den Verlauf der immigrationsbereinigten Geburtenrate mit 48-jähriger Verzögerung nach. Im nächsten Jahrzehnt wird der Gipfel erst mit 49 Jahren erreicht. Das war schon immer unser führender Indikator für Investitionen in Large Caps. Die meisten Anleger legen den Schwerpunkt auf diesen Bereich, weil dort das beste Chance-Risiko-Verhältnis besteht. Die zahlenmäßige Stärke der Babyboom-Generation und die stärkere Unterbewertung der Large Caps nach dem Crash 2000 bis 2002 deuten darauf hin, dass sich die Large Caps von Ende 2002 bis 2008 oder 2009 risikobereinigt besser entwickeln als die Small Caps. Aber das gute an der ganzen Sache ist, dass beide steigen werden und dass die Small Caps nicht so stark zurückbleiben werden wie in den 1990er-Jahren. Sie können also zu Diversifizierungszwecken Small Caps in Ihr Portfolio aufnehmen, aber wir empfehlen trotzdem wärmstens, den Schwerpunkt auf Large Caps zu legen oder sogar ausschließlich Large Caps zu kaufen.

In Abbildung 6.8 zeigen wir den unterschiedlichen Verlauf unseres Large-Cap- und Small-Cap-Indikators in Vergangenheit, Gegenwart und Zukunft. Unser Modell hätte vorausgesagt, dass die Nebenwerte die Hauptwerte von 1958 bis 1983 bei weitem übertreffen würden – genau in dem optimalen Zeitraum für Small Caps. Außerdem hätte das Mo-

Abbildung 6.8

Large-Cap-Indikator und Small-Cap-Indikator im Vergleich, Januar 1954 bis Januar 2029

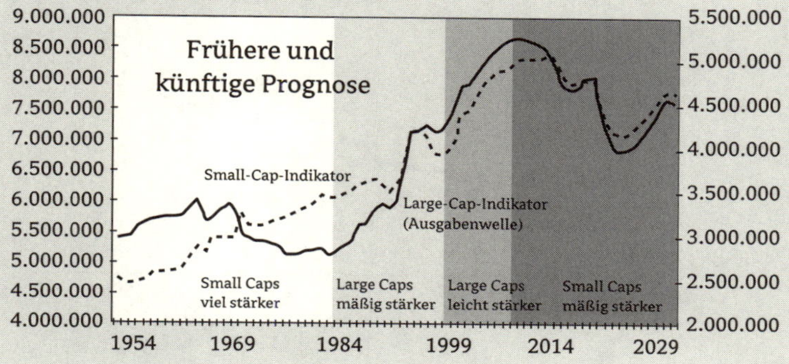

dell vorausgesagt, dass von 1984 bis 1998 die Large Caps die Small Caps übertreffen würden, und das war ja auch eindeutig der Fall. Von 1999 bis 2002 wiederum waren Small Caps besser als Large Caps. Und jetzt zeigt das Modell an, dass sich von 2003 bis 2009 oder 2010 die Hauptwerte wieder etwas besser entwickeln als die Nebenwerte – und das wahrscheinlich auch noch bei geringerem Risiko. Wieder einmal sorgt die Unterbewertung nach dem Crash 2000 bis 2002 für eine bessere Performance in den kommenden Jahren.

Der beste Maßstab für das Bewertungsniveau der Large Caps ist der Dow Channel in Abbildung 6.9 auf Seite 262. Ähnlich wie im Jahre 1987 näherte sich der Dow Jones auch zwischen Mitte 1999 und Anfang 2000 der Obergrenze des Bewertungsspektrums. In *THE ROARING 2000S INVESTOR* haben wir prophezeit, dass die obere Begrenzung des Trendkanals im vierten Quartal 1999 oder im ersten Quartal 2000 getestet werden dürfte und dass darauf eine scharfe Korrektur folgen sollte (S. 26 f.). Allerdings wurde die untere Trendbegrenzung aufgrund der Panikverkäufe nach den Terroranschlägen bereits Ende 2002 getestet, also früher als wir aufgrund der vergangenen Trends vermutet hatten. Dieser Test war ganz klar ein Zeichen dafür, dass der Dow Jones

Abbildung 6.9
Die Bewertung der Large Caps: Der Dow Channel, 1982 bis 2010

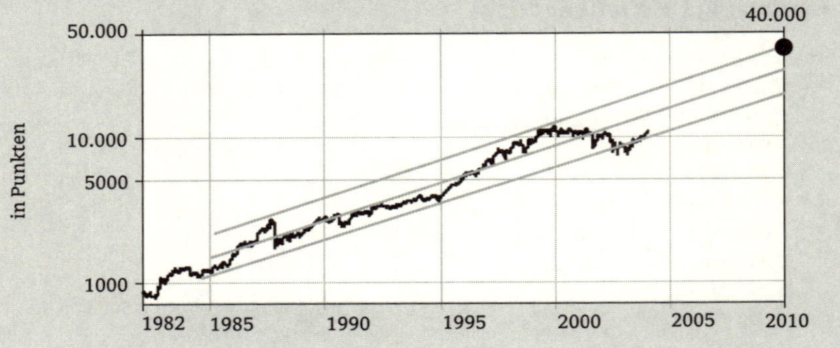

extrem unterbewertet war; das war die größte Kaufgelegenheit seit Ende 1994, als der Index nach dem Hoch 1987 ebenfalls den Boden des Kanals antestete.

Im September 2001 gaben wir in unserem Börsenbrief *THE H. S. DENT FORECAST* das ultimative Kaufsignal für den Bereich zwischen 8.100 und 8.300 Punkten. Im Juli testete der Dow Jones den Dow Channel erneut, und dieses Mal durchbrach er ihn auch. Im Oktober 2002 gaben wir ein Kaufsignal für den Bereich von 7.400 Punkten, der aufgrund der Tiefs 1998 als Unterstützung fungierte. In unserem Sonderbericht „Die Kaufgelegenheit Ihres Lebens" sprachen wir von der Kaufchance des Jahrhunderts. Wir sagen nach wie vor voraus, dass der Dow Jones bis Ende 2008 auf 34.000 bis 35.000 Punkte und bis Ende 2009/Anfang 2010 sogar auf 40.000 Punkte steigt; obwohl der Dow Channel im Jahre 2002 kurz durchbrochen wurde, halten wir an dieser Prognose aus *THE ROARING 2000S* fest. Die heftige Korrektur der Jahre 2000 bis 2002 hat somit die Chance auf erheblich interessantere Erträge aus der größten Hausse aller Zeiten geschaffen!

Die Bewertung der Small Caps dagegen (Abbildung 6.10) hat sich von den Tiefs 1998 aus bis zum Jahre 2003 dem angemessenen Niveau angenähert, zumindest gemäß dem von T. Rowe Price entwickelten Indikator, der die KGVs von Small Caps und Large Caps miteinander vergleicht. Das bedeutet, dass die Large Caps nicht nur laut unseren spezifischen Indikatoren besser dastehen als die Small Caps, sondern dass auch ihre Bewertung günstiger ist – allerdings wird das wohl kaum lange so bleiben. Deshalb raten wir, den Schwerpunkt weiterhin auf Large Caps und Investmentfonds zu belassen. Man findet sie leichter, man kann ihre Entwicklung besser verfolgen, man kann ihre Bewertung besser einschätzen – und wie die Vergangenheit gezeigt hat, bringen sie risikobereinigt auch größere Erträge (in Kapitel 7 werden wir uns damit ausführlicher befassen).

Unserer Meinung nach wird der Zeitraum von Ende 2004 bis 2009 oder Anfang 2010 so ähnlich aussehen wie die Zeit von Ende 1994 bis Anfang 2000, denn mindestens bis zum Jahre 2008 steigt die S-Kurve der neuen Technologien immer noch steil an, und auch der Wettlauf

Abbildung 6.10

Die Bewertung von Small Caps: T. Rowe Price Indicator, 1990 bis 2000

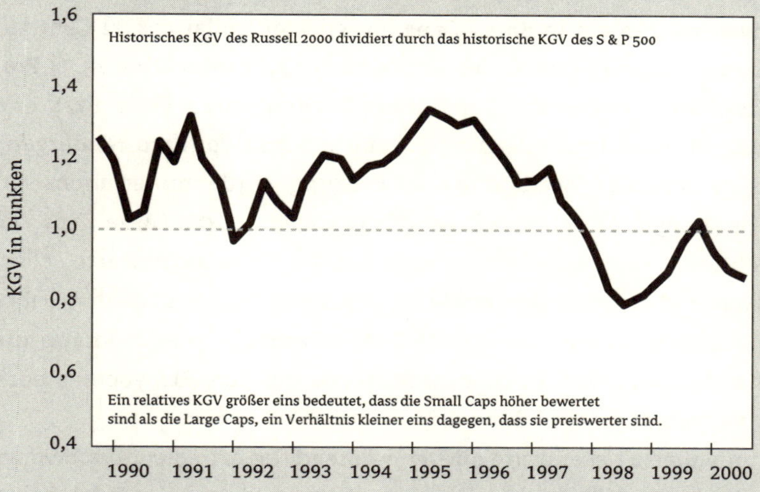

Quellen: T. Rowe Price Associates, Zahlen von Standard & Poor's und Frank Russell Company

um die Führungsposition in den neu entstehenden Märkten dürfte sich bis dahin fortsetzen. In der ersten schnellen Wachstumsphase vor dem Auslesestadium, also von 1994 bis 1999, stachen die Large Caps die Small Caps aus. Der durchschnittliche Jahresertrag betrug 23,46 beziehungsweise 15,61 Prozent. In Kapitel 7 werden wir zeigen, dass sich hoch kapitalisierte Wachstumswerte in dieser Zeit sogar noch besser entwickelten. Aber nicht nur der Ertrag war höher. Das Risiko war im Verhältnis zum Ertrag extrem niedrig. Die Standardabweichung der Large Caps war mit einem Jahresdurchschnitt von 7,79 nur halb so groß wie die Standardabweichung der Small Caps, die 16,36 betrug. Von 1994 bis 1999 gab es ganz einfach keine bessere Anlagemöglichkeit. Wir rechnen damit, dass sich von Ende 2004 bis 2009/Anfang 2010 das gleiche Spiel wiederholt, weil dann das zweite Stadium der S-Kurve von 50 bis 90 Prozent Verbreitungsgrad einsetzt.

Genauso wie in den 1920er-Jahren wird sich der Boom bei der Annäherung an seinen Höhepunkt noch mehr auf die Large Caps konzentrieren. Die vergleichenden Zahlen zu Large Caps und Small Caps reichen bis in das Jahr 1926 zurück. Von 1926 bis 1929 wären aus einem US-Dollar, den man in Large Caps investierte, 2,08 US-Dollar geworden, wohingegen ein in Small Caps investierter Dollar auf 82 Cent zusammengeschmolzen wäre. Das Risiko hätte 12,18 respektive 25,34 Prozent betragen. Die Small Caps überschritten schon Ende 1928 den Höhepunkt, und ihr Niedergang begann ein Jahr vor dem Niedergang der Large Caps. Der Wettlauf um die Führung wurde immer intensiver, und die Anleger scharten sich damals genauso um die Large Caps wie sie sich Ende 1999 und Anfang 2000 um die Technologiewerte scharten. Während des nächsten größeren Abschwungs, der nach dem Jahre 2009 beginnt, werden die Small Caps allerdings wieder knapp die Oberhand haben, weil die Innovationsphase des Echo-Babybooms noch bis 2013 andauert (Abbildung 6.8).

Wertorientierte Nebenwerte dürften während des extremen Abschwungs wohl der beste Aktiensektor sein. Die Tatsache, dass der Echo-Babyboom kleiner und kürzer ist als der Babyboom, bedeutet allerdings, dass der kommende Abschwungzyklus der erste ist, in dem das Innovationsstadium der neuen Generation nicht dazu führt, dass die Small Caps während des Abstiegs der Large Caps einen Boom erleben. Der bevorstehende große Niedergang wird daher Kursverluste sowohl der Large Caps als auch der Small Caps mit sich bringen, ganz im Gegensatz zu den Niedergängen der 1930er- und der 1970er-Jahre, während deren die Small Caps nach dem anfänglichen Crash stiegen.

Was Small Caps angeht, so empfehlen wir am Beginn von demographisch bedingten Abschwungphasen grundsätzlich, auf einen größeren Large-Cap-Crash zu warten. Diese ironische Regel ergänzt unseren Small-Cap-Indikator. Die Anlagemodelle, die wir in Kapitel 7 vorstellen, empfehlen aggressiven Anlegern, nach dem Jahre 2012 nach attraktiven Aktien Ausschau zu halten; wachstumsorientierte Anleger sollten damit erst ab Ende 2014 anfangen. Etwa ab 2019 könnte man dann zusätzlich zu den Large Caps auch Small Caps ins Auge fassen. Wie in *THE ROARING 2000S INVESTOR* gezeigt, erbrachten die Small Caps in den Jahren 1932 bis 1946, als sich die Bob-Hope-Generation auf dem Höhepunkt befand, sechsmal so viel kumulierten Ertrag wie die Large Caps – aber eben erst nach dem Crash 1929 bis 1932; und damals erreichten sie den Höhepunkt nicht nur ein Jahr vor den Large Caps, sondern sie gaben auch mehr ab. Die Periode, in der die Small Caps den Large Caps am weitesten überlegen waren, nämlich 1975 bis 1983, folgte auf den Crash des Jahres 1974.

Trotz des kurzen Wiedererstarkens der Small-Cap-Aktien von 1999 bis 2003 rechnen wir damit, dass von Ende 2004 bis 2009 oder Anfang 2010 die Large Caps die Nase vorn haben werden, vor allem angesichts des Risikos. Immerhin jedoch entwickeln sich die Nebenwerte besser als in den 1990er-Jahren, und daher kann man sie in gewissem Maße zur Diversifizierung des Portfolios einsetzen, ohne dass man dafür mit ähnlich schwachen Erträgen wie in den 1990er-Jahren bestraft wird. Während des großen Niedergangs, der von 2010 bis mindestens 2022 dauert, werden beide Sektoren zurückgehen, aber nach dem großen Zusammenbruch des breiten Marktes und des asiatischen Marktes dürften sich unter den wertorientierten Small-Cap-Aktien am ehesten einzelne Chancen bieten.

Auslandsaktien

Ein weiterer breit angelegter Fonds- und Aktienbereich ist der internationale Sektor. In den Kapiteln 3 und 4 von *THE ROARING 2000S INVESTOR* haben wir die demographischen Trends der meisten Industrie- und Schwellenländer untersucht. Wir wollen die ausführliche Analyse hier nicht wiederholen, sondern nur die Charts aus den Kapiteln 3 und 4 von *THE ROARING 2000S INVESTOR* zusammenfassen, in denen die demographisch bedingten Wachstumsaussichten von 52 Ländern dargestellt sind. Kurz gesagt bestehen die besten Wachstumsaussichten in China, Südostasien und Indien. In Europa ist die Lage durchwachsen, aber immerhin ist der Wachstumstrend bis 2009 oder 2011 grundsätzlich positiv, und in Ländern wie Spanien und Portugal ist kräftiges Wachstum bis etwa 2020 zu erwarten. In Südamerika sieht es prinzipiell gut aus, aber hier greift das Paradoxon der Emerging Markets, das wir in Kapitel 4 von *THE ROARING 2000S INVESTOR* beschrieben haben.

Die entscheidende Erkenntnis lautet folgendermaßen: Bevor die politische und wirtschaftliche Infrastruktur eines Landes nicht so weit entwickelt ist, dass eine industrialisierte Wirtschaft und eine soziale Mittelklasse entsteht, sind die demographischen Trends der Verbraucherausgaben und die freien Unternehmen nicht die hauptsächlichen Triebkräfte der Wirtschaft. Deshalb können wir Investitionen in Ländern, die noch nicht vollständig industrialisiert und politisch relativ stabil sind, nicht empfehlen. Dazu gehören der größte Teil von Süd- und Mittelamerika und asiatische Staaten wie Indonesien, Malaysia, die Philippinen, Indien und Pakistan. Der größte Teil von Afrika kommt sowieso nicht in Frage.

Deshalb empfehlen wir die Investition in die höher entwickelten Volkswirtschaften Südostasiens, zum Beispiel Hongkong, Taiwan, Südkorea, Singapur, China und in etwas fernerer Zukunft auch Indien. Japan können wir nicht empfehlen, weil die Ausgabenkurve (die in den 13 Jahren seit 1990 nach unten zeigt) erst ab 2008 oder 2009 wieder deutlicher nach oben geht. Nach dem Gipfelpunkt des Booms in den Vereinigten Staaten und in Teilen Europas ist Asien eine sehr gute Möglichkeit für diversifizierte Aktienanlagen.

Wir sagen voraus, dass hoch kapitalisierte Wachstumsaktien von Ende 2004 bis 2009 oder Anfang 2010 erneut das beste Chance-Risiko-Verhältnis bieten, ähnlich wie in den Jahren 1994 bis 1999. Dann ist die Zeit der Large Caps mehr als ein Jahrzehnt lang vorbei, nämlich von 2010 bis mindestens 2022. Qualitativ sehr hoch eingestufte Unternehmensanleihen, Einlagezertifikate und Schatzwechsel sind ab 2009 Trumpf. Wenn Sie in dieser Zeit in US-amerikanische Aktien investieren wollen, dann eignen sich ausgewählte wertorientierte Small Caps und Sektoren, die von den Ausgaben im höheren Lebensalter profitieren, zum Beispiel aus dem Gesundheitsbereich – aber warten Sie zuerst den Crash ab, der zwischen Mitte 2012 und Ende 2014 eintreten dürfte. Viele Teile Asiens werden nach dem Jahre 2009 weiter wachsen, unter anderem Japan, China und Südkorea. In diesen Ländern bieten hoch kapitalisierte Aktien optimale Chancen. Man sollte aber zumindest die ersten größeren Korrekturen der Weltmärkte zwischen Mitte 2012 und Ende 2014 abwarten, bevor man in Asien investiert. Ende 2009 oder Anfang 2010 sollte man den Anteil der US-Aktien – ob groß oder klein – zugunsten von hochwertigen Anleihen zurückschrauben.

Inflation und Anleihenmärkte

Siegel zeigt in seinem Buch außerdem, dass auf lange Sicht Aktien sehr viel mehr Ertrag bringen als Anleihen. Large-Cap-Aktien brachten von 1926 bis 2000 einen durchschnittlichen Jahresertrag von 10,91 Prozent bei einem durchschnittlichen jährlichen Risiko (Standardabweichung) von 20,73 Prozent. Der Ertrag langfristiger Anleihen betrug im gleichen Zeitraum 5,34 Prozent bei einem Risiko von 8,07 Prozent. Aktien lieferten also im vergangenen Jahrhundert etwa doppelt so viel Ertrag wie Anleihen, und das bei etwas mehr als doppeltem Risiko. Das erscheint angemessen, und man würde auch nichts anderes erwarten. Das bedeutet aber auch, dass Anleihen risikobereinigt die bessere Geldanlage sind. Und natürlich kann man sich auf den Ertrag von Aktien weniger verlassen, zum Beispiel wenn es um eher kurzfristige Lebensziele geht. Deshalb brauchen viele Anleger Anleihen, um den bevorstehenden Geldbedarf für das College oder für den Ruhestand zu sichern. Außerdem kann man mit Anleihen auch das Risiko und die Volatilität seines Portfolios senken, wenn man die Rendite kurzfristig nicht braucht.

Man muss sich allerdings darüber im Klaren sein, dass es eine große Vielfalt von Anleihen mit unterschiedlichen Laufzeiten und von unterschiedlich verlässlichen Schuldnern gibt. Dadurch ergeben sich viele Vorzüge und Nachteile. Veränderte Wirtschaftstrends, steigende oder sinkende Inflation, stärkeres oder schwächeres Wachstum – all das wirkt sich auf die relative Performance kurz- und langfristiger sowie hochverzinslicher (Junkbonds) und niedrig verzinster (hochwertiger) Anleihen unterschiedlich aus. So war beispielsweise während des Booms 1982 bis 1997 der risikobereinigte Ertrag langfristiger Staatsanleihen mit 9,6 Prozent größer als die 2,9 Prozent der kurzfristigen Anleihen. Dieser erhebliche Unterschied rührte daher, dass die Inflationsrate die meiste Zeit zurückging, dass die Rendite längerfristiger Anleihen stieg und dass aufgrund sinkender Zinsen auch das Kapital wuchs.

Die einfachste Regel für die Geldanlage in Anleihen besagt, dass bei sinkender Inflation langfristige Papiere besser sind und bei steigender Inflation kurzfristige Papiere. Aus der demographischen Entwicklung kann man zwei Jahrzehnte im Voraus ablesen, wann die Inflation steigt oder fällt. Die zweite Regel besagt, dass riskantere, höher verzinste Anleihen in starken Wirtschaftslagen besser sind und dass weniger riskante und niedriger verzinste Anleihen in Zeiten konjunktureller Schwäche besser sind. Aus der Ausgabenkurve kann man auf fast fünf Jahrzehnte hinaus ablesen, wann sich die Wirtschaft gut oder schlecht entwickelt.

Abbildung 6.11 ist die aktualisierte Fassung des Inflationsindikators aus unseren früheren Büchern. Wir haben erstens die Zahlen für weitere Jahre eingearbeitet und zweitens für den entstandenen längeren Zeitrahmen die zeitliche Versetzung für das Wachstum der Beschäftigtenzahl von zwei Jahren wieder auf drei Jahre geändert (als wir diesen Indikator 1989 einführten, rechneten wir mit drei Jahren, aber in den letzten paar Jahren nur noch mit zwei). Unsere Sichtweise der Inflation

Abbildung 6.11

Der Inflationsindikator, 1959 bis 2006

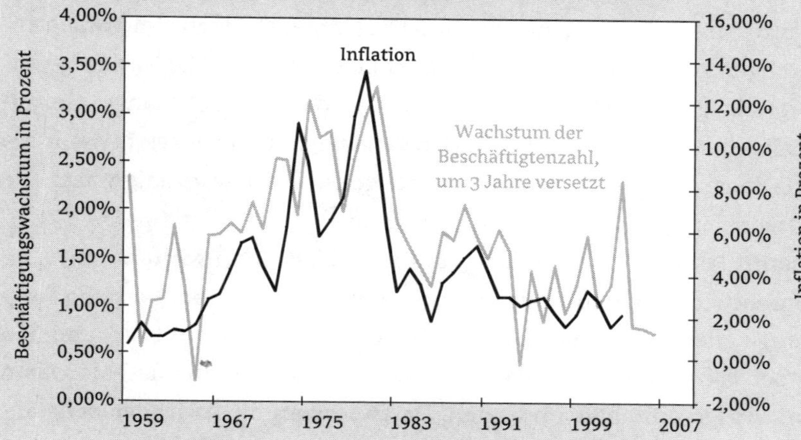

unterscheidet sich sehr von der Sichtweise der Wirtschaftswissenschaftler. Wir betrachten sie nicht als „monetäres Phänomen" – also dass zu viel Geld hinter zu wenigen Gütern her ist. Das ist nämlich nur ein Symptom. In unseren Augen ist Inflation im Grunde der Preis, den wir dafür bezahlen, dass wir junge Menschen erziehen, ausbilden und in die Arbeitswelt integrieren. Jede bedeutende Inflationsperiode der Geschichte war von höheren Ausgaben – für Kriege oder für die Integration junger Menschen in die Wirtschaft – und folglich von geringerer Produktivität und/oder geringerer Produktion von Konsumartikeln (in Kriegszeiten) begleitet.

Der einzige zuverlässige Indikator (abgesehen von größeren Kriegen), der Inflationstendenzen im Voraus anzeigt, ist die um drei Jahre versetzte Zunahme der Beschäftigtenzahl. Man beachte die unglaubliche Korrelation zwischen diesem langfristigen Indikator und den Veränderungen des Inflationstrends, obwohl sich so viele einzelne Variablen im Laufe der Zeit dramatisch verändern – der Ölpreis, die Rohstoffpreise, das Staatsdefizit, die Außenhandelsbilanz und die Devisenkurse. Die einzige größere Abweichung zwischen diesem Indikator und der Inflationsentwicklung gab es tatsächlich nur, als der extreme Niedergang der Jahre 1974 und 1975 den Nachfragedruck derart rapide absacken ließ, dass der Indikator die sinkende Inflationsrate nicht mehr im Voraus ankündigen konnte. Genauso ließ die schnelle Erholung die Nachfrage äußerst zügig steigen. Aber die Abweichung dauerte nicht lange. Grundsätzlich hat dieser Indikator in der Vergangenheit angezeigt, wann die Inflationsrate fallen und wann sie steigen würde; er kündigte fast alle entscheidenden Wendepunkte korrekt an.

Damit kommen wir zu den grundsätzlichen Jahreszeiten der Inflationsentwicklung und zu der Frage, wann man in seinem Portfolio langfristige oder kurzfristige Anleihen haben sollte. In den 1960er- und den 1970er-Jahren stieg die Inflation meistens kräftig an, und deshalb waren kurzfristige Anleihen am besten. Da außerdem die Ausgabenwelle anzeigte, dass es immer mehr Rezessionen geben würde, waren in jener Zeit kurzfristige Anleihen höchster Qualität – Schatzwechsel und hoch eingestufte Einlagezertifikate – die bessere Wahl. Diese Investments wahrten wenigstens einen kleinen Vorsprung vor der Inflation und bescherten kalkulierbare regelmäßige Einnahmen. Wenn man stattdessen 30-jährige Schatzanleihen oder 20-jährige Unternehmensanleihen gekauft hätte, dann hätte man sich auf Dauer mit geringeren Renditen begnügen müssen, die nicht nur die regelmäßigen Einkünfte beschränkt hätten, sondern die auch das Anleihenkapital aufgezehrt hätten, denn Inflation und Zinsen stiegen bis 1980/1981 weiter.

Dies änderte sich dramatisch, als das plötzliche Ende des Babybooms die Anzahl der Berufsanfänger reduzierte und gleichzeitig die Produktivität der letzten Babyboomer stieg. Die Inflation ging von 1980 bis 1986 zunächst drastisch zurück, und von 1991 bis 1998 sank sie erneut. In diesem Zeitraum hätten langfristige Anleihen zwar höhere Renditen garantiert als kurzfristige, aber der Wert der kurzfristigen Anleihen wäre gestiegen. Genau das passierte während des größten Teils der 1980er- und 1990er-Jahre, als sich der Pillenknick bei den Berufsanfängern bemerkbar machte. Aus diesem Grund prophezeiten wir Ende der 1980er-/Anfang der 1990er-Jahre in *THE GREAT BOOM AHEAD*, dass die Inflation ab Mitte oder Ende der 1990er-Jahre praktisch gleich null sein würde.

Anfang bis Mitte der 1980er-Jahre brachten Anleihen trotz ihres geringeren Risikos fast genauso viel Ertrag wie Large-Cap-Aktien. Die Jahre 1981 bis 1986 waren sogar die fünf besten Jahre in der Geschichte der langfristigen Anleihen. In den 1990er-Jahren schrumpfte der Vorsprung der Anleihen vor den Aktien wieder, weil sich die Aktien besser entwickelten und die Desinflation zurückging, aber dieser Zeitraum war trotz allem noch einer der besten in der Geschichte der langfristigen Anleihen. Im kommenden Jahrzehnt werden die Aktien die Anleihen noch mehr übertreffen als jetzt schon. Erst der Abschwung von 2010 bis 2023 verleiht den langfristigen Anleihen wieder das beste Ertrags-Risiko-Verhältnis – genauso wie in den 1930er- und in den 1980er-Jahren. Aber auch schon vor dieser Zeit hält der Anleihenmarkt für Anleger, die für kurzfristige Lebensziele feste Renditen brauchen oder die das Risiko und die Schwankungen ihres Portfolios dämpfen wollen, interessante Möglichkeiten bereit.

Noch einmal: Wir können den kurzfristigen Verlauf der Inflation mithilfe der monatlichen Zahlen zum Beschäftigungszuwachs voraussagen, wenn wir die Kurve um drei Jahre verschieben (Abbildung 6.11). Wir können den Ein- und Ausstieg neuer Generationen in das Erwerbsleben zwar grob voraussagen (wie folgt), aber wir haben ja auch noch die tatsächlichen Zahlen zur Zunahme der Beschäftigten. Diese Zahlen beeinflussen kurzfristige konjunkturelle Schwankungen wie zum Beispiel den Rückgang der Jahre 2000 bis 2002, der nicht durch die demographische Entwicklung bedingt war, sondern durch die Auslese im Technologiebereich und durch die überzogene Expansion der Unternehmen in den 1990er-Jahren. In Abbildung 6.11 sieht man, dass der Inflationstrend im Jahre 1999 über den Trend des Indikators hinaus gestiegen ist. Die Schwäche der Jahre 2000 bis 2002 dämpfte die potenzielle Inflationszunahme. Aufgrund der wirtschaftlichen Schwäche im Jahre 2000 und insbesondere Ende 2001 bis 2002 war der Inflationsdruck schon im Jahre 2003 und Anfang 2004 niedrig. Bis Ende 2004 und dann bis Anfang 2006 dürfte die Inflation weiterhin leicht sinken oder stagnieren. Der in Abbildung 6.11 gezeigte Inflationsindikator zeigte außerdem an, dass die Inflationsrate nach dem Jahre 2002 in den Jahren 2003 und 2004 zurückgehen würde.

Das bedeutet, dass die Inflationsrate ab Mitte/Ende 2004 wieder leicht sinken dürfte, nachdem die Fed die kurzfristigen Zinsen leicht angehoben hat und sich Wirtschaft und Markt ab Ende 2003 wieder kräftiger erholen. Mitte bis Ende 2004 bietet sich wieder eine großartige Gelegenheit, sich langfristige Renditen aus Staats- und Unternehmensanleihen zu sichern und aufgrund der sinkenden Zinsen auch vom Kapitalzuwachs zu profitieren. Die Hypothekenzinsen steigen Mitte 2004 leicht an, Ende 2005 oder Anfang 2006 sinken sie wieder und von 2006 bis 2009/Anfang 2010 steigen sie wieder. Inzwischen haben wir ein noch besseres Modell für die Prognose der Inflationsrate entwickelt. Das Prognosemodell für die langfristige Inflationstendenz (Abbildung 6.12) betrachtet die (vorhersagbare) Anzahl der Menschen, die in das Berufsleben eintreten und den Austritt der Ruheständler in den kommenden zwei Jahrzehnten.

Früher haben wir für die Zunahme der Beschäftigtenzahl offizielle Prognosen verwendet, die demographische Projektionen beinhalten, aber das wahre Bild wird dabei von vielen Dingen getrübt – unter anderem von Wirtschaftsmodellen. Die demographischen Statistiken zeigen, dass der Durchschnittsbürger heutzutage mit 20 Jahren in das Erwerbsleben eintritt und dass er im Alter von 63 Jahren in den Ruhestand geht. Das Eintrittsalter steigt offenbar sehr langsam, aber das Ruhestandsalter dürfte deutlicher ansteigen, weil die Babyboomer länger leben und den Ruhestand aktiver verbringen wollen. Doch noch ist es nicht so weit, und die Vorhut des Babybooms geht seit dem Jahre 2000 in den Ruhestand. Der Eintritt neuer Beschäftigter ist mit der traditionellen dreijährigen Verzögerung verbunden, denn zuerst werden die zusätzlichen Investitionen in Büroflächen, Material und Einarbeitung abgearbeitet, und erst dann wird der Mitarbeiter produktiv. Das Ausscheiden von Mitarbeitern in den Ruhestand hat dagegen sofort zur

Abbildung 6.12

Langfristiges Vorhersagemodell für die Inflation, 1950 bis 2030

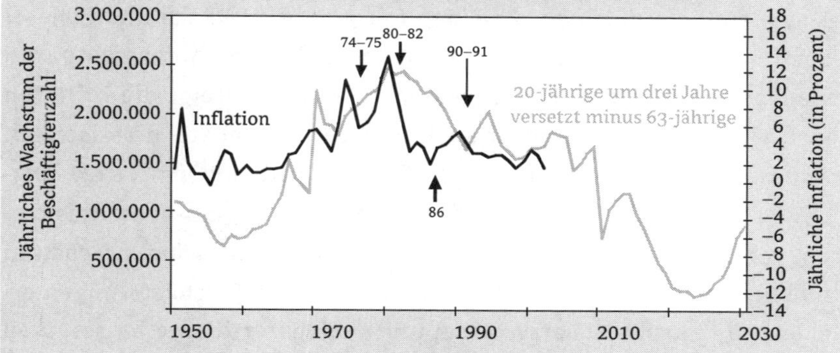

Folge, dass Büroflächen und Material frei werden. Deshalb prognostiziert unser neues Modell die Zunahme der Beschäftigtenzahl folgendermaßen: Die immigrationsbereinigte Geburtenkurve wird um 20 Jahre zuzüglich der drei Jahre bis zum Beginn der produktiven Phase versetzt, und dann wird davon die um 63 Jahre versetzte Ruhestandskurve ohne zusätzliche Verzögerung subtrahiert.

Dieser Indikator offenbart, dass die erste Welle der Babyboomer schneller aus dem Erwerbsleben ausscheidet als die Kinder des Echobooms eintreten. Das zeigt sich besonders in den Jahren 2003 bis 2005. Der Austritt der zweiten Welle sorgt im Jahre 2010 für einen tiefen Einbruch. Die dritte und letzte Welle geht etwa von 2014/2015 bis 2026 in den Ruhestand. Das bedeutet, dass sich die Desinflation nicht nur wegen unserer zutreffenderen dreijährigen Verzögerung des monatlichen Beschäftigungszuwachses fortsetzt, sondern auch weil bis zum Jahre 2005 eine größere Anzahl von Babyboomern in Rente geht. Im Jahre 2005 und Anfang 2006 könnte die Inflation gegen null gehen und sogar in leichte Deflation umschlagen.

Von Mitte bis Ende 2004 und von Ende 2005 bis Anfang 2006 dürften sich langfristige Anleihen besser entwickeln als kurzfristige. Noch besser entwickeln sich in diesem Zeitraum die Aktienkurse, aber wenn Ihr Portfolio festverzinsliche Papiere umfasst, sollten Sie auf langfristige Anleihen umsteigen. Aufgrund der erstarkenden Wirtschaft können Sie es sich außerdem leisten, Anleihen mit größerem Risiko und höherer Rendite zu nehmen. Von Anfang 2006 bis Ende 2009/Anfang 2010 sind wieder kurzfristige Anleihen besser, denn dann steigt die Inflation noch einmal leicht an, bevor sie in den Jahren danach drastisch abnimmt. Von Anfang 2010 bis 2022 oder 2023 sollten hochwertige langfristige Unternehmensanleihen das beste Risiko-Ertrags-Verhältnis bieten, von zwei Ausnahmen abgesehen: Wenn das Wirtschaftswachstum in den Jahren 2011 und 2012 die ersten richtigen Erschütterungen erleidet, eignen sich Schatzwechsel und Einlagezertifikate besser, weil Unternehmensanleihen augrund der rapide einbrechenden Unternehmensgewinne schlechter eingestuft werden; das Gleiche geschah von Mitte 1931 bis Mitte 1932 während des letzten deflationären Abschwungs (Abbildung 6.13).

Abbildung 6.13 zeigt, dass der Preis von Unternehmensanleihen von Ende 1928 bis Mitte 1932 um mindestens 30 Prozent gefallen ist. Den schärfsten Einbruch gab es von Mitte 1931 bis Mitte 1932, als auch der Aktienmarkt am rasantesten fiel und die Talsohle erreichte. Abbildung 6.14 auf Seite 277 zeigt, dass der Kursverfall der Anleihen minderer Qualität noch viel schlimmer war. Wenn die Rendite steigt, sinkt der Wert der Anleihe. Die Rendite 20-jähriger Aaa-Unternehmensanleihen stieg von Mitte 1930 bis Mitte 1932 von 4,2 Prozent auf rund 5,7 Prozent. Die Rendite von Baa-Anleihen stieg von Mitte 1930 bis Mitte 1932 von rund 5,8 auf fast 13 Prozent, sie änderte sich also viel drastischer. Die Aaa-Anleihen hatten bis Ende 1932 den größten Teil der Kursverluste schon wieder aufgeholt. Die erste Lektion lautet also, dass man möglichst hoch eingestufte Unternehmensanleihen kaufen sollte. Die zweite lautet, dass am schlimmsten Punkt der Panik und des Crashs selbst hochwertige Anleihen Opfer einer Panik werden können und dass man für den genannten Zeitraum, der rund ein Jahr dauert, am besten Schatzwechsel oder kurzfristige, hochwertige Einlagezertifikate kauft – oder Bargeld behält.

Abbildung 6.13

Der Dow Jones 40 Bond Average, 1915 bis 1933

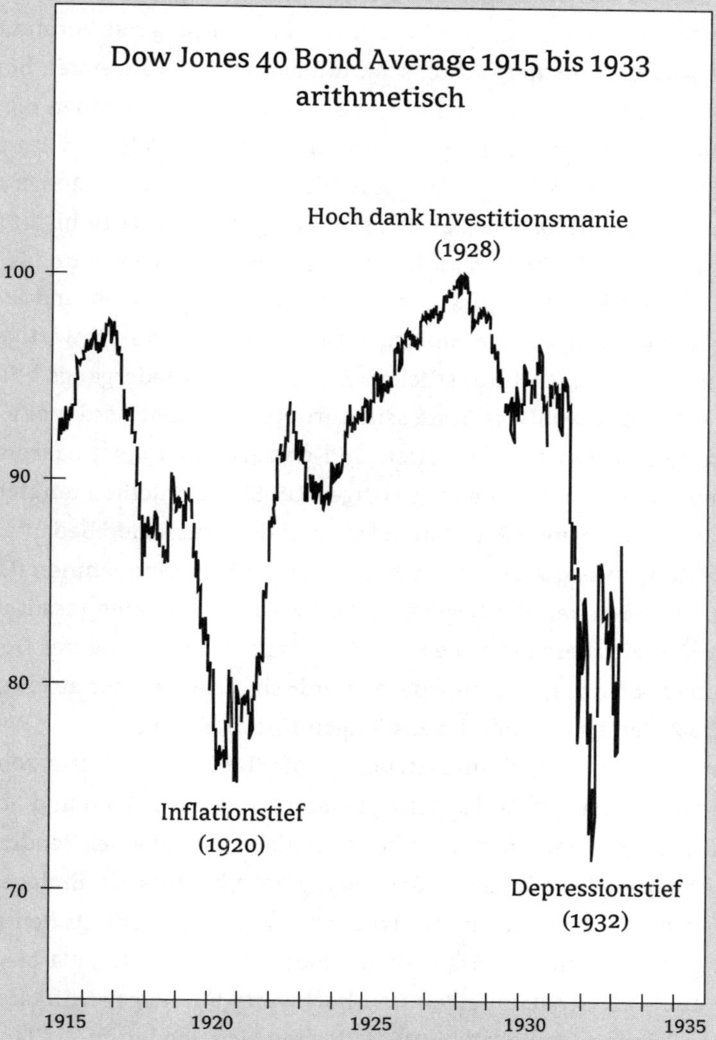

Quelle: Robert Prechter, Besiege den Crash!, S. 149

Es könnte sein, dass wir im Jahre 2010 zum ersten Mal seit den frühen 1930er-Jahren wieder etwas Deflation zu schmecken bekommen. Von 2014 bis 2023 oder 2024 droht dann eine große Deflationswelle. Dies wird übelste Auswirkungen auf die Unternehmensgewinne und auf die Arbeitslosenquote haben, und dabei ist der Rückgang der Verbraucherausgaben ab Mitte 2009 schon schlimm genug. Die schwersten Börsenkorrekturen fallen wahrscheinlich in diejenigen Jahre, in denen die Ausgaben am stärksten zurückgehen und in denen die Deflation am größten ist. Das sind wohl die Jahre 2010 bis 2012, 2014 und 2020 bis 2022. Die schlimmste Phase des ersten großen Crashs von 2010 bis 2012 ist wahrscheinlich die Zeit von Mitte bis Ende 2011 und von Mitte bis Ende 2012. Die beste Verteidigung gegen diese düsteren Perioden sind Schatzwechsel und hochwertige Einlagezertifikate, während hochwertige Unternehmensanleihen im restlichen Zeitraum des Niedergangs 2010 bis 2022 oder 2023 wohl das Beste sein dürften. Diese Zeit wird große Ähnlichkeiten zu den 1930er-Jahren und den frühen 1940er-Jahren aufweisen. Warum wir keine langfristigen US-Schatzanleihen empfehlen? Weil die zunehmende Arbeitslosigkeit und der wachsende Bedarf an Sozialleistungen sowie die deutlich niedrigeren Steuereinnahmen (Unternehmen und privat) der Regierung der Vereinigten Staaten rasant wachsende Defizite bescheren werden; da sie zur Finanzierung der Defizite verstärkt Schatzpapiere emittieren wird, sind sie weniger attraktiv als stabile Anleihen von überlebensfähigen Unternehmen.

Zusammenfassung: Grundsätzlich empfehlen wir von Mitte 2004 bis Ende 2005/Anfang 2006 langfristige Unternehmensanleihen und Schatzanleihen. Dann empfehlen wir für Portfolios mit laufender Rendite von Anfang 2006 bis Ende 2009 oder Anfang 2010 kurzfristige Einlagezertifikate und Schatzwechsel. Ab dem Jahre 2010 raten wir zu den hochwertigsten Unternehmensanleihen, wobei Sie von Mitte 2011 bis Ende 2012 auch auf Schatzanleihen und hochwertige Einlagezertifikate umsteigen können. Von 2013 bis 2020 dürften sich wiederum die langfristigen Unternehmensanleihen besser entwickeln. Ab 2022 oder ab Anfang 2023 kommen langfristige Anleihen wahrscheinlich für Jahrzehnte

Abbildung 6.14
Renditen von Unternehmensanleihen nach Moody's-Ratings

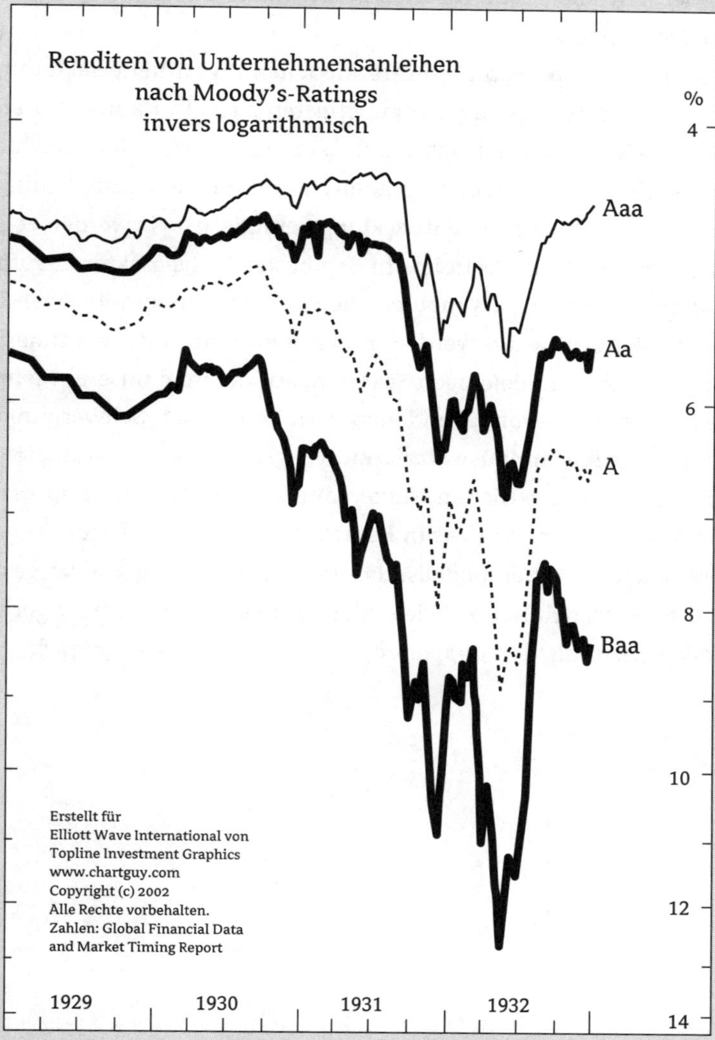

Quelle: Robert Prechter, Besiege den Crash, S. 147

aus der Mode, denn ähnlich wie von Anfang der 1940er-Jahre bis in die 1950er- und 1960er-Jahre hinein nimmt dann die Inflation wieder zu. Wenn Sie einen sicheren Einnahmenstrom brauchen, entscheiden Sie sich in der Zeit nach 2022 für Einlagezertifikate und andere sehr kurzfristige Schuldpapiere.

Wir haben gesehen, wann die verschiedenen Investment-Sektoren am günstigsten beziehungsweise ungünstigsten sind. In Kapitel 7 werden wir sehen, wie dramatisch sich die Risiken und Erträge der verschiedenen Investments mit den demographisch und technologisch bedingten Jahreszeiten der Wirtschaftsentwicklung verändern. Wir werden zeigen, wie man diversifizierte Portfolios in den besten Anlagesektoren aufbaut und wie man Investments meidet, die von der demographischen Entwicklung nicht begünstigt werden. Außerdem bestimmen wir innerhalb der Large-Cap-Aktien diejenigen Sektoren, auf die man unserer Meinung nach während des bevorstehenden großen Booms den Schwerpunkt legen sollte. Darüber hinaus skizzieren wir grundlegende Strategien für den größten wirtschaftlichen Niedergang seit der Großen Depression. Und schließlich erarbeiten wir in Kapitel 7 eine konzentriertere Fassung des vereinfachten Aktienmodells, das wir in Abbiludung 3.16 vorgestellt haben. Dieses Modell hätte in den vergangenen 50 Jahren trotz geringeren Risikos mehr als den doppelten Ertrag des S & P 500 gebracht.

KAPITEL 7

Optimale Portfoliostrategien für den großen Boom und den großen Zusammenbruch

Risiken und Erträge in den verschiedenen „Jahreszeiten“ der Wirtschaft

Die Grundprinzipien der Geldanlage

Die größte Lehre, die wir aus dem Crash der Jahre 2000 bis 2002 ziehen können, ist vielleicht die folgende: Man darf sich nicht nur auf die heißesten Sektoren des Marktes konzentrieren und auf systematische, diversifizierte Anlagestrategien verzichten. Die meisten Anleger haben einen völlig falschen Begriff von dem, was Risiko bedeutet. Je länger ein Investment steigt oder sich besser entwickelt als andere Investments – so glauben sie –, desto wahrscheinlicher ist es, dass das auch in Zukunft so bleibt. Umgekehrt geht man gerne davon aus, dass ein Investment, das sinkt, wahrscheinlich auch in Zukunft sinken wird. Diese Sichtweise ist allerdings die meiste Zeit über absolut falsch und bildet somit die Grundlage für eines der ältesten erfolgreichen Anlageprinzipien: das kontrarianische Denken.

Sehen wir uns in Abbildung 7.1 noch einmal das Prognosemodell aus Kapitel 2 an. Wir neigen dazu, Trends in gerader Linie aus der vergangenen Entwicklung fortzuschreiben, obwohl sie in Wirklichkeit fast im-

Abbildung 7.1
Das Schema menschlicher Prognosen

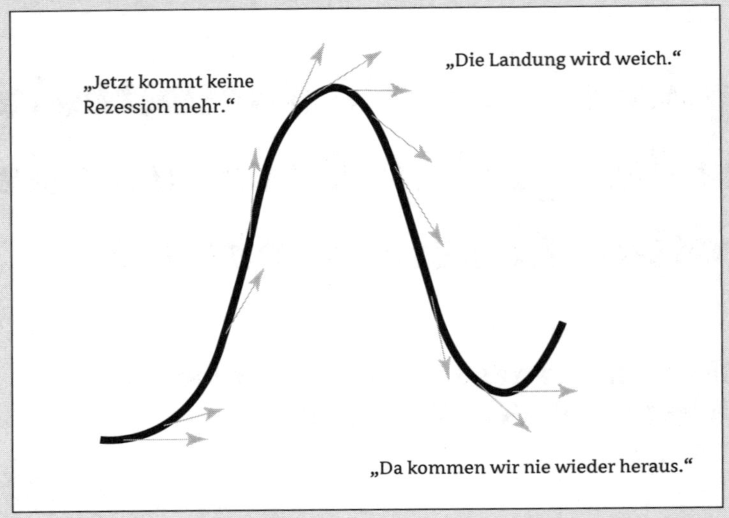

mer krummlinig oder zyklisch verlaufen. Diese natürliche Neigung hat zur Folge, dass wir auf dem Höhepunkt zyklischer Entwicklungen höchst optimistisch und risikobereit sind, obwohl an diesem Punkt das Risiko am größten ist und wahrscheinlich negative Erträge lauern. Am Boden dagegen sind Pessimismus und Risikoscheu am größten, obwohl die Märkte dann einen Reinigungsprozess hinter sich haben, obwohl die schlimmsten Risiken dann bereits eingepreist sind und normalerweise eine Phase hoher Erträge bevorsteht.

Die Tendenz, die jüngere Vergangenheit einfach in die Zukunft zu projizieren, macht die meisten von uns zu schrecklich schlechten Anlegern und führt dazu, dass sich auf dem Höhepunkt solider Marktentwicklungen gewöhnlich Blasen bilden – so geschehen 1987 und 1999. Natürlich entstehen unrealistisch hohe Bewertungen und Blasen vor allem in den stärksten Sektoren. Die meisten Investoren kaufen immer mehr Papiere aus den heißesten Sektoren und immer weniger aus den Sektoren, die sie aus Gründen der Diversifizierung und Risikodämpfung vielleicht auch schon in ihrem Portfolio haben. Das heißt, sie geben das Prinzip der Diversifizierung auf, das eigentlich die beste einfache Möglichkeit ist, das Risiko zu mindern und trotzdem hohe langfristige Erträge anzustreben. Damit begeben sich die Anleger gerade dann in die riskanteste Position, wenn eine größere Korrektur ansteht, und werden von dem schlimmsten Teil des Niedergangs voll getroffen. Dann wiederum begeben sie sich gerade rechtzeitig in die risikoärmste Position und verkaufen so viel, dass sie die astronomischen Gewinne des nächsten Anstiegs verpassen.

Diversifizierung ist das oberste Prinzip. Wenn man seine Anlagen über mehrere Sektoren streut (meistens vier oder fünf), genießt man auf lange Sicht die kumulierten Gewinne der entsprechenden Sektoren, aber in kurzfristigen Korrekturen leidet man weniger unter den Schwankungen und Risiken. Wieso? Die unterschiedlichen Sektoren steigen und fallen zu unterschiedlichen Zeiten und in unterschiedlichem Maße. Deshalb gleichen sich die verschiedenen Zyklen gegenseitig weitgehend aus. Das bedeutet allerdings auch, dass man gute langfristige Sektoren wählen muss, die wenig miteinander zu tun haben und die im Laufe der Zeit unterschiedlichen Mustern folgen. Und genau darum geht es in dem vorliegenden Kapitel.

An dieser Stelle wollen wir die menschlichen Neigungen und die grundlegenden Anlageprinzipien auflisten, die man als Gegengewicht zu diesen Neigungen braucht.

Die sieben menschlichen Anlagewahrheiten

1. Die Märkte bewegen sich zyklisch und progressiv (oder exponentiell).

2. Wir denken linear in die Zukunft, deshalb fassen wir Wirklichkeit und Risiko grob falsch auf.

3. Es liegt in der Natur des Menschen, das Risiko gering einzuschätzen, wenn es am größten ist (auf dem Höhepunkt), und es hoch einzuschätzen, wenn es am kleinsten ist (am Tiefpunkt).

4. Wir neigen dazu, den heißesten Sektoren, Fonds und Aktien nachzulaufen. Wir halten das für den besten Weg zu hohen Erträgen, obwohl sich das als vollkommen sinnlos erweist, denn wir kaufen die entsprechenden Sektoren gerade dann, wenn sie überhitzt sind und stoßen sie genau dann ab, wenn sie es nicht sind. Aus diesem Grund bekommen wir den großen Gewinn niemals; im schlimmsten Fall machen wir sogar Verlust.

5. Auch in den größten Haussen gibt es erhebliche Korrekturen; das gilt insbesondere für die derzeitige „Boom-Blase".

6. Ohne größeres Risiko gibt es keinen größeren Ertrag. Diejenigen Sektoren, die im letzten Aufschwung am stärksten gestiegen sind, erleiden in der nachfolgenden Korrektur normalerweise die schwersten Verluste. Nur eine systematische Anlagestrategie kann dieses Risiko wesentlich abbauen.

7. Der Markt ist nicht dein Freund. „Ich glaube an die Märkte, ich glaube an mich." Er versucht Sie immer dazu zu überreden, dass Sie dicht am Höhepunkt kaufen und ungefähr im Tief verkaufen; das schmälert Ihren langfristigen Ertrag und erhöht Ihr langfristiges Risiko. Kluge Anleger kaufen im Tief und verkaufen im Hoch, indem sie ein System befolgen.

Die sieben Grundprinzipien der Geldanlage
(Als Gegenmittel gegen die menschlichen Neigungen)

1. Befolgen Sie ein System immer, trotz aller Emotionen.

2. Lassen Sie sich von einem objektiven Finanzberater oder Trainer dabei unterstützen, das System beizubehalten.

3. Lernen Sie, entgegengesetzt zu denken; kaufen Sie nicht hoch und verkaufen tief.

4. Laufen Sie nicht den heißesten Investments bloß wegen der Performance hinterher. Begreifen Sie die Risiken, die mit den früheren Erträgen aller Investments verbunden waren und deren Veränderung in verschiedenen Stadien des Wirtschaftszyklus.

5. Streuen Sie Ihre Anlagen immer über mindestens vier verschiedene Sektoren, die in steigenden wie auch in fallenden Marktlagen relativ wenige Gemeinsamkeiten haben.

6. Analysieren Sie Ihre Risikotoleranz und Ihren Einkommensbedarf; benutzen Sie keine Portfoliostrategie, die wahrscheinlich Ihre persönliche Risikogrenzen sprengt.

7. Legen Sie die Schwerpunkte auf Sektoren, für die die vorhersehbaren mittel- bis langfristigen Trends innerhalb Ihres Zeithorizonts günstig stehen.

In *DIE GOLDENEN 2000ER-JAHRE* und *THE ROARING 2000S INVESTOR* haben wir diese Prinzipien ausführlicher behandelt. Die meisten wurden auch von den erfolgreichsten Anlagestrategen und Experten des vergangenen Jahrhunderts angewendet. Es gibt jedoch ein Prinzip – und das ist möglicherweise das wichtigste –, das wir mit unserem Research in besonders hohem Maße nutzen, und zwar Prinzip 7: „Legen Sie die Schwerpunkte auf Sektoren, für die die vorhersehbaren mittel- bis langfristigen Trends innerhalb Ihres Zeithorizonts günstig stehen." Der einzigartige Vorteil unserer Prognoseinstrumente besteht darin, dass die S-Kurven-Trends, die wir in Kapitel 1 behandelt haben (Demographie, Technologien, Produkte, Branchen, New Economy) hochgradig quantifizierbar und vorhersagbar sind. Bei unseren Recherchen haben wir festgestellt, dass vor allem die kurzfristigen Trends für schwer vorhersehbare politische Ereignisse und Veränderungen der Anlegerspsychologie (Gier und Angst) sehr anfällig sind. Die meisten Experten konzentrieren sich hauptsächlich auf diese Trends und glauben genau deswegen, die langfristigen Trends seien unmöglich vorherzusehen, weil ihre Erfahrungen mit den kurzfristigen Trends so uneinheitlich sind.

In Wahrheit jedoch sind langfristige Trends elementar und beruhen auf Ursache-Wirkungs-Beziehungen; daher kann man sie auf Jahrzehnte hinaus mit relativ hoher Präzision vorhersagen. Mithilfe der Indikatoren und Prognosen, die wir in diesem Buch bisher vorgestellt haben, können Sie eindeutig feststellen, welche Wirtschaftssektoren und welche Investments auf viele Jahre hinaus die besten sind und welche nicht. Somit können Sie ein Portfolio zusammenstellen, das erstens diversifiziert ist (Prinzip 5) und zweitens alle Gewinn bringenden Segmente enthält (Prinzip 7). Das ist der größte Vorteil, den wir langfristig orientierten Anlegern bieten können, denn die meisten üblichen Diversifizierungsstrategien streuen das Portfolio nach dem Zufallsprinzip über die unterschiedlichsten Anlagesektoren. Die Hälfte dieser Sektoren entwickelt sich über einen langen Zeitraum unterdurchschnittlich und senkt Ihren Ertrag mehr als für die Verminderung des Risikos nötig wäre.

Mit unserem Ansatz können Sie in allen ertragreichen Sektoren investiert sein und dabei Ihr Risiko vermindern, indem Sie diejenigen überdurchschnittlichen Sektoren wählen, die unterschiedlichen Verlaufsmustern folgen – Sie bekommen also aus beiden Welten das Beste. Wie machen wir das?

Das Geheimnis der richtigen Portfolio-Strukturierung

Eine der größten Neuerungen der Anlageverwaltung, die die Informationsrevolution seit der Erfindung des Computers 1946 mit sich gebracht hat, ist die Portfoliostrukturierung oder Asset Allocation als wissenschaftliche und quantifizierbare Methode zur Erreichung einer effektiven Diversifizierung von Investmentportolios. Anfang der 1950er-Jahre entwickelte Harry Markowitz die Theorie, die hinter dieser Methode steht, und bekam dafür im Jahre 1990 den Nobelpreis für Wirtschaftswissenschaften. Auch hier ist das Prinzip sehr einfach: Wenn man in mehrere verschiedene Anlagesektoren diversifiziert, erhält man in den einzelnen Sektoren auf lange Sicht den gleichen kumulierten Ertrag, aber Kursschwankungen und Risiken, die auf kurzfristigen Marktbewegungen beruhen, können erheblich reduziert werden, weil die Sektoren von Natur aus zu unterschiedlichen Zeiten steigen und fallen. Daher war es entscheidend, die historische Entwicklung verschiedener Sektoren zu analysieren und ihre Schwankungsmuster zu vergleichen, damit man bestimmen konnte, welche Sektoren hinsichtlich der kurzfristigen und langfristigen Bewegungen am wenigsten gemeinsam haben.

Zusammenfassung: Wenn man vier oder fünf solcher schwach korrelierten Sektoren in ein Portfolio aufnimmt, fallen die Hochs und Tiefs der kurzfristigen Marktfluktuationen schwächer aus als wenn man nur in einem Sektor investiert hätte, aber man erreicht damit trotzdem den kumulierten oder durchschnittlichen Ertrag, der den Ertragsbedarf erfüllt und der Risikotoleranz entspricht. Das ist die beste Methode zur Verminderung des Anlagerisikos. Die meisten Anleger glauben aber, die beste Methode bestünde darin, die Sektoren zu kaufen, die gerade am stärksten sind und unverwundbar scheinen, und dann immer beim ersten Anzeichen für eine mögliche Korrektur hastig auszusteigen. Die überwiegende Mehrheit der Anleger wendet diese Methode an und macht im Endeffekt Verlust, weil ihre eigene Angst und ihre eigene Gier gegen sie arbeiten. Wie schon gesagt: Sie haben keine realistische Vorstellung von Risiko.

Es ist nur sehr schwer zu sagen, wann eine Hausse vorbei ist. Die meisten Menschen steigen viel zu früh oder viel zu spät aus. Genauso schwierig ist es, einen Boden abzupassen, so dass die Anleger auch dann wieder zu früh oder zu spät einsteigen. Die meisten Menschen machen Verlust, weil sie versuchen, kurzfristige Marktbewegungen abzupassen, und am Ende müssen sie auch noch mehr Steuern bezahlen. Wir empfehlen, die meiste Zeit investiert zu bleiben, außer wenn mächtige Zyklen wie der Jahrzehntzyklus oder der vierjährige Präsidentschaftszyklus wirksam werden. Und natürlich hält man besser keine Aktienposition, wenn der demographische Zyklus nach unten geht – wie zum Beispiel in Japan in den 1990er-Jahren oder in den Vereinigten Staaten in den 1930er- und 1970er-Jahren.

Aber trotzdem krankt die moderne Praxis der Asset Allocation an einem ernsten Fehler. Nicht dass sie nicht funktionieren würde, dass sie nicht quantifizierbar und wissenschaftlich fundiert wäre, nein. Das Problem ist der Zeitrahmen, den die Akademiker und Experten für die Messung des durchschnittlichen Risikos und der durchschnittlichen Erträge von Investments ansetzen. Sie gehen normalerweise von dem längstmöglichen Zeitrahmen aus, nämlich ab dem Jahre 1926, denn ab diesem Jahr gibt es ausreichend Zahlen zu den großen Sektoren wie Large-Cap- und Small-Cap-Aktien, zu kurzfristigen und langfristigen Anleihen. Auf den ersten Blick scheint das ja auch am sinnvollsten zu sein. Es erscheint aber nicht mehr ganz so sinnvoll, wenn einem klar wird, dass ein Zeitrahmen von über 70 Jahren wohl kaum dem Anlagehorizont irgendeines Investors entspricht, denn dieser beläuft sich meistens auf fünf oder zehn, allerhöchstens 30 Jahre. Und überhaupt nicht mehr sinnvoll erscheint es, wenn man die höchst unterschiedlichen Stadien kennt, die die Wirtschaft aufgrund demographischer Booms und Einbrüche und aufgrund der Technologie- und New Economy-Zyklen durchläuft.

Kurz gesagt haben die Wirtschaftswissenschaftler die extremen Zyklen, die im wirklichen Leben der Anleger seit 1926 abgelaufen sind, einfach zu einem Durchschnitt verrechnet: die Goldenen Zwanziger, die Große Depression, den Zweiten Weltkrieg, den Nachkriegsboom der 1950er- und 1960er-Jahre, die inflationäre Rezession der 1970er-Jahre und den unglaublichen Boom der 1980er- und 1990er-Jahre. Wie in Kapitel 1 gezeigt, gibt es einen etwa 80 Jahre langen Zyklus, in dem alle zwei Generationen eine New Economy erscheint und reift. Abbildung 7.2 zeigt die vier deutlich unterscheidbaren Phasen, in denen dies geschieht, ähnlich wie bei der S-Kurve in Kapitel 1. Dadurch entstehen die von uns so genannten „vier Jahreszeiten" der Wirtschaft. Innerhalb des vierstufigen Lebenszyklus neuer Produkte und Technologien gibt es zwei höchst unterschiedliche Boomphasen und zwei höchst unterschiedliche Phasen des Zusammenbruchs. Zusätzlich bestehen die Boomperioden jeweils aus zwei Unterabschnitten, in denen die Inflation steigt, fällt oder sich mäßig ändert. Diese vier „Jahreszeiten" sind

Abbildung 7.2

Die vier Jahreszeiten des 80-jährigen Wirtschaftszyklus, 1968 bis 2048

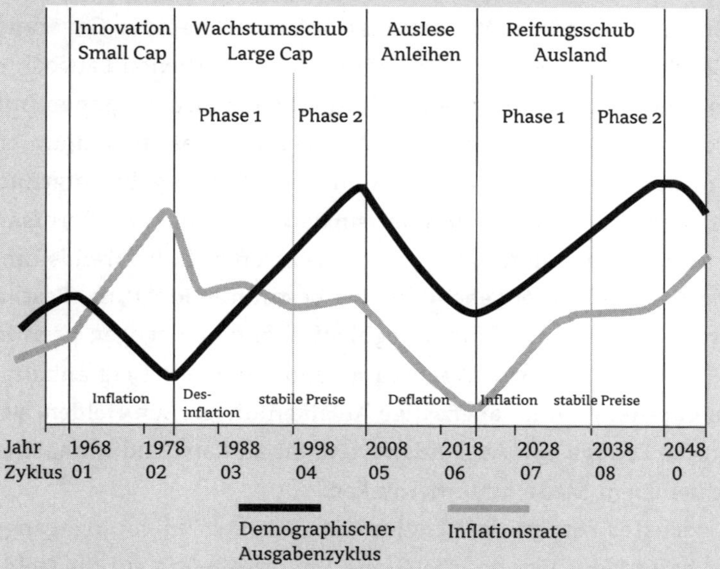

lange Zeiträume, in denen die grundlegenden Wirtschaftstrends generell in eine bestimmte Richtung tendieren.

Der wichtigste Punkt ist dabei die Tatsache, dass die „jahreszeitlichen Trends“ jeweils gewisse Anlagen begünstigen und andere nicht. Und warum sollte man sich für die Diversifizierung Investments aussuchen, die sich in einem langen Abwärtstrend befinden?

Die letzte Wirtschafts-Jahreszeit war die erste des Zyklus, also das Stadium der Innovation. Von Ende 1968 bis Ende 1982 stieg die Inflation, und es traten immer schwerere Rezessionen auf. Und in dieser Phase erschienen die bedeutendsten technischen Neuerungen – vom Mikrochip zum PC – und erzeugten die nächste technologische und ökonomische Revolution. Large-Cap-Aktien und langfristige Anleihen wurden in jener Zeit massakriert, wohingegen sich Small Caps, Immobilien und viele internationale Sektoren gut entwickelten. Der beste Sektor waren die Small Caps, weil kleine Unternehmen von Innovationen profitieren, die in einer früheren Phase des Lebenszyklus der neuen Generation erscheinen. Während des Wachstumsschubs tritt die neue Generation in den Zyklus der Familengründung und der beruflichen Laufbahn ein; dabei übernimmt sie die neuen Produkte aus ihrem eigenen Innovationsstadium. Deshalb wächst die Wirtschaft in diesem Stadium kräftig und nachhaltig, die Börse steigt und die Inflation geht aufgrund der steigenden Produktivität und der sinkenden Anzahl von Berufsanfängern zurück. Nach den 1970er-Jahren kehrten sich die Trends um und tendierten wieder weitgehend in eine bestimmte Richtung. Bestimmte Investments wurden dadurch begünstigt, andere dagegen beeinträchtigt. In dem derzeitigen Wachstumsschub, der seit 1982 anhält, sind Large-Cap-Aktien und langfristige Anleihen die großen Helden, wohingegen die Erträge von Auslandswerten, Small Caps und Immobilien in verschiedenem Maße hinterherhinken.

Als nächstes kommt das Stadium der Auslese; im vorangegangenen Wirtschaftszyklus war das die Große Depression, die auf die Goldenen Zwanziger (den Höhepunkt des Wachstumsschubs) folgte. Deflation, massive Arbeitslosigkeit, extreme Aktiencrashs, sinkende Immobilienpreise und immer kleinere Schritte im Prozess der technologischen Innovation, die neue Branchen wachsen lässt – das sind die typischen Trends dieser Phase. In dieser Jahreszeit sind hochwertige Unternehmensanleihen der beste Investmentsektor. Die meisten Sektoren des Aktien- und Immobilienmarktes müssen in diesem Stadium die schwersten Prügel einstecken. Eine Ausnahme stellen diejenigen Auslandsmärkte dar, die in diesem Zeitraum eine positive demographische Entwicklung verzeichnen – in den Jahren 2010 bis 2020 sind das zum Beispiel China, Japan und Südkorea. Schließlich treten die neuen Technologien und Branchen in das Stadium des Reifungsbooms ein. In dieser Phase sorgen die Innovationen der nachfolgenden Generation für Wirtschaftswachstum, während die Inflation (nach der Deflationszeit) leicht ansteigt. Mit zunehmender Produktivität steigt die Inflation wieder langsamer und die meisten ausgereiften Wachstumsbranchen werden von einigen wenigen Großunternehmen beherrscht. Während des nächsten Reifungsbooms, also von 2023 bis in die 2040er-Jahre, dürften internationale Wachstumswerte – Large Caps und Small Caps – die besten Sektoren sein, während langfristige Anleihen am schlechtesten abschneiden dürften.

Wenn man den Schwerpunkt auf die Sektoren legen will, die sich mittel- bis langfristig am günstigsten entwickeln, muss man unbedingt die Jahreszeiten der Wirtschaft begreifen. Das Geheimnis der erfolgreichen Portfoliostrukturierung oder Asset Allocation besteht darin, dass man zunächst starke Sektoren auswählt, die von der jeweiligen Jahreszeit begünstigt werden, und dass man dann feststellt, welche Sektoren und Subsektoren am wenigsten miteinander gemeinsam haben und daher die wirksamste Diversifizierung bieten. Dann gelingt es, bei möglichst geringem Risiko möglichst hohe Erträge zu erzielen. Man kann sich nicht einfach nach dem Zufallsprinzip Sektoren aussuchen, die in der Vergangenheit über sehr lange Zeit schwach korreliert waren. Die klassische Asset Allocation bringt den Anlegern im Austausch gegen das verminderte Risiko gerade deswegen nur mittelmäßige Erträge, weil das äußerst langfristig angelegte Research immer niedrige Korrelationen ergibt. Aber unser eigenes Research hat ja gezeigt, dass Erträge, Korrelationen und Risiken innerhalb einer Jahreszeit enorm variieren können. Dazu im weiteren Verlauf dieses Kapitels mehr.

Da die Experten sämtliche Extremwerte der vergangenen 70 Jahre geglättet haben, sind sie zu dem Schluss gekommen, das beste Risiko-Ertrags-Verhältnis würde man durch gleichmäßige Streuung über die vier breitesten Anlagesektoren erzielen: Large-Cap-Aktien, Small-Cap-Aktien, internationale Aktien und Anleihen. Diese Sektoren weisen tatsächlich eine geringe Korrelation untereinander auf. Das liegt daran, dass sie sich in den langen Jahreszeiten sehr unterschiedlich verhalten – allerdings gilt dies nicht für die kürzeren Korrekturphasen, in denen es hart auf hart geht und in denen man als Anleger in Versuchung gerät zu verkaufen.

Wir haben herausgefunden, dass sich während der meisten Jahreszeiten in der Boomphase zwei Sektoren gut entwickeln und zwei nicht ganz so gut – aber diesen ergeht es in der Crashphase nur umso schlechter. Dieser klassische Ansatz ist trotz allem eine „gute" Anlagestrategie, denn er bietet immerhin eine akzeptable Streuung und ein kleineres Risiko-Ertrags-Verhältnis. Er ist allerdings eindeutig nicht die beste Anlagestrategie, denn damit gibt man als Anleger in jeder Jahreszeit mehr Ertrag auf als für die Verminderung des Risikos nötig wäre.

Die Experten sagen uns außerdem, wir sollten ganz einfach über längere Zeit Aktien halten. Warum? Weil sie den höchsten langfristigen Ertrag bringen und weil sie immer wieder mindestens auf das frühere Niveau zurückkehren, wenn der Zeithorizont nur lange genug ist. Meistens sagen sie, ein Anlagehorizont von zehn Jahren sei ausreichend und entspreche den meisten Anlagezielen. Darauf entgegnen wir aber erneut, dass es einen riesigen Unterschied macht, an welcher Stelle der Jahreszeit und des Wirtschaftszyklus man sich gerade befindet. Am besten führen wir einmal ein paar Beispiele aus der Wirklichkeit vor, und dann können Sie sagen, was Sie von dem Vorschlag halten, Aktien über längere Zeiträume zu halten. Wenn Sie im Jahre 1929 Bluechip-Aktien gekauft hätten, dann hätten Sie bis zum Jahre 1932 einen Verlust von 89 Prozent erlitten, und trotz der kurzfristigen Erholungsphase bis 1937 hätten Sie bis zum Jahre 1942, als die nächste Boomphase begann, inflationsbereinigt 80 Prozent verloren. Sie hätten 24 Jahre lang warten müssen, also bis zum Jahre 1953, bis Sie wieder auf null gewesen wären. Das tut weh!

Wenn Sie im Jahre 1965 den Dow Jones gekauft hätten, dann hätten Sie im Jahre 1982, also 14 Jahre später, inflationsbereinigt ein Minus von 70 Prozent zu verzeichnen gehabt. Den Breakeven hätten Sie erst 1993 erreicht, also erst nach 28 Jahren. Wenn Sie im Jahre 1989 den Nikkei gekauft hätten, dann hätten Sie im Jahre 1992 mit 67 Prozent Minus dagestanden. Anfang 2003 beziehungsweise 13 Jahre später hätte sich der Verlust gar auf 80 Prozent belaufen. Die demographischen Trends lassen ab dem Jahre 2003 oder 2004 eine Erholung des Nikkei erwarten, aber wahrscheinlich sind die Trends nicht stark genug für eine Überschreitung des Hochs von 1989, und zwar für mehrere Jahrzehnte nicht. Wenn Sie also damals zufällig japanische Aktien gekauft hätten, könnte es sein, dass Sie Ihr Leben lang keinen positiven Ertrag sehen. Und es ist eine schreckliche aber wahre Tatsache, dass die meisten Anleger aufgrund ihrer emotional geprägten Anlagestrategien tendenziell im Bereich von Höchstständen kaufen.

Aber warum sind die Experten so langfristig orientiert, obwohl das überhaupt nicht den tatsächlichen Zeithorizonten und dem wahren Charakter der langfristigen Wirtschaftszyklen entspricht? Das liegt daran, dass sie keine bewährten langfristigen Prognosewerkzeuge haben und dass sie deshalb die Welt mehr oder weniger als Zufallsprodukt betrachten. Sie halten die kurzfristigen politischen und zufälligen Trends für wichtiger als die langfristigen Trends. Wir haben jedoch gezeigt, dass letztere hochgradig vorhersehbar sind. Deshalb stehen die Experten vor einer Welt, in der in Zukunft alles Mögliche passieren könnte und in der kurzfristige Veränderungen langfristige Entwicklungen grundsätzlich verändern können. Unsere Forschungen haben dagegen gezeigt, dass sich langfristige Trends trotz kurzfristiger Fluktuationen durchsetzen. Deshalb glauben die Experten, sie könnten die Zukunft am besten voraussagen, indem sie den langfristigen Durchschnitt des vergangenen Geschehens bilden. Und damit würde Ihr Portfolio im jetzigen Jahrzehnt einen sehr mäßigen Ertrag bringen.

Aber warum glauben sie an diese Zufallstheorie der Wirklichkeit? Weil es in der Wirtschaftstheorie und in der Wirtschaftsgeschichte außer einigen kaum verlässlichen und schwer quantifizierbaren langfristigen Zyklen wie dem Kondratieff-Zyklus (Zyklusdauer 55 bis 60 Jahre) keine Möglichkeit gibt, grundlegende Trends vorauszusagen – das heißt, bis zu den 1980er-Jahren gab es so etwas nicht. Seit Anfang der 1980er-Jahre verfolgt der amerikanische Staat die demographische Entwicklung der Wirtschaftsaktivität und der Ausgaben und analysiert die Zahlen mithilfe von Computern. Diese demographischen Daten werden vor allem für die Marktforschung benutzt. Anhand dieser Zahlen findet man heraus, wo und wie man Konsumgüter und Dienstleistungen am besten bewirbt.

Unsere Forschungen haben einfach auf der Grundlage meiner praktischen Erfahrungen in der strategischen Planung und im Marketing die neue Technologie der Demographie auf langfristige Prognosen ausgedehnt. Wie schon in der Einleitung des vorliegenden Buches gesagt, gehört diese neue Methode einfach zur Informationsrevolution und verleiht der strategischen Geschäfts- und Investmentplanung einen Grad der Effizienz, der vorher nicht möglich war – genauso wie Flugreisen und Raumfahrt vor dem vergangenen Jahrhundert nicht möglich waren. Und genauso wie die Durchsetzung jeder anderen Technologie oder Idee in Form der S-Kurve wird es auch in diesem Fall Jahrzehnte dauern, bis die meisten Menschen das Potenzial der neuartigen Forschungen und der neuartigen praktischen Möglichkeiten begreifen. Und daher haben Sie heute einen riesigen Vorsprung!

Wir möchten Sie dazu bringen, dass Sie sich diese neuen, aber hoch wissenschaftlichen und quantifizierbaren Erkenntnisse zunutze machen, bevor der größte Boom der Geschichte vorüber ist. Seit wir unsere Theorien Ende der 1980er-Jahre aufgestellt haben, haben viele Geschäftsleute, Finanzberater und Investoren damit riesige Gewinne eingefahren.

Und jetzt wollen wir einen Blick auf die langfristige Performance verschiedener Investmentsektoren werfen und feststellen, wie sehr Risiko und Ertrag in den verschiedenen Jahreszeiten variieren und wieso es sinnlos ist, als Grundlage für Prognosen, die sich auf die nächsten zehn Jahre beziehen, die letzten 70 Jahre oder einen noch längeren Zeitraum zu nehmen. Wir empfehlen, die Risiken und Erträge lieber mit der Performance in der aktuellen wirtschaftlichen Jahreszeit oder in vergangenen ähnlichen Jahreszeiten zu vergleichen. Es ergibt keinen Sinn, die heutige Performance einer Geldanlage mit der Performance in der Inflations- und Rezessionszeit der 1970er-Jahre oder gar mit dem Boom der 1950er- und 1960er-Jahre zu vergleichen – und ganz gewiss nicht mit der Großen Depression der 1930er-Jahre.

Das klare Verständnis der quantifizierbaren und vorhersagbaren demographischen Zyklen sowie der Zyklen neuer Technologien und Wirtschaftsweisen verschafft Ihnen einen großen Vorsprung und die Möglichkeit, das Endstadium des großen Booms, der bis 2009 oder Anfang 2010 reicht, voll auszunutzen. Außerdem können Sie damit während des wohl größten Niedergangs von 2010 bis 2022 Ihr Vermögen bewahren. Wir empfehlen das Gegenteil dessen, was die Experten in letzter Zeit empfehlen, und wir werden auch im Jahre 2009 das Gegenteil dessen raten, was sie empfehlen. Diese Methode ist die ultimative Strategie für langfristiges Timing und kontrarianisches Denken.

Ein neuer Blick auf die langfristige Entwicklung von Investments

Fangen wir wieder mit dem wichtigsten Trend an: mit der Investition in Aktien. Wir gehen von der besten verfügbaren langfristigen Analyse aus und beziehen dann die neuen Erkenntnisse ein, die wir aufgrund unseres Wirtschaftsmodells gewonnen haben. Langfristige Untersuchungen zeigen, dass Aktien Anleihen und andere Investments bei weitem übertreffen und dass Small Caps wesentlich mehr Gewinn bringen als Large Caps. Das wäre einleuchtend, wenn Aktien riskanter wären als Anleihen und wenn Small Caps riskanter wären als Large Caps. Erinnern Sie sich an das sechste Prinzip der „Sieben menschlichen Anlagewahrheiten" am Anfang dieses Kapitels: Ohne größeres Risiko gibt es keinen größeren Ertrag. Tabelle 7.1 aus Jeremy Siegels hervorragendem Buch *AKTIEN FÜR DIE ZUKUNFT* zeigt den Unterschied zwischen Large Caps und Small Caps von 1926 bis 1996. Beachten Sie zunächst, dass die zehn Prozent der kleinsten Aktien mit einem durchschnittlichen Jahresertrag von 13,83 Prozent 40,5 Prozent mehr brachten als die zehn Prozent der größten Aktien mit 9,84 Prozent. Warum also sollte man nicht einfach langfristig Small Caps halten? So richtig interessant wird es aber erst, wenn man das unterschiedliche jährliche Risiko betrachtet; es zeigt, wie groß die Kursschwankungen nach oben und unten sind, die man als Anleger verkraften muss.

Das Risiko der kleinsten Aktien betrug 46,5 Prozent und war damit fast 2,5-mal so hoch wie das Risiko der größten Aktien. Diese brachten ein Risiko von 18,9 Prozent mit sich. 150 Prozent mehr Risiko für 40 Prozent mehr Gewinn? Man braucht kein Genie zu sein, um zu begrei-

Tabelle 7.1

Risiko und Ertrag von Aktien nach Größe (Kapitalisierung)

absteigende Größen-Einteilung	Durch-schnittlicher Jahresertrag	jährliches Risiko	risiko-bereinigte Performance
1. Zehntel	9,84 %	18,9 %	0,52
2. Zehntel	11,05 %	22,4 %	0,49
3. Zehntel	11,49 %	24,2 %	0,47
4. Zehntel	11,63 %	26,7 %	0,44
5. Zehntel	12,16 %	27,5 %	0,44
6. Zehntel	11,82 %	28,5 %	0,41
7. Zehntel	11,88 %	31,0 %	0,38
8. Zehntel	12,15 %	34,8 %	0,35
9. Zehntel	12,25 %	27,3 %	0,45
10. Zehntel	13,83 %	46,5 %	0,30

Quelle: Jeremy J. Siegel, Aktien für die Zukunft

fen, dass das kein gutes Geschäft ist. Wahrscheinlich würden Sie den ganzen zusätzlichen Gewinn für Magentabletten ausgeben, und wahrscheinlich würden Sie meistens nah am Tief verkaufen und so den größten Teil der Gewinne sowieso verpassen.

Damit ein klareres Bild entsteht, haben wir noch die letzte Spalte angefügt. Wir haben den durchschnittlichen Jahresertrag durch das jährliche Risiko geteilt und so einen einfachen Indikator für die risikobereinigte Performance gewonnen. Das eigentliche Geheimnis dieses Charts besteht darin, dass die zehn Prozent größten Aktien mit 0,52 das beste Risiko-Ertrags-Verhältnis haben. Je niedriger kapitalisiert die Aktien, desto schlechter das Verhältnis. Allerdings gibt es davon eine Ausnahme: Kurz vor den zehn Prozent kleinsten Aktien – im neunten Zehntel –

steigt das Verhältnis wieder an. Das liegt daran, dass das durchschnittliche jährliche Risiko dieser Aktien kleiner war als das der kleineren und größeren Nachbaraktien.

Das würde also bedeuten, dass sich diejenigen kleinen Wachstumsunternehmen, die den harten Wachstumswettbewerb der neuen Märkte durchstehen, innerhalb ihrer Marktnische eine beherrschende und dauerhafte Wettbewerbsposition geschaffen haben. Falls Sie also beschließen sollten, dass Sie die höheren Erträge der Small-Cap-Aktien ernten wollen, dann sollten Sie sich am besten an die größeren Aktien innerhalb dieser Anlageklasse halten. Als Small-Cap-Unternehmen gelten im Allgemeinen die untersten 20 Prozent der an der NYSE notierten Aktien. Daher ist das neunte Zehntel als langfristige Anlage eindeutig attraktiver. Vergessen Sie aber nicht, dass das Risiko-Ertragsverhältnis der 30 Prozent beziehungsweise drei Zehntel größten Aktien trotzdem noch besser ist. Das gilt vor allem für die größten zehn Prozent.

Und noch etwas Wichtiges hat Siegel zu Small-Cap-Aktien zu sagen: Der größte Teil der zusätzlichen Performance entstand in den acht Jahren von 1975 bis 1983. Im nächsten Abschnitt werden wir das noch ausführlicher erklären. Wenn man die genannten acht Jahre ausnimmt, dann haben sich die Small Caps in den letzten 71 Jahren bei größerem Risiko schlechter entwickelt als die Large Caps. Und daraus ergibt sich die praktisch wasserdichte Aussage, dass hoch kapitalisierte Aktien für die überwiegende Mehrheit der Anleger die meiste Zeit über die bessere Langfristanlage sind.

Wachstums- und Value-Aktien – Large Cap und Small Cap

Die zweite große Wahl, vor der man als Anleger steht, ist die Frage, ob und wann man sich mehr auf den Value- oder Wachstums-orientierten Sektor der Large Caps beziehungsweise Small Caps konzentriert. Value und Wachstum folgen im Laufe der Zeit verschiedenen Zyklen und entwickeln sich zu unterschiedlichen Zeiten besser beziehungsweise schlechter. Deshalb haben auch sie ihre mittelfristigen und langfristigen Jahreszeiten. Aufgrund des menschlichen Hangs, in Zeiten des Aufstiegs und Niedergangs überzureagieren, haben die Value-Aktien einen eindeutigen Vorsprung. Die größten langfristig orientierten Anleger des vergangenen Jahrhunderts von Graham und Dodd über Templeton bis hin zu Buffett sind tendenziell Value-orientiert. Es hört sich zwar gut an, dass man diese Strategie befolgen sollte, aber in Wirklichkeit braucht man dafür mehr Mumm als die meisten von uns besitzen. Die berühmte Maxime dazu lautet: „Kaufen, wenn in den Straßen Blut fließt." Nur wenige Anleger kaufen wirklich Aktien oder Immobilien, wenn die Aussichten scheinbar derart übel sind. Wie schon erläutert, sind wir darauf gepolt, hoch zu kaufen und tief zu verkaufen.

Auch hier können die demographischen Zyklen von Nutzen sein. Die verschiedenen Jahreszeiten der Wirtschaft, die durch die demographische Entwicklung bedingt sind, sorgen dafür, dass Small- und Large Caps beziehungsweise Value- und Wachstumsaktien höchst unterschiedliche Erträge und Risiken mit sich bringen. Aber auf jeden Fall fällt es leichter zu kaufen, wenn „in den Straßen Blut fließt", wenn man weiß, dass der fundamentale Wachstumstrend nach wie vor günstig ist. Aber auch wenn das nicht so ist, wie zum Beispiel von 1930 bis 1942 und von 1969 bis 1982, bringen Value-Aktien meist mehr. Das Gleiche gilt für die Small Caps, wenn das Innovationsstadium der Folgegeneration beginnt. Wenn allerdings ein Boom länger anhält, wie zum Beispiel 1902 bis 1929, 1943 bis 1968 oder 1983 bis 2009, entwickeln sich tendenziell Large Caps und Wachstumswerte besser. Von 1983 bis 1999 brachten Wachstumsaktien einen durchschnittlichen Jahresertrag von 19,54 Prozent, Value-Aktien dagegen nur 17,34 Prozent. Largecaps brachten 13,93 Prozent, Small Caps nur 9,97. Man kann also mithilfe dieser Strategie sein Portfolio immerhin in die richtige Richtung neigen – auch wenn man nicht immer genau am Boden kauft, wenn die Meldungen am schlimmsten sind.

Selbst in Boomzeiten wie der jetzigen gibt es klar erkennbare Zyklen, zum Beispiel den „Zyklus des Jahrzehntkaters" und den Zehnjahreszyklus. Beide haben wir in Kapitel 3 besprochen. Für die Praxis bedeutet das vor allem, dass in den ersten Jahren der meisten Jahrzehnte – wenn die Aktien tendenziell fallen – Value-Aktien besser sind. In den 1980er-Jahren gab es eine Reihe von Kursschwächen und Kurskorrekturen, die Value-Aktien begünstigten. Die Value-Aktien entwickelten sich während des größten Teils der 1980er-Jahre besser als die Wachstumswerte. Das ist typisch für die ersten Jahre größerer Boomphasen, und so war es auch in den 1940er-Jahren. Am Anfang zögern die Anleger noch, ausgerechnet diejenigen Aktien zu kaufen, die in dem vorangegangenen langen Niedergang unter den Hammer gekommen waren. Ab Ende der 1980er-Jahre zeigten die Wachstumsaktien so lange ihre Stärke, bis Anfang der 1990er-Jahre der Jahrzehntkater einsetzte.

Nach dem Katerzyklus Anfang der 1990er-Jahre überflügelten die Value-Aktien in den Jahren 1992 und 1993 die Wachstumswerte. Während des restlichen Jahrzehnts jedoch – während acht von zehn Jahren – entwickelten sich die Wachstumsaktien überdurchschnittlich, wie in Abbildung 7.3 zu erkennen. Wachstumswerte brachten in den 1990er-Jahren eine durchschnittliche Jahresrendite von 21,56 Prozent, Value-Aktien dagegen nur 15,53 Prozent. Das bedeutet einen Mehrertrag von

Abbildung 7.3

Wachstums- und Value-Orientierung im Vergleich, 1990 bis 1999

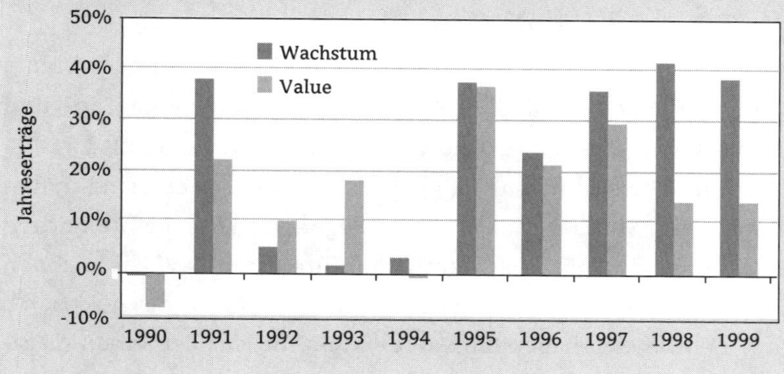

38,8 Prozent, wobei das Risiko nur um 29,9 Prozent höher war. Somit war der Ertrag der Wachstums-orientierten Aktien sogar risikobereinigt besser als der Ertrag der Value-Aktien. Der beschleunigte Anstieg der S-Kurve begünstigte in den 1990er-Jahren nicht nur die Large Caps, sondern auch die Wachstumsaktien, und zwar vor allem ab 1994, weil damals das Handy und andere verbraucherorientierte Technologien die steile Phase der S-Kurve erreichten.

Vom Jahre 2000 bis zum Jahre 2002 waren die wertorientierten wieder besser, und im Jahre 2003 entwickelten sich die beiden Kategorien ungefähr gleich. Für die Zeit von Mitte/Ende 2004 bis Ende 2009/Anfang 2010 rechnen wir damit, dass die Wachstumsaktien genauso wie in den Jahren 1994 bis 1999 wieder deutlich führen werden. Da gemäß unseren Modellen die Large Caps im kommenden Jahrzehnt einen leichten Vorsprung gegenüber den Small Caps haben, dürften in den nächsten Jahren genauso wie in den Jahren 1994 bis 1999 hoch kapitalisierte Wachstumswerte die beste Anlage sein. In der Phase der S-Kurve, in der die Penetrationsrate von zehn auf 90 Prozent steigt, nimmt die Dominanz der Wachstums-orientierten Large Caps zu. Eine Ausnahme bildet der dreijährige Ausleseprozess in der Mitte der S-Kurve, wenn die Penetrationsrate von 50 Prozent näher rückt. Das entspricht den Jahren 1919 bis Anfang 1922 beziehungsweise Anfang 2000 bis Ende 2002.

Wachstums- und Value-Aktien – Large Cap und Small Cap

Wesentlich interessanter wird die Frage, ob Wachstum oder Value, wenn man die unterschiedliche Entwicklung von Large-Cap- und Small-Cap-Aktien über lange Zeiträume untersucht. Im Small-Cap-Bereich sind die Abweichungen viel größer. Über längere Zeit sind in diesem Bereich die Value-Aktien weit überlegen, und Wachstums-orientierte Aktien sind tatsächlich ziemlich uninteressant. Wir bezeichnen die niedrig kapitalisierten Wachstumswerte als „Goldrausch-Aktien". Im Large-Cap-Bereich haben die Value-Aktien mit der Zeit einen mäßigen Vorsprung, aber in Boomzeiten sind Wachstumsaktien etwas besser.

Die risikobereinigte Performance von Value- beziehungsweise Wachstums-Large-Cap-Aktien unterscheidet sich über längere Zeiträume nicht erheblich. Das Verblüffendste an Tabelle 7.2 ist die Tatsache, dass im Small-Cap-Bereich in den vergangenen 70 Jahren die meisten Value-Aktien die meisten Wachstums-orientierten mit durchschnittlichen Jahreserträgen von 16,28 Prozent respektive 0,59 Prozent deutlich überflügelt haben. Das ist in der Tat höchst erstaunlich. Und um dem Ganzen noch die Krone aufzusetzen: Das Risiko Wachstums-orientierter Small Caps war um 21 Prozent größer als das Risiko der Value-orientierten Small Caps (40,37 beziehungsweise 33,35). Unter den niedrig kapitalisierten Aktien sind die Value-Aktien eindeutig besser. Wie in diesem Kapitel bereits gezeigt, gilt das Gleiche für die höher kapitalisierten Small Caps.

Der einfachste Grund dafür ist folgender: Wenn neue Märkte entstehen, überleben nur wenige „Kaulquappen" den Kampf um das Wachstum; die Mehrzahl der Start-up-Unternehmen geht in der Innovationsphase oder im nachfolgenden Auslesestadium zugrunde. Ein Beispiel dafür ist der Zusammenbruch der Dot.coms. Die Auslese der Small Caps findet in der Innovationsphase neuer S-Kurven etwa auf halbem Weg zwischen dem Penetrationsgrad von 0,1 und zehn Prozent statt.

Tabelle 7.2

Wachstum, Value, Large Cap, Small Cap 1926 bis 2000

	Durchschnittl. Jahresertrag	**Standard-abweichung**	**risikober. Performance**
Small Cap, Wachstum	0,59 %	40,37 %	0,01
Small Cap, Wert	16,28 %	33,35 %	0,49
Large Cap, Wachstum	10,39 %	20,66 %	0,50
Large Cap, Wert	13,76 %	26,81 %	0,51

Die Auslese der Large Caps dagegen findet in der Mitte der Wachstumsphase zwischen zehn und 90 Prozent Penetration statt. Am Anfang wachsen die Small Caps sehr schnell, und daraus ergeben sich sehr hohe KGVs. Aber nur wenige überleben das blutige Schlachtfeld der kleinen Wachstumswerte. Wir haben das erlebt, als im Jahre 2002 die E-Commerce-Blase platzte. Auf der anderen Seite jedoch bieten die große Schlacht und die extremen Schwankungen der Small Caps die Chance, am Boden liegende Unternehmen zu kaufen, die dann doch noch das Ruder herumreißen, überleben und große Gewinne einfahren. Aus diesem Grunde zahlen sich Investitionen in niedrig kapitalisierte Wachstumsaktien so sehr aus.

Im Large-Cap-Sektor bewähren sich die Wert-Aktien im Laufe der Zeit besser. Von 1926 bis 2000 brachten sie einen durchschnittlichen Jahresertrag von 13,76 Prozent, während die hoch kapitalisierten Wachstumswerte einen Ertrag von 10,39 Prozent lieferten. Aber dafür war das Risiko der Wachstumsaktien um überraschende 33 Prozent geringer als das Risiko der Valueaktien. Die Standardabweichung betrug 20,66 beziehungsweise 26,81. Und wieder ist der Grund dafür einfach: Value-Aktien laufen tendenziell in Abschwungphasen besser, und solche Phasen sind eher selten. Allerdings sind die Schwankungen in diesen Zeiten viel größer, und das gilt vor allem für fragwürdige Aktien, die dann doch noch die Kurve bekommen. Wachstumsaktien entwickeln sich besser in anhaltenden Phasen des Aufstiegs, in denen das Risiko geringer ist. Die risikobereinigte Performance von Wachstums-orientierten Large Caps beträgt 0,52, und für Value-orientierte Large Caps 0,513 – das ist sehr eng, und der Vorsprung der Value-orientierten Large Caps ist nur minimal.

Zusammenfassung: Langfristig betrachtet unterscheiden sich Value- und Wachstums-orientierte Largecaps hinsichtlich der risikobereinigten Performance kaum. Die Value-orientierten entwickeln sich in Phasen des Niedergangs (zum Beispiel 1930 bis 1942 und 1969 bis 1982) sowie in den ersten Jahren der meisten Jahrzehnte und längeren Börsenbooms besser. Wenn unsere Ausgabenwelle nach unten zeigt, sollte man lieber in Value-orientierte Large-Caps investieren. Allerdings sollte man gemäß unserer Strategie in Abschwungphasen grundsätzlich keine hoch kapitalisierten Aktien kaufen, weil diese dem Wirtschaftswachstum folgen. In Boomzeiten laufen sie gut, in Zeiten des Niedergangs jedoch schlecht. Für lang anhaltende Baissen bevorzugen wir Anleihen, Value-orientierte Small Caps, demographisch begünstigte Auslandsaktien oder Aktien aus Sektoren, die von den Spätphasen der Ausgabenwelle profitieren – beispielsweise aus dem Gesundheitsbereich.

Warum unterscheiden sich Wachstums- und Value-orientierte Large Caps hinsichtlich der Performance so wenig? Die meisten großen Unternehmen haben den Wettlauf um die Führungsposition schon hinter sich, und die Wahrscheinlichkeit eines plötzlichen Bankrotts ist sehr gering. Es kann jedoch passieren, dass sie aufgrund von Verschiebungen am Markt und aufgrund der Selbstzufriedenheit des Managements kurzzeitig in Ungnade fallen; dann sind solche Aktien ein guter Kauf, denn sie kehren schon bald auf das alte Niveau zurück. Der Grund für die knappe Überlegenheit der Value-Aktien liegt also in der Tatsache, dass ein Großunternehmen nicht so leicht unterzukriegen ist. Allerdings müssen auch solche Unternehmen wachsen – anfangs um ihre Stellung zu erreichen und dann um sie zu behaupten. Das ist der Grund, weshalb sich Wachstums-orientierte Large Caps in Zeiten beschleunigter technischer Entwicklung besser entwickeln – beispielsweise Ende 1914 bis 1928 oder Ende 1994 bis 2008/2009.

Dadurch kommt die paradoxe Situation zustande, dass eine langfristige Value-orientierte Anlagestrategie im Large-Cap-Bereich nur leichte Vorteile bietet, im Small-Cap-Bereich jedoch einen unglaublichen Vorsprung. In längeren Boomphasen und vor allem gegen Ende solcher Phasen, wenn die großen Firmen immer mehr um die Führung konkurrieren und wenn es darum geht, wer die neuen Massenmärkte beherrschen wird, sind die Wachstumswerte klar im Vorteil. Dabei liegt der Schwerpunkt auf den Large Caps; die Wachstums-Small-Caps steigen nur während sehr kurzer Zeitabschnitte. Niedrig kapitalisierte Wachstumsaktien sind langfristig betrachtet eindeutig der schlechteste Sektor, denn die Erträge sind geringer und die Risiken viel größer. Das sind die richtigen Aktien für Spieler und Verrückte. Es gibt allerdings Zeiten im Anfangsstadium von Innovations-S-Kurven, in denen Wachstums-orientierte Small Caps sehr gut laufen. Beispiele dafür sind die Jahre 1958 bis 1968 (erste Innovationswelle der Babyboom-Generation) und 1975 bis 1980 (Gipfel der Babyboom-Innovationswelle). Wir sagen voraus, dass sich Wachstums-Small-Caps von 2003 bis 2008 zwar gut entwickeln, aber risikobereinigt trotzdem nicht so gut wie Wachstums-Large-Caps.

Wir können noch mehr erkennen, wenn wir die in Tabelle 7.3 dargestellten Ertragszyklen von Wachstums-Large-Caps, Value-Large-Caps, Wachstums-Small-Caps und Value-Small-Caps genauer analysieren. Wir verdanken diese Tabelle der Pionierarbeit von Kenneth R. French (Finanzprofessor an der Tuck School of Business, Dartmouth) und Eugene F. Fama (Finanzprofessor an der University of Chicago). Sie haben die durchschnittlichen Jahreserträge von Value- und Wachstumsaktien in den Segmenten Large Cap und Small Cap so weit in die Vergangenheit zurück ausgewertet wie niemand zuvor. Die Zahlen sind nicht so exakt wie die Statistiken von Ibbotson Associates, aber inzwischen werden sie sogar von Ibbotson selbst verwendet, weil sie die beste verfügbare Zahlenbasis darstellen.

Wir notieren hier nur ein paar grundlegende Erkenntnisse aus dieser langen und ausführlichen Tabelle. Von 1927 bis 1929 brachten hoch kapitalisierte Wachstumsaktien die größten Erträge. Während des Crashs 1930 bis 1932 waren Value-orientierte Large Caps am besten. Von 1933 bis 1946 übernahmen die Value-orientierten Small Caps die Führung – von einer Ausnahme in den Jahren 1938 bis 1940 abgesehen, als Wachstums-orientierte Large Caps am meisten Ertrag brachten. Von 1947 bis 1957 waren generell Large Caps am besten, wobei die Value-orientierten leicht überlegen waren. Von 1958 bis 1968 brachten die Small Caps die besten Erträge, wobei wieder einmal die Value-orientierten einen leichten Vorsprung bekamen, als das Innovationsstadium des Babybooms begann. Von 1969 bis 1972 entwickelten sich die hoch

Tabelle 7.3

Durchschnittliche nach Wert gewichtete Jahreserträge: Small Caps Wachstums-orientiert, Small Caps Value-orientiert, Large Caps Wachstums-orientiert, Large Caps Value-orientiert

	SC-Wt	SC-Value	LC-Wt	LC-Value
1927	53,39	39,16	46,52	29,53
1928	10,39	79,54	48,40	56,41
1929	-51,41	-45,38	-22,13	7,41
1930	-51,78	-49,81	-26,38	k. A.
1931	-79,81	-50,40	-35,48	k. A.
1932	-3,98	17,52	-9,98	120,85
1933	5,57	138,25	42,78	43,63
1934	24,46	19,20	12,77	-20,96
1935	53,65	80,01	43,56	90,84
1936	27,83	67,19	27,05	36,74
1937	-65,31	-53,79	-33,64	-41,31
1938	25,39	0,94	34,13	28,66
1939	-13,16	-3,30	4,61	-18,75
1940	-26,88	-10,60	-10,00	-10,46
1941	-52,61	-5,02	-11,55	-5,10
1942	14,64	36,58	15,48	47,54
1943	14,50	120,57	18,41	41,14
1944	71,79	64,07	16,72	59,73
1945	80,49	91,21	30,17	40,45
1946	-11,68	-12,92	-8,12	-11,43
1947	-7,28	8,53	5,68	8,24
1948	-8,76	-0,30	4,33	6,15
1949	14,48	22,89	25,98	14,65
1950	22,30	54,91	24,64	48,70

1951	14,53	7,23	20,43	16,81
1952	-14,95	5,51	12,72	24,56
1953	-15,15	-5,55	3,84	13,04
1954	29,83	70,41	48,36	72,64
1955	10,17	27,50	30,09	23,82
1956	-5,65	8,54	5,07	-3,64
1957	-14,31	-14,77	-8,87	-22,64
1958	78,76	70,41	40,33	76,95
1959	7,96	20,46	16,48	7,40
1960	-24,51	-6,43	-2,89	-7,80
1961	31,58	26,65	23,20	20,38
1962	-8,64	-9,85	-14,33	2,02
1963	32,07	31,36	23,66	34,03
1964	14,88	26,91	17,61	17,34
1965	31,23	47,70	16,40	15,26
1966	-4,56	-5,91	-11,58	-12,84
1967	134,89	88,03	30,76	25,95
1968	39,06	59,16	2,37	25,08
1969	-33,64	-32,60	7,98	-18,11
1970	-32,74	-0,22	-8,32	9,21
1971	21,71	15,07	23,19	20,62
1972	-6,26	10,65	24,61	10,12
1973	-52,35	-31,15	-18,84	2,19
1974	-31,68	-17,82	-30,60	-32,54
1975	63,74	61,37	30,61	38,63
1976	44,29	56,61	12,47	44,11
1977	23,20	30,93	-11,49	-2,39
1978	25,19	26,12	7,00	-1,48
1979	54,67	38,29	7,99	17,16
1980	64,40	25,60	32,49	16,47
1981	-25,96	14,81	-6,89	16,58

1982	17,73	39,23	22,33	20,58
1983	12,59	57,29	16,94	23,39
1984	-24,96	5,56	0,56	26,08
1985	19,03	23,40	31,89	32,53
1986	-3,53	7,48	14,55	26,96
1987	-25,44	-2,59	9,02	-0,51
1988	9,92	25,28	11,11	27,29
1989	7,69	10,91	37,50	28,25
1990	-28,46	-30,10	6,90	-14,02
1991	60,87	42,77	48,78	19,41
1992	-5,50	38,80	2,52	35,96
1993	0,04	39,68	-4,76	31,04
1994	-22,01	2,14	4,35	0,81
1995	32,82	35,32	37,53	44,17
1996	-0,31	24,97	23,44	15,74
1997	2,00	38,50	33,85	28,20
1998	-9,10	-4,27	47,85	15,59
1999	67,08	24,15	25,08	-12,71
2000	-36,20	3,41	-14,25	21,98

Quelle: Kenneth R. French und Eugene Fama, mba.tuck.dartmouth.edu/pages/faculty/ken.french/

kapitalisierten Wachstumswerte am besten. Wie in größeren Crashs üblich hielten sich 1973 und 1974 die Value-orientierten Large Caps am besten und die Wachstums-orientierten Small Caps wurden am schwersten massakriert.

Von 1975 bis 1980 trat der seltene Fall ein, dass sich die Wachstums-orientierten Small Caps überdurchschnittlich entwickelten, und von 1981 bis 1983 übernahmen die Value-orientierten Small Caps die Führung, während sich die Innovationskurve des Babybooms ihrem Höhepunkt näherte. Zu Beginn des neuen Booms brachten zunächst von 1984 bis 1988 die Value-orientierten Large Caps am meisten Ertrag, aber dann von 1989 bis 1990 wieder die Wachstums-orientierten Large Caps. Von 1991 bis 1993 führten wieder die Value-orientierten Small Caps, und darauf folgte von 1994 bis 1999 der größte Durchmarsch der Wachstums-orientierten Large Caps. Das war der Beginn der größten S-Kurven-Beschleunigung beziehungsweise der Ausbreitung neuer Technologien in den Mainstream seit den Jahren 1914 bis 1928. Das Auslesestadium in der Mitte jenes Zyklus begünstigte von 2000 bis 2002 Value-orientierte Small Caps. Zu dieser Zeit setzte der Innovationszyklus der Echo-Babyboomer ein, und gleichzeitig wurden die sehr hoch bewerteten Large Caps schwer geprüft. Unseren Modellen zufolge sieht es von 2003 bis 2008 oder 2009 für Wachstums-orientierte Large Caps und in geringerem Maße für Wachstums-orientierte Small Caps gut aus.

In Tabelle 7.4 sind die unterschiedlichen Erträge und Risiken seit dem Crash 1974 zu sehen (das ist die Zeit, in der wir die meisten Anlageerfahrungen gesammelt haben). Daran kann man ablesen, welchen Nutzen man als Anleger davon gehabt hätte, wenn man immer die momentan führenden Anlageklassen gekauft hätte. Beachten Sie, dass nicht nur der durchschnittliche Jahresertrag sehr hoch ist, wenn ein Sektor führend ist, sondern dass dann auch das Risiko relativ niedrig und manchmal sehr niedrig ist. Das widerspricht dem Grundprinzip, gemäß dem höhere Erträge auch größere Risiken mit sich bringen. Über längere Zeiträume betrachtet trifft das auch zu, aber wenn ein Investmentsektor gerade auf der Sonnenseite steht, bekommt man den höchsten Ertrag und das geringste Risiko. Üblicherweise jedoch dauern solche Perioden nur drei bis sechs Jahre.

Werfen wir einen Blick auf die besten Beispiele aus Tabelle 7.4. Als von 1975 bis 1980 die Wachstumswerte ihre beste Zeit hatten, betrug der Ertrag erstaunliche 43,12 Prozent pro Jahr, und das Risiko war mit 11,45 sehr niedrig. Bis 1983 entwickelten sich die Wachstums-Small-Caps sehr gut und wurden von den Value-orientierten Small Caps nur knapp übertroffen. Wie kam diese geradezu astronomische Performance zustande? 22 Jahre nach dem Babyboom trafen die Small Caps auf die Spitzenjahre des Innovationsstadiums. Außerdem war gerade ein Crash

Tabelle 7.4

Die besten Anlageklassen, 1975 bis 2001: Wie viel Gewinn es brachte, nach dem Crash 1974 in die jeweils besten Sektoren zu investieren.

	Durchschnittl. Jahresertrag	Standard-abweichung	risikober. Peformance
1975–1980			
Small-Cap-Wachstum	43,12 %	11,45 %	3,77
1981–1986			
Small-Cap-Value	31,81 %	13,41 %	2,37
1987–1990			
Large-Cap-Wachstum	13,11 %	16,00 %	0,82
1991–1993			
Small-Cap-Wachstum	27,94 %	11,21 %	2,49
1994–1999			
Large-Cap-Wachstum	29,40 %	7,90 %	3,72
2000–2001			
Small-Cap-Value	8,34 %	7,62 %	1,09
Portfolio der besten Anlagen	25,61 %	17,66 %	1,45
S & P 500	14,64 %	13,59 %	1,08

samt Panik zuendegegangen und wir befanden uns in den ersten Jahren eines langen demographischen Niedergangs. Die Small Caps waren einem regelrechten Schlachten zum Opfer gefallen, und laut unserer Regel ist das die beste Zeit für den Kauf von Small-Cap-Aktien.

Der zweite Zeitraum mit extremen Erträgen bei sehr geringem Risiko waren die Jahre 1994 bis 1999. Wachstums-orientierte Large Caps erbrachten bei einem sehr geringen Risiko von 7,90 durchschnittliche Jahreserträge von 29,40 Prozent. Die risikobereinigte Performance war mit 3,72 fast so hoch wie nie und fast so hoch wie die risikobereinigte Performance der Wachstums-orientierten Small Caps von 1975 bis 1980. Wie kam das? Wir befanden uns damals (und befinden uns immer noch) in der Jahreszeit des Wachstumsschubs, der am ehesten Wachstums-orientierte Large Caps begünstigt. Außerdem befanden wir uns damals in der Beschleunigungsphase der Technologie-S-Kurve. Diese hatte im Jahre 1994 begonnen und löste einen Wettlauf um die Führungsposition aus, der ebenfalls vor allem Wachstums-orientierte Large Caps begünstigte. Tabelle 7.5 zeigt die enormen Performance-Unterschiede zwischen den verschiedenen Sektoren des Aktienmarkts in der kräftigen Anstiegsphase von 1994 bis 1999.

Die Large Caps übertrafen die Small Caps um 50 Prozent, allerdings bei halbem Risiko. Verantwortlich für die gute Performance waren eindeutig die Wachstums-orientierten Large Caps, denn die Value-orientierten

Tabelle 7.5
Performance nach Anlageklassen, 1994 bis 1999

	Durchschnittl. Jahresertrag	**Standard-abweichung**	**risikober. Performance**
Large Cap	23,46 %	7,79 %	3,01
Large-Cap-Value	16,33 %	10,36 %	1,58
Large-Cap-Wachstum	29,40 %	7,90 %	3,72
Small Cap	15,61 %	16,36 %	0,95
Small-Cap-Value	9,98 %	14,33 %	0,70
Small-Cap-Wachstum	16,16 %	17,48 %	0,92

Large Caps brachten nur wenig mehr Ertrag als die Small Caps, aber auch hier war das Risiko wieder sehr viel niedriger. Man sieht außerdem, dass die Wachstums-orientierten Small Caps 62 Prozent mehr Ertrag lieferten als die Value-orientierten Small Caps. Wenn man das beste Segment (Large-Cap-Wachstum) mit dem schlechtesten (Small-Cap-Value) vergleicht, ergeben sich bei 45 Prozent geringerem Risiko fast die dreifachen Erträge. Das ist wirklich verblüffend! Noch einmal: Wir wollen nur demonstrieren, wie unterschiedlich die Erträge und Risiken in den verschiedenen Jahreszeiten und Unter-Jahreszeiten sein können, die man mithilfe unserer Indikatoren weitgehend voraussehen kann. Nach der Auslesephase von 2000 bis 2002 rechnen wir für die Jahre 2005 bis 2009 mit einer ähnlichen Periode der anhaltenden Vorherschaft der Wachstumsorientierten Large Caps, denn wir befinden uns immer noch in der für Large Caps günstigen Phase des Wachstumsschubs, und die S-Kurve läuft von 50 bis 90 Prozent weiter, was ebenfalls den Wachstumswerten zugute kommt. Und was noch wichtiger ist: Die technisch führenden Unternehmen und Wachstumsbranchen werden im kommenden Jahrzehnt festgelegt. Die Geschäftsstrategien, die Ihrem Unternehmen einen nachhaltigen Wettbewerbsvorteil verschaffen, werden wir in Kapitel 8 behandeln.

Wir empfehlen den Anlegern wärmstens, sich von 2002 bis 2009 oder Anfang 2010 auf hoch kapitalisierte Wachstumsunternehmen zu konzentrieren, zum Beispiel Technologie, Finanzen, Biotechnologie, Gesundheit und Asien ohne Japan. Das sind genau die Sektoren, die sich von 1994 bis 1999 überdurchschnittlich entwickelten, dann aber von dem Crash und der Auslesephase von 2000 bis 2099 schwer getroffen wurden. Das macht sie jetzt nur umso attraktiver.

Der zweitbeste Aktiensektor für die kommenden Jahre sind wahrscheinlich Wachstums-orientierte Small Caps, dann kommen wertorientierte Largecaps und dann Value-orientierte Small Caps. Aber warum sollte man sich nicht größtenteils oder vollständig auf Wachstums-orientierte Large Caps konzentrieren? Weiter hinten in diesem Kapitel werden wir zeigen, dass man durch den Kauf verschiedener Sektoren innerhalb der hoch kapitalisierten Wachstumsaktien eine sehr wirksame Diversifizierung erreichen kann. Man kann auch ein gewisses Maß an Small Caps, Auslandsaktien, Immobilien oder Anleihen einbringen, um das Risiko zu senken und einen regelmäßigen Einnahmenstrom zu erzeugen. Aber unsere Zyklen und Indikatoren deuten stark darauf hin, dass die größten Erträge und die niedrigsten Risiken bei den Wachstums-orientierten Large Caps zu finden sind – also genau in dem Sektor, den die Anleger seit einigen Jahren meiden wie die Pest.

Wir haben Sie nicht durch dieses komplizierte Performance-Netz geführt, um Sie zu verwirren, sondern um zu zeigen, dass die Performance der vier unterschiedlichen Anlagemöglichkeiten nach bestimmten zeitlichen Mustern steigt und fällt, die sich über mehrere Jahre erstrecken können. Unsere verschiedenen Modelle zeigen an, wann man in welche Richtung gehen sollte. Gemäß dem Jahrzehnt-Zyklus begünstigen die ersten Jahre jedes Jahrzehnts wertorientierte Aktien; ob Large Caps oder Small Caps, das hängt davon ab, welcher Generationenzyklus gerade am stärksten ist. Laut unserem einfachen Modell aus Kapitel 3 sollte man in solchen Perioden in Anleihen oder Geldmarktfonds investieren; wenn man lieber jederzeit in Aktien investiert sein will, kann man auch auf Large-Cap-Aktien oder Value-orientierte Small Caps umsteigen. Allerdings ist es vielen Anlegern wohl zu anstrengend, ihre Portfolios immer den ein- bis dreijährigen Zyklen anzupassen; dazu kommen dann noch die geringen Transaktionsgebühren und der steuerliche Mehraufwand; diese Kosten fallen an, wenn man häufig zwischen den einzelnen Investmentsektoren hin- und herwechselt. Deshalb bieten wir alternativ ein anderes einfaches Modell an. Sie können höhere Erträge als der S & P 500 bei geringerem Risiko erzielen, indem Sie sich einfach auf die entscheidenden längerfristigen Trendwenden konzentrieren.

Längerfristige Investment-Trends innerhalb der vier Jahreszeiten der Wirtschaft

Werfen wir in Abbildung 7.4 noch einmal einen Blick auf die vier Jahreszeiten, die unsere Wirtschaft einmal in 80 Jahren durchläuft. In jeder

Jahreszeit dominiert eine der vier Anlagekategorien, die die Experten für die Portfoliogestaltung verwenden. Im Innovationsstadium entwickeln sich Small Caps am besten, und wenn man sich für die Dauer der ganzen Saison nur für eine Kategorie entscheiden könnte, dann wäre es wohl am besten, in Value-orientierte Small Caps zu investieren. Die zweitbeste Kategorie sind normalerweise Auslandsaktien, wohingegen Large Caps und Anleihen in diesem Stadium eher schwach sind. Die Large Caps beherrschen den Wachstumsschub, und wenn man die Wahl hat, sind Wachstums-orientierte Large Caps am besten. Die Anleihen entwickeln sich aufgrund der Desinflation vor allem in der ersten Hälfte recht gut, während Small Caps und Auslandswerte zwar hinterherhinken, sich aber aufgrund der kräftigen Konjunktur ganz gut halten.

Abbildung 7.4

Die vier Jahreszeiten des 80-jährigen Wirtschaftszyklus, 1968 bis 2048

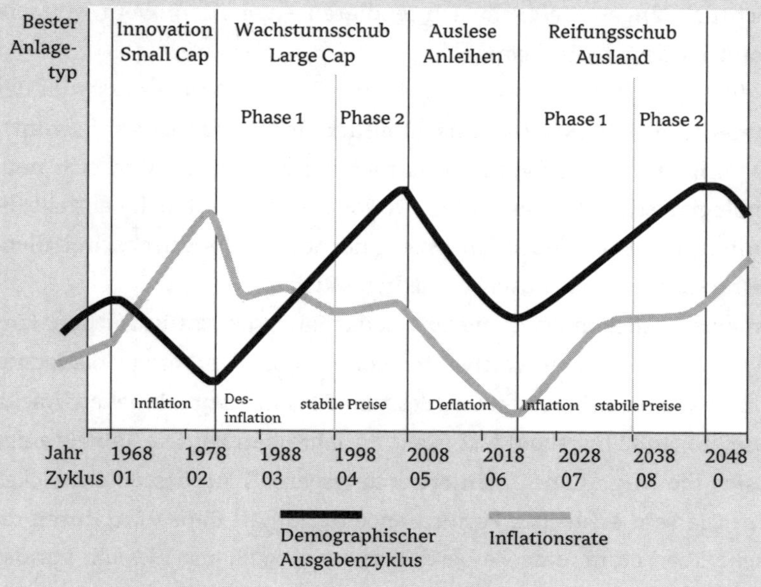

Während der Auslesephase entwickeln sich Anleihen grundsätzlich am besten, und darunter vor allem die langfristigen Unternehmensanleihen. Danach kommen gleich die Value-orientierten Small Caps und ausgewählte Auslandswerte aus Ländern mit positiver demographischer Entwicklung. Allerdings entwickeln sich in diesem Stadium die meisten Investments schwach. Ziel ist die Bewahrung des Kapitals und vielleicht ein bescheidener Gewinn. Die einfachste Möglichkeit, das zu erreichen, sind hochwertige Anleihen.

Internationalen Aktien und multinationalen Unternehmen ergeht es vermutlich während des Reifestadiums des Zyklus am besten, also von Anfang der 2020er- bis zu den 2040er-Jahren, denn in den Vereinigten Staaten ist der demographische Trend dann weniger ausgeprägt, und die industrielle sowie die Informationsrevolution greifen auf die riesigen Märkte der Schwellenländer über.

In jeder Jahreszeit dominiert eine Anlageklasse, eine zweite ist noch ganz gut, aber die beiden anderen hinken of schwer hinterher. Daher macht es keinen Sinn, seine Anlagen über Sektoren zu streuen, die voraussichtlich längere Zeit schwach tendieren – vor allem wenn einfache Indikatoren das ankündigen.

Tabelle 7.6 zeigt die Entwicklung der vier breiten Anlageklassen in den verschiedenen Jahreszeiten einschließlich der beiden Unterabschnitte der Boomphase, in denen die Inflationsrate zurückgeht und sich neue Technologien schneller ausbreiten. Der obere Teil der Tabelle enthält die kumulierten Erträge jeder Jahreszeit, der untere die durchschnittliche Jahresrendite und das durchschnittliche Risiko.

Da die verlässlichen Daten nur bis in das Jahr 1926 zurückreichen, können wir von dem letzten Wachstumsschub (1902 bis 1929) nur die letzten vier Jahre erfassen. Beachten Sie, dass der Abstand zum aktuellen Wachstumsschub (1982 bis 2009) fast exakt 80 Jahre beträgt. Die Tabelle zeigt, dass sich die Large-Cap-Aktien erwartungsgemäß am besten entwickelt haben. Die sehr schlechte Performance der Small Caps wird durch die Tatsache überbetont, dass sie bereits im Jahre 1928, also ein Jahr vor den Large Caps, den Höhepunkt überschritten haben und dann im Jahre 1929

Tabelle 7.6

Anlageklassen in allen „Jahreszeiten", 1926 bis 1999

	Large Cap	Small Cap	Langfristige Anleihen	Ausland
1926–1929	108,40 %	-13,20 %	31,99 %	k. A.
1930–1941	-11,10 %	11,56 %	127,28 %	k. A.
1942–1957	482,01 %	893,03 %	-25,71 %	k. A.
1958–1968	195,98 %	724,93 %	-4,03 %	k. A.
1969–1982	-3,00 %	67,10 %	-17,84 %	-3,03 %
1983–1999	817,86 %	403,05 %	210,73 %	643,75 %

	Large Cap		Small Cap		Langfristige Anleihen		Ausland	
	Ertrag	Risiko	Ertrag	Risiko.	Ertrag	Risiko.	Ertrag	Risiko.
1926–1929	20,15 %	19,89	-3,48 %	24,82	7,18 %	2,93	k. A.	
1930–1941	-0,98 %	35,51	0,92 %	57,76	7,08 %	5,32	k. A.	
1942–1957	11,64 %	13,76	15,43 %	19,92	-1,84 %	4,61	k. A.	
1958–1968	10,34 %	11,59	21,15 %	16,28	-0,37 %	4,52	k. A.	
1969–1982	-0,22 %	16,13	3,74 %	25,58	-1,39 %	11,18	-0,22 %	16,39
1983–1999	13,93 %	14,86	9,97 %	17,79	6,90 %	7,94	12,53 %	17,43

erheblich eingebrochen sind. Aber sogar wenn man nur die Jahre 1926 bis 1928 betrachtet, ergibt sich für die Large Caps ein kumulierter Ertrag von 120,69 Prozent und für die Small Caps ein kumulierter Ertrag von 69,78 Prozent. Zudem war auch das Risiko der Large Caps mit 19 Prozent kleiner. Anleihen bewährten sich dank der günstigen Inflationsentwicklung recht gut, sie reichten aber nicht annähernd an die Performance der Aktien heran; das Gleiche sagen wir für das kommende Jahrzehnt voraus.

Dann kam die Auslesephase von 1930 bis 1941 (eigentlich erreichte die Börse Anfang 1942 den Boden). Die Konjunktur ging rapide zurück und die Preise sanken (Deflation). Für alle Anlageklassen außer Anleihen war dies die schlimmste Jahreszeit. In der unteren Hälfte der Tabelle erkennt man, dass Anleihen damals die beste Investition waren und ein extrem niedriges Risiko mit sich brachten. Als Aktien und Immobilien den tiefsten Sinkflug ihrer Geschichte hinlegten, erschien ein Ertrag von 5,94 Prozent wie ein Geschenk des Himmels. Den Small Caps erging es besser als den Large Caps, aber das Risiko war noch größer. Halten wir noch einmal fest, dass die Aktien in jener Zeit nicht nur geringe oder negative Erträge brachten, sondern dass in dieser Jahreszeit auch noch das Risiko extrem hoch war. Das ist das Gegenteil dessen, was in Boomzeiten passiert, denn dann sind die Erträge hoch und die Risiken niedrig.

Die Risiko- und Ertragszahlen für diese Jahreszeiten haben kaum etwas mit den Durchschnittswerten zu tun, die Anlageexperten und Akademiker anführen. Deren Zahlen sehen nur deshalb so gemäßigt aus, weil die extremen Booms und Einbrüche geglättet werden. Aber in Wirklichkeit sehen die Ertrags- und Risikomuster ganz anders aus.

In der ersten Phase des Reifungsschubs steigt nach der Deflationsphase die Inflation wieder an, und natürlich boomt auch die Wirtschaft. Den Anleihen kommt das sicher nicht entgegen, aber dafür kommt es den Aktienkursen zugute. Der letzte entsprechende Zeitraum waren die Jahre 1942 bis 1957. Damals gaben die Anleihen leicht nach, während Large- und Small Caps zulegten. Der durchschnittliche Jahresertrag der Small Caps war um 33 Prozent höher, aber auch das Risiko war um 45 Prozent höher, so dass die Large Caps risikobereinigt immer noch die beste Anlage waren. In der zweiten Phase des Reifungsschubs (1958 bis 1968) setzt das Innovationsstadium der nächsten Generation ein, was den Small Caps Vorschub leistet. Der kumulierte Ertrag der Small Caps war 3,7-mal so hoch wie der Ertrag der Large Caps, und der durchschnittliche Jahresertrag war in den Jahren 1958 bis 1968 um 105 Prozent größer. Da gleichzeitig das Risiko nur 40 Prozent größer war, übernahmen die Small Caps in diesem Zeitraum ganz klar die Führung.

Die Anleihen gaben leicht nach und entwickelten sich kaum besser als in der ersten Phase des Reifungsschubs, weil die Inflation nur mäßig zunahm. Sie können sich merken, dass Anleihen im Reifungsschub schwach tendieren, weil die Inflation dann stetig, aber mäßig steigt. Richtig schlecht ergeht es ihnen allerdings erst im darauf folgenden Innovationsstadium.

Das Innovationsstadium begann direkt nachdem die Ausgabenkurve der Bob-Hope-Generation ihren Gipfelpunkt überschritten hatte. Während dieses Stadiums gab es eine Reihe immer schlimmer werdender Rezessionen, die Inflation ging steiler nach oben und die Börse fiel (vor allem inflationsbereinigt). Der Anleihenmarkt entwickelt sich in diesem Stadium offenbar am schlechtesten, und die negativen Erträge wurden immer größer. Am schlimmsten war es allerdings in der zweiten Hälfte der 1970er-Jahre, als auch die Inflation am größten war. Die Large Caps brachten in diesem Zeitraum bei erheblichem Risiko leicht negative Erträge (vor allem während der Crashs 1970 und 1973/1974). Das Risiko war größer als während des Booms. Der Immobilienmarkt gewann vor den anderen Märkten den größten Vorsprung, den er je hatte. Aufgrund der damit verbundenen Hypothekenkredite sind Immobilien eine hochwirksame Absicherung gegen Inflation. In dem genannten Beispiel strömte eine sehr viel größere Generation in die Büros, Wohnungen und Eigenheime, so dass die Nachfrage am Immobilienmarkt trotz allgemein rückläufiger Konjunktur stieg. Die beste Performance zeigten eindeutig die Small Caps, aber hier war das Risiko noch größer als bei den Large Caps.

Wie schon erwähnt, besagt eine unserer wichtigsten Small-Cap-Regeln, dass man Small Caps im ersten Stadium längerer Niedergänge nicht kaufen sollte, weil sie in dieser Phase auch dann schwere Schläge einstecken müssen, wenn sie sich in einem positiven Innovationsstadium befinden. Wenn man als Anleger nach 1974 Small Caps gekauft hätte, dann hätte man die größten Aktienerträge des vergangenen Jahrhunderts geerntet – und das bei mäßigem Risiko. Die internationalen Aktienmärkte entwickelten sich ähnlich wie die US-amerikanischen Large Caps, wobei es in Japan und einigen Dritte-Welt-Ländern wesentlich besser aussah. Insgesamt ist das Innovationsstadium ähnlich wie das Auslesestadium eine wirtschaftlich schwere Zeit, in der die meisten Investments zu kämpfen haben. In dem genannten Beispiel waren Small Caps, Immobilien und Ausland die richtigen Schwerpunkte. Am sichersten waren kurzfristige Wertpapiere wie zum Beispiel US-Schatzwechsel und Einlagezertifikate. Am ungünstigsten waren Large Caps und langfristige Anleihen.

In der ersten Phase des derzeitigen Wachstumsschubs ging die Inflation zurück und die Konjunktur zog an; daher waren Anleihen und Large Caps die Könige. Der durchschnittliche Jahresertrag von Large Cap-Aktien ist wesentlich höher als in den Jahren 1942 bis 1968. Die Anleihenrenditen sind fast so hoch wie in den deflationären 1930er-Jahren. Unter Berücksichtigung des sehr mäßigen Risikos sind Anleihen nach den Large Caps das beste Investment. Auslandsaktien bringen sowohl niedrigere Erträge als auch größere Risiken mit sich, und insbesondere risikobereinigt sind sie weit abgeschlagen. Das Schlusslicht bilden allerdings die Small Caps. Sie liefern die geringsten Erträge und bergen gleichzeitig die größten Risiken – die denkbar schlechteste Kombination. Hier zeigt sich wieder einmal, dass höhere Erträge nicht immer höhere Risiken mit sich bringen und umgekehrt.

Im zweiten und letzten Stadium des Wachstumsschubs dürfte ähnlich wie in den Goldenen Zwanzigern die Inflation stagnieren und der sich zuspitzende „Wettlauf um die Führungsposition“ dürfte weiterhin Large-Cap-Aktien begünstigen, insbesondere die Wachstumswerte unter ihnen. Aber wie wir bereits gezeigt haben, werden sich die Small Caps erheblich verbessern, und bis zum letzten Jahr der Blase könnten ihre Erträge das Niveau der Large Caps erreichen oder sogar überschreiten. Allerdings wächst damit wahrscheinlich auch das Risiko entsprechend. Also geben wir von 2003 bis 2009 den hoch kapitalisierten Wachstumswerten ganz klar den Vorzug. Die Anleihenrenditen werden sinken, und die Anleihenpreise werden sich uneinheitlich entwickeln. Die sinkenden Zinsen lassen die Anleihenpreise im Jahre 2005 oder Anfang 2006 leicht steigen, und die leicht zunehmende Inflation lässt sie dann von 2006 bis 2009 wieder zurückgehen. In der letzten Phase des großen Booms sind

Anleihen wahrscheinlich die schlechteste Investition. An den internationalen Märkten werden sich die Aktien zwar gut entwickeln, aber trotzdem im Allgemeinen hinter den US-Aktien zurückbleiben. Eine Ausnahme könnte Asien ohne Japan darstellen; dort ist die demographische Entwicklung derzeit so günstig wie nirgendwo sonst auf der Welt.

In Tabelle 7.4 haben wir gezeigt, welchen Nutzen es in den Jahren 1975 bis 2001 gebracht hätte, nur in die besten Sektoren – differenziert nach Value und Wachstum – zu investieren. In Tabelle 7.7 auf Seite 318 haben wir die Sektoren nicht so fein aufgeschlüsselt, sondern nur Ertrag und Risiko des jeweils besten breiten Sektors angegeben. Auf diese Weise ist die Sektorzugehörigkeit leichter zu bestimmen, und man braucht die Geldanlagen nicht so häufig umzuschichten wie bei der ausführlichen Differenzierung. Während des schlimmen Auslesestadiums kaufen wir einfach Anleihen, und wir wechseln zu Large Caps beziehungsweise Small Caps, wenn die entsprechenden Indikatoren günstig stehen. Mit dieser Strategie hätten Sie einen durchschnittlichen Jahresertrag von 13,42 Prozent bekommen, also 69,2 Prozent mehr als der S & P 500, der einen Ertrag von lediglich 7,93 Prozent gebracht hätte. Gleichzeitig wäre das Risiko mit 17,94 um 8,8 Prozent niedriger gewesen als das Risiko des S & P 500, das bei 19,67 lag. Die risikobereinigte Performance von 0,73 wäre um 87,5 Prozent besser gewesen als die des S & P 500. Auf lange Sicht ergibt dies einen riesigen Vorsprung, denn der kumulierte Ertrag wäre in den 74 Jahren des Betrachtungszeitraums 39,6-mal so groß gewesen wie der Ertrag des S & P 500 im gleichen Zeitraum. Beachten Sie dabei auch, dass die risikobereinigte Performance des S & P 500 mit 0,40 sehr niedrig war, was den Schluss zulässt, dass das langfristige Halten von Aktien keineswegs eine gute Strategie ist.

Noch besser fahren wir, wenn wir zwischendurch Small Caps kaufen, und zwar wenn sie sich in einem positiven Zyklus unserer 22- bis 23-jährigen Verzögerungsphase für Innovationen bewegen. Das sollte man aber nur unter gleichzeitiger Beachtung der Regel tun, dass man im Anfangsstadium einer langfristigen Baisse zuerst einen großen Börsencrash abwarten sollte. Unter Befolgung dieser Strategie hätten wir während des

Tabelle 7.7
Optimierte Anlageklassen-Strategie Nr. 1, 1926 bis 1999

	Durchschnittl. Jahresertrag (inflationsbereinigt)	Risiko
1926–1929		
Large Cap	20,15 %	19,89
1930–1942		
Langfristige Anleihen	5,94 %	5,24
1943–1946		
Small Cap	35,76 %	28,89
1947–1957		
Large Cap	12,37 %	12,97
1958–1983		
Small Cap	11,88 %	21,82
1984–1999		
Large Cap	13,76 %	15,11

	Kumulierter Ertrag	Durchschnittl. Jahresertrag	Risiko
Optimierte Strategie	787.786,65 %	12,89 %	17,73
S & P 500	28.227,97 %	7,93 %	19,67

Auslesestadiums der 1930er-Jahre in den Jahren 1930 und 1931 Anleihen gehalten, und ab 1932 wären wir anlässlich der Bodenbildung bis zum Jahre 1946 auf Small Caps umgestiegen, denn in diesem Jahr überschritten sowohl der Small-Cap-Indikator als auch die Bob-Hope-Gene-

Tabelle 7.8

Optimierte Anlageklassen-Strategie Nr. 2, 1926 bis 1999

	Durchschnittl. Jahresertrag (inflationsbereinigt)	Risiko
1926–1929		
Large Cap	20,15 %	19,89
1930–1932		
Langfristige Anleihen	15,94 %	6,03
1933–1946		
Small Cap	20,01 %	46,07
1947–1957		
Large Cap	12,37 %	12,97
1958–1983		
Small Cap	11,88 %	21,82
1984–1999		
Large Cap	13,76 %	15,11

	Kumulierter Ertrag	Durchschnittl. Jahresertrag	Risiko
Optimierte Strategie	2.169.536,07 %	14,45 %	25,80
S & P 500	28.227,97 %	7,93 %	19,67

ration ihren jeweiligen Höhepunkt. Außerdem wären wir von 1969 bis 1974 auf Schatzwechsel umgestiegen, weil die langfristigen Anleihen mit der steigenden Inflation zu kämpfen hatten. Im Jahre 1975 hätten wir nach dem Crash erneut Small Caps gekauft und bis 1983 behalten, weil dann der Small-Cap-Indikator für die Babyboom-Generation den Höhepunkt erreichte.

Die Erträge in Tabelle 7.8 sind im Vergleich zu dem Ertrag des S & P 500 zwar geradezu astronomisch, aber gleichzeitig explodiert auch das Risiko. Die durchschnittlichen Jahreserträge erreichen hier bis zu 16,12 Prozent, und daraus ergibt sich über die betrachteten 74 Jahre ein kumulierter Ertrag (ein Vermögen), der 224,5-mal so hoch ist wie der Ertrag des S & P 500 über den gleichen Zeitraum. Strategie Nummer 1 senkt das Risiko auf 8,8 Prozent, Strategie Nummer 2 dagegen erhöht es auf 36,8 Prozent. Das liegt daran, dass wir in volatilen Zeiten statt Anleihen Small-Cap-Aktien gekauft haben. Trotzdem ist der risikobereinigte Ertrag dieser Strategie noch um respektable 50 Prozent besser als der risikobereinigte Ertrag des S & P 500. Strategie Nummer 2 zieht also ein paar mehr Umschichtungen und ein größeres Risiko nach sich. Je nach Ihrem Ertragsbedarf und Ihrer Risikotoleranz kommen grundsätzlich beide Strategien in Frage. Beide Strategien vergrößern Ihr Vermögen ganz erheblich, weil sich höhere Erträge mit den Jahren sozusagen potenzieren. Unter Berücksichtigung des Risikos ist allerdings Strategie Nummer 1 (Tabelle 7.7) besser.

Für Anleger, die möglichst wenig Veränderungen an ihrem Portfolio vornehmen möchten und den Schwerpunkt langfristig auf Aktien legen wollen, können wir die Strategie noch einen Schritt weiter vereinfachen. Die wichtigste Erkenntnis, die wir gewonnen haben, besagt ja, dass sich risikobereinigt in längeren Boomphasen Wachstums-orientierte Large Caps am besten entwickeln und dass in schlechten Zeiten Value-orientierte Small Caps am besten gedeihen, weil dann die nächste Generation junger Menschen Neuerungen einführt. Wachstums-orientierte Small-Cap-Aktien übertreffen ihre Value-orientierten Pendants nur selten, und Value-orientierte Large-Cap-Aktien entwickeln sich nie lange genug besser als Wachstums-Large-Caps, beziehungsweise der Abstand zwischen beiden ist nie groß genug, als dass dies das höhere Risiko rechtfertigen würde, das mit den Value-orientierten Hauptwerten verbunden ist. Unsere Modelle zeigen eindeutig an, wann Large Caps und wann Small

Caps über längere Zeit die bessere Wahl sind. Also besteht die einfachste Strategie für Anleger und Finanzberater darin, zwischen Value-orientierten Small Caps und Wachstums-orientierten Large Caps hin- und herzuwechseln, wenn unsere Generationszyklen anzeigen, dass entweder innovationsbedingtes Wachstum oder Wachstum aufgrund der breiten Einführung von Technologien vorherrscht; dies ist in Abständen zu den Geburtsjahrgängen von 22 bis 23 respektive 47 bis 48 Jahren der Fall.

Tabelle 7.9 zeigt, wie unterschiedlich Performance und Risiko von Large Caps und Small Caps in ihren jeweiligen Jahreszeiten sind. Von 1958 bis 1983 war der Small-Cap-Indikator stärker, und der kumulierte Ertrag der Small Caps war in dieser Zeit 7,5-mal so groß wie der kumulierte Ertrag der Large Caps. Der durchschnittliche Jahresertrag war 2,5-mal so groß und das Risiko nur um 53 Prozent höher. Die Ursache für diesen enormen Vorsprung war die zahlenmäßige Stärke des Innovationsstadiums der Babyboom-Generation. In den Jahren 1984 bis 1999 dagegen war der kumulierte Ertrag der Large Caps 2,5-mal so groß wie der kumulierte Ertrag der Small Caps; der durchschnittliche Jahres-

Tabelle 7.9

Small Caps gegen Large Caps: Beste Performance in den jeweils besten Zeiträumen

	Kumulierter Ertrag	Durchschnittl. Jahresertrag	Risiko
1958–1983			
Small Cap	1.752,02 %	11,88 %	21,82
Large Cap	233,93 %	4,75 %	14,22
1984–1999			
Small Cap	274,42 %	8,60 %	17,80
Large Cap	686,75 %	13,76 %	15,11

ertrag war um 60 Prozent größer und das Risiko um 15 Prozent niedriger. Auch das war ein erheblicher Vorsprung.

Wenn wir in die Vergangenheit zurückgehen und einfach nur zwischen Wachstums-Large-Caps und Wert-Small-Caps wechseln, sobald der entsprechende Indikator stärker wird als der jeweils andere, dann erreichen wir mit nur vier Umschichtungen seit der Großen Depression einen erheblichen Performance-Vorsprung. Tabelle 7.10 fängt erst im Jahre 1932 an, weil wir unserer Regel zufolge in den Anfangsjahren großer Baissen weder in Small Caps noch in andere Aktien investieren. Wir hätten also von 1932 bis 1946 Value-orientierte Small Caps gehalten und von 1947 bis 1957 Wachstums-orientierte Large Caps. Von 1958 bis 1983 wären wir wieder zu den Wert-Small-Caps zurückgekehrt, und von 1984 bis 1999 wieder zu den Wachstums-Large-Caps.

Diese beiden großen Langfrist-Sektoren der Aktienanlage – Small Cap Value-orientiert und Large Cap Wachstums-orientiert – verkörpern die

Tabelle 7.10
Das einfachste langfristige Umschichtungsmodell für Aktienanlagen, 1932 bis 1999*

	Small Cap Value-orientiert			**Large Cap Wachstums-orientiert**		
	Ertrag	Risiko	r.Pf.	Ertrag	Risiko	r.Pf.
1932–1946	25,24 %	50,49 %	0,50	9,22 %	22,53 %	0,41
1947–1957	14,46 %	17,94 %	0,81	14,66 %	12,47 %	1,18
1958–1983	20,74 %	23,74 %	0,87	8,12 %	16,76 %	0,48
1984–1999	15,78 %	16,93 %	0,93	19,47 %	13,75 %	1,42

Durchschnittlicher Jahresertrag der jeweils besten Anlage im Vergleich zum S & P 500

1932–1999 20,55 % gegenüber 12,52 %

*„r.Pf.“ = risikobereinigte Performance

äußersten Enden des Spektrums, und man kann je nach Innovations- oder Ausgaben-Phase zwischen ihnen wechseln.

Von 1932 bis 1946 brachten die Value-orientierten Small Caps bei etwa doppeltem Risiko fast dreimal so hohe Erträge wie Wachstums-orientierte Large Caps. Risikobereinigt ergibt das immerhin 22 Prozent mehr Ertrag. Von 1947 bis 1957 war der Ertrag von Wachstums-orientierten Large Caps bei 30,5 Prozent mehr Risiko um 1,4 Prozent höher, und die risikobereinigte Performance war um 81 Prozent höher. Von 1984 bis 1999 war der Ertrag der Wachstums-orientierten Large Caps um 23 Prozent größer und das Risikoniveau um 18 Prozent niedriger. Das bedeutet einen um 53 Prozent höheren risikobereinigten Ertrag.

Wenn man in den entsprechenden Zeiträumen in den jeweils besseren Sektor investiert hätte, dann hätten unsere Modelle in den vergangenen 68 Jahren für einen durchschnittlichen jährlichen Ertrag von 20,55 Prozent gesorgt. Der durchschnittliche Jahresertrag des S & P 500 in diesem Zeitraum betrug lediglich 12,52 Prozent. Diese höchst einfache Anlagestrategie, die in den vergangenen sieben Jahrzehnten nur drei Portfolioänderungen erfordert hätte – kein Bargeld, keine Anleihen –, hätte also 61,4 Prozent mehr Ertrag gebracht als die Investition in den S & P 500. Die Kehrseite der Medaille besteht allerdings darin, dass das Risiko der Strategie 78,4 Prozent über dem Risiko des S & P 500 lag. Das liegt vor allem daran, dass die Small Caps im Anfangsstadium längerer Baissen (zum Beispiel 1970 bis 1974) so schwer in Mitleidenschaft gezogen werden. Der größte Teil des erhöhten Risikos stammt allerdings aus den äußerst volatilen Jahren 1932 bis 1946. Diese Strategie bringt also viel höhere Erträge, aber das Risiko übersteigt den Ertrag, so dass die risikobereinigte Performance um neun Prozent geringer ist als bei der vorherigen.

In der Zeit nach dem Zweiten Weltkrieg, von 1947 an, hätte diese Strategie einen Ertrag von durchschnittlich 19,07 Prozent gebracht, der S & P 500 dagegen nur 13,20 Prozent beziehungsweise 44,7 Prozent weniger. Das Risiko belief sich auf 18,63 respektive 14,09 Prozent und war somit unter Anwendung der Strategie um 32,2 Prozent größer. Diese Strategie ist zwar viel einfacher als die anderen und liefert über längere Zeit viel höhere Erträge, aber aufgrund des höheren potenziellen Risikos ist sie deutlich ungünstiger als die Strategien Nummer 1 und 2. Wir geben im Allgemeinen Strategie 1 den Vorzug, aber die Anleger haben unterschiedliche Risikoprofile sowie unterschiedliche Möglichkeiten, ihre Portfolios zu überwachen und darin Änderungen vorzunehmen. Aus diesem Grund fällt das vorliegende Kapitel etwas komplizierter aus, weil wir Ihnen möglichst viele Wahlmöglichkeiten und möglichst viel Verständnis bieten wollen, damit Sie die richtige Strategie für sich selbst oder Ihre Klienten herausfinden können.

Gemäß allen drei Strategien sollte man bis Ende 2009 oder Anfang 2010 seine Wachstums-orientierten Large Caps behalten, weil der fortgesetzte Boom und die S-Kurve diese Aktien am meisten begünstigen. Für die Zeit nach 2009 raten unsere Modelle von US-Aktien vollständig ab und empfehlen vielmehr US-Schatzwechsel, Einlagezertifikate, hochwertige Unternehmensanleihen und asiatische Aktien. Normalerweise würden wir nach dem ersten Crash vor dem Auslesestadium Value-orientierte Small Caps empfehlen, aber zum ersten Mal in der Geschichte ist die Generation des Echo-Babybooms kleiner als die des vorangegangenen Babybooms – und deshalb ist das nächste Innovationsstadium nicht ausgeprägt genug, als dass es die Investition in Small Caps rechtfertigen würde. Was Aktien angeht, würden wir für die Jahre 2010 bis 2017 Asien einschließlich Japan empfehlen. Aber auch vor dem Kauf von Asienwerten sollte man lieber den nächsten großen Crash abwarten, der zwischen Mitte 2012 und Ende 2014 kommen dürfte.

Die ultimative Anlagestrategie: Eine Kombination aus dem kombinierten Zyklusmodell und dem Modell der besten Anlageklassen

Nach dieser langen und eher komplizierten Analyse der Risiken, Erträge und Vorteile verschiedener Investments in verschiedenen „Jahreszeiten" und Zyklen können wir zu der Einfachheit unseres kombinierten Anlagemodells aus Kapitel 3 (Abbildung 3.16) zurückkehren. Aufgrund der Erkenntnisse, die wir in diesem Kapitel gewonnen haben, können wir daran ein paar kleine, aber wirkungsvolle Änderungen vornehmen. Gemäß dem Modell sollte man entweder in Large Caps (S & P 500) oder – wenn die Zyklen ungünstig stehen – in Schatzwechsel investieren. In Abbildung 7.5 (die in Übereinstimmung mit dem kombinierten Zyklusmodell erst im Jahre 1952 anfängt) verwenden wir einfach in den Zeiten, in denen wir investiert sind, den jeweils besten Aktiensektor – Large Caps oder Small Caps – je nachdem, welchen unser Large-Cap- und Small-Cap-Modell empfiehlt.

Das würde bedeuten, dass wir – in den Zeiten, in denen wir in Aktien investiert sind – von 1952 bis 1957 Large Caps gekauft hätten, von 1958 bis 1968 Small Caps, von 1975 bis 1979 Small Caps, von 1983 bis 1999 Large Caps und ab 2003 wieder Large Caps. Dann steigen wir aufgrund unserer Zyklen aus dem Aktienmarkt aus; während des Wachstumsschubs und des Auslesestadiums, wenn die Inflation grundsätzlich zurückgeht, halten wir langfristige Anleihen. Für den Reifungsschub und das Innovationsstadium, wenn die Inflation generell steigt, kaufen wir

Abbildung 7.5
Das optimierte kombinierte Zyklusmodell, 1952 bis 2004

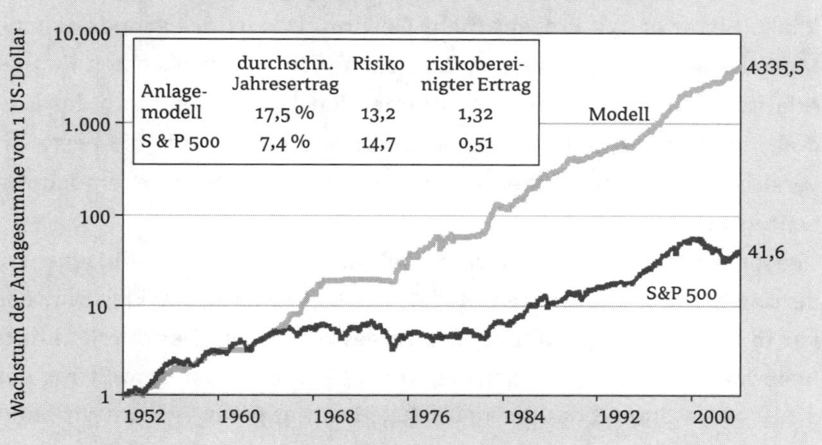

	durchschn. Jahresertrag	Risiko	risikobereinigter Ertrag
Anlagemodell	17,5 %	13,2	1,32
S & P 500	7,4 %	14,7	0,51

US-Schatzwechsel. Bedenken Sie dabei, dass unser Inflationsindikator den Trend der Inflation mindestens drei Jahre im Voraus anzeigt.

Die Performance der kombinierten Strategie ist noch erstaunlicher als die der „einfachen" Strategien. Ein US-Dollar, der im Jahre 1952 investiert wurde, wäre inflationsbereinigt auf 4.335,54 US-Dollar angewachsen. Im S & P 500 wären daraus nur 41,60 US-Dollar geworden. Das bedeutet, dass das kombinierte Modell den 104,2-fachen kumulierten Ertrag gebracht hätte. Der durchschnittliche Jahresertrag hätte 17,41 Prozent beziehungsweise 135,1 Prozent mehr als die 7,43 Prozent Ertrag des S & P 500 betragen. Die Standardabweichung als Maß für das Risiko hätte 13,23 statt 14,70 betragen, wäre also um 10,00 Prozent niedriger gewesen. Dabei war nicht nur die gesamte Volatilität geringer, sondern unser Modell erfasste 132,6 Prozent der Ausschläge nach oben und nur 86,0 Prozent der Ausschläge nach unten. Der maximale Verlust, den man als Anleger hätte einstecken müssen, belief sich auf 25,75 Prozent statt der 51,86 Prozent des S & P 500.

Obwohl das Modell nur einfache Regeln für die Umschichtung der Anlage beinhaltet, die nur selten greifen und die nicht auf kurzfristigen technischen Indikatoren beruhen, bringt es einen unglaublichen Performance-Gewinn. Sie könnten heute hingehen und das System für den Rest Ihres Lebens im Voraus einrichten. Bei zehn Prozent weniger Risiko bietet es 135 Prozent mehr Gewinn. Das ist das grundsätzliche Modell, das wir aggressiven Anlegern empfehlen. Im nächsten Kapitel erfahren Sie, wie man in den kommenden Jahren innerhalb des Modells den Schwerpunkt auf diejenigen Sektoren legt, die die beste Diversifizierung ermöglichen – das steigert die Performance noch ein weiteres Mal.

Bevor wir jedoch weitermachen, nehmen wir noch eine einfache Änderung an dem einfacheren Modell der kombinierten Zyklen vor, das wir in Kapitel 3 in Abbildung 3.16 vorgestellt haben. Der durchschnittliche Jahresertrag des Modells lag um 45 Prozent über dem Ertrag des S & P 500, während das Risiko um 34,1 Prozent geringer war. Wir brauchen nur ein klein wenig daran zu drehen, und schon verbessert sich die Performance des Modells, wobei das Risikoniveau für einen größeren Anlegerkreis geeignet ist. In Abbildung 7.6 kommt nur hinzu, dass wir (im Falle des Ausstiegs aus dem S & P 500) während des Reifungsschubs (1942 bis 1968) und während des Innovationsstadiums (1969 bis 1981) bei wachsender Inflation auf US-Schatzwechsel umsteigen. In den Stadien Wachstumsschub und Auslese, die zur Desinflation tendieren, steigen wir auf langfristige Anleihen um. Aber im Gegensatz zu dem optimierten kombinierten Zyklusmodell in Abbildung 7.5 steigen wir nicht auf Small Caps um, sondern behalten die weniger volatilen Large Caps.

Diese einfache Änderung steigert das kumulierte Wachstum des anfangs investierten US-Dollars auf 372,40 US-Dollar. Das letzte Modell hätte aus dem 1952 investierten US-Dollar nur 204,25 US-Dollar gemacht, und der S & P 500 sogar nur 41,60 US-Dollar. Das veränderte Modell bringt also den 9,0-fachen kumulierten Ertrag des S & P 500, während das vorangegangene Modell nur das 4,9-fache gebracht hätte.

Abbildung 7.6

Das kombinierte Zyklusmodell mit US-Schatzwechseln oder Anleihen, 1952 bis 2004

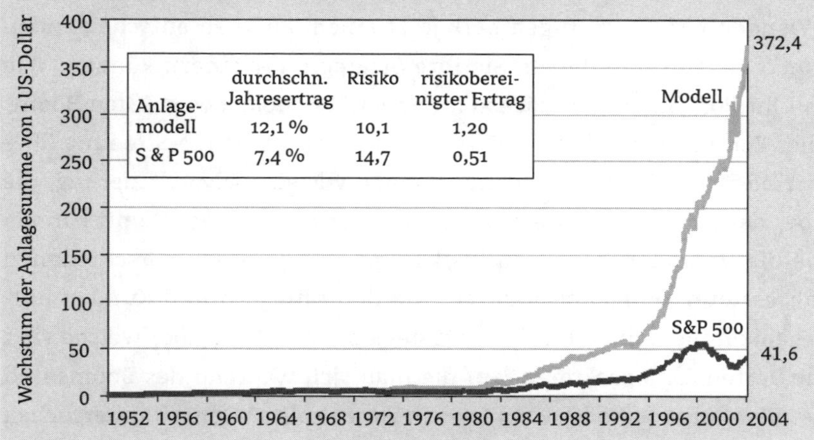

Der durchschnittliche Jahresertrag von 12,06 Prozent liegt 62,3 Prozent über dem durchschnittlichen Jahresertrag des S & P 500 (7,43 Prozent). Das Risiko ist um 31,95 Prozent geringer: 10,07 gegenüber 14,70. Der risikobereinigte Ertrag übertrifft den des S & P 500 um 135,3 Prozent.

Unserer Ansicht nach ist das Anlagemodell in Abbildung 7.6 die einfachste und beste Strategie für Anleger, die mäßiges Wachstum bei mäßigem Risiko wollen. Das in Abbildung 7.5 gezeigte optimierte und kombinierte Zyklusmodell ist dagegen für aggressivere Anleger besser geeignet. Wie wir im nächsten Abschnitt sehen werden, kann man mithilfe unserer Analyse der besten diversifizierten Sektoren für den kommenden Boom beide Modelle noch weiter verbessern.

Zusammenfassung des vorliegenden Kapitels bis jetzt: Die Performance verschiedener Anlageklassen und/oder Sektoren ist in den wechselnden langfristigen Jahreszeiten unserer Wirtschaft sehr unterschiedlich. Das Gleiche gilt für die verschiedenen Anlagen, und hierfür ist der Abstand zu den Geburts- und Generationenzyklen verantwortlich. Deshalb empfehlen wir, sich ausschließlich auf Anlageklassen und Sektoren zu konzentrieren, die in dem jeweiligen Zeithorizont begünstigt sind. Des Weiteren empfehlen wir, innerhalb der demographisch begünstigten Sektoren ein diversifiziertes Portfolio zusammenzustellen.

Wenden wir unser Augenmerk jetzt einem anderen entscheidenden Punkt zu, mithilfe dessen Sie Ihre Strategie verfeinern können: Wie soll Ihr Portfolio in der nächsten und letzten Welle des größten Booms aller Zeiten positioniert sein? Die beste Strategie ist die Streuung über vier oder fünf Sektoren – damit meinen wir eine Diversifizierung, die über das hinausgeht, was wir bisher untersucht haben. Damit können Sie die Veränderungen von Risiko und Ertrag in den verschiedenen Jahreszeiten einfacher erklären und den Anlegern und Kunden entgegenkommen, die einfachere Strategien wünschen. Aber welche sind die besten Aktiensektoren, auf die man sich während des Booms und der Blase bis 2008 oder 2009 konzentrieren sollte? Danach untersuchen wir Methoden, mit denen man den extremen Niedergang durchsteht, der darauf wahrscheinlich folgt – das schwierigsten Stadiums im 80-jährigen Wirtschaftszyklus.

Die ultimative Portfoliostrategie für die goldenen 2000er-Jahre

Gehen wir unsere grundlegenden Prognosen für die Jahre bis zum Höhepunkt des Booms Ende 2009 oder Anfang 2010 noch einmal durch. Die Inflation bleibt niedrig und geht von Mitte 2004 bis Ende 2005 oder Anfang 2006 fast bis zum Nullpunkt zurück. Von 2006 bis 2009 steigt sie wieder leicht an. Risikobereinigt entwickeln sich die Large Caps am besten; sie erheben sich vor allem von Ende 2004 bis 2009 mit Pauken und Trompeten aus der Korrekturphase, die Anfang Oktober 2002 zu Ende ging. Die Small Caps werden sich besser entwickeln als während des Booms in den 1990er-Jahren, der von den Large Caps beherrscht wurde. Die entscheidende Prognose besagt, dass der beste Sektor die Wachstums-orientierten Large Caps sein werden. Für die Erträge gilt dies mit hoher Wahrscheinlichkeit, und für den risikobereinigten Ertrag auf jeden Fall, denn bald setzt die S-Kurve der neuen Technologien und Wachstumsbranchen wieder verstärkt ein. Im Wettlauf um die Führung entscheidet sich, welche großen Unternehmen diese Branchen auf Jahrzehnte hinaus beherrschen werden.

Wir empfehlen, den Schwerpunkt Ihres Aktienanteils am Portfolio auf Wachstums-orientierte Large Caps zu legen und den Aktienanteil so weit zu vergrößern wie es Ihre Risikotoleranz zulässt. Zum Zweck der Diversifizierung können Sie auch Value-orientierte Large Caps und Wachstums-orientierte wie auch Value-orientierte Small Caps in das Portfolio aufnehmen, denn unser Small-Cap-Indikator steht bis zum Ende des Jahrzehnts ebenfalls auf bullish. Aber die wichtigste Frage lautet: Wie kann man eine wirksame Diversifizierung erreichen und den Schwerpunkt trotzdem in höchstem Maße auf Wachstums-Large Caps oder einen anderen Aktiensektor legen?

In *THE ROARING 2000S INVESTOR* (Kapitel 2) haben wir von aggressiv bis konservativ eine ganze Reihe von Portfolios skizziert, die während des

Booms der 1990er-Jahre überdurchschnittliche Gewinne brachten und gleichzeitig den Schwerpunkt auf Wachstums-Large-Caps legten sowie effektiv diversifiziert waren. Wir wählten dafür diejenigen Large-Cap-Aktien, die aufgrund der technologischen S-Kurve und aufgrund der demographischen Entwicklung den größten Mehrertrag brachten. Damit kommen wir zu den vier besten Sektoren: Technologie, Finanzen, Gesundheit und Asien ohne Japan. Diese Sektoren bieten auch eine gute Diversifizierung. Die besten Erträge bieten die Bereiche Technologie und Finanzen, die beste Diversifizierung aufgrund unterschiedlicher Kursmuster dagegen die Bereiche Gesundheit und Asien. Die meisten Anleger würden wohl annehmen, dass sich das Ertrags-Risiko-Verhältnis unserer Portfolios dank des Crashs 2000 bis 2002 verschlechtert hat, weil der von uns favorisierte Sektor der Wachstums-orientierten Large Caps davon so schwer betroffen war.

In Wirklichkeit jedoch weisen unsere Portfolios (aktualisiert im Dezember 2003) nach wie vor bessere Risiko-Ertrags-Verhältnisse auf als der S & P 500 und das klassische Modell der Portfoliostrukturierung – trotz des schwersten Large-Cap-Crashs seit Jahrzehnten.

In Tabelle 7.11 zeigen wir die die Performance der Portfolios über den unglaublichen Crash 2000 bis 2002 hinweg. Wir werden des Weiteren die künftigen Trends mit den optimalen Portfolios zusammenbringen, die wir bis 2008/2009 empfehlen können. Dabei berücksichtigen wir die geringfügige Veränderung der Inflationsrate und die Small-Cap-Prognose für das nächste Jahrzehnt.

Fangen wir mit der Aktualisierung des aggressiven Wachstumsportfolios in Abbildung 7.7 an. In diesem Portfolio liegt der Schwerpunkt ganz klar auf den Large-Cap-Wachstums-Sektoren, die von der demographischen Entwicklung begünstigt werden: Technologie, Finanzen, Gesundheit und Asien ohne Japan (genauere Erläuterungen in *THE ROARING 2000S INVESTOR*). Wir haben diese Sektoren nicht nur ausgewählt, weil sie den S & P 500 erwiesenermaßen schon in den 1990er-Jahren übertroffen haben, sondern auch weil sie relativ wenig miteinander zu tun haben und sich daher für eine wirksame Diversifizie-

Tabelle 7.11

Dent Portfolios: Ertrag und Risiko, Januar 1990 bis Dezember 2003

	durchschnittl. Jahresertrag	Risiko	Ertrags-Diff. zu S & P 500	Risiko-Diff. zu S & P 500
S & P 500	10,9 %	16,4		
Klassisches Markowitz-Portfolio	8,6 %	10,9	-21,1 %	-33,5 %
Aggressiv Wachstum	15,3 %	18,4	40,4 %	12,2 %
Wachstum	14,4 %	15,7	32,1 %	-4,3 %
Wachstum und Rendite	12,8 %	13,4	17,4 %	-18,3 %
Konservatives Portfolio	11,7 %	10,1	7,3 %	-38,4 %
Sehr konservatives Portfolio	10,6 %	5,3	-2,75 %	-67,7 %

rung eignen. Bis zum März 1999 (*THE ROARING 2000S INVESTOR*) übertraf dieses Portfolio den durchschnittlichen Jahresertrag des S & P 500 um 26,4 Prozent, aber die Risiken waren nur um 2,1 Prozent höher als das Risiko des Indexes.

Die Aktualisierung des Portfolios durch die Blase Anfang 2000 und den Crash 2002 hindurch bis zum Anfang der Erholung Ende 2003 bringt noch bessere Resultate. Der durchschnittliche Jahresertrag beträgt 15,3 Prozent (S & P 500: 10,9 Prozent), das Risiko 18,4 (16,4). Das bedeutet, dass man mit diesem Portfolio 40,4 Prozent mehr Ertrag bei nur 12,2

Abbildung 7.7

Aggressives Wachstums-Portfolio, Januar 1990 bis Dezember 2003

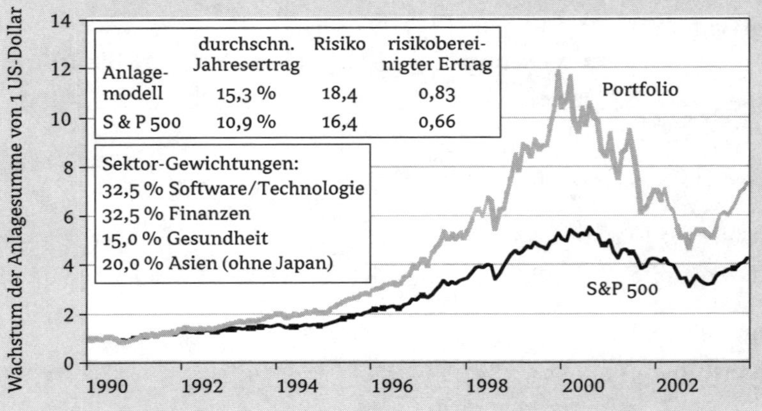

Prozent größerem Risiko bekommen hätte. Die risikobereinigte Performance betrug 0,83 statt 0,66 und damit lag um 25,8 Prozent höher. Die Erträge sind also sehr viel größer als der Ertrag des S & P 500, und die risikobereinigte Performance liegt knapp über der risikobereinigten Performance des S & P 500, der von dem Crash 2000 bis 2002 ebenfalls schwer getroffen wurde. Das bedeutet, dass sich selbst unsere aggressivste Portfoliostrategie über längere Zeiträume bewährt, wenn man trotz kräftiger Korrekturen dabei bleibt.

Dieses Portfolio überflügelt das klassische Modell der Asset Allocation. Gemäß diesem Konzept sollte man alle vier großen Anlageklassen gleichmäßig gewichten: Large Cap, Small Cap, Auslandsaktien und Anleihen. Bis zur Veröffentlichung von *THE ROARING 2000S INVESTOR* im März 1999 hatte unser aggressives Wachstumsportfolio das in Abbildung 7.8 gezeigte klassische Modell (Markowitz Portfolio) mit größerem Abstand geschlagen als der S & P 500. Das klassische Modell blieb um 39,2 Prozent hinter dem S & P 500 zurück, auch wenn es mit 24,5 Prozent weniger Risiko verbunden war. Das Risiko-Ertrags-Verhältnis war trotz allem schlechter als das Risiko-Ertrags-Verhältnis des S & P

500. Der Crash 2000 bis 2002 jedoch ließ die breitere Diversifizierung als Vorteil dieses Modells erscheinen.

Trotz dieses kurzfristigen Vorteils ist unser aggressives Wachstumsportfolio über den gesamten Zeitraum bis 2003 immer noch besser. Es lieferte 77,9 Prozent höhere Erträge, wobei das Risiko nur 68,8 Prozent größer war und sich eine um 5,1 Prozent höhere risikobereinigte Performance ergab. Und das, nachdem die meisten unserer Wachstums-Large-Caps den schwersten Schlag des gesamten Booms hinnehmen mussten! Unserer Vorhersage nach wird der Vorsprung des aggressiven Wachstums-Portfolios und der anderen Portfolios gegenüber dem klassischen Anlagemodell aufgrund der günstigen Bedingungen bis zum Jahre 2009 genauso wie in den 1990er-Jahren auf Jahre hinaus immer größer. Daher dürften bis zum Ende des Jahrzehnts die Zahlen für unsere Portfolios im Vergleich zu dem klassischen Modell der Asset Allocation noch besser abschneiden als jetzt.

Unser Wachstumsportfolio (Abbildung 7.9) hatte den S & P 500 bis

Abbildung 7.8

Klassisches Modell der Asset Allocation (Markowitz-Portfolio), Januar 1990 bis Dezember 2003

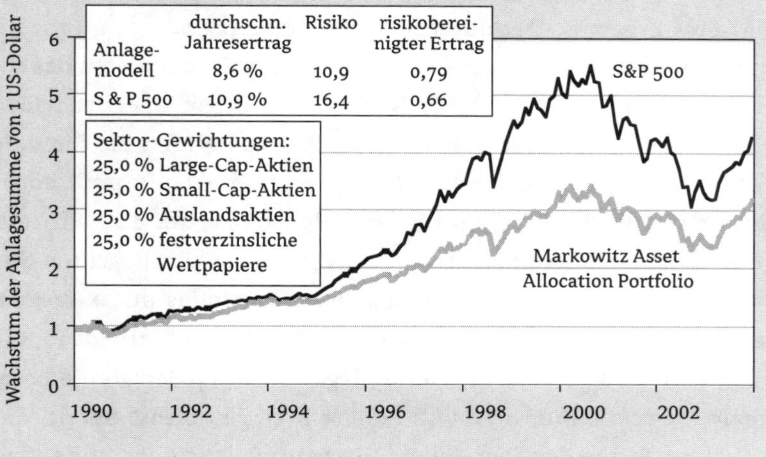

Abbildung 7.9
Wachstums-Portfolio, Januar 1990 bis Dezember 2003

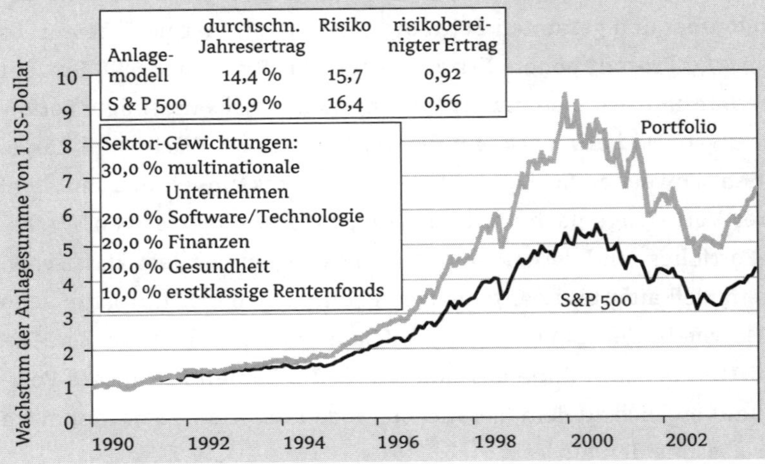

zum März 1999 um 18,0 Prozent überholt, wobei das Risiko nur ein Prozent höher war. Die Gewichtung dieses Portfolios neigt eher in Richtung „Dow-Jones-ähnlicher“ multinationaler Aktien und enthielt zehn Prozent erstklassige Rentenfonds. Wenn wir dieses Portfolio auf den Stand von 2003 bringen, ergibt sich trotz des Crashs wiederum ein besseres Ergebnis. Der durchschnittliche Ertrag von 14,4 Prozent lag um 32,1 Prozent höher als der Ertrag des S & P 500, wobei das Risiko mit 15,7 gegenüber 16,4 um 4,3 Prozent niedriger war. Der risikobereinigte Ertrag von 0,92 war um 39,4 Prozent größer als die 0,66 des S & P 500. Der Ertrag dieses Portfolios war um 67,4 Prozent höher als der Ertrag des klassischen Modells, das Risiko um 44,0 Prozent und der risikobereinigte Ertrag um 16,5 Prozent höher. Beachten Sie, dass die risikobereinigte Performance dieses Portfolios mit 0,92 zehn Prozent höher ist als die des aggressiven Wachstums-Portfolios (0,83). Für die meisten Aktien-orientierten Anleger ist dies jederzeit die beste Strategie – es sei denn, man will höhere Erträge und ist bereit, das leicht höhere Risiko des aggressiven Wachstums-Portfolios in Kauf zu nehmen. Von 2000 bis 2002 sorgte dieses Risiko zwar offensichtlich für mehr Bauchschmerzen, aber unsere fundamentalen Zyklus-Prognosen lassen für die kommenden Jahre weniger Bauchschmerzen und größere Mehrerträge erwarten.

Unser Wachstums- und Rendite-orientiertes Portfolio (Abbildung 7.10) ist hinsichtlich der Risikotoleranz unser „mittleres" Portfolio und am besten für Anleger geeignet, die sich dem Rentenalter nähern und den Schwerpunkt trotzdem auf Aktien legen wollen. Auch hier lassen unsere Prognosen für die Zukunft viel bessere Erträge bei geringeren Risiken als in der jüngsten Vergangenheit erwarten, insbesondere für die Wachstums-orientierten Largecap-Aktien und entsprechende Fonds. Dieses Portfolio war bis zum März 1999 um nur 1,1 Prozent hinter dem S & P 500 zurückgeblieben. Dafür war das Risiko 27,1 Prozent niedriger, und 40 Prozent des Portfolios bestanden aus festverzinslichen Investments. Zehn Prozent waren in Wandelanleihen investiert, die von Börsentrends profitieren können, und 30 Prozent in Rentenfonds inves-

Abbildung 7.10

Wachstums- und Rendite-Portfolio, Januar 1990 bis Dezember 2003

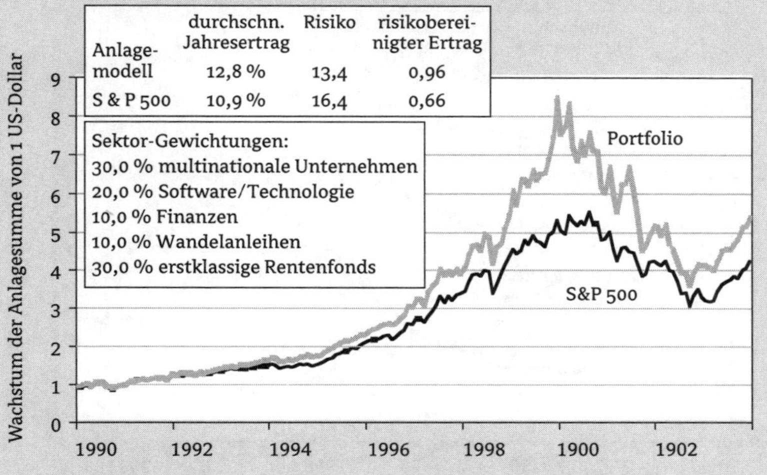

tiert. Wenn wir dieses Portfolio aktualisieren, ergibt sich ein risikobereinigter Ertrag von 0,96 gegenüber den 0,92 des Wachstumsportfolios in Abbildung 7.9. Der Ertrag von 12,8 Prozent war um 17,4 Prozent größer als die 10,9 Prozent des S & P 500, wobei das Risiko mit 13,4 gegen 16,4 um 18,3 Prozent niedriger war. Der risikobereinigte Vorsprung des Portfolios gegenüber dem S & P 500 belief sich auf 45,4 Prozent (0,96 im Vergleich zu 0,66).

Unser konservatives Portfolio (Abbildung 7.11) haben wir für Anleger zusammengestellt, die sich seit kurzer Zeit im Ruhestand befinden. 55 Prozent sind in festverzinsliche Papiere und Aktien investiert – vorwiegend wenig volatile multinationale Aktien zuzüglich zehn Prozent Technologiewerte für potenzielle Kursschübe. Dieses Portfolio hatte bis zum März 1999 bei 38,5 Prozent weniger Risiko nur 15,9 Prozent weniger Ertrag gebracht als der S & P 500. Bis Ende 2003 jedoch belief sich der Ertrag auf 11,7 Prozent (S & P 500: 10,9 Prozent). also 7,3 Prozent mehr als der Ertrag des S & P 500. Das Risiko war mit 10,1 um 38,4 Pro-

Abbildung 7.11

Konservatives Portfolio, Januar 1990 bis Dezember 2003

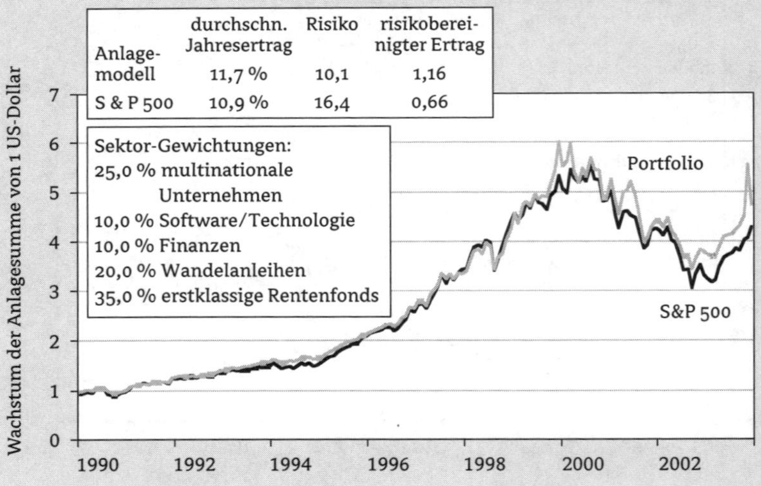

Abbildung 7.12

Sehr konservatives Portfolio, Januar 1990 bis Dezember 2003

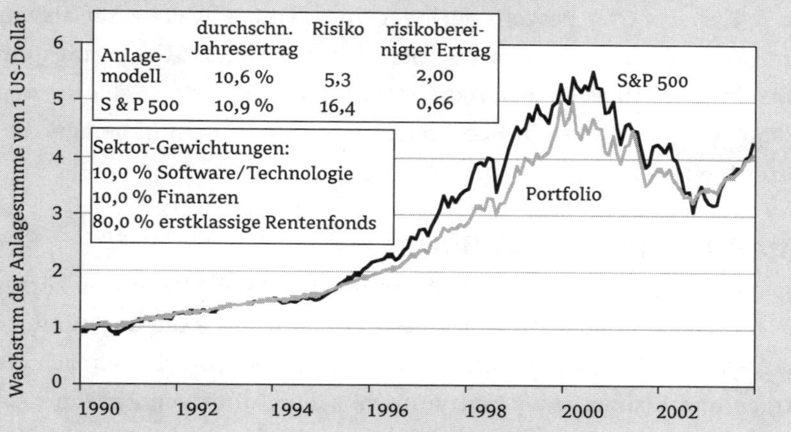

zent geringer als die 16,4 des S & P 500 – trotz der 55 Prozent Investitionen in festverzinsliche Papiere. Risikobereinigt war der Ertragsvorteil sogar noch größer: 1,16 im Vergleich zu 0,66 ergibt einen Vorsprung von 75,8 Prozent! Wer hätte wohl als konservativer Anleger im Ruhestand dagegen etwas einzuwenden? Dieses nach wissenschaftlichen und demographischen Gesichtspunkten konstruierte Portfolio vereinigt das Beste aus beiden Welten.

Kommen wir zum Schluss zu unserem konservativsten Portfolio (Abbildung 7.12). Es ist für Anleger gedacht, die gezwungen sind, vorwiegend auf festverzinsliche Anlagen zu bauen oder die einfach nicht glauben, dass die Aktien je wieder steigen werden. Nur 20 Prozent dieses Portfolios sind in Aktien investiert, aber dafür konzentriert sich der Aktienanteil auf die beiden Sektoren mit der größten Performance. In Wirklichkeit gibt es kaum Anleger, die kurzfristig tatsächlich 100 Prozent festverzinsliche Papiere brauchen. Dieses Portfolio war bis zum März 1999 um 33,9 Prozent hinter dem S & P 500 zurückgeblieben, wobei das Risiko um 70,1 Prozent unter dem Risiko des Indexes lag. Auf dem Stand von Ende 2003 bringt es nach wie vor von allen unseren Portfolios den größten risikobereinigten Ertrag – erstaunliche 2,00. Der Ertrag liegt mit 10,6 Prozent nur 2,8 Prozent unter dem Ertrag des S & P 500, das Risiko von 5,3 ist um 67,7 Prozent geringer und damit etwas besser als vor dem Crash. Dieses Portfolio beweist, dass man selbst bei geringstem Risiko mithilfe eines kleinen Aktienanteils aus den besten Sektoren den risikobereinigten Ertrag in Boomzeiten wie den unseren in bemerkenswerter Weise erhöhen kann.

Bereit für Boom und Blase

Da der von uns vorausgesagte Boom von 2002 bis 2009 etwas kürzer sein müsste, aber höhere Erträge bescheren dürfte als die unglaubliche Hausse von Ende 1990 bis Anfang 2000, ist es wohl sinnvoll, einfach die Erträge und Risiken jenes Zeitraums mit dem künftigen Zeitraum zu vergleichen und den extremen Crash der Jahre 2000 bis 2002 wegzulassen. Das heißt nicht, dass wir nicht mit Korrekturen rechnen würden, aber wahrscheinlich fallen diese schlimmstenfalls ähnlich wie die Korrekturen 1990 oder 1998 aus, und nicht wie 1987 oder 2000 bis 2002. Bedenken Sie außerdem, dass von 2003 bis 2009 außer dem Vier-/Achtjahreszyklus Mitte/Ende 2006 keine bedeutsamen Zyklen wirksam werden. Es könnte aber sein, dass sich Ende 2007 der weniger starke Zehnjahreszyklus bemerkbar macht.

Betrachten wir zuerst die Performance von November 1990 – kurz nach der Korrektur, die im Oktober 1990 die Talsohle erreichte – bis zu dem Hoch im März 2000, also die vollständige Hausse-Welle. Danach verengen wir die Perspektive auf die noch erstaunlichere Performance von Anfang 1995 bis März 2000, als die Beschleunigung der S-Kurve einsetzte. Irgendwann zwischen 2005 und 2009 setzt sie sich fort.

Tabelle 7.12 zeigt die Erträge, Risiken und risikobereinigten Erträge unserer Portfolios im Vergleich zum S & P 500 und zu dem klassischen Modell der Portfoliostrukturierung während der großen Hausse, die dem großen Crash 2000 bis 2002 vorangegangen war. Das aggressive Portfolio lässt den S & P 500 hoffnungslos im Regen stehen: doppelter Ertrag bei

Tabelle 7.12
Zusammenfassung der Portfolios, November 1990 bis März 2000

Portfolio	Durchschnittl. Jahresertrag	Risiko	risikober. Performance
Markowitz	16,24 %	6,65 %	2,44
S & P 500	21,26 %	9,24 %	2,30
Aggressiv	32,70 %	9,02 %	3,63
Wachstum	28,82 %	9,36 %	3,08
Wachstum u. Rendite	27,56 %	6,48 %	4,25
Konservativ	22,88 %	5,54 %	4,13
Sehr konservativ	20,31 %	2,66 %	7,64

geringerem Risiko! Die durchschnittlichen Jahreserträge belaufen sich durch die Bank auf das Doppelte, während die Risiken erheblich geringer sind. Infolgedessen ist die risikobereinigte Performance zwei- bis dreimal so hoch. Daran erkennt man wieder, wie sehr es sich lohnt, den Schwerpunkt auf einen bestimmten Sektor wie zum Beispiel Wachstums-orientierte Large Caps zu legen, wenn dieser gerade in Hochform ist.

Beachten Sie, dass die risikobereinigte Performance des aggressiven Wachstumsportfolios größer ist als die des Wachstums-Portfolios. Sie ist auch besser als in Abbildung 7.8, die auch den Crash 2000 bis 2002 beinhaltet. Das aktienlastige aggressive Wachstumsportfolio war auf diese unglaubliche Hausse am besten eingestellt.

Noch einmal: Wir nehmen vor allem diesen Chart für die Einschätzung der Risiken und Erträge, weil wir für die Zeit von 2002 bis Ende 2008 oder 2009 mit leicht höheren durchschnittlichen Jahreserträgen und mit leicht verbesserten Wirtschaftsbedingungen rechnen. Für den Dow Jones Industrial Average rechnen wir mit einem durchschnittlichen Jahresertrag von 21 Prozent oder mehr, also etwa so viel wie der

S & P 500 von November 1990 bis März 2000 einbrachte. Der Dow Jones bot in jener Zeit allerdings einen durchschnittlichen Jahresertrag von nur 17 Prozent. Deshalb sollten wir unsere Portfoliostrategien an diesem Zeitraum ausrichten; dann könnten sie ähnliche oder bessere Resultate bringen – jedenfalls wenn sie in ähnliche Sektoren investiert sind, die entsprechend von dem Boom profitieren. Über diesen Chart sollten Sie sich begeistern können, während alle Welt für die kommenden Jahre mit viel geringeren Erträgen rechnet.

Wenn wir nur die besten Jahre betrachten, also die Zeit, in der die S-Kurve steiler anstieg, sind die Erträge sogar noch höher (Tabelle 7.13). Beachten Sie dabei den enormen Performance-Sprung des S & P 500. Das liegt daran, dass die Beschleunigung der S-Kurve und der Wettlauf um die Führungsposition am meisten den großen Wachstumsunternehmen zugute kommen, die den kapitalgewichteten S & P 500 dominieren. (Dieser Index wird weitgehend von den 50 größten darin enthaltenen Aktien bestimmt, denn die Aktien sind gemäß ihrer Marktbewertung gewichtet, und das verschiebt den Schwerpunkt sehr in Richtung

Tabelle 7.13
Zusammenfassung der Portfolios, Januar 1995 bis März 2000

Portfolio	**Durchschnittl. Jahresertrag**	**Risiko**	**risikober. Performance**
Markowitz	17,90 %	6,46 %	2,77
S & P 500	27,54 %	6,72 %	4,10
Aggressiv	37,14 %	8,69 %	4,27
Wachstum	33,36 %	7,45 %	4,48
Wachstum u. Rendite	30,70 %	5,46 %	5,62
Konservativ	24,69 %	5,01 %	4,93
Sehr konservativ	20,16 %	1,93 %	10,45

der größten Unternehmen.) Das heißt, unsere Portfolios waren in diesem Zeitraum trotz noch höherer Erträge und niedrigerer Risiken dem S & P 500 weniger überlegen. Aber immerhin schlugen sie ihn mit Leichtigkeit, während dies den meisten Fondsmanagern und Anlagestrategen nicht gelang. Warum? Weil wir den Schwerpunkt genauso auf den Sektor der Wachstums-orientierten Large Caps legten, uns aber auch auf die besten Subsektoren konzentrierten.

Insgesamt dürften unsere Erträge von 2002 bis Ende 2009/Anfang 2010 mindestens so gut ausfallen wie in Tabelle 7.12 und könnten an die Erträge in Tabelle 7.13 herankommen, wenn wir mit der Einschätzung des wirtschaftlichen Umfelds bis zum Jahre 2009 richtig liegen. Die eigentliche Frage lautet, wie genau man sich für die nächste Hausse positionieren sollte, vor allem in dem Moment, in dem sie sich abzeichnet – nämlich jetzt, da das vorliegende Buch erscheint. Seit Ende 2002 empfehlen wir den Anlegern, ihre Portfolios immer mehr in Richtung der aggressiven Sektoren Technologie, Finanzen und Biotechnologie zu verschieben. Warum? Die Antwort finden wir in einem weiteren Grundprinzip, das wir in *THE ROARING 2000S INVESTOR* als „dynamische Neugewichtung“ bezeichnet haben.

Dynamische Neugewichtung

Wenn man ein Portfolio anlegt oder von einem Berater anlegen lässt, dann gehört es zu dem Anlagesystem dazu, dass man das Portfolio in regelmäßigen Abständen neu gewichtet, so dass es wieder den ursprünglichen Verhältnissen entspricht. Üblicherweise macht man das einmal im Jahr, aber es kann auch sein, dass das Portfolio einmal im Vierteljahr oder nur alle zwei Jahre neu gewichtet wird. Wir ziehen es vor, das nur einmal jährlich oder alle zwei Jahre zu tun, denn dann fallen weniger Steuern und Transaktionsgebühren an.

Da sich unterschiedliche Sektoren verschieden entwickeln, ist es ganz natürlich, dass sich die Prozentsätze der einzelnen Sektoren mit der Zeit verschieben. Deshalb ist es sinnvoll, einen Teil der Aktien zu verkaufen, die Gewinne gebracht haben und Aktien nachzukaufen, die

Verlust gebracht haben, damit die Zusammensetzung wieder stimmt.

Diese Vorgehensweise hat noch einen weiteren Vorteil. Sie führt dazu, dass man auf lange Sicht tendenziell tief kauft und hoch verkauft. Wenn ein Sektor überdurchschnittlich zugelegt hat, dann ist es eher wahrscheinlich, dass er bald eine Korrektur durchmacht und sich unterdurchschnittlich entwickelt. Wenn man aus diesem Sektor ein bisschen verkauft und dafür in einem schlechteren Sektor nachkauft, entsteht automatisch die Tendenz, niedrig zu kaufen und hoch zu verkaufen. Das verbessert das Risiko-Ertrags-Verhältnis. Und schließlich geht es bei systematischer Geldanlage ja genau darum. Wenn die Portfoliostruktur automatisch immer und immer wieder korrigiert wird, dann steigen die Chancen auf eine bessere Performance und man vermeidet, dass die natürlichen Emotionen alles wieder zunichte machen.

Die dynamische Neugewichtung folgt dem gleichen Prinzip, allerdings wirkt sie sich in extremen Marktlagen stärker aus. Anstatt willkürlich festzulegen, in welchen Zeitabständen das Portfolio neu gewichtet wird, korrigiert man in diesem Fall die Gewichtung entweder wenn sich der Markt einseitig entwickelt oder wenn der Abstand bestimmter Sektoren von den anderen Sektoren ein gewisses Maß überschreitet. Man könnte zum Beispiel sagen, dass man einen Sektor bis auf seine ursprüngliche Gewichtung abverkauft, wenn seine tatsächliche Gewichtung 30 Prozent über der ursprünglichen Gewichtung liegt. Umgekehrt könnte man nachkaufen, wenn der Anteil eines Sektors um 30 Prozent unter dem beabsichtigten Anteil liegt. In unserem aggressiven Portfolio zum Beispiel ist der Technologiesektor mit 32,5 Prozent gewichtet. In diesem Fall würde man neu gewichten, wenn der Anteil des Technologiesektors 42,5 Prozent beträgt, denn das sind 30 Prozent mehr als 32,5 Prozent. Der Verkaufserlös fließt dann zuerst in den Sektor, dessen Anteil am Portfolio am stärksten geschrumpft ist. Wenn dann noch Geld übrig ist, gleicht man die Gewichtung des nächsten schwachen Sektors an und so weiter. Wenn dagegen der Technologiesektor auf 22,75 abnehmen würde (30 Prozent weniger als 32,5 Prozent), dann würde man Technologiewerte nachkaufen, bis die 32,5 Prozent wieder voll sind und dafür die überdurchschnittlichen Sektoren verkaufen, um Geld für den Technologienachkauf zu beschaffen.

Es gibt auch andere Verfahren. Wir versuchen zum Beispiel, für alle Sektoren Trendkanäle zu erstellen, indem wir Linien durch die längerfristigen Hochs und Tiefs ziehen – so wie im Chart des Dow Channel (Kapitel 2, Abbildung 2.15). Wenn ein Sektor die obere Kanalbegrenzung erreicht, verkauft man einen Teil davon; wenn er die untere Begrenzung ansteuert, kauft man nach. Unser wichtigstes und dynamischstes Werkzeug für die Neugewichtung der Portfolios ist jedoch die Neugewichtung in extremen Marktlagen – zum Beispiel als zwischen Ende 1999 und Anfang 2000 die obere Begrenzung des Dow Channel erreicht wurde oder als im Jahre 2002 die untere Begrenzung getestet wurde. Diese Art der Neugewichtung erhöht langfristig unsere Erträge am meisten und vermindert unsere Risiken am meisten. Der Dow Channel ist dafür zwar unser wichtigster Anhaltspunkt, aber wir versuchen das Gleiche auch mit einzelnen Sektoren, zum Beispiel Technologie, Finanzen, Gesundheit und Asien ohne Japan.

In der Ausgabe von *THE H. S. DENT FORECAST* vom 1. April 2000 empfahlen wir, die Gewichtung von Technologie und Asien zu reduzieren, weil diese beiden Sektoren aufgrund der Blase 1999 am stärksten gestiegen waren. Im Gegenzug empfahlen wir, die Sektoren Gesundheit, Finanzen und multinationale Unternehmen wieder aufzustocken. Das war kurz nachdem der Dow Jones zum ersten Mal seit 1987 die obere Trendbegrenzung getestet hatte und nachdem die Sektoren Internet und Technologie den Eindruck vermittelten (wir warnten im Februar vor einem Hoch), als würde die Welle bald brechen. Als umgekehrt der Dow Jones Ende 2001 und dann wieder Ende 2002 den Boden des Dow Channel berührte, empfahlen wir eine kräftige Rückverlagerung der Gewichtung auf Technologie und Finanzen sowie in geringerem Maße auf Asien; der Gesundheitssektor hingegen hatte sich während der Korrektur meist sehr gut gehalten, und wir rieten zum Verkauf. Am Ende brach der Dow Jones kurzzeitig sogar nach unten aus dem Dow Channel aus und sank auf das nächste starke Unterstützungsniveau bei 7.400 bis 7.600 Punkten (die Tiefs der Korrektur 1998). Anfang Oktober gaben wir dann unser stärkstes Kaufsignal und unsere wärmste Neugewichtungsempfehlung. Seit diesem Zeitpunkt empfehlen wir, in unserem aggressiven Portfolio den Technologiesektor mit 35 bis 40 Prozent überzugewichten; ab Mitte/Ende 2004 empfehlen wir eine Gewichtung von 40 Prozent. Dann entfallen noch 10 bis 20 Prozent auf Asien, 25 bis 30 Prozent auf Finanzwerte, 10 Prozent auf den Gesundheitssektor und 5 bis 15 Prozent auf Biotechnologie.

Der nächste Zeitpunkt, zu dem wahrscheinlich eine dynamische Neugewichtung fällig wird, kommt vermutlich im Mai 2006, denn dann setzt der Vier-/Achtjahreszyklus ein. Falls sich das bewahrheitet, stutzen wir den Technologiesektor und die überdurchschnittlichen Sektoren Finanzen und vielleicht auch Asien zurück; Gesundheit und gegebenenfalls Asien werden dagegen wieder aufgestockt. Natürlich hängt das davon ab, welche Sektoren sich bis dahin überdurchschnittlich beziehungsweise unterdurchschnittlich entwickelt haben. Unser kombiniertes Zyklusmodell könnte uns auch dazu veranlassen, vollständig auf Anleihen umzuschwenken oder von Mai bis Oktober 2006 und im August/September 2007 teilweise auf Anleihen umzustellen.

Den Beginn der größten Kaufgelegenheit Ihres Lebens setzen wir Ende des Jahres 2002 beziehungsweise zwischen Mai und Oktober (spätestens Dezember) 2004 an – das ist die letzte Gelegenheit, noch vor der Blase einzusteigen! Die größte Performance erwarten wir von den Wachstums-orientierten Large Caps, die während des Crashs 2000 bis 2002 so sehr in Ungnade gefallen waren. Wahrscheinlich sind Technologie, Finanzen, Biotechnologie, Gesundheit und Asien ohne Japan weiterhin die besten Sektoren. Nehmen Sie sich etwas Zeit, befassen Sie sich noch einmal ausgiebig mit den Indizien, die wir in diesem Buch vorgelegt haben und treffen Sie dann die vielleicht wichtigste Entscheidung über Ihre finanzielle Zukunft.

Was aber das Wichtigste ist: Suchen Sie sich ein System für Ihre Investments und befolgen Sie es, damit Sie die Fehler vermeiden, die die meisten Anleger in den letzten Jahren begangen haben. Unsere Erfahrungen haben eindeutig gezeigt, dass man das am besten zusammen mit einem Finanzberater oder einem Mentor macht. Vergessen Sie auch nicht, dass die große Blase, die wir für die Jahre 2005 bis 2009 voraussagen, auch die letzte sein wird. Sie müssen schon heute die radikale Umstellung Ihres Portfolios und Ihrer Anlagestrategie für den Zeitpunkt Ende 2009 oder im Jahre 2010 vorausplanen, wenn sich die Jahreszeit dramatisch in Richtung Deflation und Verlangsamung des Wirtschaftswachstum ändert.

Anlagestrategien für den großen Zusammenbruch der Jahre 2010 bis 2022 - Vorschau

In unserem nächsten Buch werden wir die besten Strategien zur Bewahrung und Mehrung Ihres Wohlstands während des Abschwungs 2010 bis 2022 ausführlich behandeln. Dieser Abschwung kann sich wahrscheinlich mit der Großen Depression messen oder wird sogar noch schlimmer. Wir wollen an dieser Stelle kurz andeuten, wie Sie diese widrige Entwicklung für die Mehrung Ihres Wohlstands nutzen können. Die meisten Anleger werden während des großen Niedergangs den größten Teil ihrer Gewinne aus dem großen Boom wieder verlieren – vielleicht sogar alles.

Als Erstes müssen Sie sich klarmachen, dass Sie in den ersten Jahren des Niedergangs in den meisten Aktien- und Immobiliensektoren kein „Versteck“ finden werden, wenn die Blase platzt. Wir haben neben dem Crash 2000 bis 2002 auch den Crash von Ende 1929 bis Anfang 1942 untersucht und festgestellt, dass es den meisten Sektoren des breiten Marktes im weiteren Verlauf schlecht ergeht, sogar den Versorgungsunternehmen, Telefongesellschaften und Filmgesellschaften. Der erste große Crash kommt wahrscheinlich zwischen Anfang 2010 und Mitte 2012. Der Crash Anfang der 1930er-Jahre dauerte zwar 34 Monate lang, aber ansonsten bewegte sich die Dauer der längsten und schwersten Crashs des vergangenen Jahrhunderts (Abbildung 7.13, Seite 346) eher um die 30 Monate (2 1/2 Jahre). Das gilt auch für die Crashs Ende 1919 bis Anfang 1922, Ende 1929 bis Anfang 1932, Anfang 2000 bis Ende 2002

Abbildung 7.13
Vier große Crashs des vergangenen Jahrhunderts

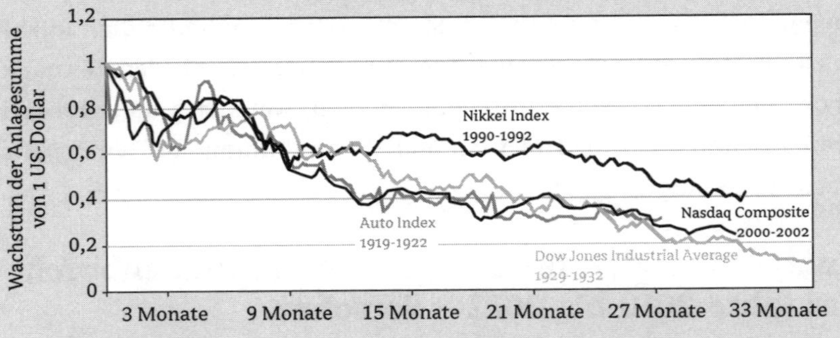

und in Japan 1990 bis Anfang 1992. Die große Lehre, die wir aus dem Crash 2000 bis 2002 ziehen können, besteht darin, dass während der 2 1/2 Jahre fast alle Sektoren des Aktienmarktes (einschließlich der meisten internationalen Sektoren) im späteren Verlauf des Crashs schwer in Mitleidenschaft gezogen wurden – sogar eher defensive Sektoren wie die Gesundheitsvorsorge. Ein Crash funktioniert anders als beispielsweise die Korrektur, die aufgrund des Präsidentschaftszyklus alle vier Jahre erfolgt. Gegen die Präsidentschaftskorrektur hilft Diversifizierung; dann halten sich die Verluste in Grenzen, und deshalb steht man solche Korrekturen am besten einfach durch.

Am Ende eines demographischen Ausgabenzyklus, anlässlich einer Technologieblase oder in den ersten 2 1/2 Jahren des Zehnjahreszyklus übersteht man den drohenden Sturm am besten, wenn man hochwertige langfristige Anleihen oder kurzfristige festverzinsliche Wertpapiere kauft und hält.

Deshalb empfehlen wir Ihnen wärmstens, von Ende 2009 oder Anfang 2010 bis Mitte 2012 Ihr Portfolio vollständig oder fast vollständig auf hochwertige langfristige Unternehmensanleihen oder kurzfristige festverzinsliche Wertpapiere (US-Schatzwechsel, Einlagezertifikate und einjährige US-Schatzanleihen) umzustellen. Damit schützen Sie Ihr Vermögen und lassen es zunächst bescheiden wachsen. Die beiden langfristigen Anlagemodelle, die in den Abbildungen 7.5 und 7.6 weiter vorne in diesem Kapitel dargestellt werden, kombinieren drei regelmäßig wiederkehrende Zyklen miteinander: den Vierjahres-Zyklus, den Zehnjahres-Zyklus und die Ausgabenwelle – und gemäß beiden Modellen sollte man sich in den Jahren 2010 bis 2022 aus dem Aktienmarkt zurückziehen und in langfristige Anleihen investieren. Eine Ausnahme ist der positive Teil des Zehnjahres-Zyklus von Ende 2014 bis Ende 2019.

Abbildung 7.14 zeigt am Beispiel des großen Crashs 1929 bis Anfang 1932 (als der Dow Jones 89 Prozent verlor), wie man sein Vermögen mithilfe von langfristigen Unternehmensanleihen, langfristigen Staatsanleihen, einjährigen Staatsanleihen und US-Schatzwechseln mit höchst bescheidenem Gewinn hätte bewahren können. Der Chart berücksichtigt die Zinsen und sämtliche Kapitalzuwächse beziehungsweise -verluste. Man erkennt, dass es von Mitte 1931 bis Anfang 1932, als die Depression so richtig schlimm wurde, eine kurze Panik am Markt für längerfristige Anleihen gab. Während des Crashs hätte man mit Schatzwechseln (den sichersten Papieren) etwa fünf Prozent Gewinn gemacht,

Abbildung 7.14

Gesamtertrag aus Anleihen während des Großen Crashs, September 1929 bis Juni 1932

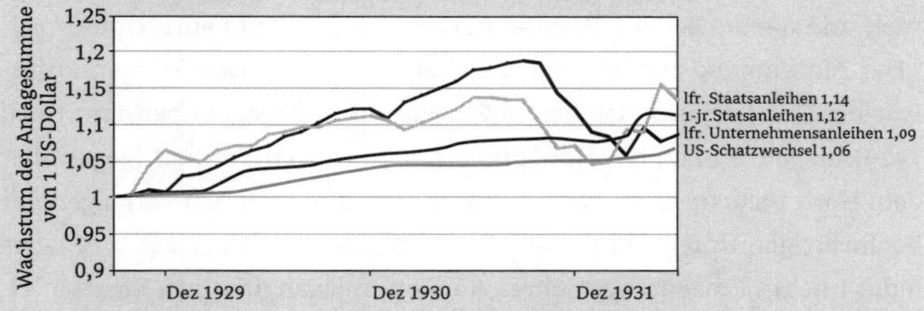

Abbildung 7.15
Gesamtertrag aus Anleihen, September 1929 bis April 1942

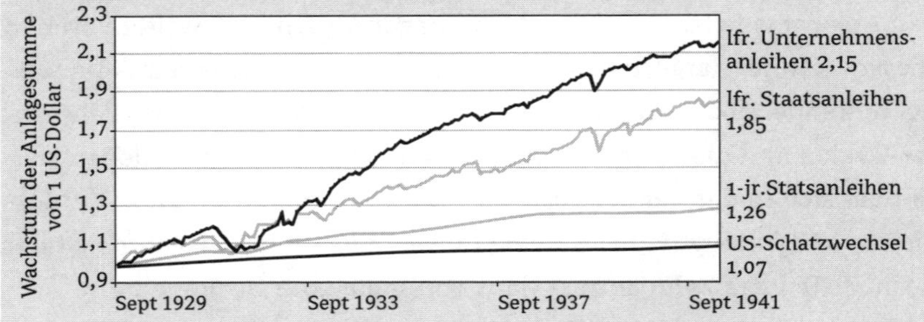

mit langfristigen Unternehmensanleihen neun Prozent, mit einjährigen Staatsanleihen rund zwölf Prozent und mit langfristigen Staatsanleihen rund 14 Prozent – während der Aktienmarkt um 89 Prozent fiel.

Während der langwierigen und wirtschaftlich schweren Auslesephase von Ende 1929 bis 1942 (als der Dow Jones immer noch 80 Prozent unterhalb seines Hochs stand) brachten dagegen hochwertige Unternehmensanleihen den größten Ertrag, und die langfristigen Staatsanleihen belegten nur den zweiten Platz (Abbildung 7.15). In Zeiten der Deflation sichert man sich gerne schnell noch höhere Renditen, weil sie zu fallen beginnen, aber dafür wächst das Anleihenkapital. Unternehmensanleihen bieten nicht nur höhere Renditen als Staatspapiere, sondern die besten Unternehmen überstanden die Große Depression auch besser als der amerikanische Staat, vor dem sich aufgrund der sinkenden Steuereinnahmen und der steigenden Wohlfahrtskosten die Defizite auftürmten.

Der Aktienmarkt war in jener Zeit sehr großen Schwankungen unterworfen. Der Tiefpunkt lag bei 89 Prozent Verlust (gegenüber dem Hoch 1929) im Jahre 1932, der Höhepunkt bei 76 Prozent Verlust (gegenüber dem Hoch 1929) im Jahre 1942. In dieser Zeit hätte man sein Vermögen mit hochwertigen Unternehmensanleihen (20 Jahre, Aaa) auf das 2,15-fache (oder um 115 Prozent) vermehren können, mit langfristigen Staatsanleihen (zehnjährige Schatzanleihen) auf das 1,85-fache (oder um 85 Prozent), mit einjährigen Staatsanleihen auf das 1,26-fache (oder um 26 Prozent) und mit Schatzwechseln nur auf das 1,07-fache (oder um sieben Prozent).

Ab Mitte 2012 oder spätestens ab 2014 bis Ende 2019 dürfte es eine erhebliche Baisse-Erholung geben (ähnlich wie von Anfang 1932 bis Anfang 1937). Aggressive Anleger können schon Mitte/Ende 2012 anfangen, Aktien zu kaufen, wenn es so aussieht, als stünde der Boden bevor. Wachstums-orientierte Anleger sollten wahrscheinlich lieber warten, bis der Vierjahres-Zyklus Anfang Oktober 2014 die Talsohle erreicht, und dann im Einklang mit unseren langfristigen Anlagemodellen mit dem positiven Teil des Zehnjahres-Zyklus schwimmen. Als eher konservativer Anleger sollte man vielleicht einfach mit sicheren langfristigen und hochwertigen Unternehmensanleihen den Niedergang von 2010 bis 2022 abwarten. Wir werden die drei genannten Strategien gleich genauer beschreiben, aber zunächst wollen wir noch einen Blick auf diejenigen Wirtschaftssektoren im In- und Ausland werfen, die in der Zeit des Abschwungs – nach dem Crash – einen demographischen Trend im Rücken haben.

In den Vereinigten Staaten und in anderen reifen Volkswirtschaften wie zum Beispiel in Europa wird sich während des demographisch be-

Abbildung 7.16

Durchschnittliche Ausgaben für Gesundheit, nach Alter

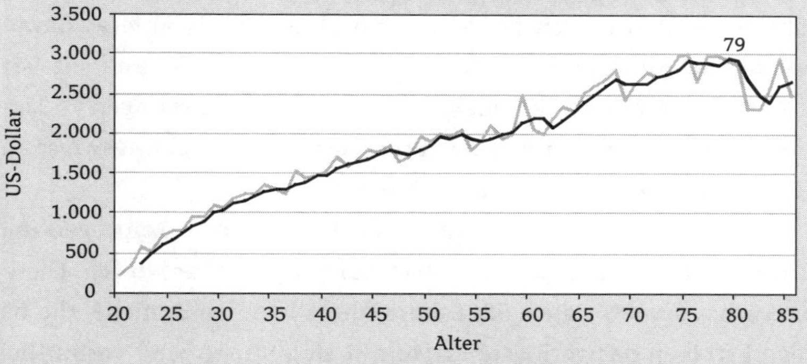

Quelle: U. S. Bureau of Labor Statistics, Consumer Expenditure Survey, 2000

Abbildung 7.17

Durchschnittliche jährliche Ausgaben für verschreibungspflichtige Medikamente, nach Alter

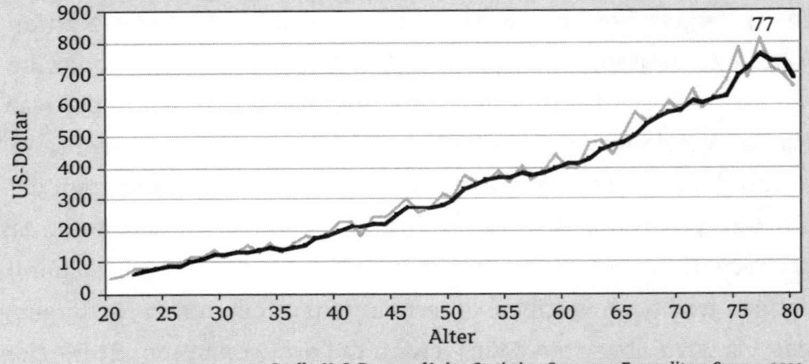

Quelle: U. S. Bureau of Labor Statistics, Consumer Expenditure Survey, 2000

dingten Abschwungs der Gesundheitssektor am besten halten. Abbildung 7.16 zeigt die gesamten Ausgaben für Gesundheit, die sich aus 26 Kategorien des Consumer Expenditure Survey zusammensetzen. Das ist die einzige große Ausgabenkategorie, die im Lebensalter von Mitte/Ende 70 ansteigt. Der größte Posten sind verschreibungspflichtige Medikamente (Abbildung 7.17). Dafür sind die Ausgaben im Alter von 77 Jahren am höchsten. Aus diesem Grund wird der Gesundheitsbereich im Zuge des Babyboom-Zyklus über den Abschwung hinweg bis etwa in das Jahr 2038 hinein wachsen. Also kann man sich als Anleger darauf einstellen, nach dem Crash Aktien aus den Bereichen Gesundheitsvorsorge, Arzneimittel, Biotechnologie und Krankenversicherungen zu kaufen – oder natürlich entsprechende amerikanische beziehungsweise internationale Investment- oder Indexfonds.

Wie in Abbildung 7.18 gezeigt, wächst auch der Bereich Zeitungen und Zeitschriften und ist geringeren Kursschwankungen unterworfen. Dieser Sektor wächst etwa bis zum 68. Lebensjahr. Diejenige Branche, die bei mäßigen Erträgen das geringste Risiko mit sich bringt, sind vermutlich die Versorgungsunternehmen, Wasseraufbereitung, Müllentsorgung und

Abbildung 7.18

Durchschnittliche jährliche Ausgaben für Zeitungen und Zeitschriften, nach Alter

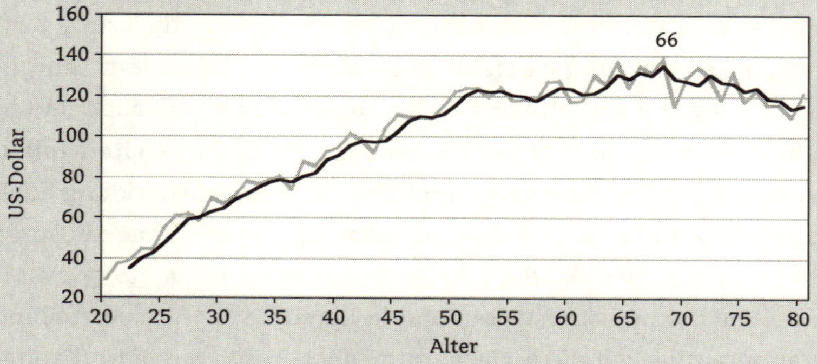

Quelle: U. S. Bureau of Labor Statistics, Consumer Expenditure Survey, 2000

so weiter. Abbildung 7.19 stellt den Müll- und Abwassersektor grafisch dar. Dieser Sektor weist den für viele Versorgungsbranchen typischen Verlauf auf: Der Höhepunkt liegt im Bereich von Ende 40 bis Mitte 50, und von da ab hält sich das Niveau bis in die 60er hinein. Wenn der

Abbildung 7.19

Durchschnittliche jährliche Ausgaben für Müllabfuhr und Abwasser, nach Alter

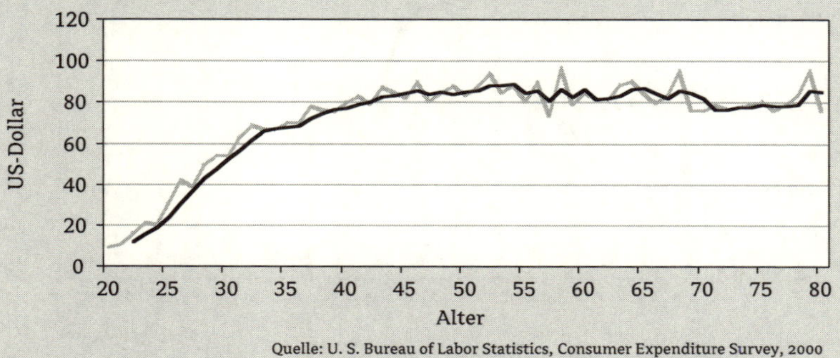

Quelle: U. S. Bureau of Labor Statistics, Consumer Expenditure Survey, 2000

schlimmste Abschnitt des Crashs vorüber ist und die Zyklen günstig stehen, ist dieser Bereich für mäßig riskante Aktieninvestitionen geeignet.

Die Weltregion mit dem größten anhaltenden Wachstum wird Asien sein. Die größte Teil der nicht industrialisierten Weltbevölkerung lebt in Südostasien und Indien. Dort setzt sich die Industrialisierung fort, und immer mehr Menschen ziehen (vor allem in China) vom Land in die Städte, während wir ein langfristiges Reifestadium erreichen und in den Jahren 2010 bis 2022 einen Niedergang erleben. In weiten Teilen Asiens dagegen steigt die demographische Ausgabenentwicklung auch in den Jahren 2010 bis 2022 weiter an, insbesondere in China, Südkorea und Japan. In *THE ROARING 2000S INVESTOR* haben wir in Kapitel 3 die Altersverteilung der Industriestaaten und in Kapitel 4 die Altersverteilung in den unterentwickelten Ländern untersucht. Lesen Sie diese Kapitel noch einmal, und Sie bekommen ein klareres Bild der weltweiten demographischen Entwicklung.

Aus der Altersverteilung Chinas (Abbildung 7.20) geht hervor, dass etwa um das Jahr 2020 herum eine wachsende Anzahl von Menschen das Alter erreicht, in dem die Ausgaben am höchsten sind. In China hat der Babyboom etwa zehn Jahre länger gedauert als in den Vereinigten Staa-

Abbildung 7.20

Altersverteilung: China, 2000

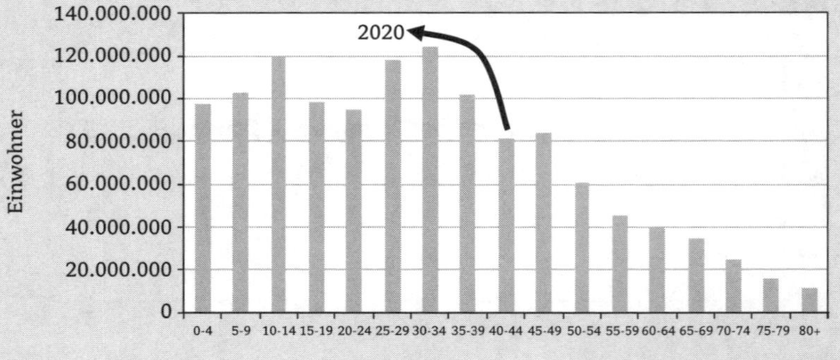

Quelle: Vereinte Nationen

Abbildung 7.21

Altersverteilung: Südkorea, 2000

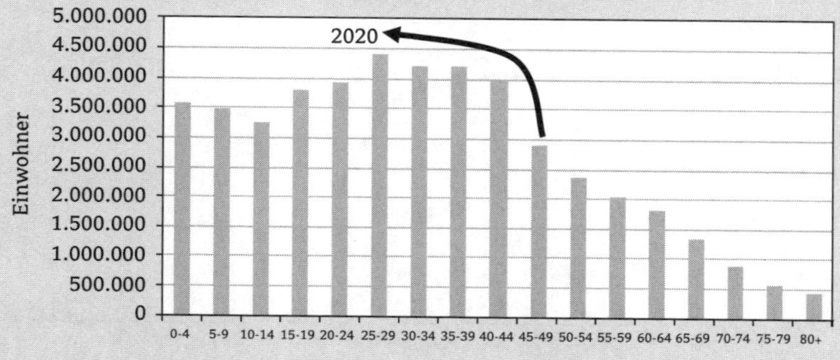

Quelle: Vereinte Nationen

ten. Beachten Sie, dass man dieses Diagramm rückwärts lesen muss: Ausgehend von dem Balken für das Ausgaben-Spitzenalter „45-49“ müssen Sie bis zu dem Höhepunkt der Bevölkerungskurve zurückgehen, wenn Sie wissen wollen, wie lange die Ausgaben noch wachsen, bevor der Höhepunkt überschritten ist.

Abbildung 7.22

Altersverteilung: Japan, 2000

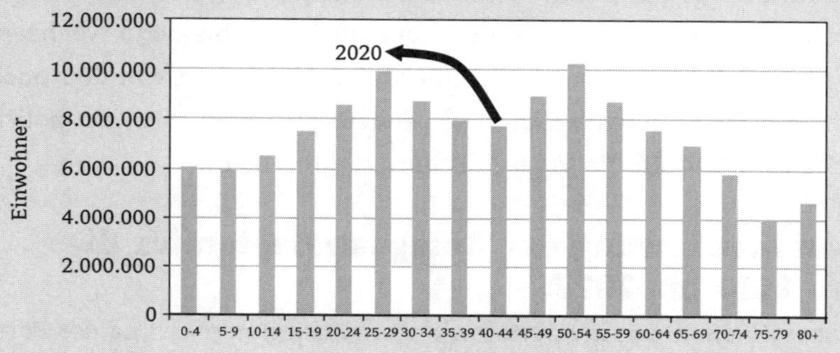

Quelle: Vereinte Nationen

Abbildung 7.23

Altersverteilung: Indonesien, 2000

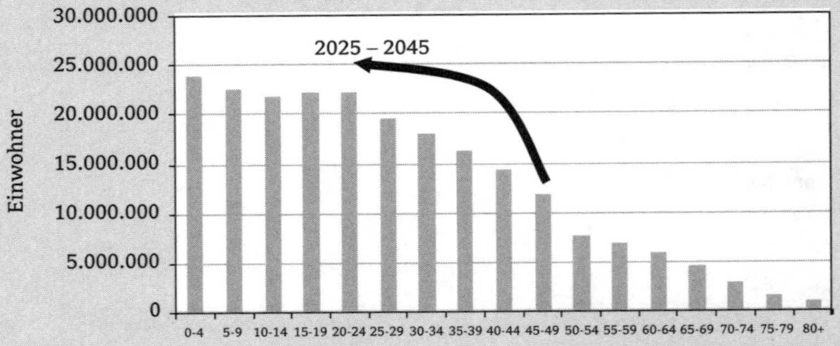

Quelle: Vereinte Nationen

Südkorea (Abbildung 7.21) verzeichnet nicht nur während des Booms die größte Zunahme der Ausgaben, sondern der Ausgabentrend dürfte sich dort bis in das Jahr 2020 unvermindert fortsetzen, bevor er den Höhepunkt erreicht. In Japan (Abbildung 7.22) schließlich dürfte der Echo-Babyboom etwa von 2005 bis 2020 für erheblich steigende Ausgaben sorgen. Die reichen Kleinstaaten Hongkong und Singapur werden ähnlich wie die Vereinigten Staaten um das Jahr 2010 den Ausgabengipfel überschreiten. In den großen und weniger entwickelten Ländern dagegen nimmt die Kaufkraft weiter zu. Abbildung 7.23 zeigt, dass in Indonesien die Ausgaben bis in den Zeitraum 2025 bis 2030 wachsen. Den meisten Anlegern raten wir allerdings, die Finger von den noch nicht vollständig industrialisierten Ländern zu lassen, weil die politische Instabilität und die Volatilität dort zu groß sind.

Zusammenfassung der Anlagestrategien für die Jahre 2010 bis 2022

Wir beschließen dieses Kapitel mit einer Zusammenfassung der Portfoliostrategien, die wir für den großen Niedergang der Jahre 2010 bis 2022 empfehlen. Exaktere Zeitangaben und genauere Angaben zu den

Sektoren finden Sie in unserem Börsenbrief, *THE H. S. DENT FORECAST*, und in unserem nächsten Buch, denn die Zeit wird immer knapper und wir richten unser Research immer mehr auf den Abschwung. Beachten Sie bei allen Strategien, dass Sie während der zwei Vier-Jahres-Zyklen in den Jahren 2014 und 2018 von Mai bis Oktober alternativ in die Defensive gehen können (Aktien gegen Anleihen eintauschen). Beachten Sie außerdem, dass wir in Asien das größte Potenzial in China, Taiwan, Südkorea, Japan und eventuell in Indien sehen.

Aggressive Strategie: Portfoliostruktur 2010 bis 2022

1. Ende 2009/Anfang 2010 bis Mitte 2012: 90 Prozent Aaa-Unternehmensanleihen, 10 Prozent US-Schatzwechsel oder Einlagezertifikate.
2. Mitte 2012 bis Ende 2019: 25 Prozent Gesundheit, 15 Prozent Biotech, 35 Prozent Asien, 15 Prozent Zeitungen/Zeitschriften und/oder Versorger, 10 Prozent Aaa-Unternehmensanleihen.
3. Anfang 2020 bis Ende 2022: 90 Prozent Aaa-Unternehmensanleihen, 10 Prozent US-Schatzanweisungen oder Einlagezertifikate.

Wachstumsstrategie: Portfoliostruktur 2010 bis 2022

1. Ende 2009/Anfang 2010 bis Ende 2014: 90 Prozent Aaa-Unternehmensanleihen, 10 Prozent US-Schatzanweisungen oder Einlagezertifikate.
2. Ende 2014 bis Ende 2019: 30 Prozent Gesundheit, 10 Prozent Biotech, 25 Prozent Asien, 20 Prozent Zeitungen/Zeitschriften und/oder Versorger, 20 Prozent Aaa-Unternehmensanleihen.
3. Anfang 2020 bis Ende 2022: 90 Prozent Aaa-Unternehmensanleihen, 10 Prozent US-Schatzwechsel oder Einlagezertifikate.

Konservative Strategie: Portfoliostruktur 2010 bis 2022

1. Ende 2005/Anfang 2010 bis Ende 2022: 80 Prozent Aaa-Unternehmensanleihen, 20 Prozent US-Schatzwechsel oder Einlagezertifikate.

Und jetzt, da Sie wissen, dass es Möglichkeiten gibt, während des Niedergangs zu überleben und zu gewinnen, beschreiben wir in Kapitel 8, wie sich aus dem 80-jährigen New-Economy-Zyklus die von uns so genannte „Neue Millionärswirtschaft“ entwickelt. Wohlstand und hohes Einkommen werden eher die Regel als die Ausnahme sein. Am meisten werden unsere Kinder von der neuen Wirtschaft profitieren, denn die Babyboomer treten während des großen Crashs und während des Auslesestadiums in den Ruhestand.

KAPITEL 8

Die neue Millionärs-Wirtschaft

Größerer Wohlstand durch immer mehr Wohlhabende

Die reichen Haushalte sind die New Economy

Die New Economy besteht nicht nur in dem Erscheinen neuer Technologien, der Anpassung von Waren und Dienstleistungen, vernetzten Organisationen, der Ausgaben- und Produktivitätsflut der Babyboom-Generation. Der hauptsächliche Trend, das Hauptthema des neuen Jahrzehnts und Jahrtausends ist der Reichtum der Massen. Die Anzahl der Haushalte mit einem Jahreseinkommen über 100.000 US-Dollar betrug im Jahre 2001 fast 14 Millionen beziehungsweise 14 Prozent, und diese Zahl wächst seit mehreren Jahrzehnten schneller als das Bruttoinlandsprodukt (Abbildung 8.1). Wenn sich das Wachstum in diesem Tempo fortsetzt, haben wir bis zum Höhepunkt des Booms im Jahre 2009 oder 2010, wenn die Ausgaben der Babyboom-Generation endlich das Maximum erreichen, etwa 18 bis 20 Millionen Haushalte, die in diese Kategorie fallen. Das ist die neue gehobene Mittelklasse des reichsten Landes der Welt. Sie wird auf Jahrzehnte hinaus bestimmen, wo der Trend im Lebensstil und in der Wirtschaft hingeht. Diese Menschen sind jetzt

Abbildung 8.1
US-Haushalte mit einem Jahreseinkommen von mindestens 100.000 US-Dollar, 1967 bis 2001

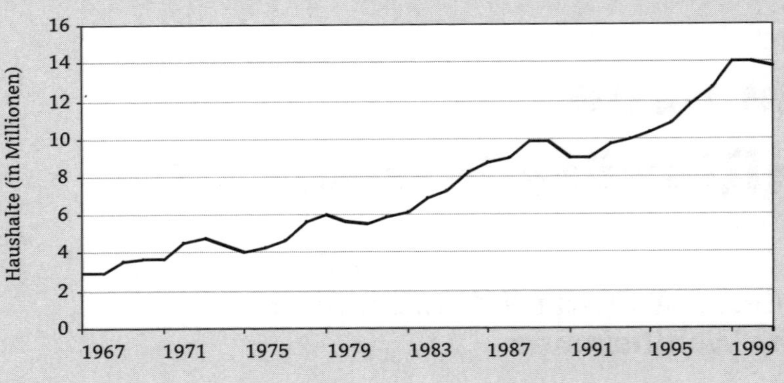

keine Yuppies („young urban professionals") mehr, sondern mit zunehmendem Alter sind sie zu dem geworden, was David Brooks als „Bobos" bezeichnet („bourgeois bohemians", etwa: bürgerliche Bohemiens). Auf den Lebensstil der Bobos kommen wir später in diesem Kapitel noch einmal zu sprechen.

Dabei darf man nicht vergessen, dass das Einkommen vieler dieser Haushalte weit über 100.000 US-Dollar liegt. Das Einkommen des obersten Prozents der Haushalte beträgt derzeit rund 250.000 US-Dollar, und das Vermögen dieser Haushalte beläuft sich auf durchschnittlich fünf Millionen US-Dollar. Die obersten zehn Prozent der Haushalte verdienen durchschnittlich 100.000 US-Dollar im Jahr. Das oberste Prozent kommt für 37 Prozent der gesamten Steuern auf, die obersten zehn Prozent für 67 Prozent und die obersten 25 Prozent der Haushalte für 84 Prozent der Steuern. Die obersten 20 Prozent der Haushalte verfügen über 50 Prozent des gesamten Einkommens, sie kommen für 40 Prozent der Ausgaben auf und besitzen 90 Prozent der Vermögenswerte – Hausbesitz nicht mitgerechnet. Im nächsten Jahrzehnt und den nachfolgenden Jahrzehnten wird ihre Zahl und damit auch ihr Einfluss wachsen.

Nach und nach bürgert es sich ein, ab einem Jahreseinkommen von 100.000 US-Dollar oder einem Privatvermögen (ohne Eigenheim) von 500.000 US-Dollar von Reichtum oder „wohlhabend" zu sprechen. Abbildung 8.2 zeigt die Anzahl der Haushalte mit einem Privatvermögen (ohne Eigenheim) von mindestens 500.000 US-Dollar. Bevor die Börse ihren Tribut forderte, hatte diese Gruppe die Stärke von 14 Millionen fast ebenfalls erreicht. Obwohl die Anzahl der Haushalte mit einem Vermögen über 500.000 US-Dollar und die Anzahl der Haushalte mit einem Jahreseinkommen über 100.000 US-Dollar annähernd gleich sind, handelt es sich dabei nicht immer um die gleichen Haushalte. Wenn man beide Definitionen zusammen nimmt, erhöht sich die Anzahl der wohlhabenden Haushalte auf 20 Millionen im Jahre 2001. Wahrscheinlich wächst die Zahl bis zum Jahre 2009 auf 30 Millionen an – das sind fast 30 Prozent aller US-Haushalte. Bis dahin entfallen vermutlich 50 Prozent der Ausgaben auf diese 30 Prozent. Das bedeutet, dass gerade eine neue Klasse der Wohlhabenden entsteht; sie sind zwar nicht gerade steinreich, aber ihr Lebensstandard ist höher als der Standard der Mit-

Abbildung 8.2

US-Haushalte mit einem Vermögen von mindestens 500.000 US-Dollar, Privatwohnsitz nicht eingerechnet

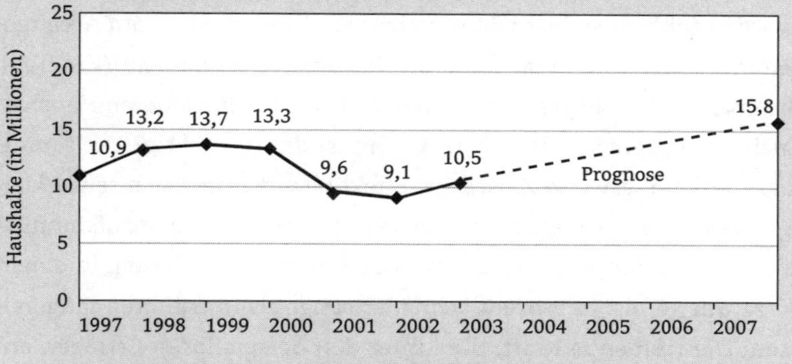

Quellen: Spectrem Group Perspective: The Affluent Investor: Key Attitudes, Behaviors and Demographics: 2003 Overview of Key Trends in the Affluent Market, Schätzungen der Spectrem Group

telklasse, die während der letzten Wirtschaftsrevolution entstand. Mit zunehmendem Alter wird die neue wohlhabende Klasse immer mehr den Markt für Konsumartikel und den Arbeitsmarkt beherrschen und unsere Wirtschaft über mehrere Jahrzehnte neu prägen. Als Allererstes jedoch bestimmt sie in diesem Jahrzehnt, welche Unternehmen in der New Economy in den kommenden Jahrzehnten führend sein werden – in den Goldenen 2000er-Jahren!

Wohlstand bedeutet nicht nur, dass das Einkommen über das Lebensnotwendigste hinausgeht. Das durchschnittliche Einkommen ist in den vergangenen 1000 Jahren gestiegen, und besonders stark im vergangenen Jahrhundert. Es gibt einen kritischen Bereich, knapp oberhalb des Mittelklasse-Lebensstandards (heutzutage 30.000 bis 60.000 US-Dollar Jahreseinkommen), etwa zwischen 75.000 und 100.000 US-Dollar Jahreseinkünften, ab dem genügend Einkommen verfügbar ist, dass man in erheblichem Maße Geld sparen und anlegen kann. Unterhalb dieses Bereichs fließen die meisten Ersparnisse in Eigenheime oder College-Ausbildungen – also Investitionen in die Zukunft. Ist das Einkommen höher, können die Menschen die Zukunft richtiggehend planen. Sie können sich nicht nur einen angenehmen Ruhestand sichern, sondern sich für einen interessanteren Lebensstil entscheiden und sich ihre Träume erfüllen.

Neben der sich hochschaukelnden Zunahme der Haushalte mit hohem Einkommen gibt es noch ein weiteres Phänomen: Innerhalb kürzester Zeit wurden zahlreiche Sparpläne geschaffen, die entweder vom Arbeitgeber gefördert oder vom Staat steuerlich begünstigt werden. 401(k)s, IRAs, Keoghs und SEPs – sie alle ermöglichen es auch bescheideneren Haushalten, mehr anzusparen als je zuvor. Warum ist das so wichtig? Der Kumulierungs- beziehungsweise Zinseszins-Effekt bewirkt, dass sich selbst kleine regelmäßige Sparbeträge zu einem sehr großen Vermögen aufsummieren können. Das gilt ganz besonders in Boomzeiten wie diesen, in denen die Börse um 30 bis 50 Prozent schneller steigt als in früheren längeren Haussen. Die treibende Kraft, die hinter den beispiellosen Erträgen am Aktienmarkt und in anderen Investitionsbereichen steht, ist natürlich wieder die demographische Entwicklung, insbesondere der Babyboom.

In den höheren Regionen des Reichtums ist die Zunahme noch größer. Die Anzahl der Haushalte mit großem Vermögen beziehungsweise Millionärshaushalte stieg bis zum Jahre 2000 passend zu den Wachstumsraten des Aktienmarktes (S & P 500 und Dow Jones) mit der astronomischen Geschwindigkeit von 16 Prozent jährlich. Wie anhand des Dow Channel in Abbildung 2.15 in Kapitel 2 zu erkennen, steigt der Dow Jones Industrial Average im Zuge des Booms seit 1982 um rund 15 Prozent jährlich. Das Tempo des S & P 500 ist ähnlich, allerdings dürfte er etwas schneller zulegen als der Dow Jones, sobald der Technologiesektor wieder schneller steigt, denn dieser Sektor ist im S & P 500 stärker vertreten. Wir sagen nach wie vor voraus, dass der Aktienmarkt entsprechend der vorhersehbaren Ausgabenentwicklung der Babyboomer bis zum Jahre 2009 oder 2010 in diesem Tempo weiter steigt. Das würde bedeuten, dass der Dow Jones bis Ende 2009 auf 40.000 Punkte und der S & P 500 auf mehr als 5.000 Punkte klettert.

Im Jahre 1999 gab es in den Vereinigten Staaten mehr als sieben Millionen Millionärs-Haushalte (Abbildung 8.3). Der Börsencrash forderte jedoch auch hier seinen Tribut, und die Spectrem Group rechnet für

Abbildung 8.3

US-Millionärs-Haushalte, 1997 bis 2008

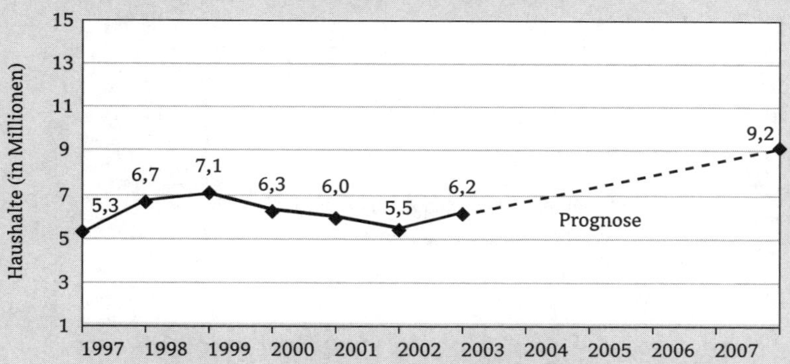

Quellen: Spectrem Group Perspective: The Affluent Investor: Key Attitudes, Behaviors and Demographics: 2003 Overview of Key Trends in the Affluent Market, Schätzungen der Spectrem Group

den Rest des Jahrzehnts mit einer verlangsamten Zunahme: 9,2 Millionen Haushalte bis zum Jahre 2008, was bedeuten würde, dass es bis zum Jahre 2010 deutlich mehr als zehn Millionen sein dürften. Aufgrund unserer Prognosen zum Wirtschafts- und Börsenwachstum halten wir diese Prognose für konservativ. Wir gehen davon aus, dass es bis zum Jahre 2010 eher 15 Millionen Millionärs-Haushalte geben wird. Das wären fast 15 Prozent aller Haushalte unseres Landes. So langsam entwickeln sich folgende Kriterien zur neuen Definition von „wohlhabend": ein Vermögen von einer Million US-Dollar und jährliche Einkünfte von mindestens 100.000 US-Dollar.

Noch besser sieht es mit dem extremen Reichtum aus. Die Anzahl der Haushalte mit einem Vermögen von mindestens fünf Millionen US-Dollar (Abbildung 8.4) stieg bis zum Jahre 1999 auf 590.000 und wächst immer schneller. Laut Prognose der Spectrem Group wird diese Gruppe im Jahre 2008 etwa 1,16 Millionen Haushalte umfassen. Wir gehen davon aus, dass diese Zahl bis zum Jahre 2010 auf 1,5 bis zwei Millionen

Abbildung 8.4

US-Haushalte mit einem Vermögen von mindestens 5 Millionen US-Dollar

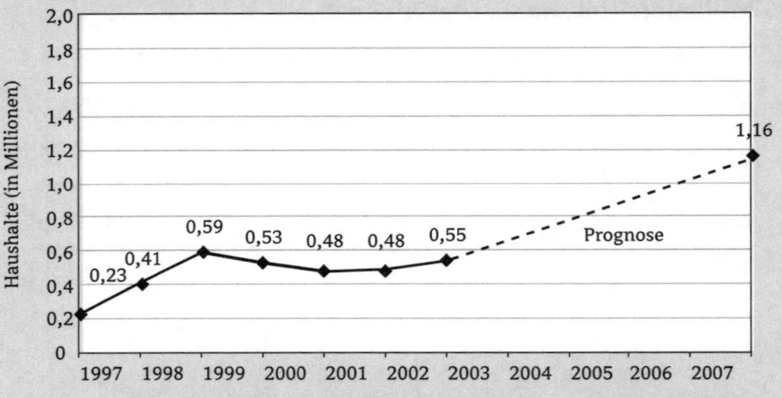

Quellen: Spectrem Group Perspective: The Affluent Investor: Key Attitudes, Behaviors and Demographics: 2003 Overview of Key Trends in the Affluent Market, Schätzungen der Spectrem Group

steigen wird. Diese superreichen Haushalte entsprechen ungefähr der Gruppe von Millionären, die Dr. Thomas Stanley in *THE MILLIONAIRE NEXT DOOR* statistisch analysiert. Der Schwerpunkt seiner Untersuchungen liegt im Bereich eines Vermögens von fünf bis zehn Millionen US-Dollar und eine durchschnittlichen Jahreseinkommens von annähernd 800.000 US-Dollar.

Der entscheidende Punkt in diesem Buch besagt, dass die neuen Wohlhabenden sozusagen die New Economy sind und dass sie sich nicht verhalten wie der genügsame „Millionär von nebenan". In der New Economy geht der Trend dahin, dass das Vermögen schneller wächst als die Einkünfte. Der Reichtum eröffnet durch die finanzielle Sicherheit neue Dimensionen der Lebensführung und die Möglichkeit, nicht nur zu investieren und extravagant zu leben, sondern auch unternehmerische oder wohltätige Zwecke zu verfolgen.

Diese immer reicheren Haushalte werden im kommenden Jahrzehnt den größten Teil des Geschäftslebens beherrschen und auf Jahrzehnte hinaus Trends bestimmen; genauso wie die allgemeine Ausbreitung der letzten New Economy von den 1930er- bis in die 1960er- und 1970er-Jahre gedauert hat, wird auch diesmal die vollständige Durchdringung des Mainstreams durch die New Economy Jahrzehnte dauern. Beim letzten Mal bildete sich in den Goldenen Zwanzigern nach dem Ersten Weltkrieg eine neue Mittelklasse (10 bis 20 Prozent der Haushalte), die bis zu den 1960er- und 1970er-Jahren zur Normalität wurde. Auch nach diesem außerordentlichen Boom werden noch viel mehr Haushalte als heute am Aktienmarkt teilnehmen, Unternehmen besitzen und Gewinnbeteiligungen kassieren. Es wird immer mehr Geistesarbeiter und innovative Unternehmen geben, während die Anzahl der Fabrik- und Bürojobs weiter zurückgeht.

Im Rahmen des Booms wird aber nicht nur die Anzahl der Haushalte mit Millionärsstatus auf Jahrzehnte hinaus steigen, sondern auch das Durchschnittseinkommen dürfte noch einige Jahrzehnte lang im gleichen Tempo wie bisher zunehmen (Abbildung 8.5). Gemäß dem im Chart gezeigten Trend dürfte das Einkommen einer durchschnittlichen

Abbildung 8.5
Durchschnittliches US-Haushaltseinkommen 1950 bis 2060

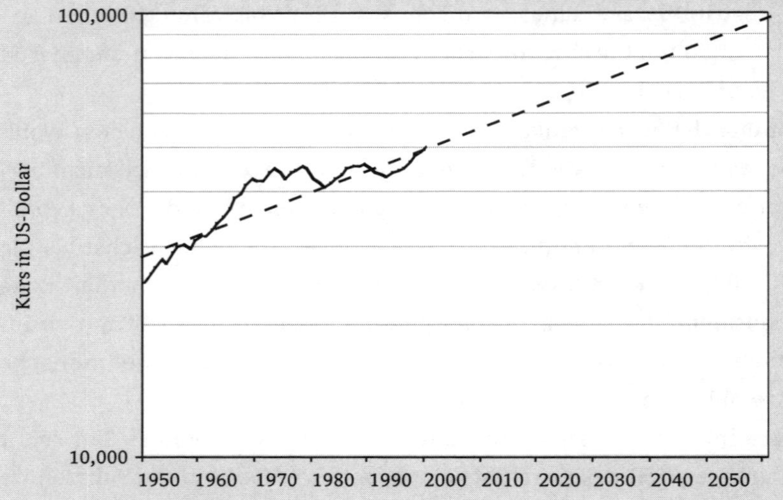

Familie etwa im Jahre 2060 die Marke von 100.000 US-Dollar erreichen. Bedenken Sie außerdem, dass die Größe der Durchschnittsfamilie derart zurückgeht, dass das BIP pro Kopf (ein viel besseres Maß für den Lebensstandard) sogar noch schneller steigt – zu sehen in Abbildung 8.6.

Der größte Produktivitätszuwachs und die größte Steigerung des Lebensstandards kommt für die meisten Haushalte erst Jahrzehnte nach den Technologieblasen, die den Weg für neue Infrastrukturen, Lebensweisen und Geschäftsmöglichkeiten ebnen.

Aus den Charts geht hervor, dass die Gewinne nach den Blasen und Crashs 1919 und 1929 im Laufe des letzten 80-jährigen New-Economy-Zyklus geerntet wurden. Das bedeutet, dass unsere Kinder am Höhepunkt ihrer beruflichen Laufbahn sehr wohlhabend sein dürften – und das erst recht nach dem Niedergang 2010 bis 2020. Sie dürften 90 bis 100 Jahre alt werden, und manche dank der biotechnologischen Revolution Mitte/Ende des Jahrhunderts bis zu 120 Jahren. Das bedeutet

Abbildung 8.6

Reales BIP pro Kopf der US-Bevölkerung, 1900 bis 2050

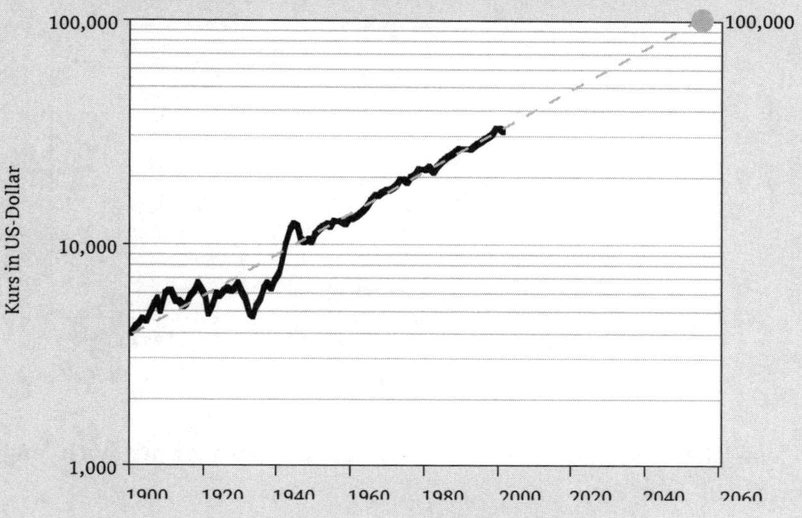

einen längere produktive Lebenszeit, in der man lernen, Geld verdienen, Geld ausgeben und ein Vermögen bilden kann – und einen längeren Ruhestand, für den man sparen kann.

Was steht hinter der Wohlstandsexplosion?

Wie schon erwähnt, steigen die Einkommen grundsätzlich so weit, dass die Menschen genug übrig haben, um zu sparen und langfristig zu investieren. Außerdem ist die durchschnittliche Lebenserwartung im vergangenen Jahrhundert von 47 auf 78 Jahre gestiegen, so dass wir mehr Zeit für den Vermögensaufbau haben. Entscheidend ist dabei aber, wie man sein Geld anlegt. Wenn man alles bei E*Trade mit Internetaktien verspielt, dann wird man vermutlich nicht reich. Aus den Statistiken von Thomas Stanley geht klar hervor, dass 97 Prozent der von ihm erfassten Millionärshaushalte ein eigenes Haus besitzen. Hausbesitz war schon immer ein Schlüssel zur Vermögensbildung, aber seit den

Abbildung 8.7

Hausbesitzer, 1890 bis 2000

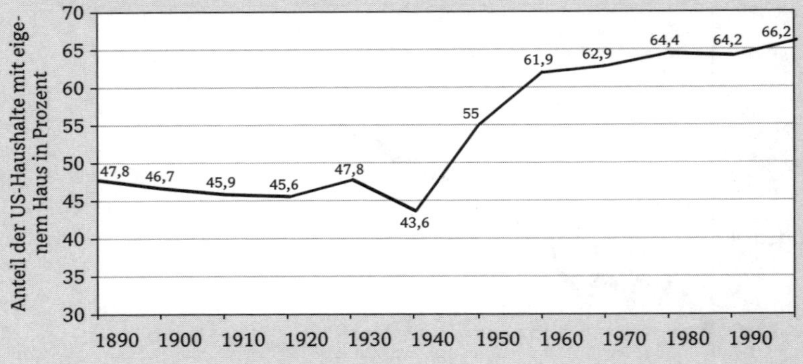

1950er-Jahren wächst der hohe Anteil der Hausbesitzer nur noch langsam (Abbildung 8.7).

Nachdem der Anteil der Hausbesitzer unter den Haushalten in der ersten Hälfte des vergangenen Jahrhunderts erheblich gewachsen war, ist er seit den 1950er-Jahren nur noch von 55 auf 66 Prozent gestiegen. Das eigene Haus ist eine naheliegende Möglichkeit, Kapital und Wohlstand aufzubauen; außerdem erhält man steuerliche Erleichterungen, auch für die Kapitalertragssteuer. Natürlich können sich Haushalte mit höherem Einkommen eher ein Haus leisten und früher mit der Vermögensbildung anfangen. Nach der neuen Steuergesetzgebung sind Kapitalgewinne bis zu 500.000 US-Dollar steuerfrei. Bisher waren nur Kapitalgewinne in Höhe von 80 Prozent des Hypothekendarlehens steuerfrei. Bis zum Ende des Jahrzehnts dürfte der Anteil der Hausbesitzer unter den Haushalten auf 70 Prozent steigen. Aber dieser Trend allein erklärt nicht die Wohlstandsexplosion, insbesondere im vergangenen Jahrzehnt. Die zweite Zunahme setzte in den 1980er- und 1990er-Jahren ein, als sich der Aktienbesitz auf die breite Masse ausdehnte.

Ein weiterer Faktor, der Wohlstand erzeugte, war also die dramatisch wachsende Anzahl von Haushalten, die in Aktien investieren (Abbildung

8.8, identisch mit Abbildung 2.19 in Kapitel 2). Dabei handelt es sich eindeutig um eine S-Kurve innerhalb der New Economy, ähnlich wie die Einführung des PCs, des Handys, des Internets und des Breitbandzugangs – allerdings über einen längeren Zeitraum. Seit Ende der 1970er-/Anfang der 1980er-Jahre nimmt der Aktienbesitz im Verhältnis zum Hausbesitz exponentiell zu. Zu Beginn des vergangenen Jahrhunderts besaß nur ein Prozent der Haushalte Aktien, und Anfang der 1950er-Jahre waren es immer noch magere sieben Prozent. Als der Boom Anfang der 1980er-Jahre begann, besaßen nur 13 Prozent der Haushalte Aktien, aber bis zum Jahre 1998 stieg der Anteil auf 52 Prozent. Wir sagen voraus, dass der Anteil der Aktienbesitzer an den Haushalten bis zum Ende des Jahrzehnts auf 70 bis 80 Prozent (beste Schätzung: 74 Prozent) steigen wird. Von den 65 Millionen Amerikanern, die Anteile an Investmentfonds besitzen, haben 75 Prozent ein Einkommen unter 75.000 US-Dollar. Das heißt, Aktienbesitz ist nicht mehr Sache der Reichen. Am meisten hat zu dieser Entwicklung die Einführung der 401(k)-Pläne und anderer geförderter Rentenpläne wie IRAs und Keoghs bei-

Abbildung 8.8

S-Kurve der Anlegeröffentlichkeit, 1900 bis 2009

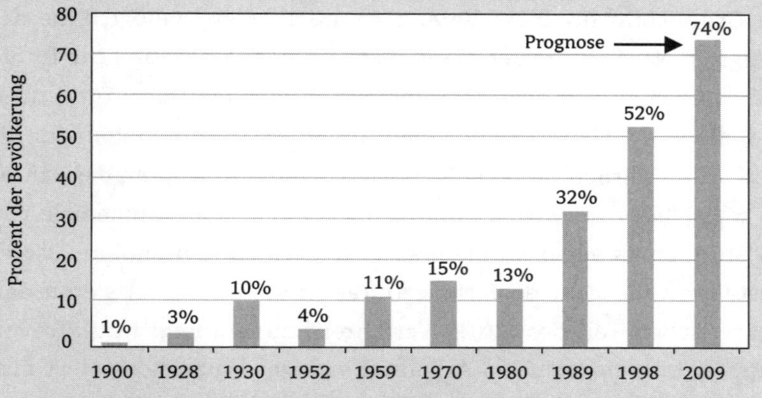

Quelle: Theodore Caplow, Louis Hicks und Ben J. Wattenberg: The First Measured Century, S. 252f.

getragen; angefangen hatte alles mit einer einfachen Änderung der Steuergesetzgebung im Jahre 1978 – und dann wurde daraus die bedeutendste Renteninitiative seit Einführung der Sozialversicherung.

Die meisten Haushalte, die keine Aktien besitzen, arbeiten in kleinen Unternehmen, die sich die Verwaltungskosten und den Aufwand nicht leisten können, der mit 401(k)-Plänen verbunden ist. Etwa 50 Prozent der Angestellten haben keinen 401(k)-Plan. Von den Unternehmen mit mehr als 5.000 Beschäftigten haben erstaunliche 96 Prozent 401(k)-Pläne, und sogar 75 Prozent der Unternehmen mit 500 bis 1.000 Beschäftigten haben solche Pläne. Ab dieser Größe geht es allerdings steil abwärts. Nur 36 Prozent der Unternehmen mit 100 bis 500 Beschäftigten haben 401(k)-Pläne, und bei den Unternehmen mit weniger als 100 Beschäftigten sind es nur magere 14 Prozent. In Firmen mit weniger als 20 Mitarbeitern sind Rentenpläne quasi nicht vorhanden. Aber genau in solchen Unternehmen arbeiten die meisten Menschen! Es ist einer der zentralen Trends unserer Wirtschaft, dass die meisten Stellen immer noch in rührigen Kleinunternehmen geschaffen werden. Momentan sind das 13 Millionen, und viele der Unternehmen bestehen nur aus einer Person. Die S-förmige Entwicklung der Rentenpläne deutet stark darauf hin, dass sich der Markt für Kleinunternehmen in den kommenden Jahrzehnten extrem ausweiten wird.

Der Grundstein für diese Veränderung ist bereits gelegt. Eine der wichtigsten Neuerungen der 401(k)-Pläne und der Finanzbranche ist die Einführung einer preiswerten Selbstbedienungs-Plattform für 401(k)-Pläne, die von vielen verschiedenen Anbietern stammen können. Als erstes Unternehmen bot GoldK (www.goldk.com) Anfang des Jahres 2000 solche Pläne an. Kleine Unternehmen können damit innerhalb von zwei Stunden zu verschwindenden Kosten einen Rentenplan zusammenstellen. Wie geht das? Neue Unternehmen automatisieren den bürokratischen Teil des 401(k)-Verfahrens zunehmend mithilfe von Computerprogrammen. Als Arbeitnehmer wird man normalerweise automatisch Mitglied, und man kann seinen individuellen Plan am Computer innerhalb einer Stunde zusammenstellen.

Wenn Sie in einem Kleinbetrieb arbeiten und Ihr Arbeitgeber noch nichts von den neuen, preiswerten Selbstbedienungs-401(k)s gehört hat, dann sollten Sie ihn darüber informieren. Das ist nämlich der beste steuerbegünstigte Weg zum Vermögensaufbau. Wenn man keinen 401(k) oder vergleichbaren Rentenplan hat, ist man eindeutig im Nachteil. Ein Rentenplan bedeutet nämlich nicht nur, dass sich die Ersparnisse steuerfrei vermehren, sondern auch der Anteil Ihres Gehalts, der in den Plan fließt, ist steuerfrei.

Die Investment-Revolution wird am Ende in alle Haushalte vordringen. Wahrscheinlich passiert das über Banken und große Einzelhandelsketten wie Wal-Mart und Costco. Diese beiden bieten ihren Kunden schon jetzt Finanzdienstleistungen an. SaveDaily (www.savedailiy.com) ist ein neues Unternehmen, das eine ähnliche Software wie GoldK für die preiswerte Anlage außerhalb von 401(k)s entwickelt hat. Mithilfe dieser Software können Banken, Kreditvereinigungen, Vereinsorganisationen und Einzelhändler zu sehr geringen Kosten systematische Sparpläne mit geringen Gebühren und ohne Mindestanlagesumme anbieten. Das Geld der Kunden wird in ein Investmentfonds-Portfolio investiert, das dem Risikoprofil des Anlegers entspricht. Man hat die Möglichkeit, entweder regelmäßig einen bestimmten Betrag von seinem Girokonto abbuchen zu lassen – 50, 100 oder 200 US-Dollar, wie David Bach in *AUTOMATISCH MILLIONÄR* empfiehlt – oder aber unregelmäßig über eine Filiale oder eine Bank bar einzahlen.

David Bachs einfache, aber wirkungsvolle Spar-Regeln in *AUTOMATISCH MILLIONÄR* lauten: (1) Bezahlen Sie sich selbst zuerst (Sparbeträge wie Mietkosten behandeln) und (2) machen Sie das automatisch (Dauerauftrag o. ä.).

Die neuen Plattformen SaveDaily und GoldK erleichtern die von der S-Kurve in Abbildung 8.8 angedeutete Vorstellung, dass in den nächsten zwei Jahrzehnten nach und nach Millionen von Haushalte zu Anlegern werden. Jetzt kann nämlich auch ein Haushalt, der monatlich nicht mehr als zehn US-Dollar entbehren kann, trotzdem investieren. Wenn das verfügbare Einkommen des Haushaltes mit der Zeit wächst, kann er später mehr anlegen.

Der passende Slogan für die New Economy könnte lauten: Geldanlage für alle!

Der Trend zur Selbstständigkeit und Freiberuflichkeit

Eine der wichtigsten Entwicklungen, die den neuen Wohlstand antreibt, besteht darin, dass immer mehr Menschen ihr eigenes Unternehmen oder Wohnzimmer-Geschäft gründen, so dass sie von dem Gewinn und dem Kapital, das ihre Tätigkeit schöpft, einen größeren Anteil bekommen. *THE MILLIONAIRE NEXT DOOR* und *THE MILLIONAIRE MIND* von Thomas J. Stanley haben deutlich gezeigt, dass 80 Prozent der Millionäre „Selfmade-Millionäre" sind, die ihren finanziellen Status aus eigener Kraft erreicht haben. Rund 32 Prozent der Millionäre besitzen ein Unternehmen, und 19 Prozent sind Anwälte oder Ärzte, von denen wiederum viele eine eigene Kanzlei oder Praxis haben, die ihnen einen größeren Anteil der Einnahmen sichert. Nur 16 Prozent sind Führungskräfte in größeren Unternehmen. Laut Stanleys Erhebungen verfügen die Unternehmer im Durchschnitt über das größte Vermögen.

Der beste Weg zum Reichtum ist das eigene Unternehmen, vor allem wenn es systematisch erweitert oder verkauft werden kann.

Daniel Pink schätzt in *FREE AGENT NATION* die Anzahl der Erwerbstätigen ohne traditionellen Vollzeitjob und schlüsselt sie in vier Kategorien auf: Kleinstunternehmer, Solisten oder Einzelkämpfer, Telearbeiter und Zeitarbeiter. Dabei ist jedoch zu bedenken, dass nur die Einzelkämpfer und Kleinstunternehmer wirklich selbstständig sind und grundsätzlich das Potenzial haben, mit ihrer Firma Kapital aufzubauen.

Es gibt etwa 13 Millionen Kleinstunternehmen. Über die Hälfte der amerikanischen Unternehmen beschäftigt weniger als fünf Mitarbeiter, und viele werden von der Wohnung des Besitzers aus betrieben. Eine von Wells Fargo durchgeführte Studie hat ergeben, dass 69 Prozent aller Unternehmensneugründungen ihren Sitz in der Privatwohnung des Besitzers haben. In vielen Fällen sind das einfache Geschäfte, in denen es um Verkauf, Bau, Wartung, Reinigung, Datenverarbeitung, grafische Gestaltung oder Buchhaltung geht. Wir gehen davon aus, dass nur ein kleiner Teil davon zu einem Preis verkäuflich wäre, der als Kapitalbasis dienen könnte. Die großen Vorteile solcher Heim-Unternehmen sind die geringen Kosten, weniger Pendelfahrten, größere Flexibilität – und im Allgemeinen ein größeres Einkommen für den Inhaber.

Es gibt etwa 16,5 Millionen „Einzelkämpfer". Typische Berufe für diese Ein-Mann-Unternehmen sind Schriftsteller, Künstler, Fotograf, Installateur, Management-Berater, Grafikdesigner, Teppichleger und Computerprogrammierer. Dieser Bereich überschneidet sich natürlich mit den Kleinstfirmen. Der Unterschied zwischen beiden besteht darin, dass ein Kleinstunternehmen mehr als eine Person beschäftigt und dass es mit höherer Wahrscheinlichkeit Kapital aufbaut und als Firma verkauft werden kann. Wenn Ihr Unternehmen aus Ihnen und Ihren Fähigkeiten besteht, wie wollen Sie es dann vor einem Umzug oder vor Antritt des Ruhestands verkaufen? Immerhin können manche „Solisten" ihre Kunden an einen anderen Solisten oder ein Unternehmen weitergeben.

Die Anzahl der Menschen, die von zu Hause aus für ein Unternehmen arbeiten, steigt ebenfalls. Pink schätzt ihre Zahl auf 11 bis 14 Millionen, am wahrscheinlichsten 12,5 Millionen. Diese Menschen sind natürlich keine Unternehmer, aber sie genießen den Vorteil flexiblerer Arbeitszeiten und sparen sich die Fahrt zur Arbeit. Dieser Bereich bietet kaum die Möglichkeit der Kapitalbildung, außer wenn man mit dem Arbeitgeber einen Subunternehmer-Vertrag aushandelt, so dass man expandieren und seine Dienste auch anderen Unternehmen anbieten kann.

Und schließlich gibt es noch 3,5 Millionen Zeitarbeiter. Diese Menschen arbeiten in Teilzeit für Dritte, sie haben ihre Arbeit kaum in der

Hand und haben keine Gelegenheit, Kapital zu bilden. Die meisten werden nicht freiwillig Zeitarbeiter, sondern weil sie keine feste Anstellung finden. Andere werden Zeitarbeiter wegen der Flexibilität oder weil sie nur einen Teilzeitjob brauchen. Zusammenfassend kann man festhalten, dass ein zunehmender Teil der Haushalte auf die eine oder andere Art selbstständig arbeitet. Nur zehn Prozent der Beschäftigten sind bei Fortune-500-Unternehmen angestellt. Der Trend zur Selbstständigkeit und zum eigenen Unternehmen wird sich in der New Economy weiter verstärken.

Die letzte Wahrheit: Der beste Weg zum Wohlstand ist das eigene Geschäft

Die größten Chancen, Wohlstand aufzubauen, hat man nach wie vor mit einem eigenen Unternehmen, das in der Mehrzahl der Fälle in den eigenen vier Wänden anfängt. Alle Untersuchungen über Millionärs-Haushalte haben gezeigt, dass dies der wichtigste Faktor ist. In *THE MILLIONAIRE MIND* zeigt Stanley (Seite 73), dass laut seinen Untersuchungen der reichsten Haushalte 87 Prozent „in mein eigenes Geschäft investieren" als sehr wichtig (50 Prozent) oder wichtig (37 Prozent) einstufen. Im Gegensatz dazu stuften nur 40 Prozent die Investition in Aktien als sehr wichtig (12 Prozent) oder wichtig (28 Prozent) ein. Aber nur wenn man eine Organisation aufbaut, die nachgeahmt werden kann oder für die man einen Nachfolger findet, kann der Besitz eines eigenen Unternehmens nennenswertes Kapital bringen. Deshalb ist für die meisten Menschen das Kleinstunternehmen der richtige Weg. Wir haben vorhin gesehen, dass der Aktienbesitz seit Anfang der 1980er-Jahre dramatisch zunimmt. Abbildung 8.9 zeigt, dass die Zunahme des Wohlstands vor allem auf der zunehmenden Verbreitung von Selbstständigkeit oder Unternehmensbesitz beruht.

Innerhalb des Prozents der Haushalte mit den höchsten Einkünften ist der Anteil der Selbstständigen in den Jahren 1983 bis 1998 von 37 auf 70 Prozent gestiegen. Das ist wieder einmal eine S-Kurve, die sich in dieser Einkommenskategorie wahrscheinlich dem Höhepunkt nä-

Abbildung 8.9

Anteil der Selbstständigen unter den Haushalten mit dem höchsten Einkommen und dem größten Vermögen, 1983 bis 1998

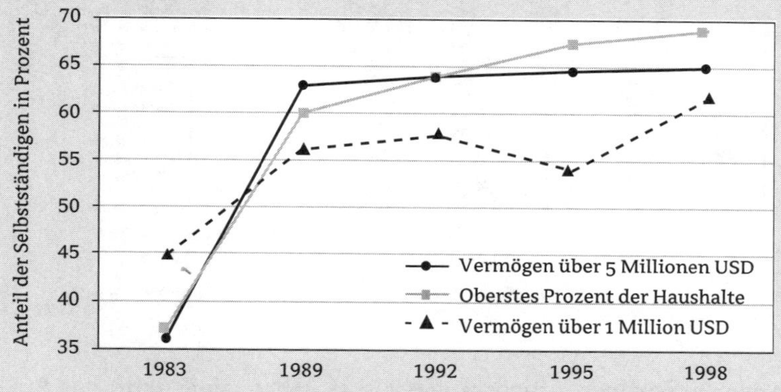

Quelle: Tim W.Ferguson, „Nouveau Riche", Forbes, 8. Oktober 2001, S. 78

hert. Aber für unsereinen fängt der neue S-Kurven-Trend gerade erst an. Der Anteil der Selbstständigen unter den Haushalten mit einem Vermögen von mehr als fünf Millionen stieg in den Jahren 1983 bis 1998 von 35 auf 65 Prozent, wobei sich die Zunahme ab 1995 beschleunigte. Beachten Sie, dass die Einkommens- und Vermögensangaben inflationsbereinigt sind und sich auf den Stand des US-Dollar im Jahre 1998 beziehen. Ausgehend von der genannten Menge der Selbstständigen unter den Top-Verdienern erscheint es vernünftig anzunehmen, dass bis zum Ende des nächsten Jahrzehnts rund 70 Prozent von uns selbstständig sein werden.

Seit 1983 ist der Anteil des obersten Prozentes der Haushalte, deren Haushaltsvorstand jünger als 45 Jahre war, stetig gestiegen – auch wenn das nach wie vor eine Minderheit ist (Abbildung 8.10). Der Anteil der unter 35-Jährigen steigt sogar noch schneller, und dies ist ein Zeichen für den Unternehmergeist, den die New Economy und die neuen Technologien mit sich bringen. Es erscheint nur logisch, dass nur we-

Abbildung 8.10

Anteil der Jüngeren unter den Haushalten mit hohem Einkommen, 1993 bis 1998

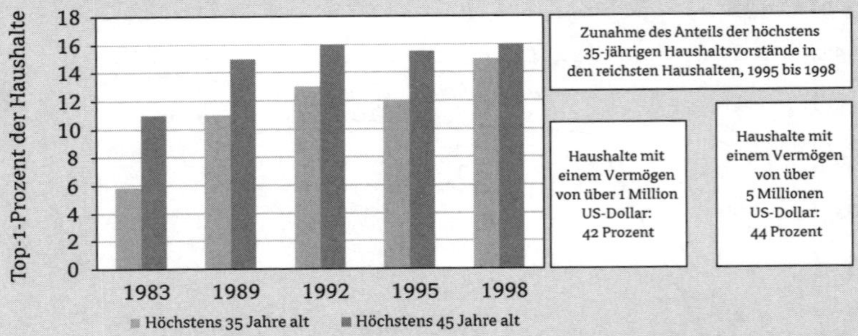

Quelle: Tim W.Ferguson, „Nouveau Riche", Forbes, 8. Oktober 2001, S. 78

nige Topverdiener wesentlich jünger als 45 Jahre sind, denn das Prozent der reichsten Haushalte erreicht den Höhepunkt der Einkünfte erst im Alter zwischen 55 und 59 Jahren, also viel später als der Durchschnittshaushalt (45 bis 49 Jahre), was auch aus Abbildung 8.11 zu entnehmen ist. Die obersten zehn Prozent der Haushalte erreichen ihr

Abbildung 8.11

Höchstes Einkommen der 1%, 5% und 10% reichsten Haushalte nach Lebensalter

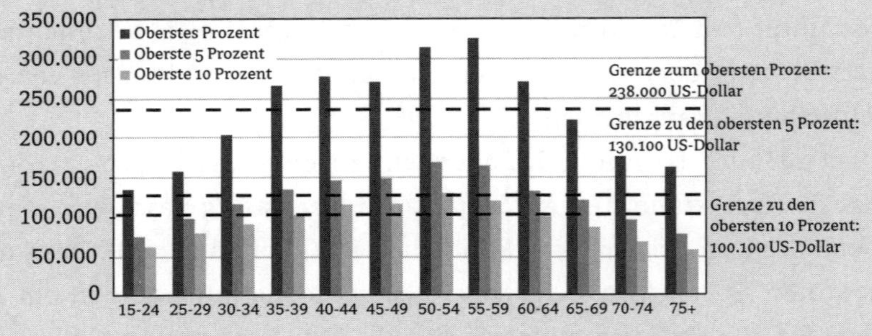

Quelle: Peter Brimelow, „Keeping Up", Forbes, 1. Mai 2000. Recherchen: Edwin S. Rubinstein, Hudson Institute

Spitzeneinkommen im Alter zwischen 50 und 54 Jahren. Das Einkommen der oberen zehn Prozent beträgt etwa das 2 1/2-fache des Durchschnittseinkommens, und das Einkommen des obersten Prozents etwa das Siebenfache.

Der zweite Slogan für die New Economy könnte lauten: Jeder sein eigener Unternehmer – oder Subunternehmer mit Gewinnbeteiligung.

Die meisten Unternehmen lassen sich die Chancen entgehen, die der Markt der neuen Wohlhabenden bietet

Zu den interessantesten Erkenntnissen bezüglich der Wohlstandsexplosion gehört die Tatsache, dass die meisten Unternehmen den massiven und mächtigen Absatzmarkt verpassen, den die neuen Wohlhabenden darstellen. Die meisten Unternehmen pflegen mit ihrer „Tiefstpreis"-Strategie weiterhin die Mittelklasse, also den Bereich, in dem die Konkurrenz am größten und die Gewinnspannen am kleinsten sind. Fragen Sie sich doch einmal selbst: „Warum müssen die Menschen bei Mercedes Schlange stehen, und Mazdas kann man jederzeit kaufen?" Die neuen Wohlhabenden stellen zunehmend Lebensqualität über Quantität und guten Service über den niedrigsten Preis; am Arbeitsplatz treffen sie lieber ihre eigenen Entscheidungen als sich alles sagen zu lassen, und damit leisten sie viel mehr als die Stellenbeschreibung verlangt. Ihre Zeit ist kostbar, und sie haben ein starkes Selbstwertgefühl. Das bedeutet neue Werte, neue Lebensweisen und neue Arbeitsumgebungen. Trotzdem gehen die meisten Unternehmen und Institutionen mit der Zeit ihrer Kunden in alter Tradition nach wie vor so um, als sei sie nichts wert; sie optimieren die Zeit ihrer Beschäftigten, unterdrücken aber deren Motivationen und Begabungen. Sie maximieren den Ertrag ihrer Aktionäre, aber gleichzeitig wird der Kundenservice immer schlechter.

Das neue Buch *TRADING UP* von Michael J. Silverstein und Neil Fiske prophezeit die Entstehung einer neuen Premium-Klasse von Produkten und Dienstleistungen, die wir seit unserem ersten großen Buch, *THE GREAT BOOM AHEAD* aus dem Jahre 1992, vorhersagen. Einkünfte und Vermögen der obersten 20 Prozent der Haushalte sind in den vergangenen zwei Jahrzehnten schneller gestiegen als Einkünfte und Vermögen des Durchschnittshaushalts, und das trägt zum Wachstum der neuen Premium-Bereiche bei. Silverstein und Fiske zeigen aber genauso wie wir auch, dass der Discount-Sektor, der sich von den 1970er-Jahren bis in die 1990er-Jahre etabliert hat (Abbildung 8.12, aus *DIE GOLDENEN 2000ER-JAHRE*), die Preise für viele Waren des alltäglichen Bedarfs gedrückt hat und dadurch sogar in durchschnittlichen Haushalten genügend verfügbares Einkommen für Premium-Artikel geschaffen hat. Die meisten kaufen ausgesuchte Qualitätsprodukte in Bereichen, für die sie sich besonders interessieren, zum Beispiel „Big Bertha“-Golfschläger von Callaway oder Caffé latte von Starbucks. Und die wohlhabenden Haushalte kaufen solche Produkte natürlich generell, nicht nur in ausgewählten Bereichen. Aus diesem Grund werden die mittleren Unternehmen (die

Abbildung 8.12
Discount-, Standard- und Qualitäts-Waren und -Dienstleistungen, 1970 bis 2010

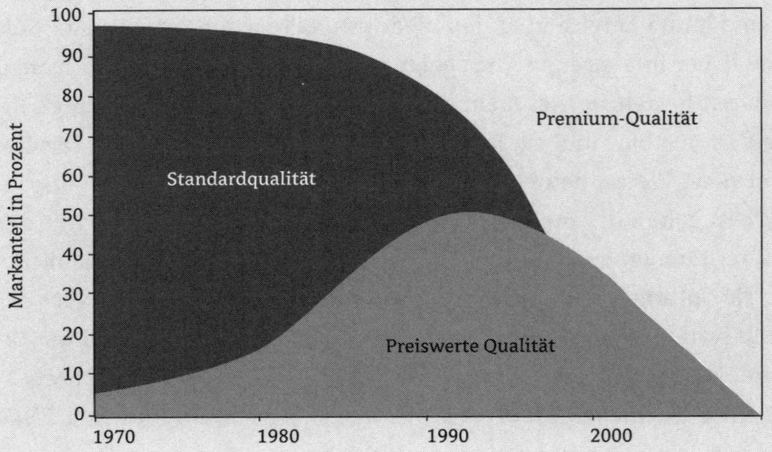

ehemalige Standardqualität, zum Beispiel Sears) verdrängt. Seit Jahrzehnten steigen die Billganbieter auf, aber der Aufstieg der Qualitätsunternehmen wird in den kommenden Jahrzehnten noch schneller verlaufen. Diese Unternehmen schaffen in den kommenden Jahrzehnten die New Economy und gewinnen bis zum Ende dieses Jahrzehnts den Wettlauf um die Führungsposition.

In unserem Jahrzehnt wird also eine radikale Verschiebung in Richtung der gehobenen Segmente des Massenmarktes stattfinden, stärker als in den 1970er- den 1980er- und den 1990er-Jahren. Das liegt nicht nur daran, dass die Macht der neuen Reichen seit den 1990er-Jahren zunimmt. In den kommenden Jahrzehnten werden die meisten Haushalte diesen Wohlstand erreichen, genauso wie nach dem Zweiten Weltkrieg die Mittelklasse zur Massenware wurde. Die neue wohlhabende Klasse wird die neuen Trends im Handel, in der Arbeitswelt und im Lebensstil nicht nur in den kommenden Jahrzehnten prägen, sondern bis über die Mitte des Jahrhunderts hinaus. Und natürlich werden diese Trends in den kommenden Jahrzehnten dann in den Schwellenländern Asiens und anderswo übernommen.

Deshalb müssen Unternehmen und Investoren im Jahrzehnt der „goldenen 2000er" die aufsteigende Klasse der Wohlhabenden zu ihrer Zielgruppe machen. Sie entscheidet bis zum Ende des Booms den Wettlauf um die Führungsposition, genauso wie in den Goldenen Zwanzigern, als die letzte Revolution erstmals in den Mainstream vordrang. Die Lehre aus den Goldenen Zwanzigern: Im Automobilbereich machte General Motors das Rennen, weil es auf das wachsende Qualitätsbedürfnis der neuen wohlhabenden Generation mit gehobenen Modellen wie Buick und Cadillac einging, als Ford immer noch preiswerte Model Ts zusammenschraubte.

Nach Meinung Vieler war der Trend zum e-Commerce in den 1990er-Jahren nur eine Aktienmanie und ein unerfüllter Traum. In *DIE GOLDENEN 2000ER-JAHRE* haben wir die Stadien dieser technologischen Revolution skizziert. Seit Mitte der 1990er-Jahre findet sie im B2B-Bereich statt (business-to-business), und von 2002 bis 2010 läuft dann die Verbraucherrevolution. Die eigentliche Verbraucherrevolution, die in der zweiten Hälfte des Jahrzehnts stattfindet, bringt die allgemeine Verbreitung von Breitband-Internetanschlüssen und die Weiterentwicklung der Spracherkennung und Sprachsteuerung.

Aus der Internetblase und dem Technologiecrash 2000 können wir zwei Lehren ziehen. Erstens war die Verbraucherrevolution, mit der alle rechneten, noch jahrelang entfernt. Wir sind nicht massenhaft in das Internet geströmt und haben dort alltägliche Produkte und Dienstleistungen gekauft. Wir benutzen das Internet nach wie vor weitgehend als Informations- und Kommunikationswerkzeug. Wir kaufen dort bislang nur einfache Massenprodukte wie Computer, CDs, Bücher und Urlaubsreisen.

Vor allem aber verändert die wahre Revolution – wie in den Kapiteln 5 bis 8 von *DIE GOLDENEN 2000ER-JAHRE* dargelegt – Geschäftsabläufe. Es entstanden vollkommen neue Geschäftsmodelle, und die Managementstruktur ist nicht mehr von oben nach unten (top-down), sondern von unten nach oben (bottom-up) angelegt. Es zählt nicht mehr der niedrigste Preis, sondern auch persönliche Betreuung in Echtzeit. Die wahre Revolution bestand nicht darin, dass junge Menschen über Nacht neue Marken erfanden und Unternehmen ohne Geschäftsplan gründeten, die keinen Gewinn erwirtschafteten. Genau solche Unternehmen wurden am Aktienmarkt auf lächerliche Preisniveaus hochgetrieben und brachen bis zum Jahre 2002 um 99 Prozent ein. Vielmehr nutzt die eigentliche Revolution die neuen Marken, Technologien, Produkte und Dienstleistungen, die in den innovationsfreudigen 1960er- und 1970er-Jahren, also in den jungen Jahren der Babyboom-Generation, entstanden sind.

Die meisten bestehenden Großunternehmen waren gezwungen, sich auf das Internet einzustellen und sich neue Vermarktungsstrategien anzueignen. Solche Unternehmen und ein paar gute neue Marken wie eBay und Amazon werden den Wettlauf um die Führungsposition gewinnen. Immer mehr radikale Startups erkennen, dass Jointventures oder Verträge mit großen und etablierten Unternehmen die Möglichkeit bieten, schnell aufzusteigen und sich am Rennen um die Führungsposition zu beteiligen.

Wir haben in *DIE GOLDENEN 2000ER-JAHRE* außerdem betont, dass jede zweite Generation die für eine neue Wirtschaftsweise erforderlichen radikalen Innovationen hervorbringt. Die nächste Generation übernimmt die Neuerungen, sie erweitert beziehungsweise verbessert die bestehenden Technologien, Produkte, Dienstleistungen und Branchen. Die Generation des Echo-Babybooms hoffte beim Eintritt in das Innovationsstadium, sie könnte auf einen Schlag die Welt verändern und vollkommen neue Markennamen und Unternehmen erfinden. Aus der e-Commerce-Katastrophe der Jahre 2000 bis 2002 zog sie die Lehre, dass es nicht darum geht, alles neu zu erfinden, sondern die PC- und Internet-Revolution zu verbessern und zu erweitern (natürlich entstehen dabei mit der Zeit auch neue Markennamen). Das Gleiche passierte, als die Bob-Hope-Generation in das Innovationsstadium kam – sie baute Düsentriebwerke in Flugzeuge ein und baute den Autos Superhighways unter die Räder. Die Revolution ist schon im Gange, aber sie dreht sich eher um die Veränderung der Arbeitswelt und unseres Lebens. Sie bewirkt, dass sich die Masse die neuen Technologien und Produkte leisten kann und dass die immer wohlhabender werdenden Verbraucher mit ihren wachsenden Ansprüchen an Qualität und Service sie zu erschwinglichen Kosten täglich nutzen können.

Aber diese Revolution ist nicht auf die Verbraucher beschränkt. Man kann die besten Arbeitskräfte aus dieser aufsteigenden Klasse nur anlocken, wenn man ihnen die Möglichkeit gibt, innerhalb eines Unternehmens ein eigenes Unternehmen zu betreiben oder als externer Zulieferer (Outsourcing) zu fungieren. Millionäre brauchen nicht zu arbeiten. Sie nehmen gerne die Gelegenheit wahr, ihr eigenes Unternehmen zu gründen, und erwarten dafür auch den entsprechenden Gewinn. Immer mehr von ihnen wollen von zu Hause aus oder zeitlich flexibel arbeiten und nur „draußen" arbeiten, wenn es Termine mit Kunden oder Zulieferern erfordern.

Es wird immer mehr Unternehmen geben, die über die Gewinnorientierung hinaus ein bestimmtes Ziel verfolgen. Die Wohltätigkeitswelle des Babybooms lässt die Anzahl der gemeinnützigen Organisationen wachsen. Dieser neue, dezentrale, von persönlicher Initiative geprägte und in unterschiedlichem Grade gewinnorientierte Unternehmenssektor wird nach und nach viele staatliche Aufgaben übernehmen und damit über die Privatisierungen der letzten Jahrzehnte hinausgehen. Die neue Rolle der Bundesregierung besteht dann nur noch darin, in bestimmten Bereichen Standards aufzustellen – zum Beispiel im Bildungswesen und der Grundversorgung – und die Gewährleistung der Versorgung dann den gewinnorientierten und Non-Profit-Organisationen zu überlassen.

Die größten Chancen ergeben sich aber, wenn man nicht einfach irgendein Unternehmen eröffnet oder eine größere Beteiligung an dem Unternehmen erwirbt, in dem man arbeitet, sondern wenn man weiß, welche Unternehmen in dem Wettlauf um die Führung im Rahmen des beispiellosen Booms gewinnen werden. In diesem Bereich gewinnen die meisten Millionäre ihren Reichtum. Als Erstes muss Ihr Unternehmen die neuen Wohlhabenden der Babyboom-Generation ansprechen. Die alternden Babyboomer und das Internet verändern die Struktur von Unternehmen und Non-Profit-Organisationen radikal – und diese Veränderungen machen es möglich, dass viel mehr Beschäftigte als bisher Anteile an ihrem Unternehmen erwerben.

Die Revolution der wohlhabenden Verbraucher: Warum der Millionär von nebenan nicht nebenan wohnt und warum er nicht die Millionärs-Wirtschaft repräsentiert

Seit dem Bestseller *THE MILLIONAIRE NEXT DOOR* von Thomas Stanley haben viele von uns den Eindruck, die neue Klasse der Wohlhabenden sei ein Haufen knauseriger und sparsamer Leute, die ihr ganzes Geld sparen und nie etwas ausgeben – Dr. Stanley bezeichnet sie als „sehr umgänglich"! Auf einen ganz kleinen Prozentsatz trifft das mit Sicherheit auch zu. Aber diese Menschen sind nicht die Trendsetter der New Economy, und in dem Buch sind sie überrepräsentiert. Als Anfang 2000 die Serie *THE MILLIONAIRE MIND* erschien, war der Anteil der Millionärshaushalte nach Stanleys Schätzungen innerhalb von vier Jahren von 3,0 auf

4,9 Prozent angewachsen. Nach neueren Schätzungen von Spectrem liegt der Anteil eher bei sechs bis sieben Prozent und steigt pro Jahr durchschnittlich um 16 Prozent (siehe Anfang dieses Kapitels).

Es ist eindeutig so, dass Stanley für sein Buch nur einen sehr kleinen Teil der Millionäre berücksichtigt hat, und zwar mit einem durchschnittlichen Vermögen von 9,2 Millionen US-Dollar und durchschnittlichen jährlichen Einkünften von 749.000 US-Dollar. Diese Kriterien treffen aber nur auf die obersten 0,5 Prozent, also auf 500.000 US-Haushalte zu. Was ist mit den 6,5 Millionen anderen Millionären? Stanleys statistische Analyse der Millionärsbevölkerung weicht von den Ergebnissen meiner breiter angelegten Recherchen und meiner persönlichen Erfahrung eindeutig ab. Wieso? Er machte seine Erhebungen nur in den wenigen traditionellen Vierteln der Superreichen, wo der Millionärsanteil 80 Prozent beträgt. Außerdem waren die von ihm befragten Menschen im Durchschitt älter, nämlich 54 Jahre, und sind daher eher für die letzte Generation repräsentativ. Sie sind zudem eher traditionell orientiert, heiraten im Schnitt mit 28 Jahren und die Frauen arbeiten üblicherweise nicht außer Haus.

Wir kommen dagegen zu dem Schluss, dass derzeit die Mehrzahl der Millionäre nicht den Lebensstil pflegt, der in *THE MILLIONAIRE NEXT DOOR* beschrieben wird und dass die Mehrzahl der wohlhabenden Haushalte, die künftig die Verbrauchertrends bestimmen werden, die in dem Buch genannten Überzeugungen definitiv nicht teilen! Das heißt, die große Mehrheit der voraussichtlich 25 bis 30 Millionen Millionäre und Wohlhabenden im Jahre 2009 werden nicht dem knauserigen, sparsamen Typus entsprechen, der alles spart, nichts ausgibt und einen bescheidenen Lebensstil pflegt; vielmehr werden sie das genaue Gegenteil sein – Bobos.

Erst Hippies, dann Yuppies, jetzt Bobos: Die reichen Kinder des Babybooms

Fangen wir mit einer ganz anderen Perspektive an, die die breit angelegten Trends im Rahmen des derzeitigen beispiellosen Booms und im Rahmen der wachsenden Anzahl von wohlhabenden Babyboomer-Haushalten bestätigt, die ja eigentlich den Boom antreiben. Fangen wir mit einer kurzen Geschichte aus *DIE GOLDENEN 2000ER-JAHRE* an. Die Babyboomer durchlebten ihre idealistische Jugendzeit in den 1960er- und 1970er-Jahren als Hippies, mit dem Eintritt in das Berufsleben verwandelten sie sich in den 1980er- und 1990er-Jahren in Yuppies und jetzt werden sie im reiferen Alter zu Bobos oder Bourgeois Bohemians. Diese Bezeichnung stammt aus dem Buch *DIE BOBOS* von David Brooks.

Diese Generation hat aufgrund ihrer Größe und aufgrund ihres nonkomformistischen und auf Veränderung ausgerichteten Charakters (der alle zwei Generationen auftritt) die Wirtschaft Schritt für Schritt verändert. William Strauss und Neil Howe haben diese Generationenwechsel in drei bahnbrechenden Büchern ausführlich beschrieben: *GENERATIONS*, *THE FOURTH TURNING* und *MILLENNIALS RISING*. Die Lektüre dieser Bücher ist höchst empfehlenswert. Allerdings sind sie aufgrund ihrer Länge und historischen Ausführlichkeit eher für Leser geeignet, die sich speziell für dieses Thema interessieren, auch wenn sie eine einfache Übersicht über die demographischen Entwicklungen beinhalten, die interessante Erkenntnisse bringt.

Die Babyboomer trugen die innovativen Lebensstile, Produkte und Technologien der 1960er- und 1970er-Jahre durch den Boom der 1980er- und 1990er-Jahre in den Mainstream. In den 2000er- und 2010er-Jahren werden sie Wirtschaft und Gesellschaft noch radikaler und bedeutsamer verändern, denn sie treten jetzt in das Alter der größten Macht ein und haben Gelegenheit, die Gesellschaft um ihre etablierte neue Lebensweise herum neu zu gestalten. Diese neuen Bobos unterscheiden sich komplett von der Oberschicht der 1950er- und 1960er-Jahre. Ihr Aufstieg beruhte von Anfang an auf einem Kapital namens Wissen, und aus diesem Grund haben sie auf der Suche nach einer besseren Welt, die die Grenzen der wohlhabenden Mittelklassewelt überschreitet, in der sie aufgewachsen sind, alle Aspekte der Wirtschaft und der Kultur in Frage gestellt. Aber erst seit den 1990er-Jahren haben sie endlich die kollektive Macht, die Welt wirklich zu verändern. Und in den nächsten zwei Jahrzehnten wird diese Macht immer größer.

Nach dem Zweiten Weltkrieg wurde der Collegeabschluss zum festen Bestandteil des Mittelklasselebens. Der Anteil der Bevölkerung mit Collegebildung ist seit den 1950er-Jahren bis heute von zehn auf 25 Prozent gestiegen; diejenigen, die ein College oder eine Technikerschule besucht, aber keinen Abschluss gemacht haben, sind dabei nicht mitgerechnet. Wenn sich der Trend fortsetzt, haben wir bis zum Jahre 2009 etwa 30 Prozent Collegeabsolventen. Was sich jedoch in den 1960er- und 1970er-Jahren änderte, war die Bewegung der Kreativität und Gleichheit. Die staatliche und private Ausbildungsförderung nahm zu, und die Aufnahmebedingungen nahmen immer mehr die Form standardisierter Tests und objektiver Zulassungstests (SAT) an. So ging aus der breiten Mittelklasse eine neue Bildungsschicht hervor und blies zum Angriff auf die Oberschicht beziehungsweise „bürgerliche Klasse" der Vergangenheit, die eher auf ererbtem Vermögen und auf persönlichen Verbindungen basierte.

Wie üblich hatte die alte Klasse kein Interesse daran, das System zu verändern. Die neue Klasse aber schon. Deshalb rebellierte sie gegen das Beziehungsnetz der alten Kumpels, aber auch gegen die plakativen Zeichen des Wohlstands, gegen die Konformität, gegen Autorität und Top-Down-Führungsstil; sie prägte den Begriff des „corporation man". Es war schon immer so, dass die neue Generation beim Eintritt in das Berufsleben gegen das Establishment rebelliert. Aber diesmal war die neue Generation viel zahlreicher und besaß die neue Geheimwaffe der Informationsrevolution: Wissen. Die erste Revolution war der Lust-Zyklus: die Rückkehr zu den grundlegenden menschlichen Werten und Genüssen, das Aufbegehren gegen das puritanische Arbeitsethos und gegen die Bescheidenheit der Vergangenheit.

Als jedoch die neue Generation der Idealisten berufstätig wurde und Familien gründete, wurde daraus in den 1980er-Jahren die Generation der Yuppies – getragen von dem Wirtschaftsboom, den sie selbst mit ihren Innovationen und ihrer Kaufkraft anheizte. Plötzlich schien es mit der Rückkehr zur Natur und mit der Sorglosigkeit vorbei zu sein. Die noch jungen Babyboomer der gehobenen Klasse bildeten neue Trends –

Restaurants, Espressobars, Wein, Sportwagen und trendige Stadtwohnungen. Für Qualität bezahlten sie gerne Höchstpreise, egal ob es um Waren oder Dienstleistungen ging. Die Yuppies waren die erste Genießerklasse seit den Räuberbaronen Anfang des 20. Jahrhunderts, als sich die Ford-Generation noch in ihrer „Yuppie"-Phase befand. Nach Beginn der beruflichen Laufbahn und nach der Familiengründung kamen sie in das naturgemäß erwerbsorientierte Alter; in dem Bemühen, ihre Ausgabebedürfnisse mit ihrer rebellischen und antimaterialistischen Ethik zusammenzubringen, kamen sie auf die rationale Theorie, es zahle sich aus, nur höchste Qualität zu kaufen. Zum ersten Mal in der Geschichte wussten die Gebildeten Qualität zu schätzen.

Der plakative Yuppie-Trend erreichte in den 1980er- und 1990er-Jahren das Reifestadium, aber die Lust auf Qualität und Service nicht. Das Unvermeidliche ist passiert: Der wissensorientierte Teil der Babyboom-Generation, der gegen das Establishment opponierte, ist selbst zum Establishment geworden. Im Laufe dieses Prozesses hat sie um einen neuen Lebensstil und um eine Verbraucherethik gekämpft, die die beiden Extreme ihrer Erfahrung versöhnt – den Bohemien der inneren Werte aus den 1960er- und 1970er-Jahren und den Bourgeois der äußerlichen Werte der 1980er- und 1990er-Jahre. Auch diesen Kampf hat David Brooks in *DIE BOBOS* scharfsinnig porträtiert. Die Radikalen der 1960er-Jahre forderten den Ausstieg aus der Tretmühle, sie wollten ihrer Seele treu bleiben und ein einfaches Leben in kleineren und menschlicheren Gemeinschaften führen. In den 1990er-Jahren spann eine ganze Reihe von Büchern über das „einfache Leben" dieses Thema fort. Aber der immer größer werdende Wunsch dieser alternden und in der Familie verwurzelten Generation nach Erfolg und einem gehobenen Lebensstil beherrscht den großen Trend nach wie vor.

„Bobos" ist Brooks' Abkürzung für „Bourgeois Bohemians". Er beschreibt, wie diese Generation von den 1960er- und den 1970er-Jahren bis in die 1980er- und 1990er-Jahre äußerste Anstrengungen unternahm, die beiden Extreme zu versöhnen. Und er beschreibt, wie sie es schließlich geschafft hat, beide Ideale in ihr Leben zu integrieren. Auch wir machen diese Beobachtung seit den 1970er-Jahren. Von Anfang an stellte diese Generation den Lebensstil und die Moral der Vergangenheit in Frage, aber sie versuchte lieber, das „Beste aus beiden Welten" zu vereinen anstatt sich für eines der vergangenen Ideale entscheiden zu müssen. Dafür hat diese Generation viel experimentiert und in sich gehorcht, und daraus resultieren nach wie vor persönliche und gesellschaftliche Spannungen. Dazu Brooks:

> **„Die größten Spannungen bestehen – hochgestochen formuliert – zwischen weltlichem Erfolg und innerer Tugend. Wie soll man im Leben vorankommen, ohne dass der Ehrgeiz die Seele verdorren lässt? Wie beschafft man sich die materiellen Ressourcen zur Erreichung von Zielen, ohne Sklave dieser materiellen Dinge zu werden? Wie bereitet man seiner Familie ein bequemes und sicheres Leben, ohne in der verblödenden Routine zu versinken? Wie lebt man an der Spitze der Gesellschaft, ohne ein unerträglicher Snob zu werden?"**
>
> David Brooks, *DIE BOBOS*, S. 43

Die wohlhabenden Bobos als Zielgruppe

Nach einem vier Jahrzehnte währenden Kampf geht diese Generation mit einer klareren Ethik der „Selbstverwirklichung" in die 2000er-Jahre. Diese neue Ethik dürfte während des restlichen Lebenszyklus dieser Generation noch reifen und die Qualität der Konsumbedürfnisse sowie die Arbeitswelt beeinflussen. Brooks fasst die neue Konsumethik mit dem Begriff „utilitaristisches Geldausgeben" zusammen. Die Bobos geben lieber Unsummen für notwendige Produkte aus als mit offensichtlichem äußerlichen Luxus zu protzen. Das heißt zum Beispiel, dass sich ein Bobo für 200 US-Dollar ein Anglerhemd aus besonders robustem und feinem Gewebe kauft, auch wenn er vielleicht nie Angeln geht. Der Bobo hat eine unglaublich gut ausgestattete Feinschmeckerküche, obwohl er aus Zeitgründen kaum zum Kochen kommt. Er besitzt einen hochwertigen und gut ausgestatteten Geländewagen, auch wenn er höchst selten die ausgebauten Straßen verlässt.

Die Bobos haben in ihrer Yuppie-Zeit gelernt, dass sich Qualität auszahlt. Deshalb kaufen sie nicht zu reinen Showzwecken, außer gegenüber Ihresgleichen, denn die erkennen die Qualität und die Nützlichkeit – und den feinen Zwirn in dem Anglerhemd. Die neue Ethik ist also reich sein, es aber nicht zu sehr zeigen. Weniger Vergoldungen und glänzender Marmor, dafür mehr grobe Natursteine und Fliesen. Sie leben tatsächlich lieber in kleinen Gemeinden, auch wenn sie an dem globalen und schnellebigen Wirtschaftsleben beteiligt sind. Sie wollen in ihren Enklaven keine Verkehrsstaus und keine Gewerbegebiete haben, und sie ziehen zunehmend in Kleinstädte oder Urlaubsorte, weil sie zurück zur Natur und in natürliche Gemeinschaften wollen. Andererseits leben sie gemäß ihrer Definition in Saus und Braus, und es gibt kein Zurück!

Natürlich will ich hier nichts übertrieben vereinfachen und den Eindruck erwecken, alle wohlhabenden Babyboomer wären gleich und würden ein Leben als Bobo führen. Das tun sie nämlich nicht. Aber auf jeden Fall leben wir im Zeitalter des persönlichen und bewusst gewählten Lebensstils. Das ist einer der neuen Werte der Bohemiens: Dass die Menschen das sein können, was sie sein wollen, dass sie sich nicht in die streng festgelegten vorstädtischen Kategorien der 1950er- und 1960er-Jahre – Oberklasse und Mittelklasse – fügen müssen. Zu diesem Punkt gibt es ein weiteres interessantes Buch, *THE CLUSTERED WORLD* von Michael Weiss (2000). Es ist der Nachfolger von *THE CLUSTERING OF AMERICA* (1998). Darin beschreibt Weiss die Entstehung der neuen Lebensstil-Forschung und der Erforschung der demographischen Segmentierung der Märkte. Auf diesem Gebiet haben Jonathan Robbin und Claritas Inc. Pionierarbeit geleistet. Interessant ist, dass Dr. Stanley für seine Millionärs-Statistiken den gleichen Demographie-Experten engagiert hatte. Im Jahre 2000 brachte Weiss sein Modell der Lebensstil-Segmente auf den neuesten Stand und übertrug das Modell auch ansatzweise auf andere Weltregionen.

Dieses Modell, das wir seit Mitte der 1980er-Jahre verfolgen, illustriert, wie unterschiedlich sich die neue Ethik darstellt – auch wenn die grobe Richtung klar ist. In seiner neuen Form schlüsselt dieses Modell die Gesellschaft der Vereinigten Staaten in 62 Lebensstil-Kategorien auf. Haushalte ähnlichen Alters und ähnlichen Einkommens können sich sehr unterschiedlich verhalten und sehr unterschiedliche Dinge kaufen. Es macht einen Unterschied, ob man in einer Großstadt wohnt, in einer Vorstadt, außerhalb einer Großstadt oder in einer altmodischen eher ländlichen Stadt; ob man einen Mercedes, einen Volvo oder einen Honda kauft; ob man abstinent ist, einheimisches oder ausländisches Bier trinkt, ob man *FORTUNE*, *BUSINESSWEEK* oder *MONEY* kauft – und noch Vieles mehr, und zwar bis auf Postleitzahl- und Stadtviertelebene hinab. Das ist Demographie im besten Sinne, genau das, was wir Unternehmen seit Jahrzehnten als Vermarktungsinstrument empfehlen. Mit dieser Methode kann man sogar ein Gebiet, in das man eventuell umziehen will, darauf hin analysieren, ob einem der dortige Lebensstil entspricht.

Von der Selbstachtung zur Selbstverwirklichung - ein langer Weg

Es ist wichtig zu begreifen, dass es hier um mehr geht als um die Vermehrung des Wohlstands. Zunehmende Fähigkeiten, wachsendes Einkommen und erst recht Reichtum steigern die Selbstachtung und das Selbstwertgefühl der Menschen. Sie betrachten die Welt mit anderen Augen und erwarten, dass man sie anders behandelt. Ab einem gewissen Erfolg und einem gewissen Wohlstand entwickelt sich das Selbstwertgefühl allerdings zu einer tiefgreifenden Selbstverwirklichung. Wenn man den Qualitätsaspekt der Revolution der Verbrauchermärkte und der Arbeitswelt verstehen will, die gerade im Gange ist, muss man auch verstehen, wie sich die Menschen verändern, wenn sie Selbstachtung gewinnen und sich in Richtung Selbstverwirklichung entwickeln.

Der Mensch hat im Laufe seiner Geschichte die vier psychologischen Stufen, die Abraham Maslow am besten beschrieben hat, sehr langsam durchlaufen: vom Überleben zur Zugehörigkeit und über die Selbstachtung zur Selbstverwirklichung. Seit der Industriellen Revolution hat sich diese Entwicklung dramatisch beschleunigt. In jedem neuen Entwicklungsstadium ändert sich die Richtung des Wachstums; entweder ist es auf das Selbst gerichtet oder auf das Kollektiv. Der Überlebenszyklus und der Zyklus der Selbstachtung sind eher auf das Selbst gerichtet, denn zuerst muss ein individuelles Ego aufgebaut werden, das sich dann an größeren kollektiven Leistungen beteiligen kann. Bevor man nicht überleben und seine Grundbedürfnisse erfüllen kann (Überleben und Sicherheit), kann man kaum etwas für die Gesellschaft tun. Wenn die Grundbedürfnisse erfüllt sind, entstehen automatisch die höheren Bedürfnisse der Sozialisation oder Integration mit anderen Menschen zur Familie, zur Gemeinschaft und zur Gesellschaft (Zugehörigkeit). Das Glücksempfinden wächst beim Übergang zwischen diesen beiden Stadien sprunghaft an, denn erstens ist das Überleben mit Angst und Stress verbunden, und zweitens ist die Überschreitung des Ego beziehungsweise die Überwindung des selbst-orientierten Überlebens-Stadiums durch eine stärkere Zugehörigkeit zu Partnerschaft, Familie, Stamm, Kultur und Gemeinschaft expansiver und dauerhafter.

Man ist dann nicht nur Teil seines begrenzten Selbst, sondern auch Teil von etwas Größerem, das einen vervollständigt und erweitert. Das ist das glücklichere, kollektive Stadium der Zugehörigkeit. Aber kaum hat man das neue Bedürfnis der Zugehörigkeit erfüllt, erwacht wieder der Drang zu wachsen und mehr als ein normales Clan-Mitglied zu sein. „Ich brauche nur ich selbst zu sein!" – das wirft einen in das schwierige, selbstorientierte Stadium, in dem die Selbstachtung aufgebaut wird. Das ähnelt sehr dem Überlebensstadium, nur auf höherer Ebene – so, als würde man das Jugendalter anstatt des frühkindlichen Kampfes ums Überleben durchlaufen. Wenn man in dieses Stadium eintritt, weiß man schon, wie man für sich selbst sorgt, und man kann sich in eine Gruppe von Menschen integrieren, die ebenfalls das Überlebensstadium hinter sich hat und das Bedürfnis nach Beziehungen hat.

Aber dann muss man so langsam die sicheren Regeln und Rollen des Clans auf sich beruhen lassen und sich darüber hinaus auf ein neues

Leistungsniveau erheben; jetzt geht es nicht mehr darum, trotz aller Widrigkeiten zu überleben, sondern etwas Außergewöhnliches zu tun, eine eigenständige Persönlichkeit darzustellen. Das bringt natürlich gewisse Risiken und wieder mehr Konzentration auf sich selbst mit sich. Anfangs ist man dabei vorsichtig und versucht sich immer noch in die Regeln und Rollen des Clans zu fügen, genauso wie Teenager, die sich von ihren Eltern lösen und versuchen, sich in eine neue Gruppe mit neuen Werten zu fügen. Man versucht, in dem besser zu werden, was die Gesellschaft akzeptiert. Und dann wird man so gut, dass man Manager wird, eine Spitzenkraft, eine Stütze der Gemeinschaft. Man setzt und erreicht immer mehr eigene Ziele und lebt sein eigenes Leben; man stellt sich eigene Regeln auf – wieder genauso wie Teenager.

Wenn man in dieses Alter kommt, bringt es einen immer weniger in Verlegenheit, sich von der Masse abzuheben. Man braucht nicht mehr alle Regeln und Rollen, um dazuzugehören. Man ähnelt dann eher einem jungen Erwachsenen in den 20ern oder Anfang der 30er, der einen klaren beruflichen Lebensweg findet und der seine persönlichen Stärken und Schwächen kennt – wofür er geeignet ist und wofür nicht. Zuerst empfindet man es als Freiheit, dass man nicht so zu sein braucht wie alle anderen, um Erfolg zu haben und glücklich zu sein. Man kann so sein, wie man wirklich ist und sein will. Man vertraut zunehmend auf seinen Instinkt, fühlt sich aber auch immer mehr verantwortlich für sein Tun und dessen Konsequenzen; man nimmt sein Schicksal immer mehr selbst in die Hand. Man ist erfolgreich, man weiß, was man will und wie man es erreicht. Man hat gelernt, „wie man man selbst ist“. Das ist die volle Ausprägung der Selbstachtung. Bei den meisten Menschen gipfelt diese Phase im Hinblick auf Karriere und Familie im Alter von Mitte/Ende 40. Ab diesem Alter kann die Midlife Crisis beziehungsweise das Stadium der Selbstverwirklichung einsetzen.

Jetzt, wo man Erfolg hat, begreift man vielleicht, dass das auf Kosten persönlicher Beziehungen geschehen ist. Man fragt sich, was dieser ganze Erfolg und die ganzen Errungenschaften sollen, denn das vollkommene Glück haben sie nicht gebracht, obwohl man vorher dachte, die

Erreichung der individuellen Ziele würde absolut glücklich machen. Wie groß kann man sein Haus bauen? Wie oft kann man Luxusreisen unternehmen? So langsam begreift man, dass man sich derart auf das „Ich“ konzentriert hat, dass man das Glück und die Zugehörigkeit zum „Wir“ vergessen hat.

Dann denkt man sich: Jetzt, wo ich auf meine Fähigkeiten vertraue, könnte ich sie da nicht dazu benutzen, ein besserer Mensch zu werden? Wie kann ich meinen Erfolg und meine einzigartigen Fähigkeiten für größere Aufgaben einsetzen – nicht nur in meiner Familie und in meiner Gemeinde, sondern in der Gesellschaft und der Welt? David Brooks formulierte es so: Wie kann ich an der Spitze der Gesellschaft leben, ohne ein unerträglicher Snob zu werden? Wie kann ich eine Familie oder eine Gemeinschaft gründen, in der sich jeder selbst achtet und das tut, was er am besten kann? Wie kann ich anderen die Selbstachtung und die Freiheit geben, genauso sie selbst zu sein wie ich? Wie kann ich der Gesellschaft das zurückgeben, was sie für mich getan hat, wie kann ich wieder zu einem Teil des größeren Ganzen werden, so wie in den Tagen der Zugehörigkeit? Wie kann ich die Welt wirklich verändern?

Man hat jetzt eine breitere Sicht auf die Gemeinschaft, in der man lebt, denn man hat inzwischen mehr Fähigkeiten und größere Visionen als zu dem Zeitpunkt, als man in das Stadium der Zugehörigkeit eintrat. Mir geht’s gut, dir geht’s gut. Gewinnen heißt die neue Devise. Du kannst sein, was du sein willst, und ich kann sein, was ich sein will. Toleranz und relativistisches Denken setzen sich durch. Man erkennt die unverwechselbaren Standpunkte und die einzigartigen Begabungen anderer Menschen. Wir müssen nicht alle das Gleiche erreichen und uns in das Gleiche fügen! Wenn jeder aus seinen Begabungen das Beste macht, und wenn alle an einem Strang ziehen, dann sind wir besser dran als wenn wir alle nur Regeln befolgen und tun, was man uns sagt – als wenn wir keine individuellen Begabungen oder keine Initiative hätten (Stadium der Zugehörigkeit) – oder als wenn wir rücksichtslos konkurrieren würden, nur um zu sehen, wer besser ist (oder wer im Stadium des Überlebens durchkommt). Ich will nicht, dass es mir auf

Kosten anderer gut geht. Ich will nicht andere ausbeuten (so wie es im Laufe der Geschichte fast immer war), sondern ich will, dass mein Wohlstand anderen zugute kommt. Das ist dann das Stadium der Selbstverwirklichung, in dem der Mensch in Weisheit und Reife aufblüht; das erreichen Menschen, die auf ihre alten Tage reif werden und ihren Lebenszyklus schließen.

Ganz offensichtlich verläuft dieser Wachstumszyklus nicht bei allen Menschen gleich schnell. In einer blühenden, auf der Mittelklasse basierenden Volkswirtschaft wie derjenigen der Vereinigten Staaten, wo die meisten Menschen schon in das Stadium der Zugehörigkeit hineingeboren werden, folgen die ersten Stadien sehr schnell aufeinander. Das Stadium des Überlebens reicht nur bis zum Alter von vier oder fünf Jahren, eben bis man die volle physische Funktionalität erreicht hat. Das Stadium der Zugehörigkeit reicht bis in die frühe oder spätere Jugend. Die Phase des Selbstwertgefühls beginnt an der Wende vom späten Jugend- zum frühen Erwachsenenalter und dauert das ganze restliche Leben an. In den gebildeten Schichten beginnt die Zeit des Selbstwertgefühls eventuell schon in früher Jugend und erreicht den Höhepunkt zwischen Ende 30 und Anfang 50. Danach kommt ein völlig neues Stadium der menschlichen Entwicklung, nämlich das Stadium der Selbstverwirklichung, das während des restlichen Lebens anhält. Natürlich gibt es auch hoch motivierte Menschen, die sich aus der Unterschicht oder der Mittelklasse schneller erheben, indem sie ihre bildungsmäßige oder unternehmerische Entwicklung in kürzerer Zeit durchlaufen.

Wir befinden uns an einem wichtigen Kreuzungspunkt der Geschichte, an dem die Masse der Babyboomer so langsam in die Midlife Crisis kommt und zum ersten Mal ein großer Teil der neuen Wohlhabenden das Stadium der Selbstverwirklichung erreicht. Auch wenn sich der größte Teil der neuen wohlhabenden Klasse immer noch im Stadium des Selbstwertgefühls befindet, so beginnt sich doch zumindest der Drang zur Selbstverwirklichung bemerkbar zu machen. Warum ist das so wichtig? Selbstwertgefühl und Selbstverwirklichung sind menschliche Entwicklungsstadien, die die Wirtschaft antreiben, aber die derzeitige Unternehmenswelt ist nicht dazu angetan, die Bedürfnisse der immer reicher werdenden Verbraucher und der Geistesarbeiter zu befriedigen.

Die Babyboomer werden älter und gehen stramm auf das Alter der größten Machtfülle zu. Deshalb sind die Unternehmen in den nächsten beiden Jahrzehnten gezwungen, radikale Veränderungen vorzunehmen. Das fängt mit der Erkenntnis an, dass sie sich unbedingt auf die explodierenden Märkte der Wohlhabenden einstellen müssen, genau die gleichen Märkte, die in den Jahren 2000 bis 2002 zurückgegangen sind. Als Geschäftsmann oder Investor darf man nicht den Fehler machen und wegen des vorübergehenden Zusammenbruchs annehmen, die Wohlstandsrevolution sei vorüber. Auch nach dem noch größeren Crash ab 2009 darf man diesen Fehler nicht begehen. Die Zunahme des Wohlstands ist ein langfristiger Trend, der auf Jahrzehnte hinaus Chancen bietet. Eigentlich hat er erst in den 1990er-Jahren so richtig begonnen. Diejenigen Unternehmen, die sich radikal umorientieren, um die Bedürfnisse der neuen wohlhabenden Klasse zu erfüllen, werden im nächsten Jahrzehnt den Wettlauf um die Führungsposition gewinnen und wahrscheinlich noch mehrere Jahrzehnte lang beherrschend sein. Würden Sie sich für Mercedes oder für Mazda entscheiden?

Warum die alten Managementsysteme in den kommenden Jahrzehnten zugrunde gehen

In Kapitel 2 haben wir gezeigt, dass die radikal neue Infrastruktur für die New Economy in den Jahren 1994 bis 2009 in den Mainstream eindringt. Wir haben in dem Kapitel außerdem gezeigt, dass sie in den Jahrzehnten danach noch weiter vordringen und damit Einkommen und Wohlstand bestimmen werden. Das bedeutet, dass die eigentliche Revolution, die die neuen Technologien bewirken, noch gar nicht stattgefunden hat und dass der 80-jährige Zyklus noch gar nicht abgelaufen ist. Während sich die neuen Technologien und Wirtschaftsmethoden durchsetzen und die alten überfällig werden, erreichen Wachstum und Fortschritt einen Punkt, ab dem das alte System einfach nicht mehr funktioniert – egal wie sehr man es verbessert und verfeinert. Das beginnt allerdings erst, wenn die neuen Technologien so weit vorgedrungen sind, dass sie neue Lebens- und Arbeitsweisen ermöglichen. Das wird in dem Bereich der S-Kurve zwischen einem Verbreitungsgrad von 50 und 90 Prozent eintreten, und diesem Punkt nähern wir uns in diesem Jahrzehnt.

Man erkennt das heutzutage an der Verstopfung unserer Städte. Egal wie sehr wir die Highways und die sonstige Infrastruktur ausbauen, es gibt immer mehr Staus in den Städten und Vorstädten, ja mittlerweile sogar schon in florierenden außerstädtischen Gebieten und Erholungsgebieten. Wir arbeiten immer schwerer und länger, aber wir verschwenden immer mehr Zeit mit Besprechungen, Bürokratie, Management-Engpässen und Initiativen zur Neuorganisation des Unternehmens. Wir werden immer wohlhabender und reicher, aber wir verbringen immer mehr Zeit in Telefon-Warteschleifen und in Warteschlangen in Geschäften, in denen wir immer weniger menschlich bedient werden.

Paradoxerweise haben wir mit zunehmendem Erfolg immer weniger Zeit für Familie und Gemeinschaft. Jimi Hendrix formulierte das so: „Ist das Liebe – oder bloß Verwirrung?" Gibt es einen Ausweg aus diesem Dilemma? Zwar bringt jede neue Wirtschaftsweise und jedes Paradigma seine eigenen Probleme und Beschränkungen mit sich, aber wir erkennen ganz klar ein neues und besseres Paradigma der Lebens- und Arbeitswelt mit besserem Service, weniger Verschwendung und weniger Umweltverschmutzung – vor allen Dingen aber mit mehr Möglichkeiten der Selbstverwirklichung für Menschen, die individuell arbeiten. Wie am Anfang dieses Kapitels angedeutet, breitet sich das neue Paradigma in den wohlhabenderen und innovativeren Bereichen unserer Gesellschaft bereits aus.

Wir beschreiben das derzeitige Gesellschafts- und Geschäftssystem mit „Schlange stehende Menschen", einer Karikatur der Fertigungs-„Schlange", die in der letzten wirtschaftlichen Revolution aufkam. Dieses System ermöglichte die Produktion in großen Stückzahlen, den Aufbau großer Lagerbestände, den Spareffekt der Massenproduktion, Kostenminimierung und die massenhafte Vermarktung – um die Produkte loszuwerden, überzeugte man alle Welt davon, sie brauche diese Produkte unbedingt. Genau dieses System brachte den höchsten durchschnittlichen Lebensstandard aller Zeiten hervor, insbesondere in Nordamerika. Im ersten Moment könnte man denken: Was gibt es an diesem System denn auszusetzen? Aber dann sollte man sich denken: Wie konnten wir zulassen, dass wir Menschen zum „Warenlager" des Systems geworden sind, dass wir als Massenmarkt von Verbrauchern behandelt werden, so als wären wir alle gleich; dass wir in langen Schlangen auf mittelmäßigen Service warten, obwohl wir genug Geld haben, uns Besseres zu leisten? War es nicht ursprünglich so gedacht, dass die natürlichen Ressourcen organisiert werden sollten, dass sie in langen Schlangen warten sollten, bis wir sie zum Nutzen der Menschen ausbeuten? Es scheint, als wäre der Unterdrücker zum Unterdrückten geworden.

Folgende Entwicklungen sind dafür verantwortlich, dass das System gerade dann zusammenbricht, wenn große Fortschritte erzielt werden:

1. Immer mehr und immer wohlhabendere Verbraucher verlangen auf sie persönlich zugeschnittenen Service.
2. Eine immer schneller wachsende Klasse von Geistesarbeitern, die sich immer mehr selbst verwirklichen wollen, verlangt eine motivierende und kreative Arbeitsumgebung.
3. Die alternde, zahlenmäßig starke Babyboom-Generation sorgt hierzulande und auf der ganzen Welt für immer größeres Wirtschaftswachstum.
4. Die zunehmende Verstopfung der Städte, die aus der Wanderung der Bevölkerung vom Land in die Stadt während der Industrialisierung resultiert, verschlimmert sich weltweit.
5. Die zunehmende Umweltverschmutzung und Umweltzerstörung, die durch das beispiellose Bevölkerungswachstum, durch die wirtschaftliche Entwicklung und durch die industrielle Revolution in der Dritten Welt bedingt ist.

Unser momentanes Gesellschaftssystem, in dem Unternehmen von oben nach unten geführt werden und in dem man zwischen Vorstadtwohnung und städtischem Arbeitsplatz pendelt, kann die wachsenden Bedürfnisse und die Beschränkungen nicht mehr verkraften – und in vielen dicht bevölkerten Entwicklungsländern stellt sich der Höhepunkt der Industrialisierung, der in einigen Jahrzehnten erreicht werden dürfte, als Horrorszenario dar. Gesellschaft, Wirtschaft, Arbeit und Konsum müssen neu organisiert werden. Das ist die eigentliche Aufgabe des Computers, des Internets und der neuen Informationstechnologien: die fundamentale Wandlung von Management, Arbeit, Konsum und Leben. Das war auch die Wirkung aller bisherigen technologischen und wirtschaftlichen Revolutionen der Geschichte. Aber die Tiefenwirkung solcher Veränderungen zeigt sich erst, wenn die Generation, die in ihrer Jugend die technischen und gesellschaftlichen Veränderungen ausgelöst hat, das Konsum-Spitzen-Alter überschreitet und in das reife Alter der Macht kommt (von 45 bis 65 Jahren, Höhepunkt mit 58 Jahren). Dann hat sie nämlich Einfluss auf die Entscheidungsprozesse in Wirtschaft und Gesellschaft (Abbildung 8.13, aktualisierte Fassung des Diagramms aus *DIE GOLDENEN 2000ER-JAHRE*).

Die paradoxe Tatsache, dass der Wohlstand zunimmt und trotzdem die Lebensqualität in vielen Bereichen sinkt, ist kein Anzeichen für

Abbildung 8.13

Die Generationswelle 1933 bis 2033

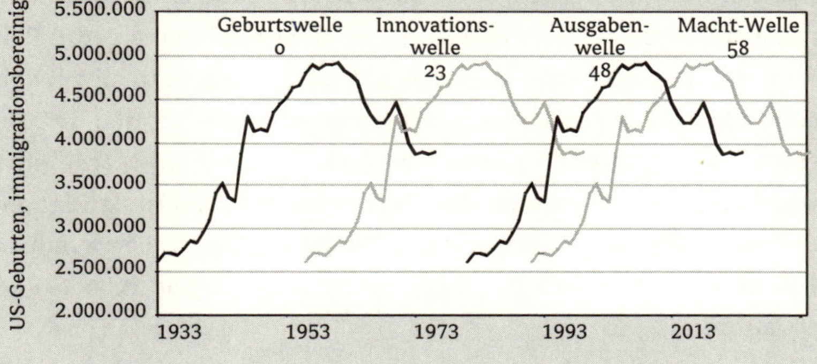

das Versagen unseres Wirtschafts- und Gesellschaftssystems, sondern in Wirklichkeit ein Anzeichen für seinen Erfolg. Kritisch betrachtet ist sie allerdings auch ein Aufruf, die grundlegenden Strukturen neu zu ordnen und sie damit an die größere Bevölkerung, den größeren Wohlstand und den höheren Lebensstandard anzupassen – genauso wie lebende Organismen neue Organe hervorbringen, je intelligenter und komplexer sie werden. Das System Mensch ist von der DNS über das Gehirn und das Skelett bis zum Muskel wesentlich komplexer als eine Amöbe oder eine Eidechse. Das Gleiche passierte mit unseren wirtschaftlichen und gesellschaftlichen Strukturen zwischen dem Ersten Weltkrieg (Ford und das Montageband) und den Goldenen Zwanzigern. Damals entstanden eine ganz neue Organisationsstruktur (das Unternehmensmodell von General Motors) und der neue Vorstadt-Lebensstil. Die Städte wären sonst unter der stetig wachsenden Bevölkerung und allein schon unter der Verschmutzung durch Pferdedung und Holzbrand zusammengebrochen, von den verstopften Straßen ganz zu schweigen.

Solche radikalen Revolutionen folgten auf alle großen technischen Neuerungen vom Buchdruck über die Dampfmaschine bis zur Eisenbahn; sie kamen Jahrzehnte nach dem ersten Erscheinen der neuen Technologien und Markennamen. Die wahre Revolution des letzten Wirtschaftszyklus passierte erst ab den Goldenen Zwanzigern, als der Verbreitungsgrad der neuen Technologien von 50 auf 90 Prozent stieg, und nicht in den vorangegangenen innovationsfreudigen Jahrzehnten. Diese Revolution bestand nicht darin, dass über Nacht eine ganze Reihe neuer Produkte und Marken erschienen wäre, sondern in einem völlig neuen Modell zur Neuordnung der Unternehmenswelt und der Gesellschaft. Das zeigt noch einmal, warum die Dot.com-Manie eine Überreaktion auf die technologische Revolution war und in den Jahren 2000 bis 2002 wieder zusammenbrach. Die Innovation in Form radikal neuer Produkte und Technologien blühte vor allem in den 1960er- und 1970er-Jahren.

Der Dot.com-Crash bedeutet nicht, dass das Internet nicht die wirtschaftliche und gesellschaftliche Revolution beschleunigen würde. Das entscheidende Kapitel dieser Revolution beginnt erst in unserem Jahrzehnt, das wir ja als „Die goldenen 2000er-Jahre" bezeichnen, denn die neuen Infrastrukturen haben die Penetrationsrate von 50 Prozent überschritten und werden zunehmend zur Normalität. Erst wenn die Mehrheit der Erwerbstätigen und Verbraucher an die neuen Infrastrukturen angeschlossen ist, kann sich die Revolution auf radikalere Weise manifestieren. Noch einmal: Das wird trotz des Nasdaq-Crashs und trotz der vorübergehenden konjunkturellen Schwäche der Jahre 2000 bis 2002 geschehen. So etwas gehört einfach dazu, wenn neue Technologien eingeführt werden. Wir haben gezeigt, dass es solche Phasen des Niedergangs Anfang der 1920er-Jahre und am Anfang jedes Jahrzehnts des derzeitigen Booms gegeben hat – Anfang der 1980er-Jahre und etwas schwächer ausgeprägt Anfang der 1990er-Jahre. Wir rechnen in den Jahren 2003 bis 2009 oder Anfang 2010 mit dramatischen Kurszuwächsen, mit kräftigem Wirtschaftswachstum und mit einem Wettlauf um die Führungsposition. Dieser Wettlauf wird ähnlich wie in den 1920er-Jahren für Jahrzehnte bestimmen, welche Unternehmen in den meisten neuen Wachstumsbranchen in den kommenden Jahrzehnten die führende Stellung einnehmen.

Seit Ende der 1980er-Jahre sagen wir anhand einfacher demographischer Trends (die Babyboom-Generation erreicht im Jahre 2009/2010 das Alter, in dem man am meisten Geld ausgibt) voraus, dass wir uns immer tiefer in das großartigste Wachstums- und Fortschritt-Jahrzehnt in der Geschichte der Vereinigten Staaten und der Weltgeschichte hineinbewegen. Im vorliegenden Kapitel geht es um die Frage, wie man seine berufliche Laufbahn beziehungsweise sein Unternehmen gestalten muss, wenn man in dem nachfolgenden Wettlauf um die Führungsposition gewinnen will. Die Übernahme neuer, radikaler Organisationsformen und Servicemodelle wird viel entscheidender für den Sieg in diesem Rennen sein als die Entwicklung neuer Produkte. Dieses Jahrzehnt ist das bisher aufregendste der neuen wirtschaftlichen Revolution. Verpassen Sie nicht den Anschluss!

Persönlich abgestimmter Service in Echtzeit: Software und höhere Produktivität

Man sagt uns, die entscheidenden Trends, die die New Economy antreiben, seien die Paradigmen der neuen Technologien: Die Leistung von Halbleiterchips verdoppelt sich alle 18 Monate, die Leistung der Speichertechnologie alle 12 Monate und die Bandbreite alle 6 Monate. Wir bleiben bei unserer Auffassung, dass die Informations- oder Internetrevolution nur eine tiefer gehende Revolution in der Entwicklung von Wirtschaft und Gesellschaft ankündigt. Letzten Endes geht es um eine bessere Art, Geschäfte zu machen. Unsere Prognosemethode beruht schon immer auf den grundlegenden Auswirkungen des menschlichen Lebens auf wirtschaftliche Veränderungen und das Wirtschaftswachstum: wie wir im Laufe unseres Lebens Geld verdienen, Geld ausgeben, Neuerungen einführen, arbeiten, produzieren, Schulden machen, investieren und uns verändern – und wie wir im Laufe der Zeit von den neuen revolutionären Technologien und von der Entstehung neuer Unternehmen und Marken profitieren.

Werfen wir einen Blick auf die letzte Wirtschaftsrevolution: Die meisten führenden Unternehmen der Goldenen Zwanziger waren schon Ende des 19./Anfang des 20. Jahrhunderts gegründet worden, nicht erst in den 1920er-Jahren. Die große Explosion der Autofirmen begann zwischen 1904 und 1908 und erreichte im Jahre 1919 ihren Höhepunkt. Aber wie in Kapitel 1 beschrieben, überlebten nur wenige und übernahmen den Goldenen Zwanzigern und den 1930er-Jahre führende Marktpositionen. Die meisten Computer- und Softwarenhersteller wurden zwischen Ende der 1960er- und Anfang der 1980er-Jahre gegründet. Die meisten von ihnen existieren heute nicht mehr, und die meisten Märkte werden von wenigen starken Unternehmen beherrscht. Daher sollte es nicht sehr überraschen, dass von den Hunderten Dot.com-Firmen nur wenige bis in die Spätphase des Innovationsstadiums überlebt haben. Heutzutage läuft dieser Prozess viel schneller ab, weil der neue Schlag von Großunternehmen schneller reagiert als die verschlafenen Fortune-500-Unternehmen der 1970er-Jahre. Erinnern Sie sich noch, wie Netscape Microsoft bedrohte? Das ging nicht lange! Das Wichtigste an der Internetrevolution ist die Tatsache, dass es dabei um eine bessere Möglichkeit geht, Geschäfte zu machen. Das Internet nutzt Software und zwischenmenschliche Kommunikation für die Maximierung der Produktivität.

Inzwischen sollte klar sein, dass Softwarefortschritte und der Fortschritt des Menschen hinsichtlich Vermögen, Einkommen und Lebensstil langsamer vonstatten gehen als der technische Fortschritt. Im Gegensatz zu der Leistung der Halbleiterchips verdoppeln sich unser Einkommen und unser Vermögen nicht alle 18 Monate. Aber ebenso wie wie die Technologien beschleunigen sich diese Trends in dieser einzigartigen Zeit von Wachstum und Fortschritt auf ein höheres Tempo als je zuvor in der Geschichte. Die technischen Neuerungen folgen deshalb so schnell aufeinander und werden deshalb so schnell eingeführt, weil sie in erster Linie einfache Tätigkeiten des Menschen übernehmen und dem Menschen den Freiraum geben, seine komplexeren menschlichen Funktionen und Fähigkeiten einzusetzen. Da wir jedoch viel komplexer sind als beispielsweise Produktionsmaschinen, Haushaltsgeräte oder Computer, müssen wir uns auf natürliche Weise und somit langsamer verändern, verbessern und anpassen.

Unsere Komplexität ist kein Nachteil, sondern eine Stärke. Nur höchst komplexe und innovationsfreudige menschliche Wesen können die unglaublichen Technologien und Werkzeuge entwerfen, die bestimmte Aufgaben besser erledigen als wir selbst. Die Zahl der Haushalte mit einem Einkommen über 100.000 US-Dollar wächst schneller als die Wirtschaft. Die Menge der wohlhabenden Haushalte wächst im Zuge des Booms sehr schnell, passend zum steigenden Aktienmarkt und zum zunehmenden Unternehmensbesitz. Das ist ein besserer Indikator für den Fortschritt des Menschen und die Weiterentwicklung unserer komplexen Natur, die von den schnell wachsenden Technologien gefördert wird. Warum entwickeln wir uns so viel langsamer weiter? Eben weil wir Menschen und daher komplexer sind.

Die Softwareprogramme haben sich ebenfalls langsamer entwickelt als die Hardware, die dem Mooreschen Gesetzt folgt, oder die Bandbreite, die George Gilders Regel aus „Telecosm“ folgt. Je leistungsfähiger die Computer werden, desto aufgeblähter wird die Software, und deshalb frisst sie den Großteil der gewonnenen Rechenleistung wieder auf. Das ist einer der hauptsächlichen Kritikpunkte an Microsoft und der zunehmenden Komplexität seiner Programme, aber sie entspricht eben dem Charakter des Menschen. Wir sind komplexer als Computer, und deshalb entwickelt sich die Software ebenso wie wir langsamer. Aber trotzdem bringen Geschäfte mit Software und Investitionen in die Softwarebranche – nicht in die Hardwareindustrie – den verhältnismäßig größten Gewinn, denn sie erfüllt die eigentlichen Bedürfnisse des Menschen und erhöht seine Produktivität, sein Einkommen und sein Vermögen. Deshalb ist Microsoft geschäftlich erfolgreicher, es erzielt mehr Gewinn und seine Aktien sind höher bewertet als Hardware-Unternehmen und sogar als Intel – obwohl Intel auf Halbleiterchips ein ähnliches Fast-Monopol hat.

Allerdings weicht das „Wintel“- oder PC-orientierte Softwarekonzept nach und nach einem neuen, vernetzten Modell, das durch die schnelle Ausbreitung des Internets realisierbar wird. Man kann Software und Informationen nach Bedarf auf kleinere, stärker spezialisierte und häufig mobilere Computer/Kommunikationsgeräte herunterladen. Damit nehmen Software und Hardware auf der Benutzerseite einfachere Formen an. Und das bedeutet wiederum, dass mehr Menschen mehr Computer und Kommunikationsgeräte für mehr Anwendungen benutzen können. Das bedeutet, dass der einzelne Computer und die jeweilige Anwendung nicht mehr so komplex zu sein brauchen wie bisher, weil sie nicht mehr alle Komponenten für alle denkbaren Anwendungen enthalten und steuern müssen. Sie können sich mehr auf die wichtigsten Anwendungen konzentrieren und haben mehr freien Speicherplatz für die vor Ort benötigten Informationen. Wenn das nicht so wäre, dann würde die Komplexität der Software und der Anwendungszwecke das Mooresche Gesetz überdecken.

Das komplette System jedoch wird innerhalb kurzer Zeit immer größer und natürlich auch komplexer. „Das Netz ist der Computer“, das ist immer noch der neue Trend. Dieser Trend entscheidet darüber, wer am Ende das Rennen um die Führungspositionen in den Bereichen Technologie, Telekommunikation und Software gewinnen wird. Ohne Vereinfachung und Dezentralisierung auf der Seite der Endnutzer – also der Menschen – kann sich dieser Trend allerdings nicht entwickeln. Und er kann sich auch nicht entwickeln, wenn sich die Entscheidungsprozesse in mittleren und großen Unternehmen nicht radikal verändern.

Im Bereich lebensnahe Produkte und Dienstleistungen kommen die neuen Technologien am stärksten zum Tragen, und auf diesem Gebiet leisten sie den größten Beitrag zum Wirtschaftswachstum, zur Produktivität und zum Alltagsleben. Allerdings verlangt der Übergang zu der neuen Software eine radikal neue geschäftliche Logik, die über die Nutzung des Netzes als Informationsquelle und Kommunikationsmittel hinausgeht. Wenn wir den von Natur aus komplexen menschlichen Entscheidungsprozess insbesondere in unseren komplexen und nach wie vor (trotz der viel zu viel gepriesenen Neuordnung) bürokratischen Organisationen vereinfachen und zielgerichteter gestalten können, dann können wir den menschlichen Fortschritt beschleunigen. Die Schlüssel zu dieser aufwändigen und profitablen Entwicklung sind Software, Kommunikation von unten nach oben („bottom-up") und horizontale Kommunikation.

Diese Revolution macht letztendlich jeden Verbraucher oder jedes kleine Segment zu einem Markt, jede Person oder jedes Team zu einem Unternehmen; und nur diese Revolution kann die Anzahl der Millionäre und Wohlhabenden enorm erhöhen, ohne dass jeder ein mutiger Unternehmer sein muss, der dieses Ziel aus eigener Kraft, jedoch mit erheblichen Investitionen und erheblichem Risiko erreicht. Auch das wird nicht so schnell gehen wie die technische Entwicklung, aber die Geschichte zeigt, dass die Entwicklung im Gefolge technischer Innovationen beispiellose Geschwindigkeiten erreichen kann: Anfang des 16. Jahrhunderts (Buchdruck), Anfang des 19. Jahrhunderts (Dampfmaschine), in den 1870er-Jahren (Eisenbahnen, Telegraf, Kraftwerke) und in den Goldenen Zwanzigern (Elektrizität, Telefon, Automobil).

Die Entstehung der letzten Organisations-Revolution

Im Zuge der letzten Revolution vereinfachten Frederick Taylors Zeitstudien die Arbeit und reduzierten sie auf einfache, wiederholbare Abläufe. Das fing 1894 mit der „Wissenschaftlichen Unternehmensführung" an. Seine Forschungen gipfelten in der Veröffentlichung des mittlerweile zum Klassiker gewordenen Buchs *THE PRINCIPLES OF SCIENTIFIC MANAGEMENT* im Jahre 1911. Warum war das damals so wichtig? Die meisten Menschen hatten damals nur eine lückenhafte Schulbildung, kaum spezifische Fertigkeiten, konnten ihr Leben kaum selbst organisieren und kaum entscheiden, wo und was sie arbeiteten. Die meisten Menschen „machten alles" und waren Kleinbauern, Handwerker oder Händler. Im Vergleich zu heute gab es kaum berufliche Spezialisierungen. Wenn man um einen rund 80-jährigen Zyklus in die Zukunft geht, kann man Taylors Buch aus dem Jahre 1911 vielleicht mit *REENGINEERING THE CORPORATION* von Michael Hammer und James Champy [deutsche Ausgabe: *BUSINESS REENGINEERING. DIE RADIKALKUR FÜR DAS UNTERNEHMEN*] vergleichen.

Damit fing die Revolution allerdings erst an. Im Jahre 1914 kam Henry Fords bewegliches Montageband, nachdem er zuvor standardisierte Bauteile und im Jahre 1907 den standardisierten Entwurf für das Model T eingeführt hatte. Dieses radikal neue Produktionsverfahren koordinierte nicht nur einfache Aufgaben (Taylor) zu einem größeren Ablauf, sondern es vereinfachte und beschleunigte den komplexeren Prozess dadurch, dass die Arbeit von einer Maschine zum Arbeiter gebracht wurde. Dieses neuartige Produktionsverfahren ist vielleicht mit dem Dell-Modell („Echtzeit-Produktion auf Bestellung") zu vergleichen, das in den Jahren 1994 bis 1996 eingeführt wurde. Ermöglicht wurde dieses Produktionsverfahren zu einem wesentlichen Teil durch das Aufkommen des Internets in den Jahren 1992 bis 1996.

Die Neuerungen, die Alfred Sloan im Management von Großunternehmen einführte (ab dem Zeitraum 1921 bis 1923), schufen die erste Ebene der dezentralen Unternehmensleitung. Entscheidungsprozesse wurden dadurch vereinfacht, dass sie nicht mehr wie im Eisenbahnzeitalter zentral stattfanden, sondern ähnlich wie in einem umfangreichen Fließbandsystem auf Produktabteilungen und funktionale Ebenen verteilt wurden – Forschung und Entwicklung, Marketing, Vertrieb, Service. Dieser Zeitraum entspricht ungefähr dem kritischen Stadium des von uns empfohlenen Management- und Organisationskonzepts, das im Zuge des aktuellen New-Economy-Zyklus in den Jahren 2002 bis 2004 erstmals in die Praxis umgesetzt wurde.

Das neue Unternehmensmodell, das Alfred Sloan bei GM umsetzte, wurde später von zahlreichen Experten und Unternehmenslenkern erweitert und weiter ausgefeilt, unter anderem von Peter Drucker, Taiichi Ohno, W. Edwards Deming und Jack Welch. Es wurde in vielen Unternehmen von GE über Toyota und Wal-Mart bis Intel eingeführt. Dieses moderne Management-Modell schuf zunächst in Nordamerika, Europa und Japan eine Mittelklasse mit beispiellosem Lebensstandard, und inzwischen entsteht sie auf der ganzen Welt. Allerdings stößt dieses höchst effiziente und ausgeklügelte Konzept so langsam an seine Grenzen – unsere Städte sind verstopft und verschmutzt. Aus Verbraucherumfragen geht hervor, dass der Service trotz steigender Unternehmensgewinne schlechter wird. Immer mehr Geistesarbeiter steigen aus und gründen entweder ihre eigene Firma oder finden bei kleineren Unternehmen eine berufliche Herausforderung.

Dieses Modell reicht für den zunehmenden Bedarf der explodierenden Klasse der Wohlhabenden an maßgeschneiderten Lösungen und persönlichem Service nicht aus, und auch den zahlreicher werdenden Menschen, die in ihrer Arbeit Selbstwert und Selbstverwirklichung suchen, wird es nicht gerecht. Fast genau zwei Generationen nach Einführung des Montagebands durch Ford brachte Dell als erstes Großunternehmen Mitte/Ende der 1990er-Jahre wieder eine radikale Neuerung – die Produktion in Echtzeit. Einerseits müssen sich die meisten Unternehmen dieses inzwischen erprobte Modell zu Eigen machen und an ihre Produkte beziehungsweise Dienstleistungen anpassen, aber andererseits entsteht gerade ein breiter angelegtes Organisationsmodell, das kleinen und großen Unternehmen, die es begreifen und einführen, in dem Wettlauf um die führende Stellung in der New Economy einen noch größeren und dauerhafteren Vorsprung verschafft.

Halten wir also an dieser Stelle inne und betrachten wir den Stand der Revolution in Management und Unternehmensgestaltung. Der Computer erlaubt es, viele Aufgaben zu automatisieren, die der linken, logisch denkenden Gehirnhälfte zukommen. Das so genannte „Reengineering" dagegen – die Neuordnung der unternehmensinternen Abläufe – vereinfacht die Gestaltung der Arbeitsaufgaben und erlaubt es somit, menschlichere und kreativere Entscheidungen zu treffen und so wechselnde Kundenwünsche zu erfüllen – ähnlich wie Frederick Taylor mit seinen Zeitstudien und durch den Einsatz von Maschinen Anfang des 20. Jahrhunderts die Arbeit erleichterte und zielgerichteter gestaltete. Im Gegensatz zu Taylors Revolution jedoch geht die Revolution des Reengineering von Verfahren und Endergebnissen aus anstatt von Funktionen und spezifischen Aufgaben. Das war das erste Stadium und der Brennpunkt der unternehmerischen Erneuerung Anfang/Mitte der 1990er-Jahre.

Inzwischen gibt es das Konzept des „direkten Produktionsflusses", das vor allem von Dell verkörpert wird und gemäß dem nur auf Bestellung produziert wird. Im Prinzip handelt es sich dabei um ein „durchgehendes Fließband". Softwaregesteuerte Logistik und Planung ermöglichen die automatisierte Echtzeitproduktion. Dieses vollkommen neue Konzept erlaubt es, maßgeschneiderte Produkte preiswert und innerhalb kürzester Zeit zu liefern. Lagerbestände und Bürokratie sind auf ein Minimum beschränkt. Inzwischen überlegen viele Unternehmen, vom Lebensmittelhändler bis zum Autohersteller, wie sie dieses Modell an ihre Organisations- und Vertriebsstruktur anpassen können. Das war das zweite Stadium und der Schwerpunkt der unternehmerischen Innovation von 1990 bis jetzt. Aber das dritte Stadium liegt noch vor uns, das kritische Stadium, in dem die Bedürfnisse der wohlhabenden Verbraucher und Beschäftigten erfüllt werden müssen.

Die Wohlhabenden proben den Aufstand: Persönlicher Zuschnitt und Service gesucht

Immer mehr Unternehmen und Verbraucher wollen speziell angepasste, ergebnisorientierte Lösungen, für die verschiedene Produkte, Dienstleistungen und Fachkenntnisse integriert werden müssen – zum Beispiel Geldanlage, Gesundheitsvorsorge, Ausbildung, Unternehmensberatung und Systemdesign. Ähnlich wie Sloans Modell in den Goldenen Zwanzigern wird die eigentliche Revolution also in der radikalen Vereinfachung des Managements bestehen. Entscheidungsprozesse werden dezentralisiert und auf die unterste Ebene verlagert, auf diejenigen Mitarbeiter, die an der vordersten Front stehen und immer neue Kundenbedürfnisse befriedigen müssen. Die immer reicher werdende Gesellschaft verlangt nicht nur Echtzeitproduktion, sondern auch persönlichen Service in Echtzeit.

Das ist das dritte Stadium, das in der Integration der beiden ersten Stadien zu einem mächtigen Ganzen besteht. Dieses Stadium dürfte im Jahre 2004 oder 2005 einsetzen, und im Wettbewerb um die wohlhabenden Kunden und Märkte der Zukunft ist es eine mächtige Waffe. Dafür braucht man kundenorientierte menschliche „Browser"-Teams, die die zahlreichen auf Bestellung verfügbaren Produkte und Dienstleistungen koordinieren und zu persönlich zugeschnittenen Lösungen kombinieren können.

Man könnte zum Beispiel Dells in höchstem Maße automatisiertes System der Produktion auf Bestellung nehmen und es um Mitarbeiterteams ergänzen, die jeweils für einen kleinen Kundenkreis zuständig sind. Aus der großen Auswahl von auf Bestellung verfügbaren Komponenten, Produkten und Dienstleistungen könnten sie Anwendungen zusammenstellen, die exakt auf die Bedürfnisse der Kunden zugeschnitten sind – und dazu noch weitere Kundendienstbetreuung anbieten. Also würde das Unternehmen dem Verbraucher oder Geschäftskunden nicht einfach auf direktem Weg und preiswert einen Computer verkaufen, sondern es könnte eine laufende Dienstleistung liefern, bestehend aus der maßgeschneiderten Hardware- und Softwarelösung und einem Service-, Wartungs- und Beratungsvertrag.

Die eigentliche Revolution besteht in der Echtzeitlieferung von preiswerten persönlichen Dienstleistungen, die den ausdrücklich geäußerten Bedürfnissen der immer zahlreicher werdenden wohlhabenden Verbraucher gerecht werden. Anstatt einmalig ein Produkt zu ver-

kaufen, erzielt das Unternehmen dann Einnahmen aus einer laufenden Dienstleistung.

Auf der anderen Seite entspricht diese Revolution aber auch den Bedürfnissen des immer reicheren Geistesarbeiters auf der Suche nach wachsenden Herausforderungen und nach Möglichkeiten, es den Millionären und höheren Führungskräften gleichzutun, die entweder eigene Unternehmen gründen oder in Form von Bezugsrechten größere Anteile an ihren Unternehmen bekommen. Man kann die Besten nicht anlocken und angemessen entlohnen, wenn man ihnen kein eigenes Unternehmen oder Anteile an einem Unternehmen anbietet. Man kann Arbeitsabläufe nicht über ein gewisses Maß hinaus vereinfachen, und man kann keinen Echtzeit-Service anbieten, ohne den Kundenbetreuern Entscheidungsbefugnisse und Verantwortung zu geben, so dass sie gewissermaßen wie Besitzer eines Kleinunternehmens arbeiten.

Das wird nicht auf höherer Ebene passieren, sondern im Kleinen, auf individueller oder Team-Ebene. Auch wenn es der Dot.com-Revolution nicht gelungen ist, über Nacht eine neue Gesellschaft unternehmerischer Arbeiter zu schaffen, ist dieser Drang bei den immer reicher werdenden, gebildeten Mitarbeitern, die sich selbst verwirklichen wollen, immer noch vorhanden. Am wichtigsten ist allerdings die Tatsache, dass die Revolution der Organisationsstruktur „von unten“ der aufsteigenden Klasse wohlhabender Babyboomer persönlichen und maßgeschneiderten Service auf hohem Niveau liefert. Und diese wohlhabende Klasse wächst schneller als den meisten Unternehmen und Investoren klar ist. Noch einmal: Der Wohlstand der Massen ist die New Economy. Und dieser Trend setzt sich trotz der Abschwächung in den ersten Jahren des Jahrtausends und trotz des großen Zusammenbruchs im nächsten Jahrzehnt über die kommenden Jahrzehnte explosionsartig fort.

Die stille Revolution: Management ist nicht die Lösung, sondern das Problem

Im Gegensatz zu der damals viel gepriesenen und hochgejubelten

Dot.com-Revolution ist die wahre Revolution subtiler und in den Orga-Diagrammen und Reengineering-Strategien der Unternehmen weniger sichtbar – sie ist eine stille Revolution. Das Internet ermöglicht auf allen Ebenen die direkte Kommunikation zwischen Beschäftigten und Kunden, den direkten Zugang zu Informationen, das Auffinden von Chancen und unmittelbare Reaktionen – ohne Einmischung des Managements und ohne Marketing-Propaganda.

Wir fassen diese Revolution schon immer gerne mit dem Spruch zusammen: „Management ist nicht die Lösung, sondern das Problem."

Da sich Bildung und Ausbildung der Beschäftigten in den vergangenen Jahrzehnten dramatisch verbessert haben und da sie heute viel besseren Zugang zu Informationen haben, können viele von ihnen auch ohne Manager jede Aktion sorgfältig planen und koordinieren. Das hat nicht nur zur Folge, dass sich viele von ihnen wie im Kindergarten vorkommen, sondern es verhindert auch, dass sie kreativ und rechtzeitig auf die eigentlichen und wechselnden Bedürfnisse reagieren.

Wie wird sich die neue Revolution konkret äußern? Indem Menschen wie Sie innerhalb Ihres Arbeitgeberunternehmens eine eigene Firma gründen dürfen oder indem sie separat ein eigenes Unternehmen gründen. Das ist das Wesen dieser Revolution, und die neuen Technologien ermöglichen sie lediglich.

Da man mithilfe der auf dem Internet basierenden Technologien Zugang zu Informationen hat und auf allen Organisationsebenen kommunizieren kann, kann man sich auch mit anderen Experten oder mit Produkt- und Serviceabteilungen kurzschließen und selbst Lösungen vorschlagen, die auf die Bedürfnisse der Kunden eingehen. Dabei ist es ganz egal, ob die Kundenlösungen innerhalb des Unternehmens entwickelt werden oder von Serviceteams direkt an die Kunden vermittelt werden. Mit anderen Worten können Sie zu Ihrem eigenen Unternehmen werden und ohne Einmischung des Managements, ohne Genehmigungen, Anordnungen und Pläne in Echtzeit reagieren. Die New Economy des persönlichen Echtzeitservice kann ohne spontane und verantwortliche Entscheidungsträger wie Sie nicht funktionieren. Das bedeutet aber auch, dass Sie so verantwortlich handeln müssen wie ein Kleinunternehmer. Den Luxus, dem Management die Schuld zu geben, wenn etwas schief läuft, können Sie sich dann nicht mehr leisten. Das ist der Preis, den Sie für die Chance bezahlen, Millionär zu werden und sich in Ihrer Arbeit selbst zu verwirklichen.

Das ist die Herausforderung der heutigen neuen Wirtschaftsweise. Es gibt einfach zu viel Management von oben nach unten, das zu viele Entscheidungen und Prozesse zu koordinieren versucht, als dass persönlicher Service in Echtzeit möglich wäre. Als Angestellter hat man keine Chance, einen derartigen Service anzubieten, und als Kunde hat man keine Chance, einen derartigen Service zu bekommen. Deshalb sagen wir, dass Management nicht die Lösung ist, sondern das Problem. Einen solchen Service kann nur eine Organisation leisten, die auf die Kunden und auf die Entscheidungsbegfugnisse sowie die Verantwortlichkeit der Kundenberater ausgerichtet ist. Das meinen wir, wenn wir von bottom-up statt top-down sprechen, und das ist eine radikale Veränderung – die radikalste und produktivste Veränderung der New Economy. Bis jetzt hat sie mit Ausnahme einiger weniger Unternehmen noch nicht stattgefunden, aber sie wird das Thema dieses Jahrzehnts und vieler späterer Jahrzehnte sein.

Kundeninteressen gegen Aktionärsinteressen

Seit zwei Jahrzehnten erleben wir die aktionärsoriente Managementphilosphie, die auf Unternehmensgewinn und steigende Aktienkurse ausgerichtet ist (Stichwort „Shareholder Value“). Die US-amerikanischen Unternehmen sind in dieser Hinsicht und hinsichtlich der organisatorischen Neuordnung weltweit vor Europa und Asien führend. In der alten Wirtschaft war das zwar eine natürliche Reife-Erscheinung, aber für die New Economy ist das unseres Erachtens die falsche Art von Management. Wie fühlt man sich denn als Kunde, wenn man weiß, dass ein Unternehmen zuerst die Aktionäre und erst dann die Kunden bedient? Wie fühlt man sich als Angestellter eines Unternehmens, wenn man weiß, dass dem Unternehmen die Aktionäre am wichtigsten sind und dass es die Angestellten beharrlich als ihr größtes Kapital bezeichnet? Wer sind eigentlich in unserem Wirtschaftssystem die Aktionäre? Horden von Fondsmanagern und institutionellen Geldverwaltern, die 80 Prozent des Marktes beherrschen – und dazu immer mehr noch wankelmütigere Privatanleger? Diese Anleger wechseln aufgrund kurzfristiger Ergebnisberichte blitzartig von einem Unternehmen zum anderen. Sie sind keine loyalen Aktionäre.

Aus welchem Grund betrachtet eine börsennotierte Aktiengesellschaft eigentlich die Aktionäre als ihren wichtigsten Bestandteil? Nicht etwa dass sie nicht wichtig wären. Jedes Unternehmen braucht Zugang zu erschwinglichem Kapital. Allerdings brauchen wahrhaft erfolgreiche Unternehmen – wie zum Beispiel Microsoft – nach dem ersten Entwicklungsstadium kein frisches Kapital mehr. Der Aktienkurs ist nur eine Möglichkeit, die Mitarbeiter mit Bezugsrechten zu motivieren und durch den Kauf anderer Unternehmen zu expandieren. Bei einem Börsengang ist es nur wichtig, dass die Erstzeichner an das Konzept glauben. Danach entscheiden die Kunden über das langfristige Überleben des Unternehmens und über die Gewinnmargen, je nachdem wie nützlich die Produkte, Dienstleistungen und Geschäftsabläufe sind.

Wir schlagen das umgekehrte Management-Konzept vor: im Interesse der Kunden, nicht der Aktionäre.

Wenn man sich nach seinen Kunden richtet und deren Bedürfnisse dauerhaft und zu erschwinglichen Preisen und Kosten erfüllt, wachsen Umsatz und Gewinn – und dann finden einen auch die Anleger und treiben den Aktienkurs hoch. Noch einmal: Die Menschen, die heutzutage Unternehmen leiten, versuchen die ganze Zeit, komplexe Strategien zu planen und von oben nach unten durchzusetzen. Sie versuchen, einen Unternehmensauftrag zu formulieren, dem alle folgen müssen. Sie versuchen, auf allen Ebenen durchzuplanen, wie die Strategie und der

Auftrag umgesetzt werden. Sie wollen, dass alle Unternehmensangehörigen im Gleichschritt marschieren. Sie sagen immer, wir müssten alle mehr Verantwortung übernehmen und die Kunden zufriedenstellen, wir müssten kreative Entscheidungen treffen, aber dabei haben sie schon alles für uns geplant.

Persönlichen Service in Echtzeit kann man nicht von oben nach unten organisieren.

Die Kunden werden immer individualistischer, wohlhabender und fordernder, und deshalb gibt es einfach zu viele verschiedene Möglichkeiten, wie sie zufriedenzustellen sind. Das kann man einfach nicht vorausplanen. Wie soll man in einer Top-Down-Umgebung innovativ sein und auf die Kunden eingehen? Wie kann man als Mitarbeiter eines solchen Unternehmens das Gefühl haben, man schmiede sein eigenes Schicksal und erfülle tatsächlich die Bedürfnisse der Kunden? Wie soll man als Angestellter auf die wechselnden Kundenbedürfnisse reagieren, wenn einem die Hände durch so viele Verfahrensweisen, Regeln und Initiativen zur Neuorganisation gebunden sind?

Ähnlich wie das Internet wird das Unternehmensmanagement künftig verstärkt von unten nach oben stattfinden. Das wird vielleicht die größte sichtbare Veränderung der stillen Revolution. Sie wird auf Jahrzehnte hinaus die Produktivität enorm steigern und Chancen für Angestellte schaffen, ihr eigenes Unternehmen innerhalb oder außerhalb des Unternehmens zu gründen, für das sie arbeiten und damit mehr Geld zu verdienen als zuvor. Das ist die einzige Möglichkeit, persönlich zugeschnittenen Service in Echtzeit zu leisten. Die großen Unternehmen werden nicht verschwinden, sondern sich in Netzwerke aus kleineren Unternehmen, Subunternehmern und externen Zulieferern umorganisieren. Außerdem werden viele kleine Unternehmen neu gegründet und von zu Hause aus betrieben.

In den Kapiteln 5 bis 8 von *DIE GOLDENEN 2000ER-JAHRE* haben wir den neuartigen Ansatz skizziert, Unternehmen um die Kunden herum zu gestalten. In Kapitel 7 haben wir vier Prinzipien für die Umorganisation bestehender Unternehmen vorgestellt. Wir wollen diesen Ansatz hier nicht noch einmal beschreiben, sondern verweisen den interessierten Leser auf das erwähnte Buch. Aber dafür schlüsseln wir die vier Grundprinzipien in zwölf Prinzipien zur Neuorganisation Ihrer Unternehmensorganisation auf. Die Neuorganisation soll persönlichen Echtzeitservice zu erschwinglichen Kosten ermöglichen, und dabei denken wir immer an das angestrebte Endergebnis: Ein menschliches Netzwerk, das mithilfe der Informationstechnologie automatisiert und vollständig um den Kunden herum organisiert ist.

Zwölf Prinzipien für die Bereitstellung von persönlichem Service in Echtzeit und zur Erreichung eines Wettbewerbsvorteils

Erstes Paradigma: Vom Kunden aus „rückwärts“ organisieren, nicht von oben nach unten

1. Gestalten Sie Ihr Unternehmen so, wie es Ihre besten Kunden tun würden (gemäß ihren Bedürfnissen, Kosten und Prioritäten – nicht nur gemäß den Ihren) und optimieren Sie dann die Kosten.
2. Machen Sie aus jedem Kunden und jedem erkennbaren Segment einen Markt und einen Geschäftsbereich (volle Verantwortlichkeit, von der Zufriedenheit des Kunden bis zur Gewinn-Verlust-Rechnung).
3. Stellen Sie für jedes Segment menschliche „Browser“ bereit (die die verfügbaren Produkte und Dienstleistungen nach Bedarf koordinieren und integrieren).
4. Sorgen Sie dafür, dass alle Entscheidungen „an der Front“ getroffen werden können (automatisieren Sie die Abrechnung per Software oder sorgen Sie dafür, dass jemand bereitsteht, der in Echtzeit reagiert).

Zweites Paradigma: Konzentrieren Sie sich auf die Lösungen, die den Kunden den größten Mehrwert bringen

5. Alles, was Sie tun, muss absolut im Interesse Ihres Kunden liegen (Integrität und Transparenz schaffen Vertrauen und langfristige Treue).

6. Konzentrieren Sie sich auf das, was Sie am besten können und was den Kunden den größten zusätzlichen Nutzen bringt (alles andere an die besten und effizientesten Firmen outsourcen).
7. Bieten Sie Komplettlösungen in Form von Serviceverträgen gegen regelmäßige Zahlungen (nicht einmalig verkaufen und dann etwas Neues verkaufen müssen; erleichtern Sie langfristiges Outsourcing an Sie).
8. Erkennen Sie die Bedürfnisse Ihrer Kunden, bevor sie selbst und die Konkurrenz sie erkennen (projizieren Sie das nächste demographische Stadium und das nächste Stadium der S-Kurven beziehungsweise der Lebenszyklen von Produkten).

Drittes Paradigma: Schaffen Sie ein System der Echtzeit-Produktion und des Echtzeit-Services.

9. Organisieren Sie in allen Bereichen ein durchgehendes System, das die Produktion auf Bestellung ermöglicht (kein Abfall, kein Lager, keine Verzögerung, keine überschüssigen Produkte, minimale Umweltschädigung).
10. Automatisieren Sie alle logischen, logistischen und bürokratischen Entscheidungsprozesse (menschlicher Service mit großem Nutzen, persönlicher Zuschnitt, Qualität).
11. Binden Sie alle notwendigen Personen in Echtzeit-Kommunikationssysteme ein (minimiert den bürokratischen Aufwand und erleichtert Entscheidungen in Echtzeit).
12. Schaffen Sie einen internen Marktplatz, auf dem Entscheidungen in Echtzeit gefällt werden können (verbindliche Entscheidungen im kundennahen Bereich und in der Abrechnungsstelle (P & L auf allen Ebenen).

Falls Sie das Thema Reorganisierung wirklich interessiert, verweisen wir Sie hiermit nochmals auf die Kapitel 5 bis 8 von *DIE GOLDENEN 2000-ER-JAHRE*, weil wir hier nicht noch einmal alles wiederholen möchten. Wir glauben, dass die oben stehenden Prinzipien auf Jahrzehnte hinaus das beste Rezept für nachhaltige Produktivität darstellen und dass sie einem in dem Wettlauf um die Führungsposition, der noch in unserem Jahrzehnt stattfindet, einen großen strategischen Vorteil verschaffen.

Die New Economy ist immer noch im Entstehen begriffen, und die wichtigsten Innovationen auf dem Gebiet der Organisation und der langfristigen Produktivitätssteigerung fangen gerade erst an – genauso wie die Neuerung der modernen Unternehmensorganisation von Alfred Sloan ab Anfang der 1920er-Jahre bei General Motors eingeführt wurde. Wenn immer mehr abhängig Beschäftigte zu eigenverantwortlichen Unternehmern werden, die einen größeren Anteil der Gewinne ernten, dann beschleunigt sich der Trend zu Selbstständigkeit und Unternehmensgründung, der in unserer Wirtschaft für höhere Einkommen und wachsenden Wohlstand sorgt.

Aber: Zum ersten Mal in der Geschichte der Menschheit gehen Geburtenraten und Bevölkerungswachstum in der ganzen Welt zurück. Das heißt, dass für die kommenden Jahrzehnte und noch viele weitere Jahrzehnte neue Richtlinien gelten. Im Epilog werden wir sehen, dass die ultimative Blase – die Weltbevölkerung – aufgrund der weltweit rückläufigen Geburtenzahlen zum ersten Mal seit Tausenden von Jahren ihren Höhepunkt überschreiten wird. Dies wird in den kommenden Jahrzehnten und im kommenden Jahrhundert eine massive Änderung im Verlauf des Wirtschaftswachstums nach sich ziehen.

Wir stehen an einem verheißungsvollen Punkt der Geschichte – auf uns warten Chancen und Risiken. Die Bevölkerungsblase, die sich seit Jahrhunderten bildet, wächst inzwischen langsamer und steht vor der Schrumpfung; das hat zahlreiche Konsequenzen für unser Leben, für die Wirtschaft und für die zunehmend globale Kultur. Mit dem 11. September 2001 hat ein offener kultureller Konflikt begonnen, der sich über die nächsten zwei Jahrzehnte erstrecken dürfte. Das sollte für Sie ein Grund sein, sich noch ernsthafter auf den großen Crash und auf den Niedergang nach dem Jahre 2010 einzustellen – und die Chancen wahrzunehmen, die er insbesondere in Asien bereithält.

EPILOG

Die ultimative Blase

Nach Tausenden Jahren exponentiellen Wachstums überschreitet die Weltbevölkerung den Gipfelpunkt

Wir haben im Laufe dieses Buches immer wieder gezeigt, dass Wachstum immer zyklisch und exponentiell verläuft und dass Blasen deshalb unvermeidlich sind – das ist nur eine Frage der Größenordnung. Je weiter wir in der Geschichte zurückgehen, umso größer müssen die Blasen sein, die wir erkennen. In Kapitel 2 (Abbildung 2.17) haben wir gezeigt, dass der Aktienmarkt seit den 1780er-Jahren und über die Industrielle Revolution hinweg eine Blase bildet und dass etwa um die Jahre 2009/2010 der 230-jährige Boom gemeinsam mit der Ausgabenwelle der Babyboom-Generation und mit der momentan stattfindenden technischen Revolution (Breitband, Wireless, Internet) seinen Höhepunkt überschreitet. In *THE ROARING 2000S INVESTOR* haben wir in Kapitel 6 (Abbildungen 6-2 und 6-3) des Weiteren gezeigt, dass wir uns seit der Zeit der Kreuzzüge, also etwa seit 1.000 Jahren, in einer wachsenden Blase befinden – und dass vor rund 2.500 Jahren mit dem Konzept der Demokratie und der Wissenschaft in Griechenland ein breit angelegter Zivilisationszyklus begonnen hat.

Wenn wir in die Vergangenheit blicken, offenbart sich außerdem noch die offensichtlichste Blase: Die menschliche Bevölkerung wächst seit dem Zeitpunkt, ab dem sie messbar ist, exponentiell. Abbildung E.1 ist eine Wiederholung von Chart 6-1 in *THE ROARING 2000S INVESTOR*. Der Chart zeigt die Bevölkerungsentwicklung der letzten 3.000 Jahre, also seit dem Jahre 1000 v. Chr. einmal auf einer linearen (absolutes Wachstum) und einmal auf einer logarithmischen Skala (prozentuales Wachstum). Das nennen wir exponentielles Wachstum! Die lineare Linie im unteren Teil des Diagramms zeigt, dass die Bevölkerung Mitte des 15. Jahrhunderts verstärkt zu wachsen begann (etwa in der Zeit des Buchdrucks, des Schießpulvers und der hochseetüchtigen Segelschiffe) und seit der Industriellen Revolution um das Jahr 1800 explodiert. Das ist eindeutig die Entstehung einer Blase.

Abbildung E.1
Entwicklung der Weltbevölkerung im Laufe der Geschichte

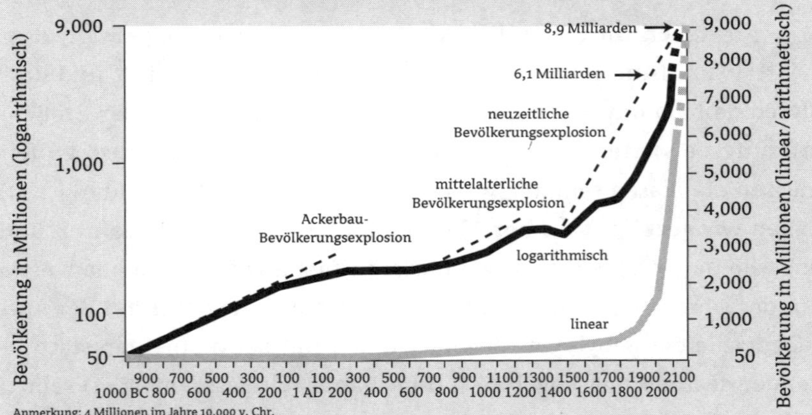

Anmerkung: 4 Millionen im Jahre 10.000 v. Chr.

In der logarithmischen Darstellung erscheint ein gleichmäßiger prozentualer Zuwachs als gerade ansteigende Linie. In der linearen Darstellung erscheint ein gleichmäßiger absoluter Zuwachs als gerade aufsteigende Linie – ein gleichmäßiger prozentualer Zuwachs erscheint hier als aufwärts gebogene, steiler werdende Kurve.

Quelle: Forbes, 25. Januar 1999, S. 58f.
Erhebung: Edwin S. Rubinstein, Forschungsdirektor, Hudson Institute, Indianapolis.
Zahlen: Colin McEvedy und Richard Jones, Atlas of World Population History; U.N. Secretariat, World Population Prospects: The 1998 Revision; Census Bureau.

Bis zum Ende unseres Jahrhunderts soll die Weltbevölkerung neun Milliarden Menschen betragen. Man beachte, dass die Bevölkerung tendenziell kurz vor größeren technischen Neuerungen steiler ansteigt und dass die Neuerungen den Trend so lange beschleunigen, bis das Wachstum an seine Grenzen stößt. Somit sind demographische Trends zwar die Triebkräfte des Wirtschaftswachstums, aber die demographischen und technologischen Zyklen sind auch ineinander verwoben und wirken gegenseitig aufeinander. Wir haben das in diesem und in früheren Büchern anhand des 40-jährigen Generationszyklus der Ausgaben/der Produktivität und anhand des 80-jährigen Zyklus der Technologien und der New Economy demonstriert.

Der langfristige Blick auf die Geschichte und die Entwicklungszyklen bestätigt nur noch mehr die Bedeutung der demographischen und technologischen Zyklen. Auf unserer Internetseite www.hsdent.com (klicken Sie erst auf „Key Concepts" und dann auf „The Long View") können Sie einen kostenlosen Bericht über den wirtschaftlichen Fortschritt der Menschheit seit mehreren tausend Jahren herunterladen. Dieser Bericht zeigt schlüssig, dass die demographische und die technische Entwicklung im Laufe der Geschichte gemeinsam den menschlichen und wirtschaftlichen Fortschritt in immer größeren Zyklen geprägt haben. Viele langfristige Zyklen lassen in unserem Jahrhundert bedeutende Höhepunkte erwarten, und zwar im Jahre 2010 sowie zwischen 2040 und 2065. Vielleicht war es noch nie so wichtig wie heute, sich eine langfristige Perspektive zu Eigen zu machen. Die Informationstechnologie und die DNA-Forschung schenken uns viel klarere Informationen über die Vergangenheit als je zuvor.

Der logarithmische Chart in Abbildung E.1 zeigt, dass die prozentuale Bevölkerungszunahme von der Frühzeit des Römischen Reiches bis kurz vor Christi Geburt relativ hoch war, sich dann abschwächte und kurz vor dem Fall des Römischen Reiches im 5. Jahrhundert n. Chr. fast auf null zurückging (waagerechter Verlauf). Die Abflachung der Bevölkerungskurve führte in das Mittelalter, die längste Baisse beziehungsweise Regressionsperiode des wirtschaftlichen Fortschritts (von hoch entwickelten städtischen Gesellschaften zurück zu feudalen und ländlichen Gesellschaften) in der neueren Geschichte – etwa 500 Jahre lang. Eine positive demographische Entwicklung war also im Laufe der Geschichte für das Wirtschaftswachstum entscheidend, und eine rückläufige Bevölkerungsentwicklung kann ernste Konsequenzen haben. Kurz vor den Kreuzzügen zog das Bevölkerungswachstum wieder an und verlangsamte sich dann wieder nach der Großen Pest Mitte des 14. Jahrhunderts. Etwa ab Mitte des 15. Jahrhunderts verläuft selbst die logarithmische Kurve exponentiell – also wächst nicht nur die Bevölkerungszahl, sondern auch das jährliche prozentuale Wachstum nimmt zu.

Das bedeutet, dass sich seit Mitte des 15. Jahrhunderts und verstärkt seit dem Beginn des langfristigen Börsenbooms in den 1780er-Jahren eindeutig eine Blase bildet. Wann endet die große Blase? Weltweit betrachtet etwa im Jahre 2065, und in vielen Industrienationen schon heute!

Genauso wie wir Wirtschafts- und Börsentrends anhand zeitlich versetzter Kurven der Geburtenrate Jahrzehnte im Voraus erkennen können, kann man aus der Entwicklung der Geburtenrate und der Lebenserwartung die Bevölkerungsentwicklung Jahrzehnte im Voraus prognostizieren. Demnach dürfte die Weltbevölkerung etwa im Jahre 2065 ihren Höhepunkt erreichen, also noch in diesem Jahrhundert und zu Lebzeiten unserer Kinder. Die wichtigere Erkenntnis besteht allerdings darin, dass die Entwicklung in Europa bereits den Höhepunkt überschritten hat und dass die einzelnen Regionen der Welt nach und nach ebenfalls den Gipfel erreichen. China, das bevölkerungsreichste Land der Erde, erreicht das Maximum um das Jahr 2030, also noch zu Lebzeiten der meisten von uns.

Aus der Geschichte kann man schließen, dass die rückläufige Bevölkerungsentwicklung (erst in bestimmten Regionen und dann weltweit) wirtschaftlich betrachtet kein schönes Bild abgibt.

Woher der negative Bevölkerungstrend? Wohlstand und Urbanisierung!

Das Wachstum verläuft so lange exponentiell, bis begrenzende Faktoren wirksam werden. Solche begrenzenden Faktoren wirken auf alle Populationen, seien es Menschen oder Kaninchen, und typischerweise handelt es sich dabei um Umweltfaktoren wie Nahrungsangebot, Verschmutzung, Raubtiere und so weiter. Der Mensch hat aber keine natürlichen Feinde, nur innerhalb der eigenen Art in Form von Kriegen oder Terroranschlägen. Zu den begrenzenden Faktoren des Bevölkerungswachstums gehören heute sicherlich die Umweltverschmutzung, die globale Erwärmung sowie der Rückgang der freien Flächen und der natürlichen Ressourcen, der in den vergangenen Jahrzehnten und Jahrhunderten stattgefunden hat. Dahinter steckt also offensichtlich noch mehr, denn wir haben auf diesem Planeten keine erkennbaren Fressfeinde oder Konkurrenten. Außerdem verfügen wir über neue Technologien, die Bedrohungen der Umwelt mindestens so wirksam reduzieren können wie dies die alten Technologien in der Vergangenheit getan haben.

Die Grenzen des Wachstums sind letztendlich psychologischer, sozialer und ökonomischer Natur. Als wir die ländlich und agrarisch geprägte Kultur zu Gunsten der Verstädterung aufgaben, stieg der finanzielle Wohlstand, aber auch die Kosten für die Erziehung und Ausbildung der Kinder; deshalb haben wir heute weniger Kinder und investieren mehr Geld in deren längere Ausbildung. Der rückläufige Geburtentrend bremst allerdings den gesamten demographischen Zyklus, von der Innovation der jungen Menschen über die Produktivität und die Ausgaben der reifenden Erwachsenen bis hin zu der Spar-, Investitions- und Spendenaktivität der Älteren.

Blühende Zivilisationen – Rom, Europa, die Vereinigten Staaten – gehen irgendwann aufgrund der zunehmenden Urbanisierung und des zunehmenden Wohlstands zugrunde, weil beides zu niedrigeren Geburtenraten und zeitlich versetzt zu weniger Innovationen, zu geringerer Produktivität, geringeren Ausgaben und Investitionen führt. Isolierte Ackerbau-Kulturen überschreiten ihren Höhepunkt häufig aufgrund von Umweltbedingungen, und der Zustand der Umwelt macht sich heute weltweit bemerkbar. Allerdings sind Umweltverschmutzung und Umweltzerstörung nicht die größte Bedrohung, zumindest noch nicht. Jetzt geht es nicht mehr um einzelne Regionen, sondern die Welt als Ganzes bewegt sich aufgrund der rapide sinkenden Geburtenziffer zum Jahre 2065 auf einen Höhepunkt und einen nachfolgenden Niedergang zu.

Die rückläufige Geburtenrate als wichtigster Zukunftsindikator

Viele Menschen wissen, dass die Fortpflanzungsrate in vielen europäischen Ländern und Japan nicht ausreicht, um den Stand der Bevölkerung langfristig zu halten. Aber den wenigsten ist klar, wie schnell die Bevölkerung in Ländern wie Japan oder Italien in den kommenden Jahrzehnten zurückgehen könnte. Europa und Japan dürften innerhalb der nächsten 50 Jahre etwa 30 Prozent ihrer Bevölkerung verlieren. Die große Überraschung ist jedoch, wie schnell die Bevölkerung in den jungen Industriestaaten China, Brasilien und Indien aufgrund der sinkenden Geburtenrate schrumpft. Abbildung E.2 zeigt, dass die Geburtenraten in allen Regionen der Welt einschließlich Indien und Afrika zurückgehen, nicht nur in China und Südostasien.

Abbildung E.2

Rückläufige Geburtenraten weltweit

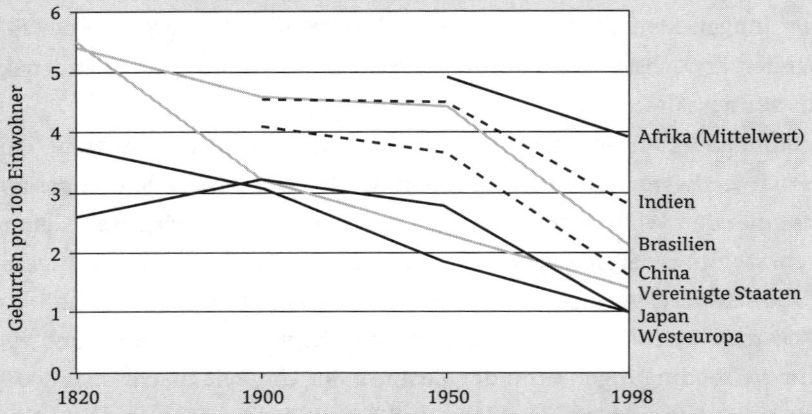

Quelle: Maddison, Angus: The World Economy: A Millenial Perspective. Development Center Studies, OECD, 2001: Tabelle 1-5A, S. 30.

In Europa und Japan sind die Pro-Kopf-Geburtenraten am niedrigsten, dicht gefolgt von den Vereinigten Staaten. Auch hier ist die größte Überraschung wieder, wie weit und wie schnell die Geburtenrate in China zurückgeht. Nach einer enormen Bevölkerungszunahme betrieb China ab den 1950er-Jahren eine massive Ein-Kind-Politik. Allerdings gehen die Geburtenziffern auch in anderen Schwellenländern – auch in Indien und in Afrika – zurück, obwohl es dort keine derartige offizielle Politik gibt. Wieso? Wohlstand und Urbanisierung lassen die Kosten und die Dauer der Ausbildung für die Kinder steigen, und sie verbessern die Chancen der Eltern in der Gesellschaft.

Das Vordringen des Fernsehens und des Internets haben neben der Urbanisierung, der Industrialisierung und dem wachsenden Wohlstand vermutlich am meisten zum Rückgang der Geburtenrate beigetragen, aber immerhin sind sie natürliche Nebenprodukte der genannten großen Trends. Die Menschen auf der ganzen Welt haben dank der Nachrichten, Spielfilme und Serien im Fernsehen und dank des Internets den Eindruck, dass wohlhabende Menschen weniger Kinder, aber bessere geschäftliche und gesellschaftliche Chancen haben und beim anderen Geschlecht besser ankommen. Also hat unser eigener Erfolg den zahlenmäßigen Niedergang herbeigeführt – das ist historisch betrachtet typisch. Und welche demographischen Prognosen kann man nun aufgrund der weltweit sinkenden Geburtenraten treffen? Falls sich an den Geburtenraten und an der Lebenserwartung nichts Dramatisches ändert, erreicht die Weltbevölkerung wahrscheinlich um das Jahr 2065 herum den Höhepunkt. Trotz der Versprechungen der biotechnischen Revolution hat sich seit 40 Jahren nichts daran geändert, dass sich die durchschnittliche Lebenserwartung alle zehn Jahre um 1,5 Jahre verlängert, und die rückläufigen Geburtenzahlen gleichen diesen Anstieg mit Leichtigkeit wieder aus.

Der Höhepunkt der Bevölkerungsblase

Das größte Ereignis unseres Jahrhunderts ist die Tatsache, dass den Voraussagen zufolge die Weltbevölkerung etwa im Jahre 2065 den Höhepunkt erreicht und dann zum ersten Mal nach Jahrtausenden exponentiellen Wachstums zu sinken beginnt (Abbildung E.3). Was bedeutet das – außer schwächeren Innovations-, Produktivitäts-, Ausgabe- und Investitionszyklen? Es bedeutet, dass weltweit die Rente und die gesundheitliche Versorgung immer mehr älterer Menschen von immer weniger Erwerbstätigen getragen wird. Es bedeutet, dass zuerst in der westlichen Welt und Jahrzehnte später auch in Asien und den Schwellenländern (wo zunächst noch die Inflation steigt) der Trend zur Deflation neigt. Die Umweltschützer werden das Nullwachstum und den sinkenden Verbrauch von natürlichen Ressourcen sowie die zurückgehende Umweltschädigung begrüßen. Ihnen ist aber im Gegenzug nicht klar, dass in der Vergangenheit viele technische Innovationen, die auf dem demographischen Wachstum basierten, die Umweltverschmutzung reduziert und die verfügbaren natürlichen Ressourcen ausgeweitet haben. Es stellt sich die Frage, ob sich die immer noch wachsende Bevölkerung in den dicht besiedelten Regionen der Schwellenländer genauso viele Gedanken um die Umwelt machen wird wie heutzutage die wohlhabenderen Menschen in den Vereinigten Staaten und Europa. Werden die Wähler Maßnahmen zum Schutz der Umwelt befürworten oder werden sie sie ablehnen, weil sie unabhängig davon um ihr Überleben kämpfen?

Abbildung E.3
Prognose der Weltbevölkerung, 2000 bis 2100

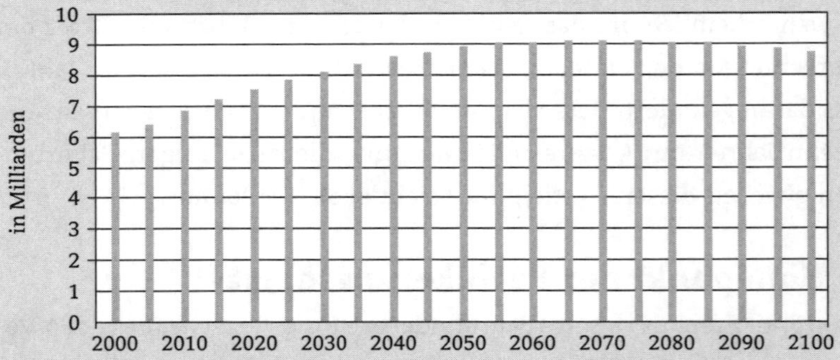

Quelle: Investor's Business Daily, 22. 04. 2004, S. A16. Erhebung: Vereinte Nationen.

Die tatsächlichen Auswirkungen des Bevölkerungsrückgangs erkennt man allerdings nicht, indem man die Gesamtbevölkerung betrachtet, sondern indem man die Entwicklung in einzelnen Ländern und Regionen untersucht. Europa einschließlich der ehemaligen Sowjetunion hat den Höhepunkt bereits im Jahre 2000 überschritten, wobei Finnland, Rumänien und einige andere Länder den Gipfel schon vorher überwunden haben und andere ihn erst im nächsten oder übernächsten Jahrzehnt erreichen werden. In Japan hat die größte Ausgabewelle im Jahre 1989 den Höhepunkt überschritten, und die Bevölkerungsentwicklung ist im Jahre 2005 an der Reihe. Noch einmal: In vielen Ländern Europas und in Japan geht die Bevölkerung in den nächsten 50 bis 100 Jahren wahrscheinlich um 30 bis 40 Prozent zurück. Das ist dramatisch!

China wird etwa im Jahre 2030 den Höhepunkt der Bevölkerungszahl erreichen. Die Ausgabenwelle aufgrund des Babybooms wird dort etwa im Jahre 2020 den Gipfel überschreiten – viel früher als die meisten Menschen erwarten. Lateinamerika und Indien erreichen das Maximum erst um das Jahr 2065 herum. Allerdings ist schon jetzt in diesen Regionen kein dramatisches Wachstum mehr zu erwarten, denn dort ist die Verstädterung im Vergleich zu China und Südostasien schon weiter fortgeschritten. Eine dramatische Landflucht, wie sie die industrialisierten Regionen Chinas gerade erleben, wird es dort nicht mehr geben. Wie in Abbildung E.4 zu sehen, findet der Übergang in China schneller statt als jemals zuvor in irgendeinem größeren Land oder einer Region.

In Westeuropa und den Ablegern dieser Kultur in den Vereinigten Staaten, Kanada, Australien und Neuseeland ist der Lebensstandard gemessen am BIP pro Kopf in den tausend Jahren seit den Kreuzzügen dramatisch gestiegen. Die meisten anderen Länder und Regionen haben sich langsamer entwickelt als die genannten. China machte nach dem Mittelalter zunächst Fortschritte, aber nachdem sich das Land für die Isolation vom Rest der Welt entschieden hatte, ging der Lebensstandard bis zur Mitte des 20. Jahrhunderts wieder zurück. Nach 1950 holte China innerhalb von Jahrzehnten den Fortschritt nach, für den der Westen Jahrhunderte gebraucht hatte. Südostasien, Indien und vielleicht auch Afrika werden sich in den kommenden Jahrzehnten ähnlich entwickeln, wenn auch wahrscheinlich nicht ganz so extrem. Das verspricht für die

Abbildung E.4

BIP pro Kopf: Westeuropa und China im Vergleich, 400 bis 1999

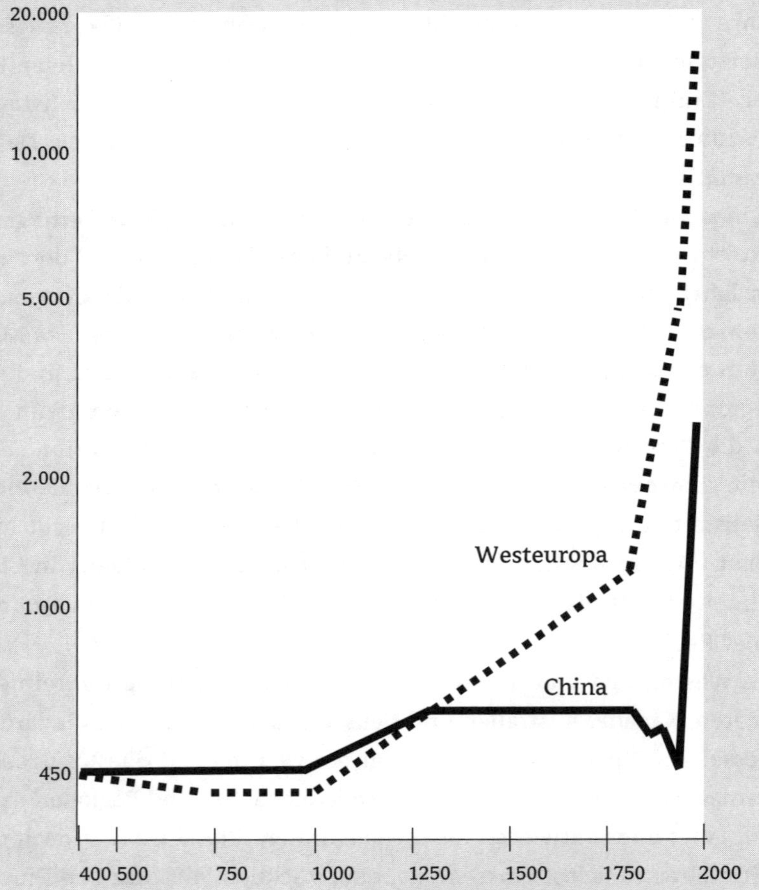

Quelle: Maddison, Angus: The World Economy: A Millenial Perspective. Development Center Studies, OECD, 2001: Tabelle 1-4, S. 42.

Zeit nach der US-Blase 2009/2010 enormes Wirtschaftswachstum und eine „Asien-Blase“. China dürfte im Jahre 2020 die Vereinigten Staaten überholen, wenn man das Bruttoinlandsprodukt an der Kaufkraft in der Landeswährung misst, und im Jahre 2050 überholt Indien die Vereinigten Staaten vermutlich ebenfalls.

In China, Südostasien, Indien und vielleicht auch Afrika wird in den nächsten sechs Jahrzehnten wahrscheinlich die schnellste wirtschaftliche Aufholjagd der Weltgeschichte stattfinden. Danach dürfte es allerdings mit dem fröhlichen Wirtschaftswachstum in der ganzen Welt auf Jahrhunderte hinaus vorbei sein. Und das hat dramatische Konsequenzen für die Weltwirtschaft und die Weltpolitik.

Nachdem die meisten westlichen Länder etwa Ende dieses Jahrzehnts den Höhepunkt der Ausgaben und der Bevölkerung überschritten haben werden, dürfte sich der Schwerpunkt des Wachstums noch drastischer als bisher schon auf China, Südostasien und Indien verlagern, weil dort die größten Verbraucherpopulationen leben. Wahrscheinlich wird sich in den Jahren 2020 bis 2060 eine letzte große Blase aufbauen, aber danach könnten Jahrhunderte des Bevölkerungsrückgangs und der Deflation folgen.

Der große Asienboom nach dem Platzen der Blase

In unseren nächsten Büchern werden wir uns vor allem mit den Auswirkungen des großen Abschwungs ab dem Jahre 2010 in den Vereinigten Staaten und anderen führenden westlichen Ländern befassen. Die größten Chancen für Geschäfte und Investitionen bieten sich in dieser Zeit in China, Südostasien und Indien – und vielleicht in Afrika, wenn es tatsächlich den Anschluss schafft. Diese Regionen profitieren von der großen Aufholjagd – Industrialisierung, Informationstechnologie, Urbanisierung. Im Moment verzeichnen Länder wie China, Südkorea, Vietnam und Indien die größten Wachstumsraten. Wir sind es gewohnt, Geschäfte und Investitionen in den Vereinigten Staaten und in ethnisch verwandten Industriestaaten wie Kanada, den europäischen Ländern, Mexiko oder der Karibik zu tätigen. Investitionen in anderen Ländern erscheinen den meisten von uns kulturell und politisch problematisch – außerdem sind sie objektiv betrachtet riskanter und größeren Schwankungen unterworfen.

Das wird sich ändern. Die Anleger in den Vereinigten Staaten, Kanada, Europa, Australien, Neuseeland, Hongkong und Singapur stehen nach 2009 vor reifen Volkswirtschaften und werden sich gezwungen sehen, in den neuen Industrieländern Südostasiens und in Indien zu investieren. Diese Länder werden sich weiter entwickeln und mit der Zeit wirtschaftlich stabiler werden, während die Volatilität in den traditionellen Industrienationen zunimmt, weil es mit der Wirtschaft bergab geht und die terroristische Bedrohung wächst. Die Branchen des industriellen Spätstadiums – Gesundheit und Pharma – sind in den Vereinigten Staaten und Europa auch nach dem Zusammenbruch noch attraktiv.

Nach den Jahren 2009/2010 verlagern sich die Geschäfts- und Investitions-Chancen auf China, Südoastasien und Indien.

Trotzdem sollte man sich als Anleger bis zum Ende des ersten Crashs, der in den Jahren 2010 bis 2012 (spätestens 2014) stattfinden wird, mit hochwertigen Anleihen und festverzinslichen Wertpapieren weitgehend liquide halten. Sogar die demographisch günstigen Sektoren Asien und Gesundheit gehen zurück, wenn die Aktienmärkte den Höhepunkt überschritten haben und von 2010 bis 2012 drastisch abfallen. Danach kann man zu Spottpreisen in demographische Trends im Inland und Ausland investieren. Etwa ab 2022/2023 wirkt sich in den Vereinigten Staaten, im Westen Kanadas und in einzelnen anderen Industrieländern der Echo-Babyboom positiv aus, nicht aber in den meisten Ländern Europas und in Japan, denn dort gab es keinen Echoboom. Die Vereinigten Staaten dürften zwar von 2023 bis etwa 2040 einen gewissen Boom erleben, aber mit dem jetzigen kann er sich hinsichtlich des Wirtschaftswachstums, des Produktivitätswachstums und der Aktienerträge nicht messen. Nur Unternehmen und Fonds mit Schwerpunkt Asien werden kräftig steigen. China überschreitet den Höhepunkt wahrscheinlich im Jahre 2020 oder spätestens 2030, so dass etwa ab dem Jahre 2020 Südostasien und Indien führend sein dürften.

Der Zusammenprall der Kulturen: Krieg und Terrorismus nach 2010

Die Erreichung des wirtschaftlichen Höhepunkts im Jahre 2009 oder 2010 wird erneut die extremen kulturellen Unterschiede und den unterschiedlichen Lebensstandard in den Ländern der Welt hervortreten lassen. Konflikte hat es schon im Laufe des Booms gegeben, und schon jetzt herrscht hinsichtlich des Lebensstandards zwischen den verschiedenen Ländern die größte Ungleichheit, die es je gab. Die Vereinigten Staaten geraten auch mit Frankreich und Deutschland aneinander, nicht nur mit Afghanistan, dem Irak, dem Iran und Nordkorea. Das Wachstum der Vereinigten Staaten und anderer westlicher Länder wird in den eher fundamentalistisch orientierten Ländern des Nahen und Mittleren Ostens, in Indien/Pakistan und Teilen Südostasiens zunehmend als Bedrohung empfunden. Wenn der von uns vorausgesagte Wirtschaftskollaps der westlichen Welt im Jahre 2010 eintritt, dann wird er diese Länder zunächst schwer in Mitleidenschaft ziehen, denn sie sind mit ihren Exporten mehr auf uns angewiesen als wir auf sie. In der Wirtschaft gibt es den Spruch: Wenn wir niesen, bekommen sie dort eine Erkältung.

Wenn wir im Jahre 2009 oder 2010 anscheinend eine weltweite Krise auslösen, haben diese eher rückständigen Länder, die sich von unseren Werten und unserem modernen, liberalen Lebensstil bedroht fühlen, noch mehr Grund, unsere Werte und Institutionen anzugreifen. Die wirtschaftliche und militärische Macht Chinas und anderer asiatischer Staaten wird weiter zunehmen, während wir zum ersten Mal seit vielen Jahrzehnten einen Niedergang durchmachen. Dadurch ist weltweite Instabilität vorprogrammiert, die wirtschaftliche und militärische Machtstruktur wird sich verändern, und es kommt zu einem noch heftigeren Zusammenprall der Kulturen als in den letzten Jahren.

Wahrscheinlich treten wir zum ersten Mal seit den tausend Jahren der Expansion seit dem Mittelalter wieder in ein Zeitalter ein, in dem das Wachstum in einer Serie von Blasen rund um die Welt seinen Höhepunkt erreicht – ähnlich wie im Endstadium des Römischen Reiches; danach folgt ähnlich wie von der Mitte des 5. bis Ende des 10. Jahrhunderts nach Christus eine längere Phase des Wandels, der Konflikte und der Konsolidierung. Die beste Strategie besteht wahrscheinlich darin, sich den wohl größten unerwarteten Boom der Jahre 2005 bis Ende 2009/Anfang 2010 zu Nutze zu machen. Danach sollte man sein Vermögen schützen, indem man hochwertige langfristige Unternehmensanleihen und festverzinsliche Anlagen kauft, den größten Teil seiner Immobilien und seiner Geschäftsbeteiligungen verkauft und möglichst in eine außerstädtische Region oder ein Urlaubsgebiet mit hoher Lebensqualität umzieht, um dort den bevorstehenden langen Winter zu überstehen. Wenn in den Jahren 2010 bis 2012 – spätestens 2014 – der erste große Crash einsetzt, können Sie in die außerstädtischen Regionen und in Sektoren des demographischen Spätstadiums wie Gesundheit und Pharma investieren – und zunehmend in China, Indien und andere asiatische Staaten, die in den kommenden Jahrzehnten vermutlich dramatisch wachsen.

Die demographischen Trends zeigen eines ganz deutlich: Etwa ab dem Jahre 2010 wachsen sowohl die Chancen als auch die Bedrohungen weltweit stärker und in unterschiedlicherem Maße, als wir es bisher erlebt haben oder noch erleben werden. An diesen umfassenden Trends können wir natürlich nichts mehr ändern; dank der Gesetze des Durchschnitts und der großen Zahlen, aufgrund deren die Demographie und andere statistische Disziplinen so vorhersagbar sind, stehen sie bereits weitgehend fest. Aber wir können unsere individuellen Anlagen, unsere Geschäfte und unser Leben nach diesen Trends ausrichten und es uns in der vielleicht großartigsten Zeit der Menschheitsgeschichte weiterhin gut gehen lassen.

Die Rückkehr der Globalisierung

Wenn die große Auslese der Jahre 2010 bis 2022 in den Vereinigten Staaten und vielen anderen Industrieländern zuende geht, wird die Globalisierung wieder einsetzen, die sich im weltweiten Zusammenprall der Kulturen zurückgezogen hatte. Neben der individuellen Anpassung, der Netzwerkkommunikation, den neuen Organisationsstrukturen und dem Wohlstand der Massen ist die Globalisierung einer der Megatrends innerhalb des aktuellen 80-jährigen New-Economy-Zyklus. Der Reifungsschub dieses Zyklus und das nächste Stadium der Globalisierung werden besonders stark ausfallen, weil die Schwellenländer sehr schnell zum westlichen Lebensstandard aufschließen werden und sich die Entwicklung der westlichen Staaten im Verhältnis dazu verlangsamt.

Am Ende haben wir wahrscheinlich eine Welt vor uns, in der die kulturellen Unterschiede gar nicht mehr so groß sind, und die sich immer mehr zu einem rundum vorteilhaften Wirtschaftsnetz entwickelt. Aber bis dahin müssen wir mit sehr großen Schwankungen rechnen – einerseits mit einem Boom, der größer ist als irgendjemand erwartet, andererseits mit einem schweren Niedergang und dem schwierigen Übergang zu einem globalen, auf Netzwerken basierenden wohlhabenden Wirtschaftssystem. Denken Sie daran: Die besten Gelegenheiten bieten sich denjenigen, die die schweren Zeiten kommen sehen. „Was uns nicht umbringt, macht uns nur noch härter." Das ist die Lehre, die wir aus der Evolution der Natur und des Menschen ziehen können – nachzulesen in einem kostenlosen Sonderbericht, den Sie auf unserer Internetseite www.hsdent.com unter „Key Concepts" und „The Long View" finden. Wissenschaftler, Geschichtsliebhaber und alle anderen, die sich für die evolutionäre Entwicklung interessieren, sollten sich diese ausführliche Analyse der sehr langfristigen Zyklen der Menschheitsgeschichte auf jeden Fall herunterladen. Diese Zyklen folgen den gleichen demographischen und technologischen Zyklen, die wir in diesem Buch behandelt haben.

Wir wünschen Ihnen viel Erfolg in einer der günstigsten und wechselhaftesten Zeiten der menschlichen Entwicklung!

Dr. Martin Weiss - Den Markt im Griff!

Mit dem richtigen Wissen gibt es keine Katastrophen mehr an den Märkten – nur gute Gelegenheiten. Die Botschaft von „Den Markt im Griff!“ ist einfach zusammengefasst: Lernen Sie, wie man an den Investmentmärkten Geld verdient, während die meisten anderen verlieren!

Dr. Martin Weiss zeigt seinen Lesern praktische Methoden, mit denen sie auch in schwierigen Zeiten „den Markt im Griff“ behalten.

360 Seiten / geb. mit SU / Bestellnr. 036-250 **29,90**

Larry Williams -
Die richtige Aktie zur richtigen Zeit

Larry Williams will seinen Lesern das Rüstzeug für eine Karriere als erfolgreicher Anleger mit auf den Weg geben. Er zeigt die Muster, nach denen sich die Märkte bewegen und die Anleger ausnützen können, um ihre Gewinne bei sinkendem Risiko zu maximieren. Er untersucht, welche Aktien Anlegern die besten Chancen bieten und – noch wichtiger – wann der richtige Zeitpunkt gekommen ist, diese Aktien auch zu kaufen.

270 Seiten / geb. mit SU / Bestellnr. 036-459 **29,90**

James J. Cramer – Bekenntnisse eines Wallstreet-Süchtigen

James J. Cramer kennt alle Facetten des Aktienmarktes. Er war bei Goldman Sachs, er war Vermögensverwalter und er war einer der erfolgreichsten Fondsmanager der 90er-Jahre. Seine Leser erhalten Einblick in die Mechanismen, nach denen „das große Geld" funktioniert und arbeitet. Sie erfahren, mit welchen Methoden Cramer dem Markt oftmals ein Stück voraus war.

285 Seiten / Hardcover / Bestellnr. 036-360 **24,90**

Michael Parness – Beherrsche den Markt!

Michael Parness machte an der Börse in nur 15 Monaten aus 33.000 Dollar die sagenhafte Summe von sieben Millionen Dollar. In diesem Buch erzählt Parness allerdings nicht nur die Geschichte seines Erfolges. Viel wichtiger sind für ihn die Lehren, die er aus seinen anfänglichen Fehlern gezogen hat. Er zeigt dem Leser, welche Fehler immer wieder begangen werden, wie man sie vermeidet und so an der Börse mit Spaß und Erfolg agiert.

250 Seiten / geb. mit SU / Bestellnr. 036-090 **24,90**

Jenks / Eckett -
Das Buch der Goldenen Investmentregeln

150 der renommiertesten Finanzexperten aus den verschiedensten Bereichen verraten ihre Strategien und Erfahrungen. Die Experten stellen die wichtigsten Regeln und Gesetzmäßigkeiten vor, die in ihrem Fachgebiet zum Erfolg führen. Ob Aktien aller denkbaren Branchen, Derivate, Rohstoffe, Fonds, Währungen oder Trading – absolute Top-Experten verraten ihre Geheimnisse.

816 Seiten / geb. mit SU / Bestellnr. 036-249 **39,90**

Gebert / Hüsgen -
Candlestick-Charttechnik

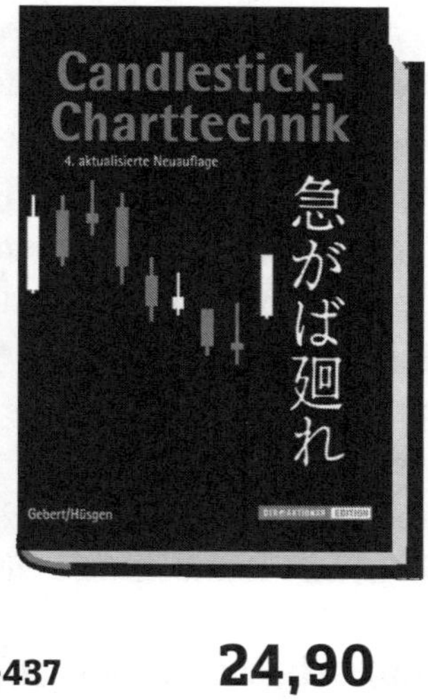

„Candlestick-Charttechnik“ von Thomas Gebert und Paul Hüsgen liegt mittlerweile in der 4. Auflage vor. Dieses Grundlagenwerk führt den Leser in die Materie der „Candlesticks“ (so werden die japanischen Kerzencharts genannt) ein. Es ist ideal für Anleger, die sich einen raschen Überblick über diese interessante Charttechnik-Methode verschaffen, Grundlagenwissen erwerben oder einfach nur eine bestimmte Formation nachschlagen wollen.

200 Seiten / geb. mit SU / Bestellnr. 036-437 **24,90**

Beckmann / Lenz - Nano-Stocks. Profitieren Sie von der nächsten Industriellen Revolution!

Dieses Buch stellt das Grundlagenwerk für all diejenigen dar, die schon immer einmal wissen wollten, was sich hinter dem Begriff „Nanotechnologie“ verbirgt. Es ist aber auch für alle Investoren interessant, die sich über eines der vielversprechendsten Anlagefelder der nächsten Jahre informieren wollen. Die gelungene Kombination aus Hintergrundinformation und Anlagehilfe.

350 Seiten / geb. mit SU / Bestellnr. 036-377 **24,90**

Uldrich / Newberry - Der nächste Boom

Jack Uldrich und Deb Newberry beschreiben Hintergründe und Einsatzbereiche der Nanotechnologie. Industrie, Energie, Landwirtschaft, Transportwesen, Elektronik, Kommunikation und Gesundheit – alle diese Bereiche werden von der Nanotechnologie profitieren. Mit dem Wissen aus „Der nächste Boom“ sind Sie als Anleger bestens gerüstet, um jetzt und in Zukunft das Potenzial der Nanotechnologie für Ihre Investitionen bestmöglich auszuschöpfen.

240 Seiten / geb. mit SU / Bestellnr. 036-497 **19,90**